고시넷 NCS

실전모의고사

기출예상 문제집

{ 부산시 공공기관
통합 필기시험 }

부산
교통공사

2쇄

직업기초능력평가
50문항/50분_6회분 수록

직렬별 전공
50문항/50분_6회분 수록

- 1.의사소통 2.수리 3.문제해결 4.자원관리 5.조직이해
  각10문항(50문항/50분), 4지선다형, 난이도_상40%, 중40%, 하20%

- 운영직_1.국어[30%/15문항] 2.한국사[30%/15문항]
  3.시사경제문화[40%/20문항]_4지선다형

gosinet
(주)고시넷

정오표 및 학습 질의 안내

정오표 확인 방법

고시넷은 오류 없는 책을 만들기 위해 최선을 다합니다. 그러나 편집에서 미처 잡지 못한 실수가 뒤늦게 나오는 경우가 있습니다. 고시넷은 이런 잘못을 바로잡기 위해 정오표를 실시간으로 제공합니다. 감사하는 마음으로 끝까지 책임을 다하겠습니다.

고시넷 홈페이지 접속	〉	고시넷 출판-커뮤니티	〉	정오표

🌐 www.gosinet.co.kr

모바일폰에서 QR코드로 실시간 정오표를 확인할 수 있습니다.

학습 질의 안내

학습과 교재선택 관련 문의를 받습니다. 적절한 교재선택에 관한 조언이나 고시넷 교재 학습 중 의문 사항은 아래 주소로 메일을 주시면 성실히 답변드리겠습니다.

이메일주소 ✉ passgosi2004@hanmail.net

CONTENTS ▶ **차례**

📖 **부산교통공사 필기시험 정복**

• 구성과 활용
• 부산교통공사 소개
• 모집공고 및 채용 절차
• 부산교통공사 기출 유형 분석

파트 1 부산교통공사 기출예상문제

파트 2 인성검사

파트 3 면접가이드

책속의 책

파트 1 부산교통공사 기출예상문제 정답과 해설

구성과 활용

1 채용기업 소개 & 채용 절차

부산교통공사의 비전, 미션, 경영전략, 인재상 등을 수록하였으며 최근 채용 절차 및 지원자격 등을 쉽고 빠르게 확인할 수 있도록 구성하였습니다.

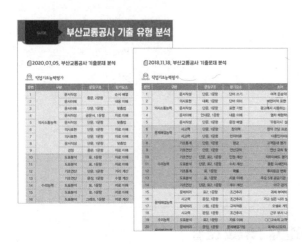

2 부산교통공사 기출 유형 분석

최근 기출문제 유형을 분석하여 최신 출제 경향을 한눈에 파악할 수 있도록 하였습니다.

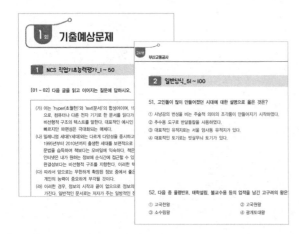

3 기출예상문제로 실전 연습 & 실력 UP!!

총 6회의 기출예상문제로 자신의 실력을 점검하고 완벽한 실전 준비가 가능하도록 구성하였습니다.

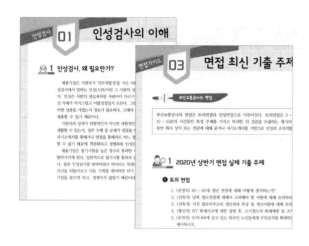

4 인성검사 & 면접으로 마무리까지 OK!!!

최근 채용 시험에서 점점 중시되고 있는
인성검사와 면접 질문들을 수록하여 마무리까지
완벽하게 대비할 수 있도록 하였습니다.

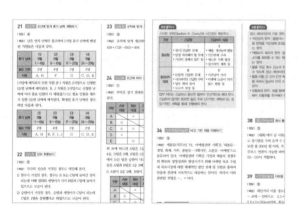

5 상세한 해설과 오답풀이가 수록된 정답과 해설

상세한 해설을 수록하였고 오답풀이 및 보충
사항들을 수록하여 문제풀이 과정에서의 학습
효과가 극대화될 수 있도록 구성하였습니다.

부산교통공사 소개

CI

부산교통공사

부산도시철도의 이미지를 시각화한 형태로서 전체적으로 도시철도의 공간을 상징한다. 세계에서 제일 빠른 앞모양(유선형)의 형태를 사각형 속에 표현하였으며 사각 주위를 원형으로 하여 부드러움을 표현하였다. 사각형 내부에 가로로 놓은 3선은 도로, 대합실, 승강장을 의미하는 영문 S자 형태를 나타내며, S자는 안전(Safety), 신속(Speed), 쾌적(Satisfy)을 의미하는 청색으로 부산 바다를 더불어 상징한다.

BI

HÜmetro
부산교통공사

Humetro의 의미는 인간(Human), 인간존중(Humanism), 인간성(Humanity)의 'hu'와 휴식 · 편안함의 '休', 도시철도의 다양한 컬러를 나타내는 'Hu'와 도시철도를 뜻하는 'Metro'의 결합어로서 [인간을 존중하는 도시철도, 시민을 사랑하는 교통공사]라는 의미를 가지고 있다.
U의 둥근 이미지로 메트로와의 조화감 및 사람의 모습을 형상화하였으며, 메트로에는 부산의 바다를 상징하는 물결의 이미지를 부여하여 부산의 도시철도임을 나타내고 있다.

미션

안전하고 편리한 대중교통 서비스 제공으로 시민 복리 증진

비전

절대안전 · 시민행복 · 대중교통의 중심, 부산교통공사

경영목표

경영목표

 철도사고 ZERO

 청렴도 1등급

 1일 고객 100만 명

 고객만족도 1위

경영전략

 安 절대적 안전
1. 절대안전 체계 확립
2. 뉴노멀 시대 비상대응역량 강화
3. 첨단시스템 기반 안전관리 정착

全 전사적 혁신
4. 기본원칙 기반 경영혁신
5. 미래지향적 도시철도 뉴딜 실현
6. 소통과 화합의 조직문화 정착

 共 공공성 추구
7. 편리한 대중교통 체계 확립
8. 광역 도시철도망 구축
9. 일자리 창출 및 사회적 가치 실현

 感 고객감동 지향
10. 문화가 살아 숨쉬는 도시철도 구현
11. 맞춤형 고객서비스 제공
12. 도시철도 환경 Clean-UP 추진

인재상

"창의와 도전정신으로 고객만족에 최선을 다하는 인재"

- 미래의 환경변화에 대처하는 도전을 추구하는 진취적인 '창조인'
- 주인의식으로 공사와 자신의 미래를 준비하고 발전시키는 '애사인'
- 긍지와 자부심을 가지고 최고를 추구하는 '전문인'

모집공고 및 채용 절차

채용 절차

입사지원서
접수

필기시험

인성검사

면접

신체검사·
신원조사

임용

- 각 전형별 합격자에 한하여 다음 단계 지원 자격을 부여함.
- 2021년 채용 일정 : 연 2회(5월, 11월)
  ※ 2021년 하반기는 경력경쟁(제한경쟁) 채용 예정
- 2021년도부터는 부산시 산하 공공기관의 채용 공정성과 투명성을 높이고 종합 채용 홍보를 강화하기 위해 공공기관 직원 통합 필기시험으로 시행

지원자격

▮ 공통 응시자격

- 연령 : 18세 이상, 정년(만 60세) 범위 내
- 학력 : 제한 없음.
- 병역 : 남자의 경우 병역필 또는 면제된 자

※ 현역복무 중인 자는 단계별 전형절차(필기시험, 면접시험 등)에 응시가 가능하여야 하며, 최종합격자 발표 전일까지 전역이 가능하여야 합니다.

▮ 지역 제한

- 대상 : 공개경쟁시험 '일반' 및 경력경쟁시험 '전산', '장애인' 응시대상자
- 요건 : 아래 1)과 2) 중 하나를 충족하여야 함.
  1) 고시된 기간 이전부터 면접시험 최종일까지 계속하여 부산광역시, 울산광역시, 경상남도에 주민등록상 거주하는 자로서 동 기간 중 주민등록의 말소 및 거주 불명으로 등록된 사실이 없어야 함.
  2) 고시된 기간 이전까지 부산광역시, 울산광역시, 경상남도에 주민등록상 주소지를 두고 있었던 기간을 모두 합산하여 총 3년 이상인 자

입사지원서 접수

- 부산시 통합채용 전용 홈페이지를 통해 접수
- 지역제한 등 응시자격을 미리 확인하고 입사지원서 접수
- 입사지원서 및 자기소개서 작성 시 개인 인적사항(출신학교, 출신지역, 가족관계 등) 및 개인을 식별할 수 있는 내용 일체 기재 금지

필기전형 (2021년 상반기 기준)

총 100문항, 120분
- NCS 직업기초능력평가_50문항(4지 선다형)
  - 의사소통, 수리, 문제해결, 자원관리, 조직이해 각 10문항
- 전공_50문항(4지 선다형)
  - 시험과목 중 일반상식(운영직)은 국어 30%, 한국사 30%, 시사경제문화 40%로 구성
- 출제수준은 일반 교양정도와 해당 직무수행에 필요한 지식과 그 응용능력 검증 수준

인성검사

- 필기시험 합격자에 한해 온라인으로 진행되며 기간 내에 응시해야 함.
- 인성검사 불참자는 면접시험에 응시할 수 없음.
- 직무수행 및 직장생활 등에 요구되는 기본적인 인성을 측정하는 검사
- 결과는 면접전형 시 면접위원에게 참고자료로 활용

면접전형

■ 평가요소 및 점수

평가요소	배점	평가척도
계	15	상(上) 3점 중(中) 2점 하(下) 1점
① 직원으로서의 정신자세	3	
② 전공지식의 수준 및 그 응용능력	3	
③ 의사발표의 정확성과 논리성	3	
④ 품행, 성실성, 적응성, 어학능력	3	
⑤ 창의력, 의지력, 기타 발전 가능성	3	

■ 평가 및 합격 기준
- 면접위원 전체 평균 점수가 10점 이상인 자
- 단, 면접위원 과반수가 2개 항목 이상을 '하'로 평가한 경우 점수와 관계없이 불합격 처리

부산교통공사 기출 유형 분석

📋 2020.07.05. 부산교통공사 기출문제 분석

🎓 직업기초능력평가

문번	구분		문항구조	평가요소	소재
1	의사소통능력	문서작성	중문, 2문항	순서 배열	하이퍼 텍스트
2		문서이해		내용 이해	
3		문서이해	단문, 1문항	맞춤법	음운 변동 현상
4		문서작성	공문서, 1문항	자료 이해	공문서 작성 방법
5		문서작성	단문, 1문항	맞춤법	맞춤법에 어긋난 단어
6		의사표현	단문, 1문항	자료 이해	언어의 기능
7		의사표현	단문, 1문항	자료 이해	대인 커뮤니케이션의 스타일
8		문서작성	단문, 1문항	맞춤법	외래어 표기법 규정
9		경청	중문, 1문항	자료 이해	5가지 경청 유형
10	수리능력	도표분석	표, 1문항	자료 이해	2020년 5월 영화 박스오피스 순위
11		도표분석	표, 1문항	자료 이해	5개 공공기관의 2020년도 직원채용
12		기초연산	단문, 1문항	거리 계산	윤 대리가 이동한 거리
13		기초연산	문장, 1문항	수열 계산	주머니에 들어 있는 카드 개수
14		도표분석	표, 1문항	자료 이해	온라인 쇼핑몰 평가
15		도표분석	표, 1문항	자료 이해	유럽 주요 국가 보건부문 통계
16		도표분석	그래프, 1문항	자료 계산	엔진 종류별 체적
17		도표분석	그래프, 1문항	자료 계산	임원 승진시험 결과
18		기초통계	그래프, 1문항	확률 계산	멘델의 유전 법칙
19	문제해결능력	문제처리	표, 2문항	자료 이해	TRIZ 문제해결 과정
20		문제처리		자료 이해	
21	기술능력	기술선택	표, 1문항	자료 이해	로봇 청소기 '덤보' 사용설명서
22	문제해결능력	문제처리	표, 1문항	자료 이해	문제해결로 성공하는 7가지 공통 습관
23		사고력	문장, 1문항	자료 이해	창의력 훈련의 4단계
24		사고력	중문, 1문항	내용 추론	A ~ G 직원 파견국가 배치 결과
25		사고력	단문, 1문항	내용 추론	1 ~ 9 숫자 배정
26		사고력	단문, 1문항	내용 추론	부서 변경에 대한 의견
27		사고력	단문, 1문항	내용 추론	크기와 모양이 같은 사탕 6개
28		문제처리	장문, 1문항	자료 이해	스마트오더 주문방법

문번	구분		문항구조	평가요소	소재
29	자기개발능력	자기개발	그림, 1문항	자료 이해	매슬로우의 욕구단계이론
30		자기관리	그림, 1문항	자료 이해	스마트폰 사용 습관 테스트 결과
31	자원관리능력	물적자원관리	그림, 1문항	자료 이해	전사적 자원관리시스템
32		인적자원관리	단문, 1문항	자료 이해	인사관리 유연화 전략 유형
33		예산관리	단문, 1문항	내용 이해	스마트폰 생산 공장
34		자원관리	그래프2, 1문항	자료 이해	워크숍 장소로 선정될 지역
35		예산관리	표, 1문항	자료 이해	지역별 교통카드 지출액
36	자기개발능력	자아인식	중문, 1문항	자료 이해	인간발달 단계별 심리사회적 발달단계
37	정보능력	정보	장문, 2문항	자료 이해	미래사회 특징과 대응방안
38		정보		자료 이해	
39		컴퓨터활용	문장, 1문항	내용 이해	클립보드 특징
40		컴퓨터활용	문장, 1문항	엑셀 함수	TEXTJOIN 함수
41	기술능력	기술선택	단문, 1문항	자료 이해	경쟁적 · 전략적 벤치마킹의 특징
42		기술	단문, 그림, 1문항	자료 이해	화학물질의 분류 · 표시에 대한 세계조화시스템(GHS)
43		기술	단문, 1문항	자료 이해	산업안전보건기준에 관한 규칙
44		기술이해	단문, 1문항	내용 이해	기술혁신
45		기술	표, 1문항	자료 이해	페로우(Perrow)의 기술 유형
46	조직이해능력	체제이해	그림, 1문항	자료 이해	조직구조의 특징
47		경영이해	그림, 1문항	자료 이해	기업 경영환경에 대한 구조도
48	대인관계능력	리더십	단문, 1문항	내용 이해	켈러만의 팔로워십 유형
49	조직이해능력	체제이해	표, 1문항	자료 이해	환경 불확실성에 따른 조직설계
50	직업윤리	근로윤리	단문, 1문항	자료 이해	UN 글로벌 협약의 10대 원칙

부산교통공사 기출 유형 분석

전공(운영직)

문번	소재	소분류	대분류
51	〈후한서〉	고구려의 제천 행사	한국사
52	고려 현종의 업적	고려의 정치	
53	조선 세조의 업적	조선의 정치	
54	조선시대 5군영 체제	조선시대 기관	
55	전환국	조선시대 기관	
56	박은식 〈한국통사〉	조선의 문화	
77	1960~80년대의 사건	현대의 정치	
58	관형격 조사	품사	국어문법
59	전기 소설	산문문학 장르	
60	활음조 현상	음운 현상	
61	인칭대명사와 부사의 구별	품사	
62	표준 발음	어문 규정	
63	띄어쓰기	맞춤법	
64	표준어	어문 규정	
65	한자어	한자 쓰기	
66	카니발라이제이션	경제용어	경제
67	에스크로	경제용어	경제
68	IPO	금융용어	경제
69	CI	시사용어	시사
70	앰부시 마케팅	마케팅 용어	경영
71	5I 법칙	광고용어	경영
72	트롤리 딜레마	시사용어	시사
73	가스라이팅	심리학 용어	심리학
74	퍼스트 펭귄	경영용어	경영
75	그린 러시	시사용어	시사

문번	소재	소분류	대분류
76	폴리시드 맨	시사용어	문화
77	수정확대가족	가족 형태	문화
78	코하우징	주거 형태	문화
79	프라임타임	생활용어	문화
80	가니메데	위성	과학
81	화씨온도, 섭씨온도	과학용어	과학
82	플라즈마	과학용어	과학
83	밀라인 레이트	상식용어	경제
84	도로 안전거리	시사용어	상식
85	환매	금융용어	경제
86	애빌린의 역설	상식용어	경영
87	합명회사	회사 종류	경영
88	데카르트	인물	철학
89	중국 최후의 통일왕조	상식용어	역사
90	비스마르크	인물	철학
91	홍콩이 중국으로 반환된 해	시사용어	시사
92	하이든	작곡가	문화
93	맘마미아	영화용어	문화
94	대취타	음악용어	문화
95	베르누이의 정리	과학용어	과학
96	화산암	과학용어	과학
97	나노미터 길이 단위	상식용어	상식
98	보크	야구용어	스포츠
99	스크래치	IT용어	IT
100	플립 턴	수영용어	스포츠

부산교통공사 기출 유형 분석

📋 2018.11.18. 부산교통공사 기출문제 분석

📠 직업기초능력평가

문번	구분		문항구조	평가요소	소재
1	의사소통능력	문서작성	단문, 1문항	단어 쓰기	여객 운송약관
2		의사표현	내화, 1문항	단어 의미	비언어적 표현 파악
3		문서작성	단문, 1문항	표현 기법	광고에서 사용하는 표현 기법
4		문서이해	안내문, 1문항	내용 이해	열차 체험학습
5		문서작성	단문, 1문항	문장 배열	'우렁각시' 설화
6	문제해결능력	사고력	단문, 1문항	창의력	창의 코딩 프로그램
7		사고력	단문, 1문항	인지이론	다중인지이론
8	수리능력	기초통계	단문, 1문항	평균	고객응대 평가 점수
9		기초연산	단문, 1문항	연산규칙	연산 규칙 찾기
10		기초연산	단문, 표2, 1문항	인원 계산	직무이해도 평가 점수
11		도표분석	단문, 표2, 1문항	수치 계산	통합 미세먼지지수
12		기초통계	표, 1문항	확률	투자등급 변화 확률
13		도표분석	표, 1문항	자료 이해	주요 5개 공공기관 채용 현황
14		기초연산	단문, 표2, 1문항	개수 계산	야구 경기
15	문제해결능력	문제처리	표2, 1문항	조건추리	과제 부여하기
16		사고력	문장, 1문항	조건추리	가고 싶은 나라 설정하기
17		문제처리	그림, 1문항	규칙적용	오셀로 게임
18		사고력	문장, 1문항	조건추리	근무 부서 나열
19	수리능력	도표분석	표2, 1문항	자료 이해	○○고속의 고객만족도
20	문제해결능력	문제처리	문장, 1문항	문제해결기법	육색사고모자 기법
21		문제처리	단문, 1문항	문제종류	문제의 종류 파악
22	수리능력	기초연산	단문, 1문항	암호 규칙	암호 규칙 찾기
23	자기개발능력	자기관리	대화, 1문항	자기개발	자기 개발의 문제점 찾기
24		자아인식	표, 1문항	자신감과 능력	자신감과 능력의 관계

문번	구분		문항구조	평가요소	소재
25	자원관리능력	시간관리	단문, 1문항	낭비요인	하루 일과 중 시간낭비요인
26		시간관리	대화, 1문항	시간관리	자원으로서의 시간의 특징
27		물적자원관리	중문, 1문항	뱃치수준활동	뱃치수준 활동 유형 파악
28		인적자원관리	단문, 1문항	현상 이해	일중독과 조직 몰입
29		예산관리	표, 1문항	원가 계산	총 제조원가 파악
30		물적자원관리	단문, 1문항	표 해석	효과적인 물품 관리방법
31	조직이해능력	체제이해	단문, 1문항	승진제도	승진 제도의 유형 파악
32	대인관계능력	리더십	단문, 1문항	리더십	멘토링의 유형
33	조직이해능력	경영이해	단문, 1문항	경영 전략	버거킹과 맥도날드의 경영 전략
34	대인관계능력	갈등관리	대화2, 1문항	전략 이해	'너-전달법', '나-전달법'
35		갈등관리	단문, 1문항	자료해석	분노 감정 표출
36	정보능력	정보	단문, 1문항	정보 처리	5W2H 원칙 파악
37		정보	1문항	정보 처리	정보수집과정 파악
38		컴퓨터활용	1문항	컴퓨터	기본프린터 설정
39		컴퓨터활용	그림, 1문항	단축키	바로 가기 키 파악
40	기술능력	기술이해	단문, 1문항	빈칸 넣기	지속가능 발전 방법
41		기술이해	단문, 표 1문항	자료 해석	산업재해 발생구조
42		기술이해	1문항	기술관리자	기술관리자에게 요구되는 능력
43		기술선택	중문, 1문항	기술교육	기술교육의 형태 파악
44	조직이해능력	체제이해	단문, 1문항	자료 이해	조직문화 이해
45		경영이해	단문, 1문항	상황 파악	회의 결과 파악
46		체제이해	단문, 1문항	자료 이해	효율적 업무 배정 원칙
47		경영이해	문장, 1문항	자료 이해	원가우위전략 이해
48	직업윤리	공동체윤리	단문, 1문항	자료 이해	도덕과 도덕성의 차이
49		공동체윤리	1문항	내용 이해	'근면' 이해하기
50		직업윤리	그림, 1문항	내용 이해	휴대전화 예절

전공(운영직)

문번	소재	소분류	대분류
51	신석기 시대	선사 문화의 전개	한국사
52	동예의 생활상	동예의 사회	
53	장수왕의 업적	고구려의 정치	
54	고려시대 민중봉기	고려의 사회	
55	신라의 불교수용	신라의 사회	
56	병자호란	조선의 대외관계	
77	이황	조선의 문화	
58	국권피탈 이전의 사건	국제 질서의 변동	
59	같은 한자가 쓰인 단어	한자 쓰기	국어문법
60	표준어 맞춤법	어문 규정	
61	표준 발음	어문 규정	
62	고유어	국어 순화	
63	사자성어	단어 의미	
64	수사법	언어 표현	
65	고유어	국어 순화	
66	굴슬운동	생활 체육	체육
67	백업	소프트웨어 용어	IT
68	아르키메데스의 원리	부력	물리
69	유류세	시사용어	시사
70	네덜란드	월드컵 개최지	상식
71	어메니티	시사용어	시사
72	내시균형	게임이론	행정
73	노마디즘	철학 용어	철학
74	국부론	자유방임주의	경제
75	탈리오 법칙	시사용어	시사

문번	소재	소분류	대분류
76	O2O	IT용어	IT
77	시나위	국악	음악
78	노시보 효과	심리학 용어	심리
79	인터미션	음악용어	음악
80	넛크래커	시사용어	시사
81	휴민트	시사용어	시사
82	소만, 하지	절기	상식
83	퀄리티 스타트	야구용어	상식
84	플리바게닝	시사용어	시사
85	모두스 비벤디	시사용어	시사
86	전라북도	전국체육대회	시사
87	부산국제영화제	영화용어	시사
88	아젠다 세팅	시사용어	시사
89	로크	인간 오성론	철학
90	리베로	스포츠용어	체육
91	항우 유방	역사 인물	역사
92	바이애슬론	스포츠 종목	체육
93	고발	법률용어	법학
94	박항서	인물	시사
95	황금낙하산	경제용어	시사
96	턴어라운드	시사용어	시사
97	국무총리	시사용어	상식
98	아방가르드	미술용어	상식
99	타이가	지리용어	상식
100	인류세	지리용어	상식

키워드 >>> 음운현상이나 외래어표기법 등 맞춤법에 관련된 문제
하이퍼텍스트, 우렁각시 설화 등과 관련된 지문을 읽고 문단/문장을 나열하는 문제
제시된 수치나 자료를 보고 분석 또는 비율 계산하는 문제
확률 공식을 이용하여 계산하는 문제
진위나 조건을 바탕으로 추론하는 문제
사용설명서 등과 관련된 자료를 읽고 이해하는 문제
교통카드 내역, 항목별 점수 등의 자료를 보고 계산하는 문제
자원관리시스템, 인사관리 유형 등을 묻는 문제
조직도를 보고 특성을 묻는 문제

분석 >>> 의사소통능력에서는 음운현상, 외래어표기법, 틀린 단어 찾기 등 맞춤법 문제가 꾸준히 출제되고 있으므로 국어문법에 대해 제대로 숙지하고 있어야 하며, 다양한 지문의 흐름을 읽는 능력도 요구된다. 수리능력에서는 거리 · 속력 · 시간, 확률 등의 기본적인 풀이 공식을 알아 두어야 하고, 자료를 이해하고 분석하는 연습이 필요하다. 문제해결능력은 논리적 사고력을 요구하는 문제와 설명서 등을 이해하는 문제, 문제처리능력을 요구하는 문제가 출제되므로 다양한 유형을 연습해 두어야 한다. 자원관리능력은 예산, 일정 등을 계산하는 문제가 출제되므로 제시된 조건을 빠뜨리지 않고 잘 계산해야 하며, 조직이해능력은 조직도의 특징을 묻거나 경영 전략 등을 묻는 문제가 출제되므로 관련 이론을 암기해 두어야 한다. 일반상식에서는 한국사, 국어문법, 시사경제용어 관련 문제가 출제되므로 평상시에 꾸준한 학습이 필요하다.

부산교통공사

1 파트

기출예상문제

NCS란? 산업 현장에서 직무를 수행하기 위해 요구되는 각종 지식. 기술. 태도 등의 내용을 국가가 체계화한 것을 의미한다.

부산교통공사

직업기초능력평가
+일반상식

제1회

1회 기출예상문제

1 NCS 직업기초능력평가_1 ~ 50

[01 ~ 02] 다음 글을 읽고 이어지는 질문에 답하시오.

(가) 이는 'hyper(초월한)'와 'text(문서)'의 합성어이며, 1960년대 미국 철학자 테드 넬슨이 구상한 것으로, 컴퓨터나 다른 전자 기기로 한 문서를 읽다가 다른 문서로 순식간에 이동해 읽을 수 있는 비선형적 구조의 텍스트를 말한다. 대표적인 예시인 모바일의 경우 정보에 접근하는 속도는 매우 빠르지만 파편성은 극대화되는 매체다.

(나) 밀레니엄 세대(Y세대)와는 다르게 다양성을 중시하고 사물인터넷(IoT)으로 대표되는 Z세대는 대개 1995년부터 2010년까지 출생한 세대를 보편적으로 일컫는 말이다. 이들은 어렸을 때부터 인터넷 문법을 습득하여 책보다는 모바일에 익숙하다. 책은 선형적 내러티브의 서사 구조를 갖는 반면 인터넷은 내가 원하는 정보에 순식간에 접근할 수 있게 해 준다는 측면에서 정보들 사이의 서사적 완결성보다는 비선형적 구조를 지향한다. 이러한 텍스트 구조를 하이퍼텍스트라고 한다.

(다) 따라서 앞으로는 무한하게 확장된 정보 중에서 좋은 정보를 선별하고, 이를 올바르게 연결하는 개인의 능력이 중요하게 부각될 것이다.

(라) 이러한 경우, 정보의 시작과 끝이 없으므로 정보의 크기를 무한대로 확장할 수 있다는 특징을 가진다. 일반적인 문서로는 저자가 주는 일방적인 정보를 받기만 하지만 하이퍼텍스트로는 독자의 필요에 따라 원하는 정보만 선택해 받을 수 있다.

01. 윗글의 (가) ~ (라)를 문맥에 맞도록 바르게 나열한 것은?

① (가) – (다) – (나) – (라)

② (가) – (나) – (다) – (라)

③ (나) – (라) – (가) – (다)

④ (나) – (가) – (라) – (다)

02. 윗글을 읽고 추론한 내용으로 적절하지 않은 것은?

① 구슬이 서 말이라도 누가 언제 어떻게 꿰느냐에 따라 보배의 가치가 달라질 수 있는 것처럼, 정보를 활용함에 있어서도 사용자의 능력이 중요해진다.

② 쓰레기를 넣으면 쓰레기가 나온다는 말이 있듯 잘못된 데이터는 잘못된 결정을 유발하는 큰 실패 요인이 될 수 있다.

③ 아날로그 매체는 처음부터 순서대로 정보를 찾아야 하지만, 디지털 미디어는 해당 키워드를 클릭해 원하는 정보를 바로 찾을 수 있는 구조다.

④ 하이퍼텍스트 구조는 파편적이고 확장성이 제한되어 있으나 다양한 구성요소가 다양한 방식으로 결합되어 있다는 점에서 효율적이다.

03. 다음은 음운 변동에 관한 설명이다. ㉠ ~ ㉣의 적절한 예시로 나열된 것은?

> 음운은 어떤 형태소가 다른 형태소와 결합할 때, 그 환경에 따라 발음이 달라지는 현상을 말한다. 음운의 변동은 네 가지 유형으로, 어떤 음운이 형태소의 끝에서 다른 음운으로 바뀌는 ㉠교체 현상, 두 음운이 하나의 음운으로 줄어드는 ㉡축약 현상, 두 음운 중 어느 하나가 사라지는 ㉢탈락 현상, 형태소가 합성될 때 그 사이에 음운이 덧붙는 ㉣첨가 현상이 있다.

	㉠	㉡	㉢	㉣
①	꽃	놓이다	먹히다	솜이불
②	꽃	먹히다	놓이다	솜이불
③	솜이불	놓이다	먹히다	꽃
④	먹히다	놓이다	솜이불	꽃

1회 기출예상문제
2회 기출예상문제
3회 기출예상문제
4회 기출예상문제
5회 기출예상문제
6회 기출예상문제
인성검사
면접가이드

04. 다음과 같은 문서를 작성할 때의 설명으로 적절한 것은?

행 정 기 관 명

수신자
(경유)
제 목

내용

붙임

발 신 명 의

기안자   검토자   결재권자
협조자
시행 처리과명-연도별 일련번호(시행일)   접수 처리과명-연도별 일련번소(접수일)
우   도로명 주소   / 홈페이지 주소
전화 (   )   팩스 (   )   / 기안자 전자우편주소 / 공개구분

---

① 행정기관 상호 간 또는 대외적으로 공무상 작성·시행되는 문서나 그 형식에는 아무런 제한이 없다.

② 일반적으로 핵심내용뿐만 아니라 가능한 한 많은 내용을 담아내야 하므로 장황하더라도 최대한 자세히 적어야 한다.

③ 날짜의 표기는 숫자로 하되, 연·월·일의 글자는 생략하고 그 자리에 쌍점을 찍어 표시한다.

④ 행정기관 장의 권한인 경우에는 해당 행정기관 장의 명의로 발신한다.

05. 다음 ㉠ ~ ㉣ 중 그 쓰임이 적절한 것은?

산꼭대기에는 해를 비롯한 ㉠ <u>천채</u>의 움직임을 보여 주는 ㉡ <u>금빛</u> 혼천의가 돌고, 그 아래엔 4명의 선녀가 매시간 종을 울린다. ㉢ <u>산기슥</u>은 동서남북 사분면을 따라 봄 · 여름 · 가을 · 겨울 산이 펼쳐져 있다. 산 아래 평지에는 밭 가는 농부, 눈 내린 기와집 등 조선땅의 사계절이 ㉣ <u>묘사돼</u> 있고, 쥐 · 소 · 호랑이와 같은 12지신상이 일어섰다 누웠다를 반복하며 시간을 알린다.

---

① ㉠   ② ㉡

③ ㉢   ④ ㉣

06. 다음 글의 ㉠은 언어의 기능 중 무엇에 가장 가까운가?

A 차장은 출판에이전시에서 근무하고 있다. 독일어를 전공한 그의 주요 업무는 독일어 원서를 읽고 한국의 출판사에 책을 소개하는 일이다. 독서광인 그는 독일어로 된 책을 읽는 것을 무척이나 즐긴다. 하지만 ㉠<u>그가 작성한 책 소개서</u>는 국내의 출판사에 큰 매력을 주지 못하고 있다. 그는 글을 재미있게 쓰지 못하는 탓에 글쓰기 학원이라도 다녀야 할지 고민이다.

---

① 신체언어 중 산출기능   ② 음성언어 중 산출기능

③ 음성언어 중 수용기능   ④ 문자언어 중 산출기능

07. 다음은 개인 간 의사소통 유형 분석과 관련된 내용이다. 〈보기〉의 내용은 어떤 대인 커뮤니케이션 스타일에 해당하는가?

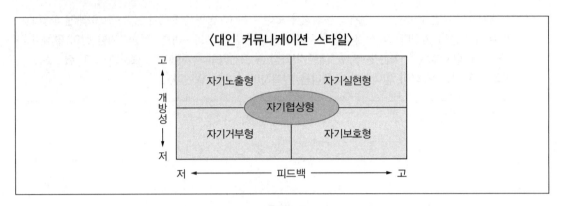

〈대인 커뮤니케이션 스타일〉

보기

　　K 씨는 자신의 행태에 대한 반응을 계속적으로 타인에게 물어봄으로써 타인들이 자신에게 초점을 두게끔 조장하는 행동을 보인다.

① 자기노출형　　　　　　　　　　② 자기실현형

③ 자기거부형　　　　　　　　　　④ 자기보호형

08. 다음의 외래어 표기법 규정에 따라 빈칸 (A)에 들어갈 사례로 적절한 것은?

제5항 비음([m], [n], [ŋ])
1. 어말 또는 자음 앞의 비음은 모두 받침으로 적는다.

(A)

2. 모음과 모음 사이의 [ŋ]은 앞 음절의 받침 'ㅇ'으로 적는다.

　　예) hanging[hæŋiŋ] 행잉, longing[lɔŋiŋ] 롱잉

www.gosinet.co.kr

gosinet

1회 기출예상문제

2회 기출예상문제

3회 기출예상문제

4회 기출예상문제

5회 기출예상문제

6회 기출예상문제

인성검사

면접가이드

① cat[kæt] 캣, gap[gæp] 갭
② corn[kɔːn] 콘, lamp[læmp] 램프
③ hint[hint] 힌트, mask[mɑːsk] 마스크
④ hotel[houtel] 호텔, pulp[pʌlp] 펄프

09. 다음 자료를 바탕으로 할 때, (가)~(마)에 들어갈 말이 바르게 연결된 것은?

> Hearing은 청력, 청각을 뜻하는 것으로 감각 능력으로서의 듣기이며 잘 들리냐, 잘 안 들리느냐의 차이로 구별된다. 반면 Listening은 청취, 귀 기울임의 의미를 가지며 화자가 어떤 것을 전하고자 하는 가를 파악하면서 주의를 기울여 듣는 것을 말한다. 그런데 경청은 여기에 더해 들은 내용을 올바르게 이해하는 것까지 포함한다. 경청을 제대로 이해하기 위해서는 우선 다음과 같은 잘못된 듣기의 다섯 가지 유형에 대해 알아볼 필요가 있다.

(가)	자기 주장만 늘어놓는 유형으로, 대단히 고집이 세며 남의 말을 듣는 척만 할 뿐 실제로는 전혀 들으려고 하지 않는다.
(나)	듣기는 하지만 말귀를 잘 알아듣지 못하거나 일부러 무시하는 유형으로, 상대방의 말을 이해하려는 노력이 부족한 유형이다.
(다)	주의를 기울이지 않고 남의 말을 대충 흘려듣는 유형이다. 들으면서 속으로는 다른 생각을 하거나 한 귀로 듣고 다른 귀로 흘리는 식으로 듣는다.
(라)	상대방의 이야기를 주의 깊게 듣지만, 이해하려는 입장이 아니라 경계하며 방어하는 자세로 듣다가 허점이 보이면 곧바로 반격하는 유형이다.
(마)	말 속에 담긴 뜻을 헤아리지 않고 겉으로 드러난 자구(字句)에 얽매이는 유형이다.

	(가)	(나)	(다)	(라)	(마)
①	절벽형	쇠귀형	건성형	매복형	직역형
②	쇠귀형	절벽형	매복형	직역형	건성형
③	쇠귀형	절벽형	직역형	건성형	매복형
④	절벽형	건성형	직역형	매복형	쇠귀형

10. 다음 자료를 활용하여 글을 쓰려고 할 때, 적절하지 않은 것은?

(단위 : %, 중복 응답)

인터넷의 순기능	88.4 다양한 정보의 습득	59.0 편리한 커뮤니케이션	46.6 온라인 교육 및 여가 활용	13.1 다양한 의견의 장	12.9 다양한 동호회 참여 및 활동
인터넷의 역기능	84.3 욕설, 비방, 허위 사실 유포	83.9 성인 음란물 유통	56.2 개인 정보 유출	16.1 저작권 침해	10.2 반국가 행위

① 인터넷을 이용하면 필요한 정보를 다양하게 얻을 수 있음을 주장한다.
② 자신의 권리가 침해되지 않도록 보안 강화 방안의 필요성을 강조한다.
③ 타인의 권리를 침해하지 않도록 인터넷 윤리 교육의 필요성을 강조한다.
④ 인터넷이 잘못된 여론을 형성할 수 있으므로 인터넷 사용을 금지할 것을 주장한다.

11. 다음은 갑 지역 주요 5개 공공기관의 2020년도 직원 채용에 관한 자료이다. 이에 대한 설명으로 옳지 않은 것은?

(단위 : 명)

구분	신입직		경력직	
	사무직	기술직	사무직	기술직
A 기관	92	80	45	70
B 기관	77	124	131	166
C 기관	236	360	26	107
D 기관	302	529	89	73
E 기관	168	91	69	84

※ 채용전형은 신입직과 경력직으로 구분되고, 각각은 사무직과 기술직으로 구성된다.

1회 기출예상문제

2회 기출예상문제

3회 기출예상문제

4회 기출예상문제

5회 기출예상문제

6회 기출예상문제

인성검사

면접가이드

① 각 기관별 전체 채용인원에서 사무직 채용인원이 차지하는 비중은 E 기관이 가장 높다.

② 5개 공공기관의 전체 채용인원에서 C 기관 채용인원이 차지하는 비중은 약 25%이다.

③ D 기관 전체 채용인원에서 경력직 채용인원이 차지하는 비중은 16%를 초과하지 않는다.

④ 각 기관별 전체 채용인원에서 신입직 채용인원이 차지하는 비중이 50% 미만인 공공기관은 B 기관뿐이다.

12. 다음은 2020년 5월 전체 영화 박스오피스 상위 10위에 관한 자료이다. 이에 대한 설명으로 적절하지 않은 것은? (단, 15세 등급 영화는 만 15세부터 관람할 수 있다)

집계기간 : 2020년 5월 1일 ~ 31일						
순위	영화제목	배급사	개봉일	등급	스크린수(관)	관객 수(명)
1	신세계	CJ	4. 23.	15세	1,977	4,808,821
2	위대한 쇼맨	롯데	4. 9.	12세	1,203	2,684,545
3	날씨의 아이	메리	4. 9.	15세	1,041	1,890,041
4	킬러의 보디가드	A사	5. 13.	전체	1,453	1,747,568
5	패왕별희	B사	5. 1.	12세	1,265	1,545,428
6	비커밍제인	CJ	5. 1.	12세	936	697,964
7	오퍼나지	CJ	5. 1.	15세	1,081	491,532
8	동감	A사	5. 17.	15세	837	464,015
9	이별의 아침에	NEW	5. 10.	전체	763	408,088
10	언더워터	롯데	4. 1.	12세	1,016	393,524

① 2020년 5월 박스오피스 상위 10개의 영화 중 CJ가 배급한 영화가 가장 많다.

② 2020년 5월 박스오피스 상위 10개의 영화 중 2020년 5월 6일에 甲(만 12세)과 乙(만 13세)이 함께 볼 수 있었던 영화는 총 4편이다.

③ 2020년 5월 '신세계'의 관객 수는 '언더워터'의 관객 수보다 10배 이상 많다.

④ 스크린당 관객 수는 '오퍼나지'가 '동감'보다 많다.

13. 다음 그림과 같이 직선 도로 위에 세 지점 A, B, C가 있다. 윤 대리는 A에서 출발하여 B를 지나 C를 향하고 있으며, 윤 대리가 B를 지날 때 홍 대리도 B에서 출발하여 두 명이 동시에 C에 도착하였다. 〈조건〉을 참고할 때 a에 들어갈 숫자는?

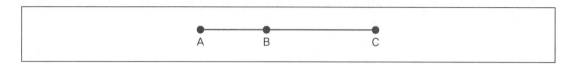

보기

- A에서 C까지의 거리는 300m이다.
- 윤 대리와 홍 대리는 같은 속도로 움직인다.
- 윤 대리가 A에서 출발하여 a만큼 이동했을 때, 홍 대리가 이동한 거리는 A에서 C까지 거리의 $\frac{1}{2}$이다.
- 홍 대리가 B에서 출발하여 a만큼 이동했을 때, 윤 대리가 이동한 거리는 B에서 C까지의 거리와 같다.
- a는 A에서 B까지의 거리보다 길다.

① 180m   ② 190m

③ 200m   ④ 210m

14. 1부터 1,000까지의 숫자가 적힌 카드 1,000장이 있다. 첫 번째 주머니에는 1이 적힌 카드 1장을 넣고, 두 번째 주머니에는 2, 3이 적힌 카드 2장을 넣고, 세 번째 주머니에는 4, 5, 6이 적힌 카드 3장을 넣었다. 이와 같이 주머니에 카드를 한 장씩 늘려가며 넣을 때, 1,000이 적힌 카드가 들어있는 주머니에는 총 몇 장의 카드가 들어 있는가?

① 10장   ② 11장

③ 12장   ④ 13장

15. 다음은 동일한 제품을 판매하는 온라인쇼핑몰 A ~ C 세 곳에 대해 구매자들이 평가한 표이다. 이에 대한 설명으로 옳지 않은 것은? (단, 모든 항목은 100점 만점이다)

(단위 : 점)

항목 온라인쇼핑몰	품질	배송	불만처리 응대	가격
A	90	86	93	80
B	92	90	85	86
C	94	80	91	85

① 모든 항목을 더한 총점이 가장 높은 온라인쇼핑몰은 B이다.

② 배송과 불만처리 응대에 큰 비중을 두는 소비자라면 온라인쇼핑몰 A를 선택할 확률이 높다.

③ 품질 점수에 50%의 가산점을 부여할 때, 총점이 가장 높은 온라인쇼핑몰은 B이다.

④ 배송 점수에 50%의 가산점을 부여해도 온라인쇼핑몰의 총점 순위에는 변동이 없다.

16. 다음은 20X9년 유럽 주요 국가의 보건부문 통계 자료이다. 이에 대한 설명으로 옳은 것을 〈보기〉에서 모두 고르면?

구분	기대수명(세)	조사망률(명)	인구 만 명당 의사 수(명)
독일	81.7	11.0	38.0
영국	79.3	10.0	27.0
이탈리아	81.3	10.0	37.0
프랑스	81.0	9.0	36.0
그리스	78.2	12.0	25.0

※ 조사망률 : 인구 천 명당 사망자 수

보기

ㄱ. 유럽에서 기대수명이 가장 낮은 국가는 그리스이다.

ㄴ. 인구 만 명당 의사 수가 많을수록 조사망률은 낮다.

ㄷ. 20X9년 프랑스의 인구가 6,500만 명이라면 사망자는 약 585,000명이다.

① ㄱ

② ㄷ

③ ㄱ, ㄴ

④ ㄴ, ㄷ

17. 다음은 멘델의 유전 법칙에 대한 내용이다. F_1과 F_2를 하나씩 골라 교배시켜 얻은 자손이 주름진 완두(rr)였을 때, F_2가 주름진 완두(rr)일 확률은?

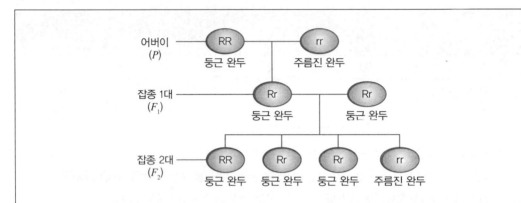

* 우열의 법칙 : 순종(다른 계통이 섞이지 않은 순수한 집단 혹은 개체)인 두 대립 형질(우성과 열성)의 개체를 교배시켰을 때, 잡종 제1대(F_1)에서는 우성의 형질만 나타나고 열성의 형질은 나타나지 않는다.

* 분리의 법칙 : F_1에서 교배가 일어나면 짝을 이루던 대립 유전자들은 서로 분리되어 F_2의 형질이 3 : 1의 비율로 분리되어 나타난다.

① 0

② $\dfrac{1}{8}$

③ $\dfrac{1}{4}$

④ $\dfrac{1}{2}$

18. 다음은 엔진 종류별 행정 체적과 연소실 체적에 관한 자료이다. 압축비가 가장 큰 엔진과 가장 작은 엔진을 순서대로 바르게 나열한 것은? (단, 소수점 아래 둘째 자리에서 반올림한다)

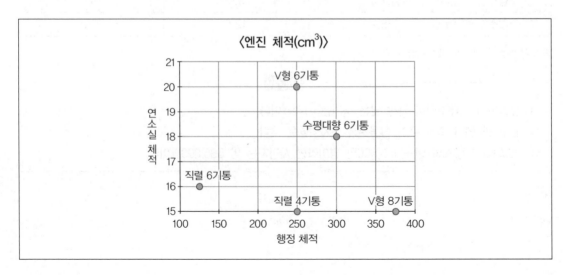

〈공식〉

$$압축비 = \frac{행정\ 체적 + 연소실\ 체적}{연소실\ 체적}$$

① V형 8기통, 직렬 6기통   ② V형 8기통, V형 6기통

③ V형 8기통, 수평대항 6기통   ④ 직렬 4기통, V형 6기통

19. 다음은 ○○공사의 임원 승진시험 결과에 대한 자료이다. 정답을 맞힐 시 한 문제당 1점을 득점하고, 답을 기입하지 않을 시 0점으로 처리하며, 답을 기입하였지만 정답을 맞히지 못할 시 한 문제당 1점을 감점하는 방식으로 점수를 계산한다. 승진시험은 총 50문항이라 할 때, A ~ E 중 답을 가장 많이 기입하지 않은 사람은? (단, 정확도는 소수점 아래 둘째 자리에서 반올림한다)

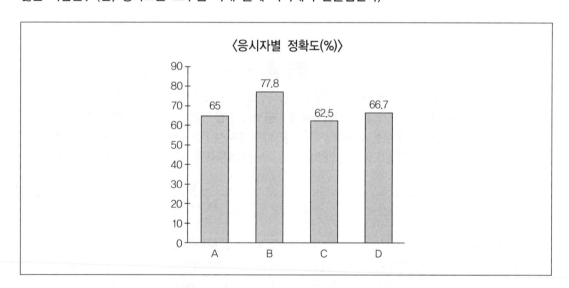

〈응시자별 정확도(%)〉

※ 정확도(%) = $\dfrac{정답을\ 맞힌\ 문항\ 수}{답을\ 기입한\ 문항\ 수} \times 100$

〈응시자별 점수〉

응시자	A	B	C	D
점수(점)	12	10	8	8

① A   ② B

③ C   ④ D

20. 다음은 2020년 1 ~ 5월 업종별 부품소재 수출금액에 관한 그래프이다. 주어진 그래프와 정보를 토대로 A ~ D 각각에 맞는 업종을 바르게 짝지은 것은?

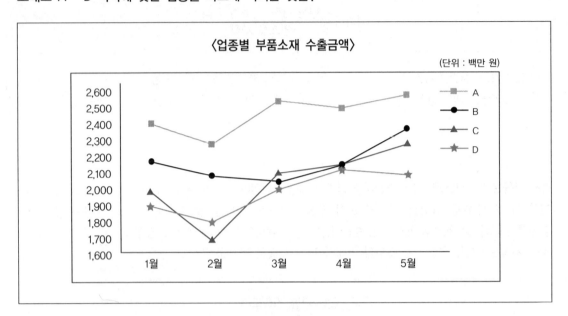

<업종별 부품소재 수출금액>

(단위 : 백만 원)

정보

　2월의 부품소재 수출은 전 업종에서 감소세를 나타내었으나, 3월에는 제1차 금속의 수출을 제외하고 모두 증가세를 회복했다. 3월의 업종별 부품소재 수출금액의 전월 대비 증가율은 전기기계부품이 가장 컸다. 제1차 금속과 전기기계 부품의 수출금액은 3월 이후 꾸준한 증가세를 나타낸 반면, 일반기계부품의 수출금액은 5월에 다시 감소세를 나타내었다. 또한, 수송기계부품은 매달 감소세와 증가세를 번갈아 나타내었다.

	A	B	C	D
①	제1차 금속	수송기계부품	전기기계부품	일반기계부품
②	수송기계부품	일반기계부품	제1차 금속	전기기계부품
③	수송기계부품	제1차 금속	일반기계부품	전기기계부품
④	수송기계부품	제1차 금속	전기기계부품	일반기계부품

[21 ~ 22] 다음은 TRIZ 문제해결의 과정을 나타낸 것이다. 이를 바탕으로 이어지는 질문에 답하시오.

단계	1단계	2단계	3단계	4단계	5단계
	문제 파악	문제 정보 찾기	문제 원인 정의	해결안 도출	해결안 적용
설명	문제 요소 파악 및 성공 기준 설정	문제의 공식화 및 시스템 분석	문제의 명확화	자원 분석 및 모순정의, 해결안 도출	해결안 검증 및 적용
세부 단계		(가)			
사용 도구			(나)		

21. 위의 (가)를 구성하는 세부단계를 순서대로 바르게 나열한 것은?

가. 시스템 분석   나. 문제 관련 내용 찾기
다. 현장 시스템의 정상적인 기능도   라. 문제 검증 및 자체 제거
마. 문제의 공식화

---

① 가 – 나 – 다 – 라 – 마   ② 가 – 마 – 다 – 나 – 라
③ 나 – 가 – 마 – 라 – 다   ④ 나 – 마 – 가 – 라 – 다

22. 위의 (나)에 들어갈 도구로 가장 적절한 것은?

① 모순도식표   ② 기능도
③ 관리 그래프   ④ 왜왜(Why–why) 분석

1회 기출예상문제
2회 기출예상문제
3회 기출예상문제
4회 기출예상문제
5회 기출예상문제
6회 기출예상문제
인성검사
면접가이드

23. 다음은 로봇 청소기 '덤보'의 사용설명서이다. 이에 대한 설명으로 적절하지 않은 것은? (단, 제품 사용설명서에 제시된 내용만 고려한다)

증상	확인 사항
덤보가 전혀 작동하지 않아요.	– 덤보가 방전되었는지 확인해 주세요. – 리모컨이 작동하지 않으면 건전지를 새것으로 교체해 주세요.
덤보가 청소 중에 멈췄어요.	– 측면 상태표시부에 '!'가 뜨면 충전시아로 옮겨 충전해 주세요. – 문턱이나 전선 등의 장애물에 걸려 있는 경우, 덤보를 들어 다른 곳으로 옮겨 주세요.
먼지 흡입이 잘 안 돼요.	– 밑면의 브러시가 이물질로 막혀 있는 경우, 비상스위치를 끈 뒤 이물질을 제거해 주세요. – 먼지통에 먼지가 많을 경우, 비상스위치를 끄고 먼지통을 비운 뒤 필터를 세척해 주세요.
청소 중 제자리에서 회전해요.	먼지가 많은 곳은 덤보가 회전하면서 집중적으로 청소합니다.
덤보가 충전시아를 찾지 못해요.	– 충전시아의 전원이 꺼져 있는지 확인해 주세요. – 충전시아 주변에 장애물이 있는 경우 장애물을 제거해 주세요.

① 덤보가 전혀 작동을 하지 않는다면 확인할 사항은 두 가지이다.

② 충전이 필요하다는 '!'가 표시되는 상태표시부는 덤보의 측면에 있다.

③ 덤보가 계속 제자리에서 회전하면 덤보를 들어 다른 곳으로 옮겨 줘야 한다.

④ 먼지통의 먼지를 제거하고 필터를 세척할 경우 비상스위치를 꺼야 한다.

24. 다음은 창의력 훈련의 4단계를 순서에 따라 도식화한 것이다. (가)에 해당하는 내용은?

step 1. 준비기	step 2. 발생기	step 3. 잠복기	step 4. 집중기
		(가)	

① 문제와 어려운 과제를 인식하는 힘을 기른다.

② 신중하고 체계적으로 주어진 정보를 고찰한다.

③ 자신의 아이디어가 물 흐르듯 자연스럽게 진행되도록 다양한 방법을 활용한다.

④ 능동적 사고를 돕기 위하여 산책, 가벼운 운동, 휴식으로 긴장을 푸는 것이 필수적이다.

1회 기출예상문제

2회 기출예상문제

3회 기출예상문제

4회 기출예상문제

5회 기출예상문제

6회 기출예상문제

인성검사

면접가이드

25. 스티븐 코비(Stephen Covey)는 효과적인 문제해결에 성공하는 사람들은 7가지의 공통적인 습관을 가지고 있다고 주장한다. 다음 (가) ~ (라)에 들어갈 말이 잘못 연결된 것은?

(가)	– 일단 실행하여 사건이 발생하게 하라. – 주도적으로 새로운 생각과 혁신안을 찾아라. – 부정적 환경이 자신의 행동과 결정에 영향을 주지 못하게 하라. – 실수를 하더라도 감사하며 이를 통해 배우고 계속 진행해라.
(나)	– 먼저 이루고자 하는 목표를 결정하고 그것을 어떻게 이룰지 생각하라. – 자신의 신념과 목적을 생각하고 이행하는 단계에서 올바른 방향으로 가고 있는지 확인하라.
(다)	– 자신의 목표를 주기적으로 검토하고 우선순위를 정하라. – 매일매일 최우선순위를 정하고 그것들을 수행할 시간을 미리 설정하라. – 중요하지만 긴급하지 않은 일을 우선적으로 하면서 긴급한 일을 해결할 시간도 고려해야 한다.
	– 관계를 다른 가치보다 우선시하고 결정과 행동계획에 관계된 모든 사람들의 기분이 좋게 하라. – 상호에게 이익이 되는 해결방안을 위한 쟁점과 결론을 찾아라.
(라)	– 상황에 대해 가능한 한 많이 탐색하라. – 다른 사람의 이야기를 경청하고 공감하라. – 이해시키는 것에 적응하며 타인과의 소통에 신경 써라.
	– 각자의 합보다 전체가 커지게 하라. – 같이 일하는 사람들이 서로 다르다는 사실을 인정하라. – 개방적이고 정직한 의사소통을 촉진하라.
	– 배우고, 갱신하고, 실행하는 과정을 반복하여 지속적으로 쇄신하라. – 신체적, 사회감정적, 지적, 영적 발전을 도모하라.

① (가) – 쌍방의 승리전략을 생각하라.

② (나) – 목표를 가지고 시작하라.

③ (다) – 일의 순서를 정하라.

④ (라) – 이해할 것을 먼저 찾고 그 후에 이해시켜라.

26. ○○기업에서 직원 A ~ G를 해외로 파견 보내기 위해 아래와 같은 기준으로 파견 국가에 배치했다. 직원들의 배치 결과로 옳지 않은 것은?

- 국가별 필요 인원

영국	스페인	러시아
2명	4명	1명

- 파견 국가 배치 기준
  1) 직원들은 모두 2지망까지 신청
  2) 1지망에서 필요 인원보다 신청 인원이 많은 경우 : 인사평가 성적이 높은 직원을 우선 배치
  3) 1지망 신청 국가에 배치되지 못한 직원은 2지망 신청 국가에 배치되는데, 1지망 배치 후 남은 필요 인원보다 신청 인원이 많은 경우 : 인사평가 성적이 높은 직원을 우선 배치
  4) 1, 2지망 신청 국가에 모두 배치되지 못한 직원 : 필요 인원을 채우지 못한 국가에 배치

- 직원의 인사평가 성적 및 1, 2지망 신청 국가

직원	A	B	C	D	E	F	G
평가 성적	98	88	92	83	99	81	97
1지망	러시아	러시아	스페인	러시아	스페인	영국	러시아
2지망	영국	스페인	영국	영국	러시아	스페인	영국

※ 단, 인사평가 성적이 같은 사람은 없다.

① A는 1지망 국가에 배치된다.
② B는 2지망 국가에 배치된다.
③ D는 2지망 국가에 배치된다.
④ F는 1지망 국가에 배치된다.

www.gosinet.co.kr gosinet

1회 기출예상문제
2회 기출예상문제
3회 기출예상문제
4회 기출예상문제
5회 기출예상문제
6회 기출예상문제
인성검사
면접가이드

27. ㉮ ～ ㉷의 자리에 1부터 9까지의 서로 다른 정수를 넣으려고 한다. 다음 조건에 맞게 숫자를 배정할 경우, 〈보기〉에서 옳은 내용을 모두 고르면?

㉮	㉯	㉰
㉱	㉲	㉳
㉴	㉵	㉶

(1) 네 모서리(㉮, ㉰, ㉴, ㉶)와 중앙의 자리(㉲)는 홀수가 들어간다.
(2) ㉮와 ㉲를 더한 값은 ㉴보다 작다.
(3) ㉶는 ㉴보다 큰 수이다.
(4) ㉰는 ㉶보다 큰 수이다.
(5) ㉮와 ㉰를 더한 값은 ㉴와 ㉶를 더한 값과 같다.
(6) ㉯와 ㉵를 더한 값은 ㉱와 ㉳를 더한 값과 같다.
(7) ㉯는 ㉮, ㉰보다 작은 수이다.
(8) ㉱는 ㉮, ㉴보다 큰 수이다.

보기

A. ㉰, ㉲, ㉴를 더한 값은 ㉮, ㉲, ㉶를 더한 값보다 크다.
B. ㉮, ㉱, ㉴를 더한 값은 ㉰, ㉳, ㉶를 더한 값보다 크다.
C. ㉮, ㉯, ㉰를 더한 값은 ㉴, ㉵, ㉶를 더한 값보다 크다.

① A
② C
③ A, B
④ B, C

28. □□기업의 인사 담당자인 갑, 을, 병, 정, 무는 기 사원의 부서 변경에 대해 각각 찬성, 반대 또는 기권의 의견을 제시한 후 다음과 같이 각각 두 개의 진술을 했다. 다섯 사람의 두 진술 중 하나는 진실이고 하나는 거짓일 때, 다음 중 반드시 진실인 것은?

갑 : 나는 찬성하였고, 을은 기권하였다.
을 : 나는 기권하였고, 병은 찬성하였다.
병 : 나는 기권하였고, 을도 기권하였다.
정 : 나는 찬성하였고, 무는 반대하였다.
무 : 나는 반대하였고, 갑도 반대히였다.

① 갑은 찬성하지 않았다.
② 병은 반대하지 않았다.
③ 정은 찬성하지 않았다.
④ 무는 반대하지 않았다.

29. 다음 〈조건〉을 바탕으로 〈보기〉 중 옳은 것을 모두 고르면?

조건

• 안이 보이지 않는 상자 안에 크기와 모양이 같은 사탕 6개가 들어있다.
• 6개의 사탕은 딸기맛 3개, 포도맛 2개, 사과맛 1개이고, 각 색깔에 따른 점수는 순서대로 1점(딸기맛), 5점(포도맛), 10점(사과맛)이다.
• A ~ F 여섯 사람은 각각 한 개의 사탕을 뽑는다.
• 뽑은 결과 A와 D는 서로 같은 맛 사탕을, B, C, F는 각각 서로 다른 맛 사탕을 뽑았다.

보기

(ㄱ) E는 10점을 얻지 못했다.
(ㄴ) A와 D의 점수의 합은 10이다.
(ㄷ) E와 F가 같은 색의 사탕을 뽑았다면 B와 C의 점수의 합은 11이다.
(ㄹ) E는 1점을 얻을 수 없다.
(ㅁ) C가 뽑은 사탕이 딸기맛이면 F가 뽑은 사탕은 사과맛이다.

① (ㄱ), (ㄴ), (ㄷ)
② (ㄱ), (ㄴ), (ㄹ)
③ (ㄱ), (ㄷ), (ㄹ)
④ (ㄷ), (ㄹ), (ㅁ)

30. 다음 자료를 읽고 스마트오더를 이용한 사례로 옳지 않은 것은?

〈스마트오더 주문방법〉

- 주문방법
  (1) 음료 선택 : 기호에 맞게 세부 옵션을 설정할 수 있습니다.
      - 최대 주문 수량은 1회당 10개
      - 매장 상황에 따라 일부 메뉴는 주문이 불가능할 수 있습니다.
  (2) 내 주변 매장 찾기 : 현재 위치에서 2km 이내의 매장에서만 주문할 수 있습니다(단, 어플 접근 권한에 실시간 위치를 허용해야 이용 가능. 권한 거부 시 픽업 매장 직접 설정).
  (3) 결제하기
      - 신용(체크)카드, 간편결제, 멤버십카드, e-쿠폰
      - 자주 쓰는 결제 정보를 저장하여 사용
  (4) 주문현황 실시간 확인
  (5) 음료 픽업

- 주문접수
  - 접수 후 3분 이내 미승인 시, 안내 팝업창이 생성되며 '대기 / 취소 유무'를 선택할 수 있습니다.
  - 접수 후 10분 이내 미승인 시, 자동취소 후 취소안내가 발송됩니다.

- 주문취소
  - 메뉴 취소는 매장의 주문 승인 이전에만 가능합니다.
  - 메뉴 변경은 매장의 주문 승인 이전에 취소 후 재주문해 주시기 바랍니다.
  - 주문 후 매장에서 주문 승인 시, 메뉴 제조가 시작되어 취소가 불가능합니다.

- 운영시간
  - 스마트오더 전송 가능 시간은 07시부터 22시까지입니다.
  - 매장별 운영시간이 상이하므로 해당 매장의 운영 시간을 참고하시기 바랍니다.

- 이용안내
  - 멤버십카드를 등록하시면 보다 간편하게 주문하실 수 있습니다.
  - 스마트오더로 주문 시 스탬프가 자동 적립됩니다.
  - 스마트오더로 주문하신 금액에 대해 소득공제 혜택을 받으실 수 있습니다.

---

① 출근길에 직장 근처 매장을 지정하여 커피를 결제하였으나 10분 이내에 승인되지 않아 자동으로 취소가 되었다.

② 오후 시간에 졸음이 몰려와 샷 2개를 추가한 아메리카노를 주문하여 직장 근처 매장에서 픽업하였다.

③ 야근 후 오후 10시 30분에 24시간 운영하는 매장을 향하면서 미리 음료를 주문했다.

④ 10명이 참석하는 회의를 위해 미리 음료를 주문하고 두 사람이 음료를 픽업하러 다녀왔다.

31. 다음은 ○○사에서 도입하고자 하는 시스템을 도식화한 자료이다. 이에 대한 설명으로 옳지 않은 것은?

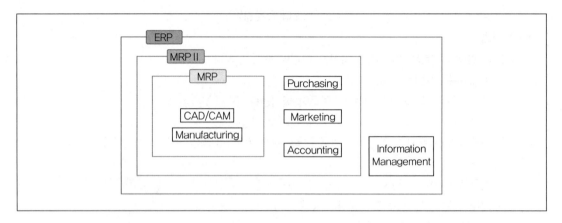

① 각 업무의 연계시스템으로 인해 절차가 간소화되고 신속한 업무진행이 가능하다.

② 구축하는 시간과 비용이 적게 들고, 구축한 이후에 시간 단축을 통해 비용을 절감할 수 있다.

③ 지속적이고 정확한 데이터의 업데이트가 이루어져 정보접근이 용이한 통합 데이터베이스 관리시스템이다.

④ 축적된 데이터를 통계로 활용하여 기업의 생산성 향상에 기여할 수 있다.

32. 다음은 인사관리 유연화 전략의 유형을 정리한 자료이다. 내용으로 옳지 않은 것은?

수량적 유연성	고용형태의 유연성	① 유연한 정리해고 절차
	근무형태의 유연성	② 변형근로시간제
	작업의 외부화	③ 인력파견회사로부터 파견근로자 고용
기능적 유연성	유연적 기능	교육훈련을 통한 다기능화와 지식 숙련 향상
	유연적 보수	④ 직능급에서 연공급으로의 임금구조의 전환

33. 다음 글을 읽고 〈보기〉에서 틀린 설명을 모두 고른 것은?

K 전자는 스마트폰 생산 공장으로 A 공장과 B 공장을 가지고 있다. A 공장에서는 K 전자 스마트폰의 60%를 생산하고, B 공장에서 나머지를 생산한다. A 공장에서 생산한 K 전자 스마트폰의 4%에서 배터리 구조에 결함이 발견되었고, B 공장의 경우 6%에서 배터리 구조 결함이 발견되었다.

A 공장에서 생산한 스마트폰의 대당 변동비는 10,000원, 고정비는 1억 원이며 B 공장에서 생산한 스마트폰의 대당 변동비는 8,000원, 고정비는 2억 원이다.

보기

ㄱ. A 공장에서 스마트폰 10,000대를 생산할 경우 대당 제조비용은 20,000원이다.

ㄴ. K 전자 스마트폰에 배터리 구조 결함이 있을 확률은 5% 미만이다.

ㄷ. 배터리 구조 결함이 있는 K 전자 스마트폰이 A 공장에서 생산되었을 가능성은 B 공장에서 생산되었을 가능성보다 높다.

ㄹ. B 공장에서 스마트폰 10,000대를 생산할 경우 총 제조비용에서 배터리 구조 결함이 있는 스마트폰 제조비용은 6%를 초과한다.

① ㄱ, ㄴ   ② ㄱ, ㄷ

③ ㄴ, ㄹ   ④ ㄷ, ㄹ

34. 다음은 지역별 교통카드 지출내역에 대한 자료이다. 1인당 교통카드 지출액이 가장 많은 지역은?

〈표〉 20X9년 지역별 교통카드 지출액

구분	지출액(억 원)	인구(만 명)
A 지역	60,264	972
B 지역	19,437	341
C 지역	16,225	295
D 지역	15,730	242

① A 지역   ② B 지역

③ C 지역   ④ D 지역

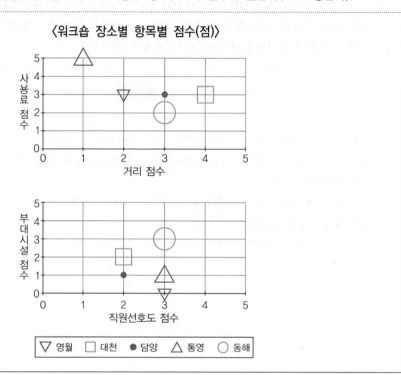

35. 다음 〈조건〉과 〈워크숍 장소별 항목별 점수〉에 따라 워크숍 장소로 선정될 지역은 어디인가?

조건

워크숍 장소는 거리, 시설 사용료, 직원선호도, 부대시설에 대해 점수를 부여하고, 총 점수가 가장 높은 지역으로 결정한다(단, 최고점이 두 곳 이상인 경우, 거리 점수가 높은 곳으로 정한다).

〈워크숍 장소별 항목별 점수(점)〉

① 대천   ② 담양
③ 통영   ④ 동해

36. 시간의 고유한 성격으로 인하여 소요 시간을 단축한다는 것은 매우 힘든 일 중 하나이다. 하지만 시간의 특성을 잘 이해하고 시간 절약을 통해서 볼 수 있는 효과를 생각한다면, 시간관리능력은 직업인으로서 반드시 갖추어야 할 능력이다. 시간을 관리하는 유형을 다음과 같이 나누어 볼 때, 시간 창조형과 시간 절약형 직업인이 거둘 수 있는 효과로 적절하지 않은 것은?

〈시간관리의 유형〉
1. 시간 창조형(24시간형 인간)
   긍정적이며 에너지가 넘치고 빈틈없는 시간계획을 통해 비전과 목표 및 행동을 실천하는 사람
2. 시간 절약형(16시간형 인간)
   8시간의 회사 업무 이외에도 8시간을 효율적으로 활용하고 8시간을 자는 사람, 정신없이 바쁘게 살아가는 사람
3. 시간 소비형(8시간형 인간)
   8시간 일하고 16시간을 제대로 활용하지 못하며 빈둥대면서 살아가는 사람, 시간은 많은데도 불구하고 마음은 쫓겨 바쁜 척하고 허둥대는 사람
4. 시간 파괴형(0시간형 인간)
   주어진 시간을 제대로 활용하기는커녕 시간관념 없이 자신의 시간은 물론 남의 시간마저 낭비하는 사람

① 같은 기간 내에 비슷한 양의 과제가 주어져도 늘 기대했던 것 이상의 결과를 얻어내며 업무 완성 시간도 남보다 빠르다.
② 영업력 향상으로 이어져 제품이나 서비스 등의 시장 내 점유율 제고에도 기여하게 된다.
③ 노사 간의 갈등을 획기적으로 줄일 수 있어 원만하고 건전한 노사 협의체를 지속적으로 영위할 수 있는 토대가 된다.
④ 언제 어떻게 닥쳐올지 모르는 업무상 문제점을 유발하는 환경과 위험 요인을 최소화할 수 있는 여건이 조성된다.

2회 기출예상문제

3회 기출예상문제

4회 기출예상문제

5회 기출예상문제

6회 기출예상문제

인성검사

면접가이드

[37 ~ 38] 다음은 A 공장의 파티클 보드의 제조공정을 간략화한 내용이다. A 공장에 자동화 설비가 도입되어 1단위 생산 시 단계별 투입비용이 표와 같이 변화하였다고 할 때, 이어지는 질문에 답하시오.

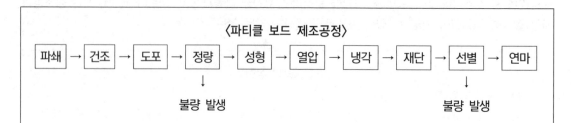

〈파티클 보드 제조공정〉

파쇄 → 건조 → 도포 → 정량 → 성형 → 열압 → 냉각 → 재단 → 선별 → 연마

정량 ↓ 불량 발생

선별 ↓ 불량 발생

〈단계별 불량률〉

단계	정량	선별
1회 공정당 불량률(%)	20	10

〈단계별 투입비용〉

구분	자동화 설비 도입 전(원)	자동화 설비 도입 후(원)
파쇄	800	400
건조	2,400	2,400
도포	4,200	3,000
정량	3,800	1,800
성형	1,600	1,200
열압	3,200	3,200
냉각	2,000	2,000
재단	8,000	6,400
선별	3,200	3,200
연마	800	400

37. A 공장에 다니는 B는 각 단계별 자동화 설비 도입 후를 기준으로 비용 평가표를 작성하려고 한다. 투입되는 비용에 따라 다음과 같이 평가할 때 각 단계의 평가로 옳지 않은 것은?

투입비용(원)	평가
0 이상 ~ 1,000 미만	A$^+$
1,000 이상 ~ 2,000 미만	A$^-$
2,000 이상 ~ 3,000 미만	B$^+$
3,000 이상 ~ 4,000 미만	B$^-$
4,000 이상 ~ 5,000 미만	C$^+$
5,000 이상 ~ 6,000 미만	C$^-$
6,000 이상	D

※ 단, 불량률이 발생하는 단계는 {단위당 투입비용+(단위당 투입비용×불량률)}을 기준으로 평가한다.

① 파쇄 – A$^+$ ② 정량 – A$^-$
③ 열압 – B$^-$ ④ 재단 – D

38. 자동화 설비 도입 후 1단위 생산 시 총 투입비용은 도입 전에 비하여 몇 % 감소하였는가? (단, 불량 발생은 고려하지 않는다)

① 10%   ② 15%
③ 20%   ④ 25%

[39 ~ 40] 다음 상황을 보고 이어지는 질문에 답하시오.

원두커피를 판매하는 K사는 신제품 출시에 따라 프로모션용으로 고객에게 제공할 머그컵을 공급받으려 한다. 원하는 머그컵 내역과 다섯 군데의 공급처 현황은 다음과 같다.

〈상품 내역〉

- 품목 : 머그컵
- 크기 : 500ml 용량
- 구매 수량 : 1,000개(세라믹, 유리, 스테인리스 재료 중 선택)
- 프로모션 행사일 : 4월 5일(행사 전날까지 납품 받아야 함)

〈원재료 종류 및 단가〉

(단위 : 원)

원재료	재료비용/개	포장비용/개	제조비용/개
세라믹	200	50	3,000
유리	300	50	2,000
스테인리스	400	25	3,500

〈공급처별 현황〉

구분	A 공장	B 공장	C 공장	D 공장	E 공장
생산가능품	스테인리스	유리	세라믹	세라믹	유리
운임	10만 원	12만 원	8만 원	14만 원	15만 원
작업일수	5일	11일	7일	12일	9일

39. 위 자료를 고려할 때, K사에게 가장 낮은 가격으로 납품할 수 있는 공급처는 어디인가?

① B 공장

② C 공장

③ D 공장

④ E 공장

40. K사의 머그컵 발주일이 3월 26일일 경우, K사가 선택할 수 있는 가장 경쟁력 있는 공급처는 어디인가? (단, 3월의 마지막 날은 31일이며 모든 공장은 휴무일 없이 운영한다)

① A 공장

② B 공장

③ C 공장

③ E 공장

1회 기출예상문제
2회 기출예상문제
3회 기출예상문제
4회 기출예상문제
5회 기출예상문제
6회 기출예상문제
인성검사
면접가이드

41. △△자동차는 경영환경 변화에 대응하기 위해 회사의 조직구조를 (A)에서 (B)로 변경하였다. (B) 조직 구조의 특징으로 적절하지 않은 것은?

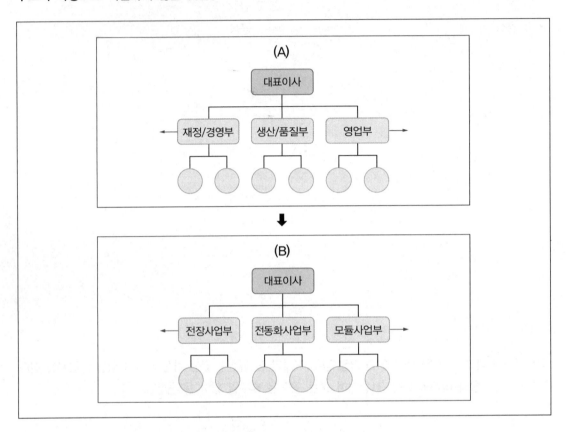

① 사업부별로 자주적이고 독립적으로 운영하는 분권 관리 형태이다.

② 기업의 활동을 제품별, 고객별, 지역별, 연령별 등으로 분화한다.

③ 사업부 간 경영관리의 중복을 피할 수 있고 업무 조정이 쉽다.

④ 사업의 규모가 커져 단위를 분화할 필요가 있을 때 채택한다.

www.gosinet.co.kr gosinet

1회 기출예상문제

2회 기출예상문제

3회 기출예상문제

4회 기출예상문제

5회 기출예상문제

6회 기출예상문제

인성검사

면접가이드

42. 아래 그림은 기업의 경영환경에 대한 구조도이다. 이 구조도를 참고할 때, 다음 중 경영환경과 그 요소가 바르게 연결된 것은?

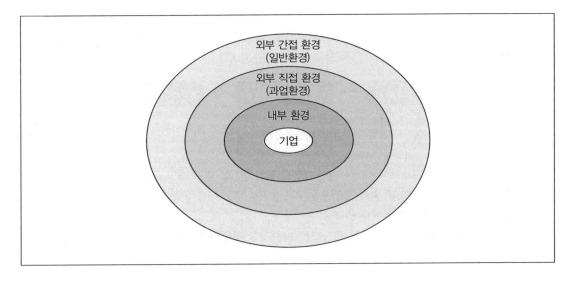

① 내부 환경 – 조직문화, 종업원, 경영자
② 외부 직접 환경 – 금융기관, 경쟁자, 사회 · 문화적 환경
③ 외부 직접 환경 – 정부, 공급자, 정치 · 법률적 환경
④ 외부 간접 환경 – 경제적 환경, 기술적 환경, 지역사회

43. 다음은 환경 불확실성에 따른 조직설계와 관련된 내용이다. (가)에 해당하는 내용으로 적절하지 않은 것은?

환경의 동태성		환경의 복잡성	
		단순	복잡
	안정적		
	동태적	(가)	

① 계획지향적　　　　　　　　③ 다소 높은 불확실성
③ 유기적 조직　　　　　　　　④ 낮은 차별화와 적은 통합방법

44. 다음은 '도요타의 성공사례'에 대한 내용이다. 다음 중 (가)에 들어갈 조직설계의 핵심요소로 가장 적합한 것은?

도요타는 수만 개의 사내 규정, 명확한 업무구성표, 체계적인 문서관리로 인해 세계적인 기업이 될 수 있었다. 다음 그림은 도요타의 문서화된 절차의 선순환이다.

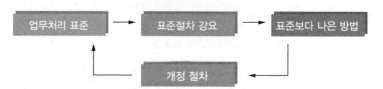

1918년 '문서취급규정'이 마련된 이래 매년 개정을 거쳐 현재는 수만 개의 규정이 존재한다. 도요타의 관리자는 600쪽 이상의 문서를 읽지 않으면 업무가 불가능하다. 이를 통해 사무관리의 효율화, 데이터 관리의 표준화 등의 효과를 거두고 있다.

이러한 (　가　)가 있었기 때문에 도요타는 바람직한 경영사상의 연속성을 확보하고, 끊임없는 개선(카이젠)을 통해 세계적 자동차 제조업체가 될 수 있었던 것이다.

① 공식화 ② 집권화
③ 부서화 ④ 분권화

45. 다음은 조직 관리와 관련된 글이다. 밑줄 친 내용과 대응하는 현대의 법률로 가장 적절한 것은?

고대 바빌론의 제6대 왕 함무라비가 B.C. 1700년경에 제정해서 돌에 새겨 놓은 함무라비법전은 1901년 페르시아의 옛 수도에서 발견되어 현재 프랑스 루브르 박물관에 원형이 그대로 보존되어 있다. 높이 2.25m의 돌기둥에 쐐기문자로 새겨진 282항의 법조문 중에는 ㉠ 노동 생산성이 약한 부녀자들에게도 최소한 8구르의 곡물을 하루 일당으로 지급하라는 내용이 명시되어 있고, ㉡ 집을 건축하다가 노동자가 사고로 죽으면 건축주에게 책임이 있는 만큼 그 주인도 죽여야 한다는 강력한 내용도 명시하고 있다.

	㉠	㉡
①	고용보험법	노사협의회법
②	최저임금법	산업재해보상보험법
③	근로기준법	노동조합 및 노동관계조정법
④	노동조합 및 노동관계조정법	국민건강보험법

1회 기출예상문제

2회 기출예상문제

3회 기출예상문제

4회 기출예상문제

5회 기출예상문제

6회 기출예상문제

인성검사

면접가이드

46. 다음 지문을 통해 알 수 있는 이케아의 두 가지 성공 경영 전략은?

스웨덴의 가구 제조 기업 이케아(IKEA)가 세계적인 기업으로 성장할 수 있었던 이유는 그들이 경영을 하면서 고수했던 몇 가지 전략에서 찾아볼 수 있다.

이케아의 창립자 잉바르 캄프라드(Ingvar Kamprad)는 낮은 가격을 유지하기 위해서 어떤 노력도 두려워해서는 안 된다고 말했을 정도로 경쟁자들과 확실한 가격의 격차를 두는 '가격 전략'을 고수했다. 이를 위해 새로운 제품을 만들기 전에 먼저 가격표를 디자인 하는 것이 이케아의 경영 방침이다. 일반적으로 가구는 부피가 커서 운송에 많은 인력이 필요하지만 작게 포장을 하게 되면 지게차 한 대로도 많은 운반이 가능하게 된다. 따라서 이케아는 낮은 가격을 유지하기 위해 가구를 가능한 작고 납작하게 포장한다. 이러한 콤팩트한 포장은 공간을 적게 차지하기 때문에 운송비와 노동비를 줄일 수 있었다.

다음으로 '육각렌치 전략'이다. 육각렌치는 이케아의 가구를 조립할 때 가장 기본이 되는 공구다. 이케아는 스스로를 서비스 업체라고 생각하지 않기 때문에 가구 판매에서 발생하는 작업량의 80%를 고객 부담으로 돌린다. 즉, 가구를 집까지 운송해주고 집 안에 옮겨와 설치까지 해주는 어느 가구업체들과는 달리 고객이 가구를 구매하면 집에서 직접 조립하게 하는 방식을 취한다. 고객은 좀 불편할지는 모르겠지만, 이전에는 느껴보지 못했던 성취감과 가구에 대한 애정을 자신의 가구를 조립하는 과정 속에서 느끼게 된다.

마지막은 '카탈로그 전략'이다. 매년 출간되는 카탈로그에 연간 마케팅 예산의 3분의 2를 사용할 정도로 카탈로그는 이케아가 마케팅에서 가장 공을 들이는 분야이다. 약 300쪽에 달하는 카탈로그는 만여 개에 달하는 제품을 수록하고 있으며 세계 각국의 언어로 번역되어 고객에게 무료로 배포된다. 소비자들은 카탈로그에서 제품을 미리 찾아보고 쇼핑리스트를 작성할 수 있다.

① 원가우위 전략과 차별화 전략

② 원가우위 전략과 집중화 전략

③ 차별화 전략과 다각화 전략

④ 집중화 전략과 모방 전략

[47 ~ 48] 다음 자료를 참고하여 이어지는 질문에 답하시오.

〈지방자치단체 조직관리지침 목표와 추진과제〉

목표	"급변하는 행정환경에 대응하는 경쟁력 있는 자치단체"		
추진 방향	• 행정수요에 다양하고 탄력 있게 대응할 수 있는 조직설계 • 적절한 수준의 기구와 인력을 배치하는 효율적인 조직관리 • 원칙과 규칙을 준수하는 책임 있는 조직운영		
세부 추진 과제	**구분**	**주요 내용**	
	행정수요에 탄력적인 조직설계	1. 행정수요 변화율에 따른 기구 수 조정	
		2. 전문임기제 운영방안	
		3. 지역본부 운영방안	
		4. 협업조직 설치 및 운영	
	효율적인 조직관리	1. 20X9년 조직 분석·진단 추진	
		2. 인력증원수요 수시반영제도 운영	
		3. 조직 분석·진단을 통한 기능·인력 재배치 추진	
	규칙을 준수하는 조직운영	1. 조직관리 원칙과 규칙 준수 － 기구직급, 기준인건비 등 － 한시기구 성과평가 강화 － 위원회 및 소속 행정기관 정비	
		2. 조직 및 정원 관리 감사 계획	

47. 자료를 통해 알 수 있는 조직관리지침 목표의 핵심을 분명하게 이해한 사람은?

① 소망 : 지방자치단체가 변화의 원인을 분석하고 그 원인을 해결해야 한다는 것입니다.

② 다솜 : 지방자치단체가 중앙정부만큼이나 경쟁력 있는 구성원들로 거듭나야 한다는 것입니다.

③ 희노 : 지방자치단체가 변화에 신속하게 반응하기 위하여 내부 역량을 제고해야 한다는 것입니다.

④ 조이 : 지방자치단체는 공무원들의 역량을 증진시키기 위한 노력에 선택과 집중을 해야 한다는 것입니다.

48. 이 자치단체의 추진방향과 추진과제를 잘못 설명한 사람은?

① 준성 : 기능과 인력의 재배치를 위하여 선행되어야 하는 절차가 제시되어 있어.

② 지예 : 준수해야 할 조직관리의 원칙과 규칙을 비교적 구체적으로 기술하고 있어.

③ 현지 : 세부추진과제의 '협업조직 설치 및 운영'은 변화되는 요구에 즉시 대응할 수 있도록 편성될 가능성이 높아.

④ 미영 : 조직 및 정원 관리를 위해 외부 전문 감사기관에 의뢰하여 감사를 실시할 계획을 가지고 있어.

49. 다음 조직의 성과평가 체계를 참고할 때, 역량평가와 업적평가에 대한 설명으로 옳지 않은 것은?

조직의 경영성과는 다음의 '성과평가 체계'에 따라 평가하게 된다. 경영 전략의 추진 결과를 조직의 성과목표 달성 및 핵심가치 이행 수준에 따라 각각 업적평가와 역량평가를 구분하여 실시한다.

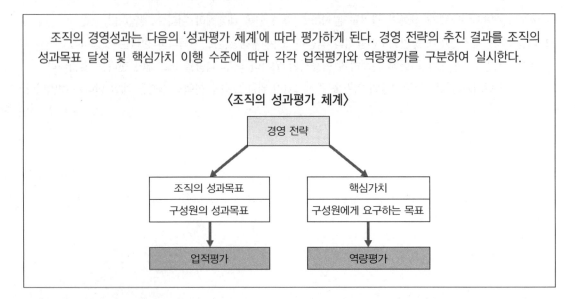

〈조직의 성과평가 체계〉

① 역량평가는 구성원들이 탁월한 업무성과를 이루기 위해 필요한 행동을 정의한다.
② 업적평가는 조직의 성과별 목표치에 의해 직무수행결과를 단기적 결과에 따라 판단한다.
③ 역량평가는 각 구성원들이 가진 미래의 직무수행능력을 예측하여 역량을 판단한다.
④ 업적평가는 직무수행능력에 초점을 두고 행동관찰을 기반으로 판단한다.

50. 다음 글에서 강조하는 성과 창출을 위한 경영자가 갖고 있어야 할 자질은?

우리는 새로운 사업을 개척하는 중이었고 때문에 앞으로 상당 기간 우리의 미래를 책임질 본질적이고도 기본적인 결정을 많이 내려야 했다. 사실 이것은 경영자의 입장에서 가장 큰 기쁨이기도 하다. 내가 창조한 것이 성장하는 모습을 지켜보는 일은 황홀하다. 물론 위험도 따른다. 작은 실수 하나가 감당할 수 없는 파멸을 부를 수 있기 때문이다. 그렇기에 내가 정의 내리는 경영자란, 그런 실수를 좀처럼 하지 않는 사람이다.

① 성실하게 사업에 집중하는 것
② 의사결정의 실수를 줄이는 것
③ 성공사례를 계속해서 만들어 내는 것
④ 시간을 온전히 업무에만 투자하는 것

1회 기출예상문제
2회 기출예상문제
3회 기출예상문제
4회 기출예상문제
5회 기출예상문제
6회 기출예상문제
인성검사
면접가이드

2 일반상식_51~100

51. 다음 제시된 내용과 관계된 나라에 대한 설명으로 적절하지 않은 것은?

> 10월로써 하늘에 제사하고 대회하니 이름하여 동맹이라 한다. 그 나라 동쪽에 대혈이 있는데 수신
> 이라 부르고, 역시 10월로써 맞아서 제사한다.
>   (以十月祭天大會 名曰東盟 其國東有大穴 號隧神 亦以十月迎而祭之)
>
>   – 후한서 –

① 지배층은 부경이라는 창고를 운영하며, 부경에 피정복민으로부터 획득한 공물과 하호에 의해 생산된
곡식·소금 등을 저장하였다.
② 혼인을 정한 신랑은 신부 집의 뒤꼍에 조그만 집을 짓고 살다 자식을 낳고 장성하면 아내와 함께 집으로
돌아가는 제도가 있었다.
③ 초기 무덤은 주로 돌무지무덤으로 많은 부장품을 넣었다.
④ 별읍에는 귀신에게 제사를 드리는 신성한 제의지역(祭儀地域)인 소도가 존재하였다.

52. 고려시대 현종에 대한 설명으로 적절하지 않은 것은?

① 문신월과법을 처음으로 개정하여 실시하였다.
② 향리의 공복을 제정하였다.
③ 연등회와 팔관회를 부활시켰다.
④ 현화사를 건립하였다.

53. 조선시대 세조에 대한 설명으로 적절하지 않은 것은?

① 오가작통법을 실시하였다.

② 계유정난을 통해 왕위를 찬탈하였다.

③ 4군 6진을 만들고, 의정부서사제를 실시하였다.

④ 직전법을 실시하였다.

54. 조선시대 5군영 체제 중 숙종 때 만들어진 것으로, 수도의 경비와 국왕의 숙위를 담당한 곳은?

① 금위영　　　　　　　　　　　② 훈련도감

③ 어영청　　　　　　　　　　　④ 총융청

55. 다음 중 조선 후기 화폐 주조를 위해 설치된 근대적 시설은?

① 박문국　　　　　　　　　　　② 기기창

③ 전환국　　　　　　　　　　　④ 광인사

56. 다음 중 박은식의 저서로 알맞은 것은?

① 조선상고사　　　　　　　　　② 한국통사

③ 조선사 연구초　　　　　　　　④ 한 · 미 50년사

1회 기출예상문제

2회 기출예상문제

3회 기출예상문제

4회 기출예상문제

5회 기출예상문제

6회 기출예상문제

인성검사

면접가이드

57. 다음 사건들 중 시기적으로 가장 나중에 발생한 것은?

① 6 · 29 민주화 선언

② 유신 헌법 제정

③ 12 · 12 사태

④ 서울올림픽 개최

58. 다음 중 공민왕에 대한 설명으로 적절한 것은?

① 과거 제도를 실시해 왕권을 강화하였다.

② 거란 침입에 대비하기 위해 광군을 조직했으며 불교 중흥에 힘썼다.

③ 전시과를 제정해 고려 토지제도의 근간을 이루었다.

④ 쌍성총관부를 폐지하였다.

59. 다음 중 1920년에 있었던 사건으로 적절한 것은?

① 일본이 한국의 식민지적 토지소유관계를 공고히 하기 위하여 토지조사사업을 시행하였다.

② 일제가 조선을 자국의 식량공급기지로 만들기 위해 산미증식계획을 추진하였다.

③ 일제가 헌병으로 군사, 경찰뿐 아니라 일반 치안 유지를 위한 경찰 업무까지 담당하였다.

④ 일본의 식민지 지배에 저항하여 전 민족적인 만세 운동이 일어났다.

60. 다음 근대적 시설 중 한양에 세워진 최초의 근대 의료 기관은?

① 광혜원   ② 평식원
③ 전환국   ④ 기기창

61. 다음 중 소수림왕에 대한 설명으로 적절하지 않은 것은?

① 중앙에 태학을 설립하였다.
② 율령을 반포하였다.
③ 동예를 통합하고 동부여를 정벌하였다.
④ 불교를 공인하였다.

62. 다음에서 설명하는 업적과 관련 있는 인물이 나머지 것들과 다른 하나는?

① 당나라를 상대로 전쟁을 일으켜 북만주 일대를 장악하였다.
② 고구려의 옛 영토 회복 등으로 중흥기를 맞아 해동성국의 칭호를 받았다.
③ 흑수말갈 등 말갈부족을 복속시켰다.
④ 행정구역을 5경 15부 62주로 개편하였다.

1회 기출예상문제

2회 기출예상문제

3회 기출예상문제

4회 기출예상문제

5회 기출예상문제

6회 기출예상문제

인성검사

면접가이드

63. 다음 〈보기〉 중 고려 말 신흥무인세력에 대한 설명으로 적절한 것을 모두 고르면?

> 보기
>
> ㉠ 홍건적과 왜구를 격퇴하는 과정에서 성장한 세력들이다.
> ㉡ 성리학을 공부하고 과거를 통해 관직에 진출하여 개혁을 추진하던 세력이다.
> ㉢ 차별 대우를 참지 못하고 문신 위주의 정치에 대응해 난을 일으켰다.
> ㉣ 대몽 항쟁 이후 새로 형성된 지배세력이다.
> ㉤ 대부분 하급 관리나 향리 집안 출신으로, 충선왕 때 많이 등용되었다.
> ㉥ 개혁적 성향을 지니고 있어 조선 건국의 주역이 되었다.

① ㉠, ㉣   ② ㉠, ㉥

③ ㉡, ㉤, ㉥   ④ ㉢, ㉣, ㉥

64. 다음 〈보기〉에서 설명하고 있는 단체는?

> 보기
>
> 1906년에 윤치호, 장지연 등이 조직한 민중 계몽 단체로, 교육과 계몽을 통하여 민족적 주체 의식을 고취하고 자주독립의 기반을 마련하고자 하였다. 친일 내각에 도전하다가 1907년에 정부의 명령으로 해산되었으며, 그 뒤 '대한 협회'로 이름을 고쳤다.

① 대한자강회   ② 신민회

③ 보안회   ④ 일진회

65. 다음 〈보기〉의 사건들이 발생했던 시기에 대한 설명으로 적절한 것은?

보기

- 4 · 13 호헌 조치
- 6 · 26 평화대행진
- 이한열 최루탄 사망
- 6 · 29 민주화선언

① 〈서울신문〉을 제외한 대부분의 논조는 당시 정부에 매우 비판적이었다.

② 2월 28일에 대구 학생들이 벌인 시위로부터 혁명이 시작되었다.

③ 3월 15일에 대대적인 부정선거가 일어났다.

④ 당시 사람들은 대통령 직선제로의 개헌을 열망하고 있었다.

66. 다음 빈칸에 들어갈 단어로 알맞은 것은?

국민의 4대 의무 가운데 하나가 '납세의 의무'다. 교과서에도 납세의 의무라고 나와 있지만, (   ) '의'를 굳이 넣어야 할까. (   ) '의'의 쓰임에는 매우 다양하다. 사전에 나와 있는 것만 21가지다. '어머니의 성경책(소유)', '우리의 각오(행동 주체)', '다윈의 진화록(형성자)' 등이다.

① 주격조사

② 서술격조사

③ 관형격조사

④ 보격조사

1회 기출예상문제

2회 기출예상문제

3회 기출예상문제

4회 기출예상문제

5회 기출예상문제

6회 기출예상문제

인성검사

면접가이드

67. 다음 빈칸에 들어갈 말로 적절한 것은?

(   )소설은 근대소설이 수립되기 이전, 중국 및 우리나라의 산문문학에서 유행했던 서사 장르의 하나이다. (   )소설은 초현실적이고 비사실적이며 비과학적인 몽환의 세계, 신선의 세계, 천상의 세계, 명부의 세계, 용궁의 세계 등에서 전개되는 사건을 다룬다. 고대의 서사물에서 (   )적 요소는 서사물을 형성하는 주요 요소 중 하나였으며, 원시적 서사 형태인 신화, 민담, 전설 등에도 (   )적 요소가 많이 담겨 있다.

---

① 군담   ② 전기

③ 의인   ④ 풍자

68. 다음 중 밑줄 친 것에 해당하는 현상으로 적절한 것은?

<u>이것</u>은 듣거나 말하기에 불편하고 거친 말소리를 어떤 음을 첨가하여 바꿈으로써 듣기 좋으면서 말하기 부드러운 아름다운 소리로 바꾸어 청각에 쾌감을 주는 말로 변화시키는 현상으로 유포니 (euphony)라고도 한다. 곤난(困難) → 곤란, 한아버지 → 할아버지 등에서 나타나는 현상이다.

---

① 구개음화   ② 모음동화

③ 자음탈락   ④ 활음조

69. 다음 중 밑줄 친 부분의 품사가 나머지와 다른 하나를 고르면?

① 이곳에 온지도 <u>거의</u> 10년이 된다.

② 비가 내릴 것 같으니 <u>빨리</u> 집으로 돌아가자.

③ 광안대교는 <u>언제</u> 보아도 화려하고 아름답다.

④ 모임 시간이 거의 다 되었는데, 아직 <u>아무</u>도 안 왔다.

70. 다음 단어에 대한 발음으로 적절하지 않은 것은?

① 닭다[닥따]
③ 핥다[할따]

② 키읔과[키윽꽈]
④ 잃고[일꼬]

71. 다음 밑줄 친 부분의 띄어쓰기가 잘못된 것은?

① 여름 날씨치고 선선하다.
② 공부는 하면 할∨수록 더 어렵다.
③ 이번 공모전에 선정이 안∨되다.
④ 많이 아팠다고 하더니 얼굴이 많이 안됐구나.

72. 다음 중 표준어에 해당하는 것은?

① 도와지
③ 사둔

② 재털이
④ 며칠

73. 다음 밑줄 친 부분을 한자로 쓸 때 적절한 것은?

정부는 주거가 부정한 노숙자들을 위한 시설을 만들기로 결정했다.

① 不正
③ 否定

② 不定
④ 不庭

74. 다음 중 밑줄 친 부분의 품사가 나머지와 다른 하나는?

① 우리 동네를 지나가는 시냇물을 바로 강 하류로 <u>흐르고</u> 있다.
② 다시 생각해 보니 네 말이 백 번 <u>맞다</u>.
③ 날씨가 건조하면 나무가 <u>크지</u> 못한다.
④ 그것은 무어라 형용할 수 <u>없는</u> 고통이었다.

75. 다음 밑줄 친 단어에 대한 발음이 적절하지 않은 것은?

① 지하철에서 남의 발을 <u>밟지</u>[발찌] 않도록 주의해라.
② 며칠 내내 비가 오더니 하늘이 모처럼 <u>맑게</u>[말께] 개었다.
③ 그 제품은 마찰에도 <u>닳지</u>[달치] 않고 잘 견딘다.
④ 그가 누워 있는 방은 <u>넓고</u>[널꼬] 크고 호화롭다.

76. 다음 중 틀린 표기가 바르게 고쳐지지 않은 것은?

① 뇌졸증(→ 뇌졸중)   ② 치고박다(→ 치고받다)
③ 소맷귀(→ 소매깃)   ④ 얕으막하다(→ 야트막하다)

1회 기출예상문제
2회 기출예상문제
3회 기출예상문제
4회 기출예상문제
5회 기출예상문제
6회 기출예상문제
인성검사
면접가이드

77. 다음 괄호에서 적절한 단어를 골라 순서대로 나열한 것은?

• 그는 초상화를 (묘사 / 모사)에 불과하다며 한사코 그리지 않았다.
• 동생의 글은 개미에 대한 (묘사 / 모사)가 아주 정확했다.
• 자세한 내용은 사무실 밖에 게시된 안내문을 (참고 / 참조)하십시오.
• 너한테 뭐 (참고 / 참조) 거리가 되는지 모르지만 얘기해줄게.

---

① 묘사, 모사, 참고, 참조   ② 묘사, 묘사, 참조, 참고
③ 모사, 묘사, 참고, 참조   ④ 모사, 묘사, 참조, 참고

78. 다음 중 외래어 표기법에 따른 표기법으로 옳지 않은 것은?

① Valentine Day   밸런타인 데이
② collaboration   콜라보레이션
③ stereo   스테레오
④ ensemble   앙상블

79. 다음 밑줄 친 사람을 지칭하는 말로 적절한 것은?

이번 여름휴가에는 고성에 계신 <u>큰할아버지</u> 댁에 가기로 했다. 마당에 귀여운 강아지들도 있고 아는 사람만 찾아갈 수 있는 바다도 근처에 있기 때문이다.

---

① 백종조   ② 종조
③ 고조부   ④ 가친

80. 다음 중 한자어가 아닌 것은?

① 귤　　　　　　　　　　　② 포도
③ 범　　　　　　　　　　　④ 장미

81. 기업의 자기잠식을 나타내는 용어로, 기능·디자인 등이 탁월한 후속 제품이 출시되면 해당 기업의 기존 제품 시장점유율과 수익성 등이 감소하는 현상을 무엇이라 하는가?

① 디노미네이션(denomination)
② 카니발라이제이션(cannibalization)
③ 젠트리피케이션(gentrification)
④ 하이퍼인플레이션(hyper inflation)

82. 구상무역방식 중 먼저 수입한 측이 그 대금을 외환은행에 적립한 뒤에 수입하는 측은 그 계정금액으로 결제에 충당하는 방식을 일컫는 용어는?

① 백투백(back to back)　　　② 에스크로(escrow)
③ 바이백(buy−back)　　　　④ 토머스

83. 다음 〈보기〉에서 설명하고 있는 것은?

보기

　넓은 의미로는 기업의 전반적 경영내용의 공개, 즉 디스클로저(disclosure)까지도 포함하지만 좁은 의미로는 주식공개를 말한다. 기업의 원활한 자금조달과 재무구조 개선을 도모하고 국민의 기업참여를 장려함으로써 국민경제의 건전한 발전에 기여함을 목적으로 한다.

① IPO　　　　　　　　　　② CIB
③ PF　　　　　　　　　　　④ ROI

1회 기출예상문제
2회 기출예상문제
3회 기출예상문제
4회 기출예상문제
5회 기출예상문제
6회 기출예상문제
인성검사
면접가이드

84. 주로 시각 이미지로 표현할 수 있는 기업 로고나 상징(symbol) 마크를 통해 나타내는 것으로, 기업의 이미지를 통합하는 작업을 일컫는 용어는?

① CI   ② IR
③ NDR   ④ PFV

85. 다음 빈칸에 들어갈 용어는?

> 2018년 러시아 월드컵 8강에 오른 크로아티아가 (   )으로 벌금폭탄을 맞았다. 크로아티아 선수들이 니즈니 노브고로드에서 열린 덴마크와의 16강전에서 FIFA의 승인을 받지 않은 음료를 사용하면서 해당 브랜드를 그대로 노출한 탓에서였다. FIFA는 해당 대회에서 공식 후원사인 ○○가 제조한 음료만 허가했으므로, 각 팀들이 ○○에서 제조하지 않은 음료를 원할 경우에는 브랜드를 인지할 수 있는 상표와 특징을 모두 제거해야 한다.

① 바이럴 마케팅(Viral Marketing)
② 니치 마케팅(Niche Marketing)
③ 앰부시 마케팅(Ambush Marketing)
④ 다이렉트 마케팅(Direct Marketing)

86. 다음 중 광고 카피를 제작할 때 지켜야 할 기본 원칙(5I의 법칙)에 해당하지 않는 것은?

① Incessant interest   ② Immediate impact
③ Independence   ④ Information

87. 다음 용어들 중 용기를 가지고 도전해 조직에 큰 영향을 주는 구성원을 일컫는 것은?

① 회색 코뿔소(Gray Rhino)　　　　　　② 퍼스트 펭귄(The First Penguin)

③ 핑크 엘리펀트(Pink Elephant)　　　　④ 블랙 스완(Black Swan)

88. 다음 용어들 중 19세기 금광이 발견된 지역으로 사람들이 몰려든 '골드러시'와 비슷한 현상으로, 의료용 및 기호용 대마초가 합법화된 나라로 자금이나 사람이 몰리는 현상을 일컫는 것은?

① 블루 러시　　　　　　　　　　　　② 화이트 러시

③ 블랙 러시　　　　　　　　　　　　④ 그린 러시

89. 다음 설명하는 캠페인으로 옳은 것은?

> 호주의 비영리단체 YGAP(Y Generation Against Poverty)가 기획한 '아동학대 근절 캠페인'으로 다섯 개의 손가락 중 하나의 손가락에만 매니큐어를 바르는 것으로 표현된다. YGAP의 대표 엘리엇 코스텔로가 캄보디아에서 아동 학대를 당하다 구조된 아이를 돌보며 겪은 경험을 바탕으로 시작되었다.

① 핑크 타이드　　　　　　　　　　　② 리틀 칠드런

③ 네일 폴리시　　　　　　　　　　　④ 폴리시드 맨

90. 다음에서 설명하는 상황으로 옳은 것은?

> 한 집단에서 모든 구성원이 각자가 원하지 않는 방향의 결정임에도 불구하고 모두 함께 자신의 의사와 반대되는 결정을 내리는데 동의하는 현상

① 애빌린의 역설　　　　　　　　　② 페르미의 역설
③ 생태학적 오류　　　　　　　　　④ 합성의 오류

91. 신문 발행 부수 100만 부에 대한 광고지면 1행의 광고료 비율로 신문광고의 매체 가치를 발행 부수와 비용의 두 가지 측면에서 경제적으로 평가할 때 이용하는 것을 무엇이라 하는가?

① 비트 레이트　　　　　　　　　② 프라임 레이트
③ 밀라인 레이트　　　　　　　　④ 스왑 레이트

92. 매도인이 일단 매각한 목적물에 대하여 대가 상당의 금액을 매수인에게 지급하여 이것을 재매매하는 계약을 무엇이라 하는가?

① 저당　　　　　　　　　　　　② 양도담보
③ 환매　　　　　　　　　　　　④ 매도담보

93. 다음 빈칸에 들어갈 뮤지컬은?

> (   )은/는 아바(ABBA)의 음악을 바탕으로 영국의 캐서린 존슨이 제작한 주크박스 뮤지컬이다. 아바의 오리지널 음악을 작곡했던 앤더슨과 울바에우스가 제작 초기부터 함께 했다. 아바는 1972년부터 1982년까지 활동했던 스웨덴 팝, 댄스 그룹인 아바는 유럽과 북미, 호주의 음악 차트를 휩쓸 정도의 인기를 누렸다.

① 〈미스 사이공〉   ② 〈맘마미아!〉
③ 〈사운드 오브 뮤직〉   ④ 〈레 미제라블〉

94. 1971년 6월 10일 중요무형문화재(현 국가무형문화재) 제46호로 지정된 것으로, 조선시대에 관리들의 공식적인 행차에 따르는 행진음악은?

① 문묘 제례악   ② 편수대엽
③ 대취타   ④ 여민락

95. 2인 이상의 무한책임사원으로 구성되는 일원 조직의 회사를 무엇이라 하는가?

① 합명회사   ② 주식회사
③ 합자회사   ④ 유한책임회사

96. 홍콩이 중국으로 반환된 해는 언제인가?

① 1945년   ② 1984년
③ 1997년   ④ 2008년

97. 컴퓨터 프로그래밍 도구로 미국 MIT 미디어랩의 라이프롱 킨더가든 그룹이 만들어 무료로 제공한 것은 무엇인가?

① 자바   ② 스크래치
③ 왓츠앱   ④ 파이썬

98. 다음의 작품을 작곡한 오스트리아 국적의 작곡가는 누구인가?

교향곡 「놀람」, 교향곡 「군대」, 오라토리오 「천지창조」, 「사계」

① 프란츠 요제프 하이든
② 주세페 포르투니오 프란체스코 베르디
③ 요한 세바스티안 바흐
④ 프란츠 페터 슈베르트

99. 수출국과 수입국 간의 무역거래에 제3국의 무역업자가 개입하여 화물을 이동시키고 대금결제의 당사자가 되는 무역 형태를 뜻하는 용어는?

① 바터무역   ② 구상무역
③ 중개무역   ④ 위탁가공무역

100. 다음 중 특정 상품의 수입이 급증하여 국내 업체에 심각한 피해가 발생할 우려가 있을 때 긴급하게 수입량을 제한하거나 관세를 인상하여 수입을 규제하는 제도는?

① 반덤핑   ② 회색 지대 조치
③ 긴급 수입 제한 조치   ④ 특별 긴급관세 제도

부산교통공사

직업기초능력평가
+일반상식

제2회

2회 기출예상문제

1 NCS 직업기초능력평가_1 ~ 50

01. 다음 두 사람의 대화에서 나타난 다양한 맞장구의 기능에 대한 설명으로 적절하지 않은 것은?

> A : 오늘 서 대리 생일인 거 알아?
> B : ⓐ응? 깜빡하고 있었어.
> A : 나도 아침에 달력 보다가 갑자기 생각났어.
> B : 그런데 오늘 서 대리 표정이 별로 좋지 않던데.
> A : ⓑ그러게, 나이를 한 살 더 먹는다는 게 서글퍼서일까?
> B : ⓒ글쎄, 내 생각에는 생일날까지 야근을 해야 해서 짜증이 난 것 같아.
> A : ⓓ응, 듣고 보니 네 말이 맞는 것 같다.
> B : ⓔ그건 그렇고, 선물은 어떻게 하지?
> A : 점심시간에 백화점에 가서 선물을 고를까?
> B : ⓕ그게…, 내가 점심에 부장님과 식사 약속이 있어. 그냥 올해는 넘어가고 내년에 제대로 챙겨
>   주기로 할까?
> A : 안 돼. 서 대리가 이직을 준비 중이라 내년 생일엔 어떻게 될지 몰라.
> B : 정말? 그럼 올해 꼭 챙겨 줘야겠네.

① ⓐ와 ⓓ는 같은 기능을 한다.
② ⓑ는 동의의 표현을 나타내는 기능을 한다.
③ ⓒ는 분명하지 않은 태도를 나타낼 때 사용한다.
④ ⓔ와 ⓕ는 각각 '전환의 맞장구'와 '주저하는 맞장구'에 해당한다.

02. 다음은 ○○교통공사 여객운송약관의 일부이다. 〈보기〉의 (가) ~ (바) 중 틀린 것은 모두 몇 개인가?

〈여객운송약관〉

제1장 총직

제1조 목적

이 ㉠약관은 ○○㉡교통공사(이하 "공사"라 한다)가 ㉢운영하는 도㉣시철도를 이용하는 승객(이하 "여객"이라 한다)과 공사 간의 ㉤권리와 의무 등에 관한 사항을 정하는 것을 목㉥적으로 한다.

제3조(계약의 성립 및 ⓐ적용)

① 다음 운송 계ⓑ약의 성립은 별도의 의사표ⓒ시가 있는 경우를 제외하고는 여객이 소정의 ⓓ운임을 지급하고 승차ⓔ권 또는 그 계약에 관한 증표를 ⓕ교부받은 때에 성립합니다.

보기

(가) '㉠약관'과 '계ⓑ약'의 '약'은 같은 한자를 사용한다.

(나) '㉡교통'과 'ⓕ교부'의 '교'는 다른 한자를 사용하며, 둘 중 하나에 '矯'가 사용된다.

(다) '㉢운영'과 'ⓓ운임'의 '운'은 공통적으로 '暉'을 사용한다.

(라) '도㉣시'와 '표ⓒ시'의 '시'는 다른 한자를 사용하며 '施'는 어디에서도 사용되지 않는다.

(마) '㉤권리'와 '승차ⓔ권'의 '권'은 다른 한자를 사용한다.

(바) '목㉥적'과 'ⓐ적용'의 '적'은 각각 '的'과 '籍'을 사용한다.

① 0개   ② 1개

③ 2개   ④ 3개

03. 다음은 광고문구에 사용되는 다양한 표현 기법에 대한 글이다. 〈보기〉 중 이에 설명으로 적절하지 않은 것을 모두 고르면?

---

(1) 생략법 : 문장의 일부분을 생략하여 의미의 일부를 감추는 것이다. 사람에게는 감추어진 의미에 궁금증을 가지고 그것을 찾아보고 생각해 보려는 심리가 있는데, 생략법은 이를 이용한 수사법이다.

(2) 점층법 : 말하고자 하는 내용의 비중이나 강도를 점점 높이거나 넓히는 것으로 단순 나열과 달리 자연스럽게 소비자를 끌어들이는 효과가 있다.

(3) 열거법 : 서로 비슷하거나 내용상 관련이 있는 말들을 열거하여 그 뜻을 집중적으로 강조하여 나타내는 표현법이다.

(4) 과장법 : 사물의 수량, 성질, 상태 또는 글의 내용을 실제보다 더 늘리거나 줄여서 표현하는 방법이다. 과장법을 사용함으로써 강한 인상과 함께 전하고자 하는 메시지를 명확하게 전달할 수 있다.

(5) (ⓐ) : 상대방이나 사물을 지칭하여 부름으로써 주체를 집중시키고 전달하고자 하는 내용에 호감을 갖도록 하며, 나아가 광고 내용에 대한 거부감을 줄이는 방법이다.

(6) 영탄법 : 기쁨, 슬픔, 놀라움 등의 감정을 직접적으로 드러내어 표현하는 방법이다.

보기

(가) 제시된 기법들은 모두 음성언어에 따른 수사법의 종류이다.

(나) '여자가 하우젠을 꿈꾸면…'은 (1)의 예로 적합하다.

(다) '별을 흘릴수록, 나는 채워진다'는 (2)의 예로 적합하다.

(라) '세상에서 가장 맛있는 밥'은 (4)의 예로 적합하다.

(마) ⓐ에 들어갈 말은 '설의법'이다.

---

① (가), (다) ② (나), (라)

③ (나), (라), (마) ④ (가), (다), (마)

04. ○○교통공사에서는 다음 자료와 같이 시민들에게 4호선 탐방학습 등을 제공하고 있다. 자료에 대한 설명으로 적절한 것은?

■ 탐방학습 패키지

• 역사와 미래가 공존하는 4호선으로 탐방학습 오세요!
  어린이 및 청소년들이 ○○의 역사가 스며들어 있는 동래읍성 임진왜란 역사관 및 충렬사 등을 탐방하고 동시에 미래형 도시철도 무인전철의 우수성을 경험해 볼 수 있는 4호선 탐방학습 패키지 코스에 여러분을 초대합니다.

• 운영기준
  − 대상 : 20인 이상 단체
  − 일자 : 화 ~ 금요일(공휴일 · 공사 지정 휴일 제외)
  − 개방시간 : 10 : 00 ~ 17 : 00

• 안내 순서
  − 한 단체당 단체 승차권 1매로 A 코스 또는 B 코스를 선택하여 이용함.

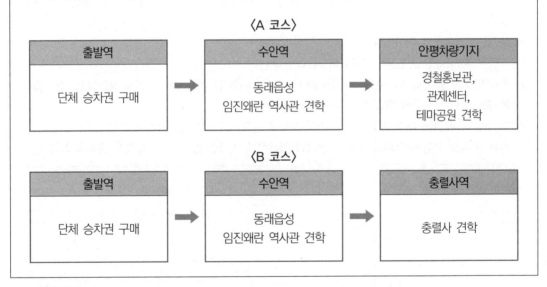

---

① 유치원생이 탐방학습 패키지에 참여하기 위해서는 청소년 이상의 보호자가 필요하다.

② 매주 월요일은 임진왜란 역사관이 휴관하므로, 패키지 코스를 이용할 수 없다.

③ 개방시간은 오전 10시부터 7시간으로, 1회 탐방에는 약 1시간 30분이 소요된다.

④ 15인의 청소년으로 구성된 단체는 단체 승차권을 구매할 수 없다.

1회 기출예상문제 | 2회 기출예상문제 | 3회 기출예상문제 | 4회 기출예상문제 | 5회 기출예상문제 | 6회 기출예상문제 | 인성검사 | 면접가이드

05. 다음 글을 읽고 (가)에 들어갈 문장의 순서를 문맥에 맞도록 바르게 나열한 것은?

> 대부분의 사람들은 '우렁각시' 이야기에 대해 알고 있을 것이다. 어느 날 외로이 땅을 파던 사내의 "이 땅 와서 누구랑 먹나?" 하는 탄식에 맞추어 들려온 "나랑 먹고 살지!" 하는 청량한 목소리. 아무도 모르게 우렁이 속에서 살짝 나와 김이 모락모락 나는 맛난 밥상을 차려 놓고 감쪽같이 사라지는 아름다운 처녀. 여기까지가 누구라도 다 잘 알고 있다고 생각하는 우렁각시 이야기다.
>
> | (가) |
> | --- |
>
> 곰곰이 생각해 보면 아마도 우렁각시가 금기(禁忌)를 제시한 사실이 떠오를 것이다. 아직 때가 아니니 조금만 기다려 달라는 이야기 말이다. 이 금기를 기억해 냈다면 우렁각시 이야기의 행로에 제대로 접어든 것이다. 꿈 같은 사랑이나 행복의 실현이란 아무런 걸림돌 없이 이루어지는 것이 아닌 터, 그 걸림돌의 표상으로서의 금기는 이 설화의 기본 요소가 된다.

보기

> ⓐ 만약 둘이 그렇게 만나서 잘 살았다는 것으로 끝난다면 하나의 완성된 민담으로서는 무언가 부족지 않은가.
> ⓑ 문제는 그 다음의 이야기다.
> ⓒ 그것은 서사의 현실 반영 원칙에 어긋난다.
> ⓓ 총각이 이를 숨어서 지켜보다가 우렁이에서 각시가 나와 밥상을 차리는 것을 발견하고 그를 덥석 붙잡은 데까지는 다들 알고 있는 내용일 것이다.
> ⓔ 하지만 그 사연에 대해 처음부터 끝까지 제대로 알고 있는 사람은 의외로 많지 않은 것 같다.
> ⓕ 시골 총각과 고귀한 각시의 특별한 만남이 아무런 우여곡절 없이 그리 싱겁게 흘러갈리 없다.

① ⓐ-ⓑ-ⓓ-ⓒ-ⓔ-ⓕ　　② ⓔ-ⓕ-ⓒ-ⓑ-ⓐ-ⓓ
③ ⓔ-ⓓ-ⓑ-ⓐ-ⓕ-ⓒ　　④ ⓑ-ⓐ-ⓕ-ⓒ-ⓔ-ⓓ

1회 기출예상문제

2회 기출예상문제

3회 기출예상문제

4회 기출예상문제

5회 기출예상문제

6회 기출예상문제

인성검사

면접가이드

[06 ~ 07] 다음 글을 읽고 이어지는 질문에 답하시오.

(가) 만약 정글에서 악어에게 다리를 물렸다면 어떻게 해야 가장 좋을까. 손을 사용해 다리를 빼내려고 발버둥치면 다리에 이어 손, 심하면 목숨까지 잃게 된다. 할 수 없이 다리 하나만 희생하는 것이 가장 현명한 선택일 것이다. 이를 '악어의 법칙'이라고 부른다.

(나) 포기를 한다는 것은 반대로 또 다른 어떤 것을 얻기 위한 길이기도 하다. 뭔가를 어쩔 수 없이 포기해야 될 때, 빠른 판단을 통해 오히려 더욱 많은 것을 얻게 될 수도 있는 것이 인생이다.

(다) 하지만 주위를 보면 포기를 모르고 포기하는 고통을 두려워하다 결국은 더 큰 고통을 피하지 못하는 안타까운 경우가 많다. 절대 포기한다고 해서 끝나는 것이 아니며 방법이 오직 그 하나밖에 없는 것이 아님을 우리는 알아야 한다.

(라) '악어의 법칙'을 일상생활에 대입해 보면 결정적 순간에 포기할 줄 아는 지혜로운 마음과 시기적절하게 버릴 줄 아는 능력을 가진 사람이 결국 빛을 발할 수 있다는 이론이다.

06. 윗글의 (가) ~ (라)를 문맥에 따라 바르게 나열한 것은?

① (가) - (라) - (다) - (나)

② (나) - (다) - (가) - (라)

③ (라) - (가) - (다) - (나)

④ (라) - (나) - (다) - (가)

07. 윗글을 읽고 설명한 내용으로 적절하지 않은 것은?

① 욕심이 과하면 망한다는 말처럼 제때 포기하지 않으면 더 큰 손해를 볼 수도 있다.

② 악어의 법칙은 한쪽 다리를 잃더라도 일단 살아서 다른 길을 모색하는 것이 더 현명함을 설명한다.

③ 불가능한 것을 포기하지 못한다면, 스스로에게 고통을 주고, 그 고통은 결국 스트레스로 작용할 것이다.

④ 포기를 많이 하는 사람이 결국 현명한 사람이다.

08. 다음은 음운 동화의 종류에 관한 설명이다. ㉠~㉢에 해당하는 예로 적절하지 않은 것은?

> 동화는 말소리가 서로 이어질 때 어느 한쪽 또는 양쪽이 영향을 받아 비슷하거나 같은 소리로 바뀌는 소리의 변화를 말한다. 동화의 방향에 따라 뒤의 음이 앞의 음의 영향을 받아 그와 비슷하거나 같게 나는 ㉠순행 동화, 앞의 음이 뒤의 음의 영향을 받아 그와 비슷하거나 같게 나는 ㉡역행 동화, 가까이 있는 두 음이 서로 영향을 주는 ㉢상호 동화로 나누기도 하며, 동화의 정도에 따라 서로 완전히 같아지게 되는 완전 동화, 비슷한 소리로 바뀌는 불완전 동화로 나누기도 한다.

	㉠	㉡	㉢			㉠	㉡	㉢
①	종로	신라	섭리		②	국민	건강	석류
③	칼날	손난로	독립		④	강릉	권력	막론

09. 다음 밑줄 친 ㉠~㉣ 중 그 쓰임이 적절한 것은?

> 5월 31일은 세계보건기구(WHO)가 지정한 세계 금연의 날이다. 담배는 폐암뿐 아니라 후두암, 구강암, 식도암, 신장암, ㉠체장암, 방광암 등 각종 암과 사망의 주요 원인이며, 심혈관질환, 만성호흡기질환 등 각종 만성질환을 유발하는 물질이다. 그러나 금연은 누구에게나 쉽지 않은 과제다. 담배를 ㉡끈으려다 실패한 ㉢사람만이 금연의 어려움을 안다. 담배를 태우지 않는 사람은 ㉣번번히 금연에 실패하는 흡연자를 이해하기 어렵다. 건강에 무책임하거나 의지가 약한 사람으로 보이고 때론 가족들로부터 안쓰러운 시선을 받기도 한다.

① ㉠

② ㉡

③ ㉢

④ ㉣

10. 외래어 표기법에 관한 다음 규정을 참고할 때, 빈칸 (B)에 해당되는 것은?

제9항 반모음([w], [j])

1. [w]는 뒤따르는 모음에 따라 [wə], [wɔ], [wou]는 '워', [wɑ]는 '와', [wæ]는 '왜', [we]는 '웨', [wi]는 '위', [wu]는 '우'로 적는다.

(A)

2. 자음 뒤에 [w]가 올 때에는 두 음절로 갈라 적되, [gw], [hw], [kw]는 한 음절로 붙여 적는다.

(B)

3. 반모음 [j]는 뒤따르는 모음과 합쳐 '야', '얘', '여', '예', '요', '유', '이'로 적는다. 다만, [d], [l], [n] 다음에 [jə]가 올 때에는 각각 '디어', '리어', '니어'로 적는다.

(C)

---

① quarter[kwɔːtə] 쿼터, yank[jæŋk] 얭크

② whistle[hwisl] 휘슬, twist[twist] 트위스트

③ battalion[bətæljən] 버탤리언, swing[swiŋ] 스윙

④ penguin[peŋgwin] 펭귄, witch[witʃ] 위치

11. 다음 연산규칙을 이용하여 7★9의 값을 구하면?

2★3＝9	3★2＝7	5★4＝26	4★5＝19

① 57 　　　　　　　　　　　　② 61

③ 63 　　　　　　　　　　　　④ 71

12. 다음은 ○○공사 고객홍보팀의 고객응대에 대한 평가 점수와 관련된 자료이다. 8.0점 이상 받은 팀원의 수와 8.0점 미만을 받은 팀원의 수의 차이는 몇 명인가?

- 고객홍보팀의 팀원은 총 100명이다.
- 전체 평균 점수 : 8.3점
- 8.0점 이상을 받은 팀원의 평균 점수 : 8.5점
- 8.0점 미만을 받은 팀원의 평균 점수 : 7.7점

① 25명
② 30명
③ 45명
④ 50명

13. ○○공사는 최근 직원 100명을 대상으로 직무이해도 평가를 실시하였다. 평가는 총 3문제로 구성되어 있고, 그 배점은 1번이 2점, 2번이 3점, 3번이 5점이었다. 직원들이 받은 평가 점수의 총 합계가 596점일 때, A와 B에 들어갈 수치의 차이는 몇 명인가?

〈직무이해도 평가 점수〉

총점	0점	2점	3점	5점	7점	8점	10점
직원 수	?	8명	12명	18명	?	20명	14명

〈문항별 정답을 맞힌 직원 수〉

문제	1번	2번	3번
직원 수	A	54명	B

① 12명
② 14명
③ 16명
④ 18명

14. 다음은 주요 5개 도시의 미세먼지 및 초미세먼지 농도에 대한 자료이다. 이 중에서 통합미세먼지 지수가 '보통' 단계인 도시는 몇 곳인가?

〈주요 5개 도시 미세먼지 및 초미세먼지 농도〉

(단위 : μg/m³)

도시	서울	부산	광주	인천	대전
미세먼지	86	77	43	63	52
초미세먼지	40	22	27	23	38

단계	좋음	보통	나쁨	매우 나쁨
통합미세먼지지수	0 이상 ~ 90 미만	90 이상 ~ 120 미만	120 이상 ~ 160 미만	160 이상

〈계산식〉

- 통합미세먼지지수 = 미세먼지지수 + 초미세먼지지수
- 미세먼지지수
  - 미세먼지 농도가 70μg/m³ 이하인 경우 : 0.9 × 미세먼지 농도
  - 미세먼지 농도가 70μg/m³ 초과인 경우 : 1.0 × (미세먼지 농도 − 70) + 63
- 초미세먼지지수
  - 초미세먼지 농도가 30μg/m³ 미만인 경우 : 2.0 × 초미세먼지 농도
  - 초미세먼지 농도가 30μg/m³ 이상인 경우 : 3.0 × (초미세먼지 농도 − 30) + 60

① 1곳
② 2곳
③ 3곳
④ 4곳

15. 다음은 ○○신용평가기관의 투자등급 변화 확률 자료이다. 2018년에 $[B^-]$등급인 투자자가 2020년에 $[B^-]$등급 이상이 될 확률은 얼마인가? (단, 투자등급 변화 확률은 매년 동일하다)

〈투자등급 변화 확률〉

구분		t+1년				
		A^+	A^-	B^+	B^-	C
t년	A^+	0.3	0.2	0.2	0.2	0.1
	A^-	0.2	0.3	0.3	0.1	0.1
	B^+	0.1	0.2	0.3	0.2	0.2
	B^-	0.05	0.1	0.4	0.25	0.2
	C	0.0	0.05	0.1	0.15	0.7

① 0.620

② 0.655

③ 0.715

④ 0.730

16. 다음은 0과 1로 이루어진 수를 일정한 규칙에 따라 암호로 나타낸 것이다. 이 규칙에 맞게 10011001을 암호로 나타낸 것은?

- 1001 → 14
- 1101 → 124
- 1000111 → 1567
- 1110011 → 12367

① 1156

② 1258

③ 1458

④ 12457

17. 다음은 H국 주요 5개 공공기관의 2020년도 직원채용에 관한 자료이다. 이에 대한 〈보기〉의 설명 중에서 옳은 것을 모두 고르면? (단, 소수점 아래 둘째 자리에서 반올림한다)

〈주요 5개 공공기관 채용 현황〉

(단위 : 명)

기관	경력직		신입직	
	행정직	기술직	행정직	기술직
A	22	35	45	40
B	65	84	37	63
C	12	52	116	184
D	43	37	155	264
E	31	44	86	47

※ 채용인원은 경력직과 신입직으로 구분하고, 각각은 행정직과 기술직으로 구성됨.

보기

ㄱ. 각 기관별 채용인원에서 행정직이 차지하는 비율이 가장 높은 공공기관은 A이다.

ㄴ. 각 기관별 채용인원에서 신입직 인원이 차지하는 비율이 50%를 초과하는 공공기관은 4개이다.

ㄷ. 5개의 공공기관 전체 채용인원에서 D 기관의 채용인원이 차지하는 비중은 35% 미만이다.

① ㄱ

② ㄱ, ㄴ

③ ㄴ

④ ㄴ, ㄷ

18. ○○회사는 지난 체육대회에서 변형된 점수 부여 방식으로 야구 경기를 진행하였다. 다음의 자료를 참고할 때 안타를 더 많이 친 팀(A)과 그 팀의 홈런 개수(B)는?

〈변형된 점수 부여 방식〉

- 3아웃으로 공수가 교대되며, 5회까지 경기를 한다(단, 루상에서의 아웃은 없다고 가정한다).
- 1번 타자부터 9번 타자까지 있고 교체 인원은 없으며, 1 ~ 9번이 타석에 한 번씩 선 후 1번부터 다시 타석에 선다.
- 홈런의 경우 점수 5점을, 안타(홈런을 제외한 단타, 2루타, 3루타)의 경우 2점을, 아웃의 경우 −1점을 부여한다.

구분	1회	2회	3회	4회	5회
청팀	5점	7점	5점	4점	2점
홍팀	3점	6점	8점	7점	4점

구분	청팀		홍팀	
	이름	타수	이름	타수
1번	조**	4	이**	4
2번	정**	4	장**	4
3번	양**	4	김**	3
4번	이**	4	장**	3
5번	박**	3	정**	3
6번	한**	3	윤**	3
7번	안**	3	전**	3
8번	변**	3	김**	3
9번	안**	3	이**	3

	A	B			A	B
①	청팀	2개		②	청팀	5개
③	홍팀	2개		④	홍팀	5개

19. 다음은 (주)○○고속의 고객만족도에 관한 자료이다. 〈보기〉 중 표를 잘못 해석한 것을 모두 고르면?

〈연도별 만족도〉

(단위 : 점)

구분		20X7년 고객만족도(A)	20X8년 고객만족도(B)	증감(B-A)
종합만족도		84.34	88.60	4.26(↑)
차원별 만족도	서비스 환경	82.41	86.44	
	서비스 과정	84.30	87.21	
	서비스 결과	85.20	89.42	
	사회적 만족	85.76	90.38	
	전반적 만족	83.48	88.53	

〈20X8년 차선별 만족도〉

(단위 : 점)

구분		경기선	전라선	강원선	경남선
종합만족도					
차원별 만족도	서비스 환경	86.70	85.38	86.95	88.33
	서비스 과정	86.77	87.04	88.45	87.71
	서비스 결과	88.71	89.24	91.89	89.17
	사회적 만족	89.24	91.08	93.30	88.17
	전반적 만족	87.29	89.23	92.35	85.28

※ 종합만족도는 차원별 만족도 항목의 평균으로 계산한다.

보기

ㄱ. 〈연도별 만족도〉에 따르면 20X8년 고객만족도가 가장 높은 항목과 가장 낮은 항목의 차는 3.94점 이다.

ㄴ. 〈연도별 만족도〉에 따르면 종합만족도 증감(B-A)보다 더 큰 증감을 보인 항목은 2개이다.

ㄷ. 〈20X8년 차선별 만족도〉에 따르면 서비스 환경 차원에서 경남선이 가장 높은 점수를 받았으며, 전라 선이 가장 낮은 점수를 받았다.

ㄹ. 〈20X8년 차선별 만족도〉에 따르면 강원선은 차원별 만족도 항목 중 4개 부분에서 최고 점수를 받았고, 경기선은 1개 부분에서 최저 점수를 받았다.

ㅁ. 〈20X8년 차선별 만족도〉에 따르면 종합만족도가 90점을 넘는 노선은 2개이다.

① ㄱ, ㄹ
② ㄴ, ㄹ
③ ㄷ, ㅁ
④ ㄹ, ㅁ

20. 다음은 20X9년의 남성의 육아휴직에 관한 자료이다. 이에 대한 설명으로 틀린 것은?

〈육아휴직 사용자 중 남성의 비중〉

(단위 : %)

국가	남성의 비중	국가	남성의 비중
아이슬란드	45.6	캐나다	13.6
스웨덴	45.0	이탈리아	11.8
노르웨이	40.8	한국	4.5
포르투갈	43.3	오스트리아	4.3
독일	24.9	프랑스	3.5
덴마크	24.1	일본	2.3
핀란드	18.7	벨기에	25.7

〈아빠전속 육아휴직 기간과 소득대체율〉

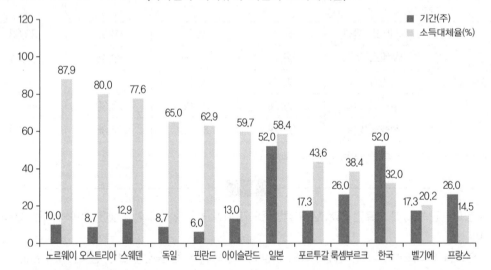

※ 아빠전속 육아휴직 기간 : 육아휴직기간 중 할당 또는 그밖의 방법으로 아빠에게 주어지며 엄마에게 양도하거나 공유할 수 없는 기간을 말함.

① 육아휴직 사용자 중 남성의 비중이 가장 큰 국가와 가장 작은 국가의 차이는 43.3%p이다.
② 육아휴직 사용자 중 남성의 비중이 높다고 해서 아빠전속 육아휴직 기간이 긴 것은 아니다.
③ 아빠전속 육아휴직 기간이 길수록 소득대체율이 높다.
④ 일본의 아빠전속 육아휴직 기간은 포르투갈의 아빠전속 육아휴직 기간의 3배 이상이다.

21. 다음 〈조건〉에 따를 때, 가고 싶어 하는 나라가 서로 다른 사람끼리 묶인 것은?

조건

- 민경, 은희, 화영, 주은 4명이 휴가 때 놀러가고 싶은 나라를 각각 2곳씩 말하였다.
- 일본에 가고 싶어 하는 사람은 3명이다.
- 이탈리아와 미국에 가고 싶어 하는 사람은 각각 2명씩이다.
- 중국에 가고 싶어 하는 사람은 화영이 1명이다.
- 민경이는 이탈리아에 가고 싶어 하지만, 일본에는 가고 싶어 하지 않는다.
- 주은이는 일본과 이탈리아에 가고 싶어 한다.

① 민경, 은희
② 민경, 화영
③ 은희, 화영
④ 화영, 주은

22. 다음 강사의 설명에서 빈칸 ㉠에 들어갈 말로 적절한 것은?

강사 : 하워드 가드너의 '다중인지이론(Multiple Intelligence Theory)'에 따른 학습법은 아이가 지닌 다양한 지능 중 뛰어난 부분을 선별해 이와 연계된 학습활동을 진행하는 것입니다. (㉠)을 예로 들어봅시다. 아이가 그림 그리기와 조립모형 만들기 등을 좋아하고 잘한다면 이 재능이 뛰어나다고 볼 수 있습니다. 색이나 형태, 구조 등을 이해하는 창의력이 뛰어나기 때문에 컬러나 그림을 이용하면 학습효과를 늘이는 데 도움이 되지요. 이 재능을 극대화하는 영어 학습활동으로는 기존 마인드맵에 그림을 조합한 '그림 마인드맵'이 있습니다. 부모가 먼저 한 주제를 정해 주고, 아이가 주제에 맞는 영어 단어와 그림을 마인드맵으로 펼치는 것이지요. 주제를 '봄(Spring)'으로 정했다면 주제와 연계된 '꽃(flower)', '나비(butterfly)', '학교(school)' 등을 영어로 적고, 그림도 그리는 방식입니다.

① 신체운동 지능
② 언어 지능
③ 논리수학 지능
④ 공간적 지능

23. 어린이의 창의적인 학습 경험을 위한 새로운 기술과 전략에 관한 다음 설명을 읽고, ㉠~㉣에 해당되지 않는 말로 적절한 것은?

〈학습의 4P 요소〉

1. (㉠) : 이것은 학생들이 도달해야 할 목표점을 설정해 주고 열정을 가지고 동료들과 학습할 수 있게 해 주는 역할을 한다. 이것이야말로 다른 모든 P들의 시작점이자 기반이 되는 것이다. 이것과 놀이는 일정하게 연관되어 있다. 이러한 방식의 수업이 아니면 아이들의 놀이는 말 그대로 방치된 놀이에 그치게 될 가능성이 높다.

2. (㉡) : 자신이 좋아하는 것이 아니면 열심히 할 수가 없고 즐길 수도 없다. 아이들에서도 이것이 없는 학습은 어렵고 지겹다. 수업에서 이것이 중요한 이유는 어려운 과제를 끈기 있게 지속할 수 있는 원천이 학생들의 감정과 관련이 있기 때문이다. 학습에 집중한다는 건 감정의 문제이며 그런 감정을 불러일으킬 수 있는 수업을 설계하는 것이 교사의 몫이다.

3. (㉢) : 아이들은 동료들을 많이 의식한다. 다른 아이들은 어떻게 하고 있는지 궁금해 하는 것이다. 동료들의 작업을 관찰하고 함께 뭔가를 하면서 서로의 것들을 공유하는 것이야말로 창의적인 학습을 가능하게 한다.

4. (㉣) : 아이들은 어른들이 실패라고 생각하는 사건을 실패라고 여기지 않는다. 블록으로 성을 쌓다가 성이 무너져 내리는 일은 실패가 아니라 놀이에서 떨어진 하나의 사건일 뿐이다. 이처럼 노는 것처럼 할 수 있다면 아이들은 실패를 두려워하지 않을 것이다.

---

① Play

② Pride

③ Project

④ Passion

24. ○○공사는 신입사원들을 5개 팀으로 나누고 과제를 부여하기로 하였다. 〈표 1〉은 기존에 진행하고 있는 팀별 과제 현황이고, 나머지 8개(A ~ H)의 새로운 과제를 〈표 2〉와 같이 배분하려고 한다. 다음 중 어떤 지침이 추가되어야 각 팀별 배분되는 과제가 명확해지는가?

〈표 1〉 기존 팀별 과제 현황

팀	사랑	우정	소망	희망	끈기
과제 수(개)	1	3	2	0	2

〈표 2〉 새로운 과제 배분 지침

지침번호	내용
1	모든 팀은 최소한 1개의 새로운 과제를 맡아야 함.
2	기존에 진행하던 과제를 포함하여 4개의 과제를 수행하는 팀은 1개이며, 나머지 팀에게는 과제의 수가 균등해지도록 배분함.
3	과제 A, C는 한 팀에서 맡아야 함.
4	과제 B, D, E는 한 팀에서 맡아야 함.
5	과제 H는 소망팀 또는 끈기팀에서 맡아야 함.

① 과제 F는 우정팀이 맡아야 함.

② 과제 G는 소망팀이 맡아야 함.

③ 과제 H는 끈기팀이 맡아야 함.

④ 과제 A는 사랑팀이 맡아야 함.

25. 다음 오셀로 게임에 관한 〈규칙〉과 〈예시〉에 근거하여 갑과 을이 〈초기 배치〉의 상황에서 시작을 할 경우 나타날 수 있는 결과로 옳은 것은 몇 개인가?

규칙

1. 갑이 선공을 하고, 갑의 색깔은 검정색이다.
2. 자신의 순서에 하나의 돌을 놓을 수 있다.
3. 가로, 세로 또는 대각선으로 연이어 놓인 같은 색 돌들의 양 끝에 다른 색의 돌이 놓이면, 그 사이에 있는 같은 색의 돌들은 모두 상대방의 색으로 변한다. 단, 양 끝에 놓인 돌 중 하나는 그 순서에 새로 놓인 돌이어야 한다.

예시

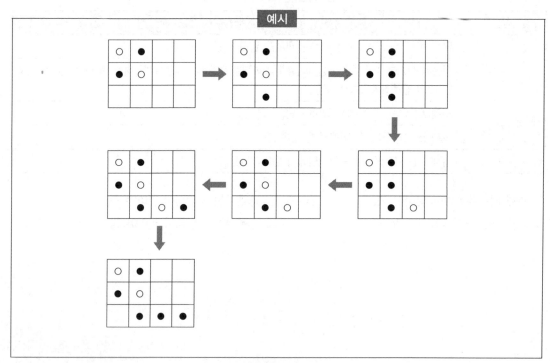

초기 배치

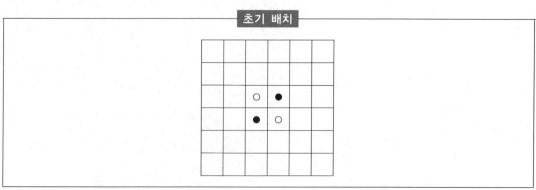

www.gosinet.co.kr **gosi**net

1회 기출예상문제

2회 기출예상문제

3회 기출예상문제

4회 기출예상문제

5회 기출예상문제

6회 기출예상문제

인성검사

면접가이드

보기

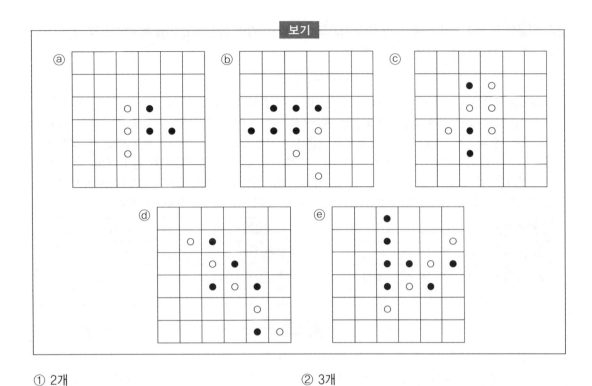

① 2개   ② 3개

③ 4개   ④ 5개

26. ○○공사에서 근무하는 은별, 민상, 우주 3명은 기획본부, 경영본부, 건설본부 중 각각 다른 부서에서 근무를 하고 있다. 또한 그들의 성은 김, 이, 박 씨 중 하나인데, 서로 다른 성(姓)을 가지고 있다. 다음의 〈조건〉을 보고 우주의 성(姓)과 근무하는 부서를 적절하게 나열한 것은?

조건

- 은별은 기획본부에 근무하지 않고, 민상은 경영본부에서 근무하지 않는다.
- 기획본부에서 근무하는 사람은 김 씨가 아니다.
- 경영본부에서 근무하는 사람은 박 씨이다.
- 민상은 이 씨가 아니다.

성(姓)	근무부서		성(姓)	근무부서
① 박	기획본부		② 이	경영본부
③ 이	기획본부		④ 김	건설본부

27. 다음은 문제해결 기법 중 '여섯 색깔 사고모자 기법'에 관한 설명이다. 이를 바탕으로 할 때, 〈사례〉에서 '빨간모자'에 가장 적절한 내용은?

에드워드 보노(Edward de Bono)가 고안한 여섯 색깔 사고모자(Six thinking hats)는 한 번에 한 가지 유형의 사고만 하여, 대인관계와 감정, 개개인의 성향 등에 의해 토론이 감정적으로 변하는 것을 막고 폭넓은 사고와 신속한 의사결정, 문제를 해결할 수 있게 도와주는 기법이다. 여섯 색깔 사고모자는 흰색, 검정, 빨강, 파랑, 노랑, 초록의 색상으로 구성되어 있으며 각각의 색상에는 정보, 감정, 창의력, 논리 등 사고의 형태와 역할이 지정되어 있다. 색상이 지닌 서로 다른 역할에 맞춰 사고함으로써 다양한 관점으로 대상을 바라보고 아이디어들을 발전시킬 수 있다. 각 모자의 역할은 아래와 같다.

하얀모자	객관적, 중립적인 사실과 정보	검정모자	논리적, 부정적, 신중한 검토, 실패요인
초록모자	창의적, 확산적, 혁신적	빨간모자	직감, 감정, 정서
노란모자	긍정적, 낙관적, 강점, 실현 가능성, 이점	파란모자	통제, 초연함, 냉정함, 사고

사례

아래는 고등학교에 다니는 딸 미나와 아버지의 대화이다.

미나 : ① 아빠, 기말고사가 다음 주라서 너무 힘들어요. 집에서만 하려니 능률도 안 오르는 거 같고요.

아빠 : 아무래도 집에서만 공부하는 게 힘이 들지?

미나 : ② 그래서 생각해 봤는데, 학교 및 독서실에서 공부하면 어떨까 해요.

아빠 : 오! 그거 나쁘지 않은 생각인거 같은데.

미나 : 그렇죠?

아빠 : ③ 독서실이니 조용할 것이고, 주위의 친구들이 공부하는 걸 보면 자극이 되기도 하겠구나.

미나 : 네 맞아요.

아빠 : ④ 그런데 왔다 갔다 하는 시간이 많이 필요하고 밤늦게 다니면 아무래도 집에 오는 길이 걱정되니 좀 위험할 것도 같은데?

28. 다음 글에 관한 내용 중 잘못된 것은?

(ⓐ)는 목표를 현재 수준보다 더 높게 끌어올림으로써 의식적으로 만들어 내는 문제라고 할 수 있다. 주의할 점은 ⓑ예측문제와 (ⓒ)를 혼동해서는 안 된다는 것이다. (ⓒ)는 눈앞에 보이는 문제로 원상복귀가 필요하다. 하지만 (ⓐ) 중 하나인 예측문제는 ⓓ그대로 두면 문제가 영원히 나타나지 않는다.

(ⓐ)의 원인을 분석하는 일은 '현 상황이 어째서 큰 효과를 내지 못하는가?'하는 의문을 갖는 것으로 문제가 있는 부분보다는 개선이 가능한 문제점을 찾아내는 작업이라고 할 수 있다.

① 'ⓐ'에 들어갈 바른 말은 탐색형 문제이다.

② 'ⓑ'의 예로는 '집안에 햇볕이 잘 들지 않을 때 어떻게 하면 집안 분위기를 더욱 밝게 만들 수 있을까' 연구하는 행위 등이 있다.

③ 'ⓒ'에는 발생형 문제가 들어가는 것이 옳다.

④ 'ⓓ'는 올바른 설명이다.

29. 다음에 제시되는 A, B 상황에서 가장 요구되는 사고력의 종류는 무엇인가?

A : 사고의 전개에 있어서 전후의 관계가 일치하는가를 살피는 사고이다. 아무리 많은 지식을 가지고 있더라도 이러한 사고력을 갖추지 못한다면 자신이 만든 계획이나 주장을 주위 사람에게 이해시켜 실현시키기 어렵다. 또한 이것은 다른 사람을 공감시켜 움직일 수 있게 하며, 짧은 시간에 헤매지 않고 사고할 수 있게 한다.

B : 어떤 주제나 주장 등에 대해서 적극적으로 분석하고 종합하며 평가하는 능동적인 사고이다. 이러한 사고는 어떤 논증, 추론, 증거, 가치를 표현한 사례를 타당하게 여겨 수용할 것인가 아니면 불합리하게 여겨 거절할 것인가에 대한 결정을 내릴 때 필요하다.

	A	B		A	B
①	비판적 사고	논리적 사고	②	창의적 사고	논리적 사고
③	논리적 사고	비판적 사고	④	창의적 사고	비판적 사고

1회 기출예상문제 2회 기출예상문제 3회 기출예상문제 4회 기출예상문제 5회 기출예상문제 6회 기출예상문제 인성검사 면접가이드

30. 다음은 부산도시철도의 호선별 전동차 객실 상황을 나타낸 표이다. 승객이 하차 시 LED 행선지 안내판을 참고할 수 있고 광고 등의 영상을 LCD 화면으로 볼 수 있으며, 휠체어 장애인의 객실 이동이 편리한 구조를 가진 전동차는 몇 호선인가?

1호선 (신형)	• 내장판 : 세라믹 도장 AL판넬 • 의자 : 난연소재 쿠션, 의자 폭 20mm확대 • 행선안내표시기 : LED방식 • CCTV : 차량당 2개 • 출입문 : 전기식 포켓 슬라이딩 방식	• 바닥재 : 난연합성고무 • 수직손잡이 : 의자당 3개 • 객실 조명등 : 에너지 절약, LED방식 • 화재감지기 : 열 · 연기 복합형 4개
2호선	• 내장판 : 알루미늄 • 바닥재 : 난연합성 고무 • 손잡이 : 알루미늄 • 비상인터폰 : 승무원과 통화 가능 • 출입문 비상열림장치	• 단열재 : 유리섬유 • 의자 : 난연소재 쿠션 • 소화기 : 객실당 2개 • 화재감지기 : 열 · 연기 감지 • 행선안내 표시기
3호선	• 내장판 : 경량 Honey comb • 의자 : 난연소재 쿠션, 경량구조 • 바닥재 : 난연합성 고무 • 화재감지기 : 열 · 연기감지 • 통로문이 없는 광폭연결막 • 비상인터폰 : 승무원과 통화 가능	• 단열재 : 유리섬유 • 의자하부 : 넓은 여유 공간 • 출입문 비상열림장치 • LCD 광고 및 행선안내 표시기 • 소화기 : 객실당 2개
4호선	• 내장판 : 알루미늄, Honey Comb • 출입문 비상열림장치 • LED 행선안내 • 통로문이 없는 광폭 연결 • 비상통화장치 : 긴급상황 시 관제센터와 통화 • CCTV : 관제센터에서 객실 상황 확인	• 단열재 : 유리섬유 • 화재감지장치 : 열 · 연기 감지 • LCD 광고 및 행선안내 • 소화기 : 객실당 2개 • 비상정지장치 : 긴급상황 시 열차 정지

① 1호선(신형)　　　　　　　　　② 2호선

③ 3호선　　　　　　　　　　　　④ 4호선

31. 시간에 대해 대화를 하고 있는 A ~ F 중 옳은 말을 하는 사람은 모두 몇 명인가?

> A : 시간은 전혀 융통성이 없는 것으로, 그 흐름을 멈추게 할 수 없다.
> B : 시간은 사용하기에 따라 가치가 달라지지 않는다.
> C : 시간은 시점에 따라 밀도가 달라지지 않는다.
> D : 시간은 제한된 자원이므로 누구에게나 동일하게 주어지는 것은 아니다.
> E : 시간이 흐르는 속도는 항상 일정하다.
> F : 시간은 꾸거나 저축할 수 있다.

① 1명   ② 2명
③ 3명   ④ 4명

32. 다음은 김 대리의 하루 일과를 정리한 것이다. 밑줄 친 자원의 낭비요인 중 같은 종류끼리 바르게 묶은 것은 무엇인가?

조건

> 자원의 낭비요인은 시간 낭비요인, 예산 낭비요인, 인적자원 낭비요인 등으로 구분한다.

> 김 대리는 어제 늦게까지 축구경기를 보다가 그만 ⓐ늦잠을 자버리고 말았다. 부랴부랴 회사에 출근하였으나, 지각하고 말았다. 이후 김 대리는 탕비실에서 ⓑ1회용 종이컵으로 물을 마신 후 또 다른 종이컵에 커피를 타서 자리에 돌아왔다. 오전 업무를 본 후 점심시간에 동료들과 식사를 하면서 새로 나온 별다방의 컵디자인이 근사하다는 말에 ⓒ새로 나온 별다방의 컵이 매우 인기가 높다는 말에 별다방의 컵을 사고 말았다. 식사 후 ⓓ핸드폰 충전기를 집에 놓고 왔다는 것을 깨닫고 새로 구입해 회사로 복귀하였다. 오후 근무를 하던 김 대리는 퇴근시간이 다가오자 일을 마치지 않았지만 ⓔ'내일 하면 괜찮겠지'라는 생각으로 퇴근 준비를 하고 집으로 향했다.

① ⓐ, ⓓ   ② ⓐ, ⓓ, ⓔ
③ ⓑ, ⓔ   ④ ⓑ, ⓒ, ⓓ

33. 다음 제시문을 읽고 〈보기〉 중 뱃치수준활동을 모두 고르면?

자원(resource)은 활동을 수행하기 위하여 사용되거나 소비되는 경제적 요소를 말한다. 소비된 자원원가는 원가계산 시 자원동인에 의하여 활동별로 결제된다. 자원의 예로는 노무원가, 감독자 급여, 소모품비, 설비의 감가상각비 등이 있다. 활동(activity)은 가치창출을 위하여 사람이나 설비에 의해 수행되는 기본적인 작업단위를 말한다. 활동원가는 제품 원가계산 시 활동 동인에 의하여 각 제품별로 집계된다. 활동의 예로는 제품설계활동, 재료이동활동, 작업준비활동, 품질검사활동 등이 있다. 원가대상(cost object)은 원가를 개별적으로 집계하고 할당하는 목적물을 말한다. 그 예로는 제품이나 서비스가 대표적인 원가대상이지만 부문, 프로젝트, 고객, 활동 등도 원가대상이 될 수 있다. 원가동인(cost driver)은 원가를 발생시키거나 발생정도에 영향을 미치는 요인을 의미한다. 원가동인은 원가를 활동이나 제품 및 서비스에 할당하기 위해서 사용되는 측정 가능한 요소이다. 활동분석(activity analysis)은 제품을 생산하거나 서비스를 제공하는 데 필요한 활동들을 구분하고 분석하는 것을 말하며, 공정가치분석(process value analysis)이라고도 한다. 활동기준 원가계산은 활동분석 시 모든 활동을 부가가치활동과 비부가가치 활동으로 구분한 후 비부가가치 활동을 감소시켜 원가를 절감할 수 있다. 활동분석의 방법은 특정 활동의 담당자나 관리자와의 면담, 관찰, 설문조사 등의 방법으로 활동을 식별, 분류, 평가할 수 있으며, 이를 통해 활동을 계층적 수준에 따라 다음과 같이 네 가지 활동유형으로 분류할 수 있다.

• 단위수준활동(unit-level activity)은 제품 한 단위가 생산될 때마다 수행되는 활동으로서 생산량에 비례하여 발생된다.

• 뱃치수준활동(batch-level activity)은 제품 한 묶음이 처리 또는 가공될 때마다 수행되는 활동으로서 생산되는 제품의 수량에 의해 원가가 발생되는 것이 아니라 묶음 단위로 한 개가 발생된다.

• 제품수준활동(product-level activity)은 특정제품을 개발, 유지하거나 지원하는 데 수행되는 활동으로서 제품디자인이나 제조기술의 변경작업 등과 같이 제품종류별로 이루어진다.

• 설비수준활동(facility-level activity)은 생산설비의 유지와 관련된 활동으로서 이는 공정관리의 건물 안전관리 등과 같이 제품 한 단위 수준이나 제품의 뱃치수준 및 특정제품라인과도 직접적인 관련이 없는 활동이다.

보기

• 품질검사활동(표본검사)	• 구매주문활동	• 선적활동
• 기계작업준비활동	• 공정관리비	• 제품설계활동

① 품질검사활동(표본검사), 구매주문활동

② 구매주문활동, 공정관리비

③ 기계작업준비활동, 선적활동, 제품설계활동

④ 품질검사활동(표본검사), 제품설계활동

34. 다음 기사를 본 A ~ E는 일중독과 조직 몰입이라는 주제로 대화를 나누고 있다. 다음 중 잘못된 설명을 하는 사람을 모두 고르면?

〈한국을 대표하는 키워드 일중독(Workaholics)〉

지난 10월 18일 만화 사이트 '도그하우스 다이어리'가 키워드 하나로 지구촌 각 나라의 특성을 정리한 것이 화제가 됐다. 예를 들어 미국은 '노벨상 수상자'와 '잔디 깎기 기계로 인한 사망자 수'에서 세계 최고다. 일본은 '로봇', 러시아는 '라즈베리'와 '핵탄두', 인도는 '영화', 북한은 '검열' 이라는 키워드에서 세계 1위를 차지했다. 여기서 한국을 대표하는 키워드는 바로 '일중독(workaholics)'이었다. 몰랐던 것은 아니지만 이런 식으로 세계에 알려지는 것이 썩 유쾌한 일은 아니다.

A : 일중독은 몰입과는 달리 내재적인 동기요인보다 경쟁에서의 승리, 목표나 사명에 대한 동일시, 해고 또는 경제적 어려움에 대한 두려움 등 외재적 요인에 의해 강화되는 경우가 대부분이다.
B : 피터 베르거의 주장에 따르면 일중독에 빠지면 자기 의지로 일을 조절하는 것이 불가능하거나 어려워진다.
C : 일중독은 일과 개인 생활의 다른 영역과의 균형을 파괴한다.
D : 일중독은 건강한 삶의 균형을 깨뜨리기 때문에 지속성이 없다.
E : 다른 중독과 비교했을 때 일중독은 본인 또는 타인이 알아채기 쉽다.

① A, E
② B, C
③ A, D
④ A, C, D

35. 당기에 영업을 개시한 K사는 한 개의 제조부문을 통해 제품 A, B, C를 생산 및 판매하고 있다. 다음은 제품 A, B, C와 제조부문의 제조원가 자료이며, 당기에 제조를 시작한 제품들은 모두 완성되었다고 가정한다. 노동시간을 기준으로 제조간접원가를 배부할 경우 제품 B의 당기총제조원가는 얼마인가?

(단위 : 만 원, 시간)

구분	제품 A	제품 B	제품 C	합계
직접재료원가	2,000	3,000	5,000	10,000
직접노무원가	5,000	5,000	10,000	20,000
제조간접원가				10,000
노동시간	3,000	2,000	3,000	8,000

① 80,000,000원
② 100,000,000원
③ 105,000,000원
④ 120,000,000원

36. 다음은 효과적인 물품 관리에 관한 설명이다. 이를 바탕으로 〈보기〉에서 잘못된 설명을 하는 사람을 모두 고르면?

물품의 효과적인 관리를 위해서는 적절한 과정을 거쳐야 한다. 물품을 마구잡이식으로 보관하게 되면 필요한 물품을 찾는 것 또한 어려워질뿐더러 물건의 훼손이나 분실의 우려가 있을 수 있다. 따라서 적절한 과정을 거쳐 물품을 구분하여 보관하고 관리하는 것이 효과적이라고 할 수 있다. 효과적인 물적 자원관리 과정은 다음 그림과 같이 나타낼 수 있다.

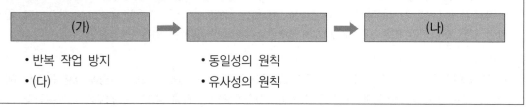

(가)		(나)
• 반복 작업 방지 • (다)	• 동일성의 원칙 • 유사성의 원칙	

보기

A : (가)에 들어갈 말은 '사용 물품과 보관 물품의 구분'이 적절해.

B : 처음부터 철저하게 물품의 사용계획이나 여부를 확인함으로써 시행착오를 예방할 수 있어.

C : 유사성의 원칙은 동일 품종은 같은 장소에서 보관한다는 것이야.

D : (나)에 들어갈 바른 말은 '물품 특성에 맞는 보관 장소 선정'이 되겠군.

E : 결국 사용 물품과 보관 물품을 구분하는 것은 물품활용의 편리성 때문이니, (다)에는 '물품활용의 편리성'이 들어가겠군.

F : (나)에 있어서 중요한 것은 분류에 따라 일괄적으로 같은 장소에 보관하는 것이야.

① A, B
② B, C, F
③ C, F
④ A, D, E

37. 다음은 A 공단이 진행하는 프로젝트의 과정별 예상기간 등을 나타낸 그림이다. 모든 과정은 화살표의 순서대로 선행과정을 끝내야만 다음 과정을 진행할 수 있다. [과정 1]이 종료된 직후에 추가 재원으로 3억 원을 확보하였을 때, 이를 모두 프로젝트 기간의 단축을 위해 투입한다면 최대 몇 주를 단축할 수 있는가? (단, 과정별 단축 가능 기간은 고정되었다)

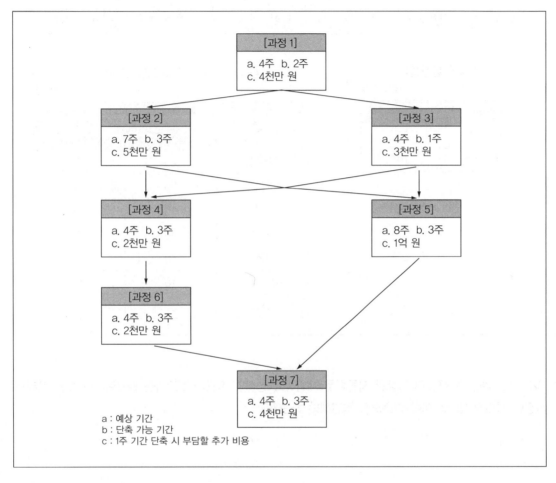

① 3주

② 6주

③ 9주

④ 10주

[38 ~ 40] 다음은 한 자동차 제조업체의 생산 과정과 과정별 업무 혁신을 통한 개선 효과를 정리한 표이다. 이어지는 질문에 답하시오.

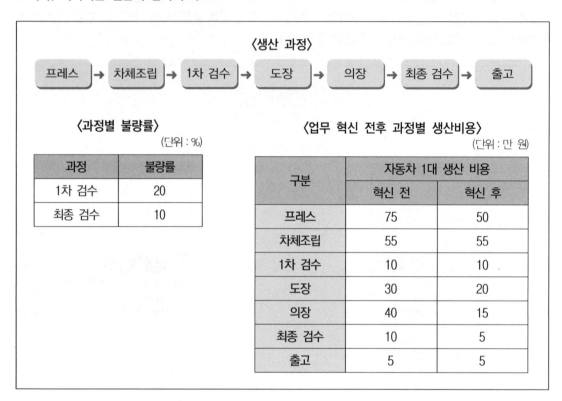

〈생산 과정〉

프레스 → 차체조립 → 1차 검수 → 도장 → 의장 → 최종 검수 → 출고

〈과정별 불량률〉
(단위 : %)

과정	불량률
1차 검수	20
최종 검수	10

〈업무 혁신 전후 과정별 생산비용〉
(단위 : 만 원)

구분	자동차 1대 생산 비용	
	혁신 전	혁신 후
프레스	75	50
차체조립	55	55
1차 검수	10	10
도장	30	20
의장	40	15
최종 검수	10	5
출고	5	5

38. 생산 과정 중 불량이 발생한 자동차를 제외하고 정상인 자동차 180대를 출고한다면 처음 프레스 과정에 들어갈 때 몇 대를 기준으로 작업해야 하는가?

① 180대
② 200대
③ 240대
④ 250대

39. 업무 혁신 후 자동차 1대를 생산하는 총비용은 혁신 전에 비해 얼마나 감소하였는가?

① 50만 원
② 55만 원
③ 60만 원
④ 65만 원

40. 각 과정의 혁신 성과를 생산비용 감소율에 따라 다음과 같이 평가할 때, 연결이 바르지 못한 것은?

감소율	평가
76% 이상	A
51 ~ 75%	B
26 ~ 50%	C
0 ~ 25%	D

① 프레스 - C   ② 최종 검수 - B

③ 도장 - C   ④ 의장 - B

41. 다음은 경영 전략과 관련된 경연내용이다. 두 회사의 전략이 실패한 가장 큰 이유는 무엇인가?

"한 때 패스트푸드 업체 1위인 맥도날드는 버거킹과 치열한 경쟁을 벌였습니다. 버커킹이 99센트짜리 세트를 내놓으면 맥도날드는 1달러짜리 세트를 내놓아서 경쟁하는 식이었습니다. 또 맥도날드가 '고객의 주문에 언제나 대비하고 있다'고 광고를 하면 버거킹은 '어떤 주문도 즉시 소화할 수 있다'는 콘셉트로 광고를 했습니다.

그 후 웰빙에 대한 관심이 높아지면서 사람들이 패스트푸드를 멀리하기 시작했지만 맥도날드와 버거킹은 서로를 누른다는 생각으로 햄버거에만 집중하였고 이로인해 두 회사는 갈수록 매출이 떨어졌습니다. 결국 맥도날드는 2011년 웰빙 샌드위치 전문점인 서브웨이에 매장 수에서 밀렸고 버거킹은 웰빙 버거를 앞세운 웬디스에게 2위 자리를 내주었습니다.

① 두 기업이 비윤리적인 방법으로 담합을 했기 때문이다.

② 규모를 늘리는 데 치중하여 무리하게 사업을 확장했기 때문이다.

③ 전략적 성패는 고객만족에 있음을 간과했기 때문이다.

④ 단기 전략보다 장기 전략을 더 중시했기 때문이다.

42. K사는 현재 다음 조건과 같은 상황이다. 이때 고려할 수 있는 승진제도의 유형으로 가장 적절한 것은? (단, 조건 이외의 것은 고려하지 않는다)

> **조건**
>
> • 김 과장은 승진의 필요성이 인정되고 있지만, 마땅한 담당직책이 없다.
> • K사는 내부사정상 현재 오랜 시간 동안 승진 정체 현상이 있었고, 이로 인해 조직 분위기가 정체되어 있다는 평가를 받고 있다.
> • 김 과장은 대외업무를 많이 담당하는데, 종종 낮은 직급 때문에 곤란한 경우를 당하기도 한다.

① 직급승진   ② 자격승진
③ OC(Organization Change) 승진   ④ 대용승진

43. 다음은 조직문화와 관련된 기사내용 중 일부이다. 기사의 제목으로 가장 적절한 것은?

> 고객만족도 조사에서 디즈니는 '매우 만족'한 고객에게만 관심을 갖는다. 그들에게 중요한 것은 '매우 만족'한 고객이 많아지는 것이다. 고객을 단순히 '만족'시키는 수준으로는 충성도와 입소문의 효과를 얻을 수 없다는 사실을 그들은 잘 알고 있다. 디즈니는 고객이 특별한 기억과 즐거운 경험으로 '매우 만족'을 선택하고 충성고객이 될 수 있도록 노력한다. 그리고 그 핵심은 고객의 '경험'을 최우선 가치로 여기는 것이며 만약 디즈니가 병원을 경영한다 해도 이 원칙은 변함없이 지켜질 것이다.
>
> 한편 대부분의 병원들이 서비스 개선을 위해 노력을 기울이고 있지만 임상 결과와 업무 프로세스 개선에 초점을 맞춘다. 그러나 실제 환자 만족도와 충성도에 가장 밀접한 상관관계를 갖는 요소는 '환자의 인식과 경험'에 관계된 요소들이다. 예를 들면 환자에게 보이는 관심, 의료진들의 팀워크, 치료과정에 대한 상세하고 친절한 설명, 불편 사항에 대한 신속하고 적절한 대처 등이다. '환자들은 질병이 치료된 방식이 아니라 한 인간으로서 자신이 돌보아진 방식을 가지고 자신의 경험을 판단한다.'는 통찰은 깊은 울림을 전해준다.

① 세계에서 가장 위대한 기업들은 대부분 큰 목적을 가지고 있다.
② 승리에 대한 강한 열망을 가지고 잃을 것에 대한 두려움을 제거하라.
③ 당신이 현재 하고 있는 일을 즐겨라.
④ 사람에 대한 배려는 믿을 수 없을 정도로 중요하다.

44. A와 팀원들이 브레인스토밍 과정에서 일정한 사실을 간과하였기 때문에 다음 글과 같은 상황이 발생한 것이라면, A와 팀원들이 간과한 점은 무엇인가?

> A는 '○○은행'의 영업팀장이다. 최근 A국과 C국의 무역마찰로 금융권에 큰 위기상황이 닥쳤고 이를 이겨내기 위한 아이디어를 생성하기 위해 팀원들과 브레인스토밍을 진행하였고 그 결과 좋은 아이디어를 많이 얻었다. 이렇게 획득한 아이디어를 경영진에 전달하였으나 경영진은 받아드릴 수 없다고 하였다. 이유는 해당 아이디어를 적용하기 위해서는 '○○은행'에 적용된 IT인프라를 모두 교체하여야 하는데 이는 금전적, 시기적으로 적절하지 않기 때문이었다.

① 적절한 질문을 향해 체계적인 진행이 이루어져야 하는데 그렇지 못했다.
② 조직의 상황 등에 대해 정확히 파악하지 못했다.
③ 팀원들이 브레인스토밍으로 얻고자 한 아이디어 관련 지식을 가지고 있지 못했다.
④ 브레인스토밍을 통해 얻은 아이디어를 명확히 전달하지 못했다.

45. ○○공단은 최근 아래 그림과 같이 조직구조를 개편하였다. 이러한 조직구조 개편을 통해 ○○공단이 추구하고자 한 변화로 가장 적절한 것은?

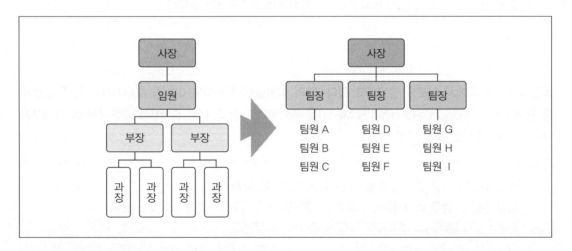

① 관리자의 관리업무를 대폭 강화하고자 하였다.
② 업무의 명확한 핵심 프로세스를 규명하고자 하였다.
③ 의사결정의 신속성과 민첩성을 향상시키고자 하였다.
④ 안정적인 환경에서 통제와 안전을 강화하고자 하였다.

46. 다음은 △△초등학교의 '효율적 업무 배정 원칙'을 정리한 내용 중 일부이다. 이에 대하여 잘못 이해하고 있는 사람은 누구인가?

〈효율적 업무 배정 원칙〉

1. 교육행정 업무 분석
   업무는 교육활동, 교육활동 관련 업무, 교육행정 업무, 기타 업무로 구분한다.
   가. 교육활동
       ① 구분   ② 역할 수행자   ③ 내용
   나. 교육활동 관련 업무
       ① 구분   ② 역할 수행자   ③ 내용
   다. 교육행정 업무
       ① 구분   ② 역할 수행자   ③ 내용
   라. 기타 업무

---

① A : 조직의 업무는 조직 전체의 목적을 달성하기 위해 가장 효율적인 방법으로 배분되어야 합니다.

② B : 직위는 조직의 각 구성원들에게 수행해야 할 일정 업무가 할당되고 그 업무를 수행하는 데 필요한 권한과 책임이 부여된 조직상의 위치입니다.

③ C : 원칙적으로 위와 같이 업무를 배정하는 것은 조직을 수직적으로 구분하는 것입니다.

④ D : 업무 배정은 일의 동일성, 유사성이라는 관점에서 이루어져야 합니다.

47. A는 ○○시에서 마트를 운영하고 있다. 여러 상황들을 고려하여 마이클 포터가 제시한 경영전략 중 원가우위 전략(Cost Leadership Strategy)을 채택하려고 한다. 다음 중 채택하려는 전략이 성공하기 어려운 시장 조건을 모두 고른 것은?

ㄱ. 마트의 선택 기준 중 브랜드를 가장 중요한 요소로 고려한다.
ㄴ. 동일 제품인 경우 소비자들은 오로지 가격만을 상품 구매의 고려 대상으로 한다.
ㄷ. 전환비용이 낮아서 구매자들이 가장 낮은 가격을 찾는다.
ㄹ. 인근에서 큰 식당 등을 운영하는 대규모 구매자들이 가격에 대한 강한 협상력을 가지고 있다.

---

① ㄱ

② ㄱ, ㄴ

③ ㄱ, ㄴ, ㄷ

④ ㄱ, ㄴ, ㄷ, ㄹ

48. 다음 글에서 알 수 있는 순환 조직의 특징으로 가장 적절한 것은?

> 산업혁명이 일어났을 때 기업들이 참고할 만한 거대 조직은 교회와 군대뿐이었다. 당시 기술로는 사물의 실시간 데이터를 얻는 것은 꿈도 꾸지 못하는 일이었으므로, 그나마 역사가 유구하고 안정적인 지배 구조가 작동하는 교회와 군대 조직의 운영 전략을 채택해 답습할 수밖에 없었다. 정보는 고위 경영진이 관련 부서라고 판단한 몇몇 곳에만 수직 계층을 타고 상명하복의 방식으로 차례차례 전달되었다. 실제로 초기 철도 회사는 회사 방침과 업무 절차를 마련할 때마다 군대에 찾아가 조언을 구하기도 했다.
>
> (중략)
>
> 사실 순환 조직은 훨씬 전부터 존재했다. 우리의 조상들은 사나운 검치호랑이를 어떻게 죽일까 궁리 하느라 화롯불을 빙빙 돌았고, 그 옛날 아서왕은 전술을 계획할 때 기사단을 한 줄로 세우지 않고 원탁 에 빙 둘러 세웠다. 자연은 또 어떠한가. 무려 45억 년 동안 순환하면서 지금껏 단 한 차례도 쉬지 않고 부지런히 움직여 왔다. 그런데 왜 기업만 수직적으로 가만히 서 있으려고 하는가?

① 원탁에 주요한 의사결정위원회를 배치한 것이 특징인 조직이다.
② 과거의 교회 또는 군대 조직문화를 차용한 초기 조직 형태이다.
③ 목표를 설정하고 그 목표로 나아가기 위하여 끊임없이 발전돼가는 조직이다.
④ 매우 빠른 속도로 의사결정을 진행하고 그 결과에 대한 피드백을 유연하게 접수하는 조직이다.

49. 다음 글에서 강조하는 조직의 성장을 위한 키워드는?

> 어떤 사람들은 ① 보편적인 기업이 제공하는 것을 넘어선 다른 무언가를 원하기도 한다. 단순히 수 익만을 위해 존재하는 회사는 지루하다고 생각하며 ② 자신을 희생할 만한 가치가 없다고 여긴다.
> 그들에게는 열정과 창의적인 아이디어가 샘솟으며, 이것을 그대로 흘러가게 내버려둔 채 인생을 살 고 싶어 하지 않는다. 그래서 그들은 자신의 열정을 추구하고 ③ 행복을 찾을 수 있는 회사를 설립한 다. 그들은 자신이 사업을 시작한 이유와 어떻게 현재 위치까지 오게 되었는지를 결코 잊어버리지 않 는다. ④ 사업이 성장하더라도 자신이 열정을 쏟는 대상을 추구하기 위한 수단으로 사업을 활용하며, 세상에 훌륭하고 특별한 무언가를 기여하려는 노력을 지속적으로 이어간다.
> 이들이 바로 작은 거인들의 창립자, 리더, 그리고 직원들이다. 작은 거인들은 기존 방식과는 다르게 회사를 운영하면서도 꾸준한 성장을 해나가는 회사이다. 당신이 그들 가운데 한 명이 아니라고 해도 그들이 해온 일과 진정으로 일을 즐기며 보람을 느끼는 모습을 보면 이런 질문을 던지게 될지도 모른 다. '과연 나는 일을 하면서 진정으로 원하는 것을 얻고 있는가?' 만일 이 질문에 대한 대답이 '아니오.' 라면, 작은 거인들은 당신에게도 선택할 수 있는 기회가 있다는 사실을 알려주었다고 생각한다.

50. 다음 제시된 팔로워십 유형을 참고하여 글에 제시된 인물이 주장하는 팔로워십 유형으로 적절한 것은?

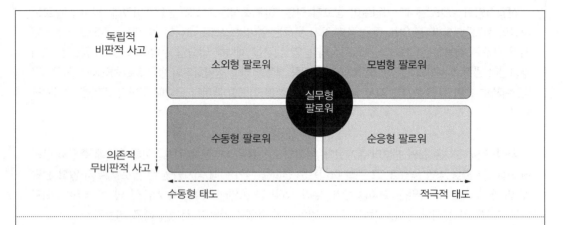

1961년 12월, 이스라엘의 재판정

구름같이 몰려든 기자들이 한 남자를 찍고 있었다.

작은 키에 듬성듬성한 머리카락과 주름진 얼굴…. 평범해 보이는 50대 중반의 백인 남자로 보이는 그는 무슨 죄를 지었길래 전 세계에서 몰려든 기자들이 이렇게 난리였던 것일까?

이 남자의 이름은 아돌프 아이히만. 아이히만은 나치 친위대 대령으로 독일이 점령한 유럽 여러 지역에 살고 있는 유대인을 체포하고 강제로 이주시키는 일을 하였다. 강제수용소에서 살아남은 100여 명의 증인들이 자신들을 강제 수용소로 보낸 사람은 아이히만이라 증언하였다. 이러한 아이히만에게 적용된 죄만 15가지가 넘었다. 재판장은 아이히만에게 스스로 변론할 수 있는 시간을 주었다. 그는 다음과 같이 말했다.

"나는 명령에 따랐을 뿐이오. 나는 죄가 없습니다."

"나는 유대인에 대한 증오나 연민 등 사사로운 감정이나 판단으로 행동한 것이 아닙니다. 오직 국가의 명령을 따랐습니다."

① 소외형 팔로워   ② 모범형 팔로워

③ 수동형 팔로워   ④ 순응형 팔로워

2 일반상식_51 ~ 100

51. 신석기 시대에 관한 설명으로 가장 옳지 않은 것은?

① 평등한 사회 속에서 씨족집단이 형성되었다.
② 원시적 형태의 신앙이 탄생했다.
③ 폭이 좁고 가는 세형동검을 만들어 썼다.
④ 빗살무늬 토기는 이 시대의 대표적인 토기이다.

52. 다음 지문에서 '이것'은 무엇인가?

'이것'은 각 부족끼리 일정 지역을 정해 놓고 서로 침범하면 노예와 우마로써 배상하는 동예의 풍습이다. 동예의 폐쇄적인 사회 성격을 엿볼 수 있는 제도이다.

① 족외혼   ② 책화
③ 우제점법   ④ 골장제

53. 고구려 제20대 왕으로 도읍을 국내성에서 평양으로 옮기고 적극적으로 남하정책을 추진하여 광활한 영토를 차지한 왕은?

① 장수왕   ② 고국원왕
③ 미천왕   ④ 근초고왕

54. 고려 명종 때인 1176년, 지금의 공주 지역에 있었던 명학소의 주민이 과도한 부역과 차별 대우에 항의하며 일으킨 농민 봉기로 '공주 명학소의 난'이라고도 불리는 사건은?

① 묘청의 난   ② 이자겸의 난

③ 망이 · 망소이의 난   ④ 만적의 난

55. 다음 밑줄 친 '이 사람'은 누구인가?

> 스물여섯 살의 신라 하급관리인 '<u>이 사람</u>'은 몰래 불교를 섬겼다. 372년에 이미 불교를 받아들인 고구려와 달리 신라에서는 아직 불교를 받아들이지 못했기 때문이었다. 승려들의 계속된 노력에도 불구하고 신라는 난공불락이었다. 마침내 572년, 신라의 이 하급관리는 제 목숨을 내놓기로 결심하였다. "새로운 시대를 열기 위해 신라는 새로운 옷을 입어야 한다. 불교만큼 더 좋은 새 옷이 없다. 만약 가능하다면 내 목숨을 내놓아서라도 뜻을 이루리라." 그런 그의 마음을 법흥왕은 가상하게 여겼다. 목을 베인 자리에서 흰 젖이 솟구쳤다. 신라에, 아니 우리나라 불교에, 나아가 이 땅의 정신사에 어떤 말로도 형용할 수 없는 흰 꽃이 피는 순간이었다.

① 김유신   ② 이사부

③ 의상   ④ 이차돈

56. 다음 기사의 빈칸에 들어갈 말은 무엇인가?

> 남한산성은 1624년 조선 인조 때 현재의 모습을 갖췄다. 남한산성은 적으로부터 단 한 번도 함락되지 않은 곳으로 유명하다. (   ) 당시 인조가 청나라 2대 황제 홍타이지(皇太極)를 향해 세 번 절하고 아홉 번 머리를 조아리는 '삼배구고두(三拜九叩頭)'의 치욕을 겪기도 했지만 성을 빼앗기지는 않았다.
> 남한산성 단풍은 참괘정 일대를 노랗게 물들인 은행잎이 특히 장관이다. 침괘정의 정확한 한자어는 침과정(枕戈亭)이다. '창을 베개로 삼는다'는 뜻으로 (   )의 치욕을 되새기자는 의미가 담겼다.

① 정유재란   ② 임진왜란

③ 정묘호란   ④ 병자호란

57. 조선 중기 유학자 이황이 1568년 선조에게 올린 상소문으로 군왕의 도(道)에 관한 학문의 요체를 도식으로 설명한 것은?

① 성학십도
② 격몽요결
③ 반계수록
④ 목민심서

58. 다음 중 사건이 먼저 일어난 순서대로 나열한 것은?

(a) 아관파천	(b) 을사조약	(c) 강화도조약
(d) 운요호사건	(e) 을미사변	

① (c)−(e)−(a)−(d)−(b)
② (c)−(e)−(d)−(b)−(a)
③ (d)−(c)−(e)−(a)−(b)
④ (d)−(b)−(c)−(e)−(a)

59. 다음 중 고려시대 성종에 대한 설명으로 적절하지 않은 것은?

① 유교에 입각한 정치를 지향하며 불교의 폐단을 바로잡았다.
② 최승로의 시무 28조를 시행하여 정치적 개혁을 시도하였다.
③ 지방에 12목을 설치하여 관리를 보냈다.
④ 국가재정의 확보를 위해 노비안검법을 실시하였다.

60. 다음 중 조선시대 숙종에 대한 설명으로 적절하지 않은 것은?

① 숙종이 집권하면서부터 일당전제화가 시작되었다.

② 흉년으로 응급 구제기관을 열어 백성을 구휼하고 전국의 도량형을 통일했다.

③ 한 당이 다른 당을 몰아내는 환국을 이용한 정치를 통해 왕권을 강화하였다.

④ 대동법의 범위를 전국적으로 확대하였다.

61. 조선시대 언론 기관인 삼사(三司) 중 하나로, 궁중의 경서와 사적을 관리하고 왕의 자문에 응하는 일을 맡아보던 관청은?

① 홍문관   ② 춘추관
③ 사헌부   ④ 사간원

62. 다음 중 신채호의 저서는?

① 「지봉유설」   ② 「조선상고문화사」
③ 「도왜실기」   ④ 「동양평화론」

63. 다음 중 2차 남북정상회담이 개최된 시기의 대통령은?

① 노태우   ② 김영삼
③ 노무현   ④ 이명박

64. 다음 〈보기〉에서 설명하는 헌법이 유효했던 시기에 대한 설명으로 적절하지 않은 것은?

> 보기
>
> 한국 헌정사상 7차로 개정된 제4공화국의 헌법이다. 10월 27일 평화적 통일지향 · 한국적 민주주의의 토착화를 표방한 개헌안이 비상국무회의에서 의결 · 공고되어 개헌반대 발언이 완전히 봉쇄된 가운데 11월 21일 국민투표에서 투표율 91.9%에 91.5% 찬성으로 확정, 대통령 취임일인 12월 27일 공포 · 시행되었다. 이 헌법의 특징으로는 전문에 평화통일 이념 규정, 대통령 임기를 6년으로 연장, 대통령에게 긴급조치권 · 국회해산권 등 초헌법적인 권한 부여 등이 있다.

① 입법 · 행정 · 사법의 삼권이 모두 대통령에게 집중되었다.
② 수출이 증가하고 새마을 운동이 추진되었다.
③ 사사오입을 통해 통과된 헌법으로 야당 정치인들의 비판을 샀다.
④ 대통령이 국회의원 정수의 $\frac{1}{3}$을 추천할 수 있었다.

65. 다음 〈보기〉에 나타난 시기의 사회 모습으로 적절하지 않은 것은?

> 보기
>
> • 어린이용 서사
> 1. 우리들은 대일본 제국의 신민입니다.
> 2. 우리들은 마음을 합하여 천황 폐하께 충성을 다합니다.
> 3. 우리들은 인고 단련하여 훌륭하고 씩씩한 국민이 됩니다.
>
> • 성인용 서사
> 1. 우리들은 황국 신민이다. 충성으로 군국에 보답한다.
> 2. 우리들 황국 신민은 서로 신애 협력하여 단결을 굳게 한다.
> 3. 우리들 황국 신민은 인고 단련 힘을 길러 황도를 선양한다.

① 내선일체(內鮮一體) 사상을 강조하며 조선인들의 사상을 완전히 말살하려 하였다.
② 반체제 운동을 탄압하기 위하여 조선 사상범 보호 관찰령을 만들었다.
③ 조선어 교육을 폐지해 버리고 각종 조선어 출판물을 폐간시켰다.
④ 홍범도의 '대한 독립군'이 중심이 되어 함경도의 일본 경찰을 공격한 뒤 돌아왔다.

66. 다음 밑줄 친 '정'과 같은 한자는?

장비의 재<u>정</u>비를 철저히 해 두었다.

① 책상 <u>정</u>리
② <u>정</u>정당당한 태도
③ <u>정</u>보를 제공하다.
④ <u>정</u>수기에서 물을 거른 후 마시다.

67. 다음 밑줄 친 부분 중 표준어 맞춤법이 틀린 것은?

① 모닥불에 찬물을 <u>끼얹다</u>.
② <u>북엇국</u>으로 해장이나 합시다.
③ <u>가없는</u> 부모님의 사랑
④ 처음 본 <u>희안한</u> 물건

68. 다음 중 [　　] 안의 표준 발음이 잘못된 것은?

① 떡볶이[떡뽀끼]
② 촛불[초뿔]
③ 전화[저놔]
④ 설익다[설릭따]

69. '제법 마음에 들 만하다'라는 뜻을 가진 우리말은?

① 마뜩하다
② 슬겁다
③ 부전부전하다
④ 몰강스럽다

70. 다음 빈칸에 들어갈 사자성어는?

> 저 치수이 강 모퉁이를 보니, 푸른 대나무가 무성하도다!
> 아름다운 광채 나는 군자여! 잘라놓은 듯하고 간 듯하며 쪼아놓은 듯하고 간 듯하다.
> 엄밀하고 굳세며 빛나고 점잖으니, 아름다운 광채 나는 군자여! 끝내 잊을 수 없다.
>
> 원래 이 시는 군자를 칭송한 것으로, 학문과 인격을 끊임없이 갈고 닦아 겉모습까지 완성된 것을 푸른 대나무에 빗대어 말한 것이다. 이로부터 (   )은/는 자신의 목표를 향해 끊임없이 노력하는 자세를 비유하는 말로 쓰인다.

① 연목구어(緣木求魚)　　　　　　② 절차탁마(切磋琢磨)
③ 수구초심(首丘初心)　　　　　　④ 천상첩지(淺嘗輒止)

71. 다음 문장에 공통적으로 사용된 수사법은?

> • 펜은 칼보다 무섭다.
> • 그는 별을 달고 전역했다.
> • 저수지에는 강태공들이 많다.

① 은유법　　　　　　　　　　　② 대구법
③ 풍유법　　　　　　　　　　　④ 환유법

72. 다음 기사의 빈칸에 들어갈 단어로 옳은 것은?

> 행정안전부는 10월 9일 제572돌 한글날을 맞이해 자치법규상의 한자어를 정비했다. 우선 농지 및 농업생산기반시설 등 관련 자치법규에서 이익을 얻거나 해당 시설을 이용하는 사람을 지칭하는 용어로 주로 쓰이는 '몽리자'는 '수혜자' 또는 '이용자'로 순화한다. 건축 등 관련 자치법규에서 주로 쓰이는 '사력(沙礫/砂礫)'은 쉬운 우리말인 '(   )'(으)로 바꾼다. 일부 일본식 한자어 역시 일반적인 용어로 정비한다. 계산해 정리하다는 뜻을 나타내는 일본식 한자어 '계리(計理)'는 '회계처리' 또는 '처리'로 순화한다.

① 잔작돌
② 석력
③ 자갈
④ 굵은 모래

73. 다음에서 설명하는 단어로 옳은 것은?

> '가득히 담긴 접시'라는 뜻의 라틴어 lanx satura에서 유래한 말로, 주어진 사실을 있는 그대로 드러내는 것이 아니라 과장하거나 왜곡 또는 비꼬아서 표현하여 웃음을 유발하는 것을 말한다. 비판적 웃음을 이끌어내는 이것은 〈양반전〉에서 양반의 부정적인 모습을 확대한 것이 그 예이다.

① 비유
② 풍자
③ 해학
④ 유머

74. 다음 중 밑줄 친 단어의 쓰임이 나머지와 다른 것은?

① 그를 만난 <u>지</u>도 꽤 오래되었다.
② 고래는 짐승이<u>지</u> 물고기가 아니다.
③ 그는 이름난 효자<u>지</u>.
④ 남의 일에 참견하<u>지</u> 마세요.

75. 다음 중 물건과 물건의 묶음을 세는 단위가 적절하게 연결된 것은?

① 바늘 – 모   ② 생선 – 두름
③ 한약 – 접   ④ 달걀 – 고리

76. 다음 밑줄 친 부분의 띄어쓰기가 잘못된 것은?

① 그 녀석을 <u>골탕∨먹일</u> 좋은 수가 없을까?
② 지금은 때를 기다리는 <u>수밖에</u> 없다.
③ 이 전망대에서 서울 시내를 <u>한∨눈에</u> 내려다볼 수 있다.
④ 그 책을 다 <u>읽는∨데</u> 삼 일이 걸렸다.

77. 다음 단어에 대한 발음으로 적절한 것은?

① 협력[협녁]   ② 굵는[글른]
③ 난로[날 : 로]   ④ 문법[뭄뻡]

78. 다음 밑줄 친 단어 중 표준어에 해당하는 것은?

① 성게알이 들어갔다는 점에서 보통 <u>매생이죽</u>과는 다르다.
② 어머니는 <u>석박지</u>에 넣을 무를 손질하고 계셨다.
③ 나는 포구에 가서 새우젓과 <u>창란젓</u>을 사왔다.
④ 어릴 때 자주 먹었던 달착지근한 <u>무국</u>이 오늘따라 몹시 먹고 싶었다.

79. 다음 중 관용어 사용이 적절하지 않은 것은?

① 영호는 그 분야에서 발이 넓어 도움을 받을 수 있을 거야.

② 그 일이 탄로 나지 않으려면 입을 맞춰야 해.

③ 입이 천 근 같은 지수는 반찬 투정이 심해.

④ 영희는 매일 신문을 읽어서인지 어떤 분야에서건 귀가 밝다.

80. 다음 중 독음이 다른 단어는?

① 現想   ② 玄象

③ 現像   ④ 弦長

81. 사용자의 실수, 컴퓨터의 오류, 바이러스 등으로 원본이 손상될 경우를 대비하여 원본을 미리 복사하는 과정을 이르는 말은?

① 백업   ② 포맷

③ 코딩   ④ 디버깅

82. 크뤼천이 2000년에 처음 제안한 용어로서 새로운 지질시대 개념이다. 인류의 자연환경 파괴로 인해 지구의 환경체계는 급격하게 변하게 되었고, 그로 인해 지구환경과 맞서 싸우게 된 시대를 뜻하는 말은 무엇인가?

① 홍적세   ② 홀로세

③ 충적세   ④ 인류세

83. 인간이 문화적·역사적 가치를 지닌 환경과 접하면서 느끼는 쾌적함이나, 쾌적함을 불러일으키는 장소를 뜻하는 용어는?

① 스프롤   ② 뉴에이지

③ 소프트 파워   ④ 어메니티

84. 영국 고전 경제학자인 애덤 스미스(Adam Smith)의 자유방임주의를 표방한 최초의 경제학 저서는?

① 〈국부론〉   ② 〈군주론〉

③ 〈화폐론〉   ④ 〈국가론〉

85. 피해자가 입은 피해와 같은 정도의 손해를 가해자에게 가한다는 보복의 법칙은?

① 고센의 법칙   ② 미란다 법칙

③ 무어의 법칙   ④ 탈리오 법칙

1회 기출예상문제

2회 기출예상문제

3회 기출예상문제

4회 기출예상문제

5회 기출예상문제

6회 기출예상문제

인성검사

면접가이드

86. 다음 빈칸에 들어갈 적절한 용어는?

　　스마트폰 애플리케이션에서 '휘발유 3만 원, 5만 원, 7만 원, 가득 주유' 가운데 하나를 선택해 놓는다. 미리 설정을 마친 상태로 GS 칼텍스 주유소에 들어가면 스마트폰에서 저절로 알람이 울린다. "주유하시겠습니까?"라는 문구가 뜨고 확인 버튼을 누르면 설정한 금액이 자동으로 결제된다.

　　7만 원으로 설정해 뒀다면 주유소 직원이 알아서 7만 원어치 휘발유를 넣어준다. 운전자는 따로 계산할 필요 없이 주유소를 떠나면 된다. 주유소가 일종의 '(　　　　)플랫폼 사업장'으로 바뀌는 것이다.

　　(　　　　) 서비스는 고객이 온라인으로 결제한 뒤 상품과 서비스를 오프라인으로 제공받는 시스템을 말한다.

---

① 크라우드 펀딩　　　　　　　　　　② O2O

③ B2B　　　　　　　　　　　　　　　④ 빅데이터

87. 한 나라가 선진국에 비해서는 기술과 품질 경쟁에서, 후발 개발도상국에 비해서는 가격 경쟁에서 밀리는 현상을 무엇이라 하는가?

① 소피아 부인　　　　　　　　　　　② 골디락스

③ 넛크래커　　　　　　　　　　　　④ 메디치 효과

88. 무속음악에 뿌리를 둔 즉흥 기악합주곡 형식의 음악으로 가야금 · 거문고 · 해금 · 아쟁 · 피리 · 대금 등의 악기들이 일정한 장단 안에서 즉흥적으로 자유롭게 연주하는 음악은?

① 시나위　　　　　　　　　　　　　② 산조

③ 회례악　　　　　　　　　　　　　④ 제례악

89. 정보원이나 내부 협조자 등 인적 네트워크를 활용하여 얻은 정보 또는 그러한 정보수집 방법을 뜻하는 용어는?

① 브레인 이니셔티브   ② 에셜론

③ 테킨트   ④ 휴민트

90. 다음 ⓐ와 ⓑ에 들어갈 말은?

> 망종은 24절기 중 아홉 번째로 (ⓐ)와 (ⓑ)사이이다. 양력으로 6월 6일경부터이며, 음력으로 4월 또는 5월에 든다. 씨를 뿌리기 좋은 시기라는 뜻으로 모내기와 보라배기가 이뤄진다. 각 지역별로 다양한 망종 풍속을 갖는데 농사의 한 해 운을 보거나 농사가 잘되는 시기를 말한다. 농촌에서는 1년 중 가장 바쁜 시기이다.

	ⓐ	ⓑ		ⓐ	ⓑ
①	입춘	경칩	②	소만	하지
③	백로	대서	④	상강	입하

91. 유죄협상제 또는 사전형량조정제도라고 불리며, 피고가 유죄를 인정하거나 다른 사람에 대해 증언을 하는 대가로 검찰 측이 형을 낮추거나 가벼운 죄목으로 다루기로 거래하는 것을 가리키는 말은?

① 크레덴다   ② 스케이프고트

③ 플리바게닝   ④ 로그롤링

92. 2018년 10월 12일 막을 올려 7일간의 공식일정을 마친 제99회 전국체육대회가 열린 곳은?

① 충청북도   ② 경상남도
③ 전라북도   ④ 제주도

93. 공연 중간에 갖는 휴식시간을 나타내는 말로 ㉠에 들어갈 용어는 무엇인가?

〈뮤지컬 Why? 하늘을 나는 거북선〉

원작 :「Why? People 이순신」
작가 : 주형준
작곡 : 김해근
연출 : 이승민
공연장 : 나무아트센터 극장
공연일 : 5월 23일(화)까지
공영시간 : 평일 오전 11시 ～ 오후 3시
러닝타임 : 70분 (㉠) 없음
문의 : 1800－5933

---

① 커튼콜   ② 인터미션
③ 크랭크 인   ④ 트레일러

94. 개막작 〈뷰티풀 데이즈〉를 시작으로 2018년 10월 4일 개막해 5개 극장 30개 스크린에서 70개국의 영화 324편을 상영하고 13일 폐막작 〈엽문외전〉을 끝으로 막을 내린 영화제는?

① 부산국제영화제   ② 부천국제판타스틱영화제
③ 전주국제영화제   ④ 충무로단편영화제

95. '의제설정'이라고 하며 매스미디어가 의식적으로 현재의 이슈에 대한 공중의 생각과 의견을 토론하는 방식을 무엇이라 하는가?

① 옐로 저널리즘
② 엠바고
③ 경마 저널리즘
④ 아젠다 세팅

96. 축구 선수 시절 미드필더였으며 1986년 럭키 금성팀의 주장으로 선임되어 팀의 리그 준우승을 이끌기도 하였다. 2017년에 베트남 축구 국가대표팀의 감독으로 취임한 이 사람은 누구인가?

① 박항서
② 허정무
③ 신태용
④ 최강희

97. 적대적 M&A를 방어하는 대표적인 전략의 하나로, 인수 대상 기업의 CEO가 인수로 인하여 임기 전에 사임하게 될 경우를 대비하여 거액의 퇴직금, 저가에 의한 주식 매입권, 일정 기간의 보수와 보너스 등을 받을 권리를 사전에 고용계약에 기재하여 안전성을 확보하는 동시에 기업의 인수 비용을 높이는 전략을 무엇이라 하는가?

① 황금낙하산
② 메가머저
③ 포이즌필
④ 레버리지 매수

1회 기출예상문제

2회 기출예상문제

3회 기출예상문제

4회 기출예상문제

5회 기출예상문제

6회 기출예상문제

인성검사

면접가이드

98. 다음 밑줄 친 이것에 해당하는 단어는?

> 기업의 이것은 조직개혁과 경영혁신을 통해 실적이 개선되는 것을 말하며, 주식시장에서 '이것 종목'
> 이라 하면 기업내실이 큰 폭으로 개선되어 주가가 급등, 상대적으로 높은 수익을 투자자에게 안겨주는
> 종목을 말한다.

① 전략적 제휴　　　　　　　　　　② 턴어라운드

③ 벤치마킹　　　　　　　　　　　　④ 스마트워크

99. 다음 ⓐ에 들어갈 알맞은 사람은?

> 대통령중심제에 내각책임제를 가미시킨 헌법에서 볼 수 있는 직제이다.
> 1. 대통령제의 (ⓐ) : 남미의 유사한 대통령제 국가에서는 (ⓐ)제도를 두고 있다. 이 경우 집행권을
>   대통령과 내각이 공동으로 행사한다.
> 2. 의원내각제의 (ⓐ) : 의원내각제를 채용하는 국가에서도 국회우월적인 경향에서 (ⓐ)에게 대통
>   령제 국가의 대통령과 같은 막대한 권한을 부여하고 있어 정부의 안정을 꾀하려는 노력을 엿볼 수
>   있다.

① 국무총리　　　　　　　　　　　② 부통령

③ 수상　　　　　　　　　　　　　④ 국무위원

100. 제시문에서 설명하는 '이것'은?

> '이것'은 원래 선두에 서서 돌진하는 부대를 가리키는 군사용어였다. 이후 19세기 중반부터 미지의
> 문제와 대결하여 지금까지의 예술을 변화시키는 혁명적 예술 경향이나 그 운동을 뜻하는 예술용어로
> 정착되었다.

① 에스닉　　　　　　　　　　　　② 아방가르드

③ 엘레강스　　　　　　　　　　　④ 데카당

부산교통공사

직업기초능력평가
+일반상식

제3회

수험번호	
성 명	

3회 기출예상문제

1 NCS 직업기초능력평가_1 ~ 50

01. 다음 글을 읽고 추론한 내용으로 적절하지 않은 것은?

세계 곳곳의 방역당국이 5G(5세대), 인공지능(AI)을 고도로 활용한 지능형 로봇을 코로나19 방역 현장에서 운용하고 있다. 높은 감염력을 지닌 코로나19에 의료진이 감염되는 사태를 막기 위해 이전에 시범적으로 운영되던 로봇 기술이 더 적극적으로 활용되고 있다는 분석이다.

(중략)

우선 덴마크의 블루오션 로보틱스가 개발한 UVD 로봇은 다수의 UV 램프와 라이다(LIDAR, 레이저를 목표물에 비춰 사물과의 거리 및 다양한 물성을 감지할 수 있는 기술)를 장착하고 미생물에 대한 심층 지식, 자율 로봇 기술 및 자외선을 결합해 10 ~ 15분 이내에 실내 병원균을 제압할 수 있다.

로봇 강국 중 하나인 일본에서도 방역 과정에서 로봇의 활용이 활발하다. 전자 기업인 파나소닉의 로봇 'AHR HOSPI'는 환자들의 의약품, 검체, 혈액샘플 등을 수거해 보내는 데 사용되고 있다. 24시간 가동되며 자동 충전되는 이 로봇은 자율주행 시스템도 갖추고 있다. 마찬가지로 방역 현장에서 사용되는 도요타의 로봇 'PractitioNERD'도 장애물을 스스로 피하거나 음성을 통해 경로 확보를 요청, 충전이 필요하면 스스로 충전스테이션으로 귀환하는 기능을 갖추고 있다.

사람의 손이 닿기 힘든 곳에서 방역을 수행하는 데에도 로봇이 사용된다. 일본 ZMP는 자율주행 경비로봇 '파토로(PATORO)'를 올해 출시해 위치정보를 이용해 실내를 순찰하며 손이 닿기 어려운 곳에 소독액을 분사하는 기능을 갖추고 있다. 중국 징둥물류(京东)와 거리(格力)도 AI, 자율주행, IoT 등의 기술을 적용해 공공장소에서 발열 예·경보, 소독, 순찰 등의 업무를 할 수 있는 3종 로봇을 개발해 운용중이다.

① 방역 현장으로의 로봇 투입은 의료진의 안전을 향상시킨다.

② 자외선을 적절히 사용하면 살균 작용에 응용할 수 있다.

③ 파나소닉의 로봇은 자율주행 시스템이 있으며 24시간 가동된다.

④ 아시아에서는 일본만이 자율주행을 적용한 로봇을 운용한다.

[02 ~ 03] 다음 글을 읽고 이어지는 질문에 답하시오.

(가) 일반적인 레이더는 비행기나 미사일 등에 반사해 되돌아오는 레이더 전파를 아군의 군사기지에서 잡아내 위치와 크기, 방향을 감지하는 방식으로 운용된다. 손전등을 비춰 물건을 찾는 사람, 장애물을 피해 요리조리 나는 박쥐도 가시광선이나 초음파가 특정한 물체에 튕긴 뒤 몸의 감지 기관에 되돌아오는 원리를 이용한다는 점에서 일종의 '생체 레이더 기지'라고 할 수 있다.

(나) 이 때문에 스텔스기가 침투할 경우 적국은 이에 대응해 전투기를 출격시키거나 지대공 미사일을 발사할 수 없게 된다. 1990년대 벌어졌던 걸프전에서 세계 최초의 스텔스기였던 F-117 나이트호크가 중요한 공격 임무에 집중 투입됐던 것도 이 때문이다. 스텔스기는 그 뒤로도 진화를 거듭해 미국에선 F-35, F-22 전투기 등이 실전 배치돼 있으며, 한국 공군도 F-35 도입 사업을 진행 중이다. 미국과 군사적 경쟁 관계인 중국도 스텔스기인 J-20 전투기를 최근 공개해 대응에 나선 상황이며 러시아도 Su-57을 개발했다.

(다) 그런데 스텔스기는 동체에 특수 페인트를 발라 이런 레이더 전파를 흡수한다. 되돌아올 레이더 전파가 없기 때문에 적의 입장에선 스텔스기가 뜰 경우 존재 자체를 감지할 수가 없다. 사람으로 따지면 어두운 방에서 손전등 없이 서 있어서 어디에 누가, 무엇이 있는지 알 수 없는 상황과 같은 격인 셈이다.

02. 윗글의 (가) ~ (다)를 문맥에 맞도록 순서대로 바르게 나열한 것은?

① (가) - (나) - (다) 　　　　　② (가) - (다) - (나)
③ (나) - (가) - (다) 　　　　　④ (나) - (다) - (가)

03. 윗글과 〈보기〉의 내용을 바탕으로 추론할 수 있는 것은?

> ─── 보기 ───
>
> 　물체에 빛이 흡수되면 열이 오르는 원리를 이용해 특정 물체의 위치와 크기를 잡아내는 기술이 개발됐다. 이는 레이더에 걸리지 않고 비행할 수 있는 스텔스기 탐지에도 응용될 수 있을 것으로 기대된다.

① 박쥐가 장애물을 피해 다니는 원리를 스텔스기 탐지에 응용할 수 있다.
② 걸프전에서 스텔스기의 영향은 크지 않았다.
③ F-35 전투기는 레이더 전파를 반사시킨다.
④ 스텔스기가 레이더 전파를 흡수하면 동체의 열이 미세하게 올라간다.

04. 다음 문서의 작성 방법에 대한 설명 중 옳지 않은 것은?

■ 의료법 시행규칙 [별지 제9호서식] 〈개정 2011. 4. 7.〉

처 방 전

[　]건강보험 [　]의료급여 [　]산업재해보험 [　]자동차보험 [　]기타(　　　　　　)

※ [　]에는 해당되는 곳에 "✔"표시를 합니다.

요양기관기호 :

발급 연월일 및 번호		년　월　일 − 제　　호		의료기관	명　칭	
환자	성　　명				전화번호	(　) 　−
	주민등록번호		−		팩스번호	

질병분류기호		처방의료인의성명	(서명 또는 날인)	면허종류		
				면허번호	제　　호	

※ 환자가 요구하면 질병분류기호를 적지 않습니다.

처방 의약품의 명칭	1회투약량	1일투여횟수	총투약일수	용　법
				매 식(전, 간, 후)
				시　분 복용

주사제 처방명세([　]원 내 조제, [　]원 외 처방)				조제 시 참고 사항

사용기간	발급일부터 (　　)일간	사용기간 내에 약국에 제출하여야 합니다.

의약품 조제 명세			
조제명세	조제기관의 명칭		처방의 변경·수정·확인·대체 시 그 내용 등
	조제약사	성명 (서명 또는 인)	
	조제량 (조제일수)		
	조제연월일		

① 처방 의료인의 서명 혹은 날인이 있어야 처방전의 효력이 있다.

② 처방전을 받은 약사는 해당 환자의 질병분류기호를 알 권리가 있다.

③ 처방전에는 용법을 명확히 작성해야 한다.

④ 사용기간이 지난 처방전의 약은 약사가 조제해 줄 수 없다.

05. 다음은 표준 발음법의 일부 내용이다. 각 항에 대한 예시로 적절하지 않은 것은?

제23항

받침 'ㄱ(ㄲ, ㅋ, ㄳ, ㄺ), ㄷ(ㅅ, ㅆ, ㅈ, ㅊ, ㅌ), ㅂ(ㅍ, ㄼ, ㄿ, ㅄ)' 뒤에 연결되는 'ㄱ, ㄷ, ㅂ, ㅅ, ㅈ'은 된소리로 발음한다.

제24항

어간 받침 'ㄴ(ㄵ), ㅁ(ㄻ)' 뒤에 결합되는 어미의 첫소리 'ㄱ, ㄷ, ㅅ, ㅈ'은 된소리로 발음한다. 다만, 피동, 사동의 접미사 '-기-'는 된소리로 발음하지 않는다.

제25항

어간 받침 'ㄼ, ㄾ' 뒤에 결합되는 어미의 첫소리 'ㄱ, ㄷ, ㅅ, ㅈ'은 된소리로 발음한다.

제26항

한자어에서, 'ㄹ' 받침 뒤에 연결되는 'ㄷ, ㅅ, ㅈ'은 된소리로 발음한다. 다만, 같은 한자가 겹쳐진 단어의 경우에는 된소리로 발음하지 않는다.

제27항

관형사형 '-(으)ㄹ' 뒤에 연결되는 'ㄱ, ㄷ, ㅂ, ㅅ, ㅈ'은 된소리로 발음한다.

---

① 제23항 – 닭장[닥짱]

② 제24항 – 안기다[안기다]

③ 제25항 – 넓게[널께]

④ 제26항 – 허허실실[허허실씰]

1회 기출예상문제

2회 기출예상문제

3회 기출예상문제

4회 기출예상문제

5회 기출예상문제

6회 기출예상문제

인성검사

면접가이드

06. 다음 ㉠ ~ ㉣ 중 맞춤법 및 그 쓰임이 적절한 것은?

> 상호성의 법칙이 사람들 사이의 공평한 교환을 촉진하기 위하여 형성되었음에도 불구하고 오히려 이 법칙으로 인하여 불공평한 교환이 ㉠감중될 수도 있다는 사실은 매우 ㉡역설적이다. 상호성의 법칙은 어떤 사람이 우리에게 호의를 베풀면, 우리도 그에 상응하는 호의로 갚아야 한다고 가르치고 있다. 그러나 이 표현은 참으로 ㉢애메모호하기만 하다. 이러한 상호성의 법칙의 허점을 ㉣불노소득자들이 놓칠 리 없다.

① ㉠   ② ㉡

③ ㉢   ④ ㉣

07. 다음 중 음성언어와 문자언어의 특징으로 적절하지 않은 것은?

① 음성언어는 사용되는 맥락에 대한 의존도가 낮고, 문자언어는 사용되는 맥락에 대한 의존도가 높다.

② 음성언어와 문자언어 모두 사람, 물체, 사건을 표현할 때 동일한 어휘를 사용한다.

③ 음성언어는 청각, 문자언어는 시각이라는 감각을 사용하는 표상체계이다.

④ 음성언어는 녹음하여 재생하지 않는 한 일시적이다.

08. 다음은 외래어 표기법의 일부 내용이다. 이에 대한 예시로 적절하지 않은 것은?

> **제1항** 외래어는 국어의 현용 24 자모만으로 적는다.
> **제2항** 외래어의 1음운은 원칙적으로 1기호로 적는다.
> **제3항** 받침에는 'ㄱ, ㄴ, ㄹ, ㅁ, ㅂ, ㅅ, ㅇ'만을 쓴다.
> **제4항** 파열음 표기에는 된소리를 쓰지 않는 것을 원칙으로 한다.
> **제5항** 이미 굳어진 외래어는 관용을 존중하되, 그 범위와 용례는 따로 정한다.

① spy[spaɪ] 스빠이   ② book[buk] 북

③ Paris[pǽris] 파리   ④ radio[reɪdioʊ] 라디오

09. 다음 밑줄 친 단어와 문맥적으로 그 의미가 가장 유사한 것은?

> 정부는 사회간접자본 지출을 통한 경기 부양 효과를 지나치게 낙관적으로 <u>보고</u> 있다.

① 관찰하고

② 예언하고

③ 간주하고

④ 전망하고

10. 다음과 같은 발음을 바로잡는 데 활용할 수 있는 어문 규범 내용으로 적절한 것은?

> • 부엌이[부어기]   • 꽃이[꼬시]   • 무릎을[무르블]

① 겹받침 'ㄺ, ㄻ, ㄿ'은 어말 또는 자음 앞에서 각각 [ㄱ, ㅁ, ㅂ]으로 발음한다.

② 'ㅎ(ㄶ, ㅀ)' 뒤에 모음으로 시작된 어미나 접미사가 결합되는 경우에는, 'ㅎ'을 발음하지 않는다.

③ 받침소리로는 'ㄱ, ㄴ, ㄷ, ㄹ, ㅁ, ㅂ, ㅇ'의 7개 자음만 발음한다.

④ 홑받침이나 쌍받침이 모음으로 시작된 조사나 어미, 접미사와 결합되는 경우에는, 제 음가대로 뒤 음절 첫소리로 옮겨 발음한다.

1회 기출예상문제
2회 기출예상문제
3회 기출예상문제
4회 기출예상문제
5회 기출예상문제
6회 기출예상문제
인성검사
면접가이드

11. 다음은 ○○증권 리서치센터에서 발표한 라면 브랜드별 소매점 매출액이다. 이에 대한 설명으로 옳지 않은 것은?

〈라면 브랜드별 소매점 매출액〉

(단위 : 억 원)

순위	제조원	브랜드	20X2년	20X3년	20X4년	20X5년	20X6년	20X7년
1	농심	신라면	4,155	4,265	3,701	3,349	3,241	3,204
2	오뚜기	진라면	782	1,036	1,251	1,354	1,415	1,778
3	농심	짜파게티	1,595	1,899	1,583	1,282	1,109	1,304
4	농심	너구리	1,281	1,366	1,279	1,128	959	1,203
5	농심	안성탕면	1,279	1,223	1,125	998	1,008	998
6	농심	육개장	822	841	893	835	886	890
7	삼양	삼양라면	1,196	1,085	884	798	801	828
8	삼양	불닭볶음면	–	187	833	654	709	735
9	팔도	비빔면	295	472	393	451	574	607
10	오뚜기	진짬뽕	–	–	–	244	1,354	533

① 20X2 ~ 20X7년 동안 라면 매출액 상위 10개 브랜드 중 농심의 매출액이 매년 타 제조원의 매출액의 합보다 높다.

② 20X2 ~ 20X4년 동안 매년 너구리가 진라면보다 매출액이 높다.

③ 20X5년 라면 매출액 상위 10개 브랜드 중 오뚜기가 삼양보다 매출액이 높다.

④ 20X2 ~ 20X5년 동안 라면 매출액 상위 10개 브랜드에서 신라면의 매출액은 농심을 제외한 타 제조원의 매출액을 합친 것보다 높다.

12. 다음은 2020년 유럽 프로축구 리그별 외국인 선수 비율에 관한 자료이다. 이에 대한 설명으로 옳지 않은 것은? (단, 소수점 아래 첫째 자리에서 반올림한다)

리그명	국가	외국인 비율	국적별 인원
프리미어리그	영국 (잉글랜드, 웨일스)	63.1%	프랑스 : 31명, 스페인 : 29명, 아일랜드 : 24명, 브라질 : 21명 등
포르투갈 프리메이라리가	포르투갈	61.5%	포르투갈 : 188명, 브라질 : 150명 등
벨기에 퍼스트 디비전 A	벨기에	60.4%	프랑스 : 28명, 세네갈 : 12명, 네덜란드 : 11명, 일본 : 11명 등
세리에 A	이탈리아	55.9%	브라질 : 40명, 아르헨티나 : 23명, 폴란드 : 17명, 스페인 : 15명, 프랑스 : 15명 등
분데스리가	독일	54.9%	오스트리아 : 30명, 프랑스 : 25명, 네덜란드 : 19명, 스위스 : 18명 등
리그 앙	프랑스	45.9%	브라질 : 28명, 세네갈 : 20명, 코트디부아르 : 14명, 알제리 : 12명 등
스위스 슈퍼리그	스위스	45.6%	프랑스 : 13명, 브라질 : 12명, 세르비아 : 10명 등
에레디비시	네덜란드	43.1%	독일 : 29명, 벨기에 : 20명, 덴마크 : 13명, 스웨덴 : 11명 등
라리가	스페인	37.9%	아르헨티나 : 22명, 프랑스 : 22명, 브라질 : 21명 등
오스트리아 분데스리가	오스트리아	29.2%	독일 : 8명, 말리 : 6명, 가나 : 6명, 브라질 : 5명 등

① 프리미어리그는 내국인 비율이 가장 낮은 유럽 프로축구 리그이다.
② 포르투갈 프리메이라리가의 외국인 선수 중 브라질 선수의 비율은 약 50%이다.
③ 특정 유럽 프로축구 리그에 10명 넘는 선수가 진출한 아시아권 국가는 없다.
④ 리그 앙에서는 아프리카권 국가 선수들의 인원수가 브라질 선수들의 인원수보다 많다.

1회 기출예상문제 2회 기출예상문제 3회 기출예상문제 4회 기출예상문제 5회 기출예상문제 6회 기출예상문제 인성검사 면접가이드

13. ○○동에서는 A 가게와 B 가게만 크림빵을 판매한다. A 가게는 연속으로 5일 영업한 후 이틀을 연이어 쉬고, B 가게는 연속으로 3일 영업한 후 하루를 쉰다. 두 가게 모두 7월 2일 일요일부터 영업을 다시 시작한다고 할 때, 7월 2일부터 8월 10일까지 ○○동에서 크림빵을 구매할 수 없는 날은 총 며칠인가?

① 2일   ② 3일
③ 4일   ④ 5일

14. 직선 도로 위에 세 지점 A, B, C가 있다. 승한이는 A에서 출발하여 B를 지나 목적지인 C까지 택시를 타고 가려 한다. 〈조건〉에 따를 때 승한이가 내야 할 택시비는?

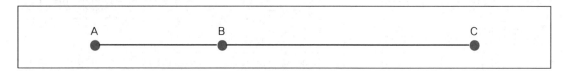

A   B   C

조건

• A부터 C까지의 거리는 15km이다.
• A부터 B까지의 거리는 5km이다.
• 택시의 기본 요금은 2km까지 3,800원이고, 2km 이후에는 200m당 150원이다.
• B를 지날 때 통행료는 3,500원이며, 이후 기본요금이 다시 적용된다.
• 통행료는 탑승자 부담이다.

① 19,350원   ② 20,850원
③ 21,350원   ④ 21,650원

15. 다음은 2019 ~ 2020년 작물별 재배면적 및 생산량이다. 이에 대한 설명으로 옳은 것을 〈보기〉에서 모두 고르면? (단, 모든 계산은 소수점 아래 첫째 자리에서 반올림한다)

구분		합계	미곡	맥류	두류	서류	잡곡류
재배면적 (ha)	2019년	982,842	799,344	44,292	69,227	39,591	30,388
	2020년	961,792	778,734	47,071	61,098	45,151	29,738
	증감률(%)	−2.1	−2.6	6.3	−11.7	14.0	−2.1
생산량(톤)	2019년	4,845,870	4,326,915	102,436	119,080	198,888	98,551
	2020년	4,706,554	4,196,691	112,598	90,719	216,899	89,647
	증감률(%)	−2.9	−3.0	9.9	−23.8	9.1	−9.0

보기

ㄱ. 2019년, 2020년 모두 미곡이 차지하는 재배면적이 전체의 80% 이상이다.

ㄴ. 재배면적이 늘어난 작물은 생산량도 증가했다.

ㄷ. 두류는 맥류보다 재배면적이 넓으므로 따라서 생산량도 더 많은 경향을 보인다.

① ㄱ
② ㄴ
③ ㄱ, ㄴ
④ ㄴ, ㄷ

16. 성룡이의 저금통에는 500원 동전 2개, 100원 동전 4개, 50원 동전 2개가 들어있다. 성룡이가 슈퍼에서 가격이 550원인 물건을 사려고 동전 두 개를 하나씩 저금통에서 꺼냈을 때, 지불 가능한 돈이 나올 확률은?

① $\dfrac{5}{14}$

② $\dfrac{11}{28}$

③ $\dfrac{3}{7}$

④ $\dfrac{13}{28}$

17. 다음 〈표〉와 〈공식〉을 따를 때, 운동에너지가 가장 큰 물체(X)와 가장 작은 물체(Y)는?

〈표〉 물체별 질량과 속력

물체	질량(kg)	속력(m/s)
(가)	10	6
(나)	8	7
(다)	6	8
(라)	12	5
(마)	15	4

〈운동에너지 공식〉

$$운동에너지(E) = \frac{1}{2} \times (질량) \times (속력)^2$$

	X	Y		X	Y
①	(나)	(가)	②	(나)	(마)
③	(다)	(라)	④	(다)	(마)

18. 경쟁사인 A 통신사와 B 통신사의 인터넷 요금이 다음과 같을 때, 두 통신사의 요금이 같아지려면 인터넷을 한 달에 몇 분 사용해야 하는가?

〈A, B 통신사 인터넷 요금〉

구분	기본요금(원/월)	사용요금(원/분)
A 통신사	10,000	10
B 통신사	5,000	20

※ 인터넷 요금은 '기본요금＋사용요금'으로 계산한다.

① 350분   ② 400분
③ 450분   ④ 500분

19. P 교수님은 Z 수업에서 시험을 출제했고 채점을 완료했다. 〈출제 및 채점 방식〉에 따라 점수를 계산할 때, 다음 중 A 학점을 받는 학생들을 모두 고르면?

〈출제 및 채점 방식〉

- 객관식 40문제, 단답형 20문제를 출제했다.
- 객관식은 한 문제당 정답을 맞히면 3점을 득점하고, 정답을 기입하지 않거나 틀리면 2점이 감점된다.
- 주관식은 한 문제당 정답을 맞히면 4점을 득점하고, 정답을 기입하지 않거나 틀려도 감점이 되지 않는다.
- 200점 만점에 150점 이상이면 A 학점을 받는다.

〈시험 채점 결과〉

이름	객관식 정답 수(개)	주관식 정답 수(개)
철수	30	19
진범	33	17
세영	28	20
영희	35	14
동수	38	10

① 철수, 동수

② 철수, 진범

③ 진범, 세영, 영희

④ 진범, 영희, 동수

20. 다음 자료에 대한 설명으로 옳지 않은 것은?

〈202X년 재학 및 취업 현황〉

(단위 : %)

구분	남성				여성			
	비재학·취업	재학·취업	재학·비취업	비재학·비취업	비재학·취업	재학·취업	재학·비취업	비재학·비취업
15 ～ 19세	2.9	2.8	86.8	7.5	2.7	3.7	88.3	5.3
20 ～ 24세	25.4	6.2	41.6	26.8	35.8	7.2	36.2	20.8
25 ～ 29세	64.7	2.8	10.9	21.6	66.9	1.7	3.2	28.2
30 ～ 34세	85.9	1.2	0.9	12.0	58.9	0.9	0.7	39.5

① 20 ～ 24세의 경우, 남녀 모두 '재학·비취업' 비중이 가장 크다.

② 20 ～ 24세 비취업자의 비중은 남성이 여성보다 10%p 이상 높다.

③ 제시된 자료의 모든 연령대에서 남녀 모두 '재학·취업'의 비중이 가장 낮다.

④ 30 ～ 34세에서 재학 중인 사람의 비중은 남녀 모두 2.5%가 채 되지 않는다.

21. A ～ D 사원은 사무실을 이전하면서 책상, 의자 서랍장을 새로 구입하기 위해 업체를 선택하게 되었다. 각 사원은 (가) ～ (라) 업체에서 제품별로 다른 업체의 제품을 선택해야 하고 사원별로 동일 제품에 동일 업체를 선택할 수 없다. 〈보기〉에 따를 때, 항상 참인 진술은?

보기

- A는 (나) 업체 서랍장을 선택하였고, (가) 업체 책상은 선택하지 않았다.
- B는 (나) 업체 책상을 선택하였고, C는 (나) 업체 의자를 선택하였다.
- C는 (다) 업체 집기를 선택하지 않았다.
- D는 (다) 업체 서랍장을 선택하지 않았으나, (다) 업체 의자를 선택하였다.
- B는 (가) 업체 서랍장을 선택하지 않았다.

① A는 (가) 업체 의자를 선택하였다.

② B는 (다) 업체 서랍장을 선택하였다.

③ C는 (라) 업체 서랍장을 선택하였다.

④ D는 (나) 업체 집기를 선택하였다.

22. 영서는 집에서 B 지역으로 가려고 한다. 이용할 수 있는 교통수단이 다음과 같을 때, 옳지 않은 것은?

수단 \ 항목	소요시간	운임	추가 고려 사항
버스	5시간	일반 : 28,000원 우등 : 40,000원	• 집에서 도보 5분 거리에 버스터미널, 야간 버스 존재 • 우등 버스는 누워서 취침 가능
일반열차	4시간	32,000원	• 집에서 기차역까지 40분 거리, 야간열차 1회 운행
고속열차	2시간 10분	65,000원	• 집에서 기차역까지 40분 거리
비행기	1시간	28,000원	• 집에서 공항까지 1시간 거리 • 탑승수속 시간 : 30분 • 15kg 위탁수하물 추가 시 25,000원 • 15kg 이상일 경우 1kg당 3,000원 추가 요금 부과

※ 단, 기차역과 공항에 갈 때 1,000원의 대중교통 요금이 발생한다.

① 가장 빠른 시간 내에 B 지역으로 가고 싶으면 비행기를 이용하면 된다.
② 가장 저렴하게 B 지역으로 가기 위해서는 일반버스를 이용하는 방법을 선택해야 한다.
③ 일반열차를 이용할 때가 우등버스를 이용할 때보다 B 지역에 빨리 도착한다.
④ 위탁수하물이 20kg이라면 비행기가 고속열차보다 비용이 더 저렴하다.

23. 명품 매장에서 제품을 도난당한 일이 일어났다. CCTV 확인 결과, A ~ E가 포착되어 이들을 용의자로 불러서 조사했다. 범인만 거짓을 말한다고 할 때 범인은 누구인가?

> A : B는 범인이 아니다.
> B : C 또는 D가 범인이다.
> C : 나는 절도하지 않았다. B 또는 D가 범인이다.
> D : B 또는 C가 범인이다.
> E : B와 C는 범인이 아니다.

① A   ② B
③ C   ④ D

1회 기출예상문제
2회 기출예상문제
3회 기출예상문제
4회 기출예상문제
5회 기출예상문제
6회 기출예상문제
인성검사
면접가이드

24. A ~ E는 각각 독일어, 스페인어, 일본어, 중국어 중 1개 이상의 언어를 구사할 수 있다. 다음 진술들을 토대로 E가 구사할 수 있는 언어를 모두 고르면?

> A : 내가 구사할 수 있는 언어는 C와 겹치지 않아.
> B : 나는 D가 구사할 수 있는 언어와 독일어를 제외한 언어를 구사할 수 있어.
> C : 나는 스페인어를 제외하고 나머지 언어를 구사할 수 있어.
> D : 3개 언어를 구사할 수 있는 C와 달리 내가 구사할 수 있는 언어는 A와 동일해.
> E : 나는 B와 C를 비교했을 때, C만 구사할 수 있는 언어만 구사할 수 있어.

① 독일어
② 스페인어
③ 독일어, 스페인어
④ 일본어, 중국어

25. 다음 〈바움린드(Baumrind)의 부모 양육 유형〉 중 〈보기〉에서 나타나는 유형은?

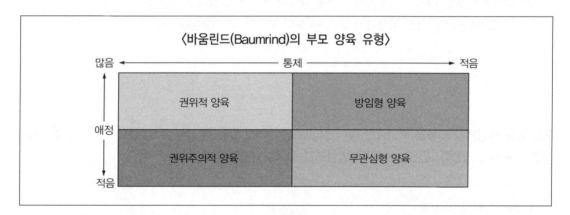

〈바움린드(Baumrind)의 부모 양육 유형〉

보기

　A 부부는 자녀의 삶에 거의 관여하지 않는다. 자녀들은 부모가 관심을 가져 주기를 원하지만, 이 유형의 부모는 자녀보다는 자신의 삶을 더 중요하게 생각하는 경우가 많다.

① 권위적 양육
② 방임형 양육
③ 권위주의적 양육
④ 무관심형 양육

26. 다음은 물의 전기분해 실험방법에 대한 글이다. 이에 대한 설명으로 적절하지 않은 것은?

실험 준비물
물, 저울, 침 핀, 9V 건전지, 집게 도선, 증류수, 수산화나트륨(황산나트륨으로 대체 가능), 비커, 유리관

실험 방법
1. 저울에 6g의 수산화나트륨을 올린다. 2. 유리 비커에 증류수 300ml을 담는다. 3. 6g의 수산화나트륨을 증류수가 든 유리비커에 넣고 녹여 수산화나트륨 수용액을 만든다(증류수는 순수한 물이므로 수산화나트륨을 조금 녹여서 전류가 흐르게 한다). 4. 만들어진 수산화나트륨 수용액을 유리관에 가득 차도록 담는다. 5. 유리관의 입구를 막은 채로 수산화나트륨 수용액이 들어 있는 비커에 유리관을 거꾸로 놓는다. 6. 침 핀을 끼운 집게 도선을 유리관 안쪽에 넣는다. 7. 집게 도선에 9V 건전지를 끼우고 30분간 반응을 지켜본다. [결과 1] 물 분자에서 수소는 전자를 얻기 쉬우므로 (−)극에서 만들어지고, 산소는 전자를 빼앗기므로 (+)극에서 만들어진다. [결과 2] 만들어진 산소와 수소 양의 비는 1 : 2이다. * (+)전하를 띠는 원소는 (−)극에서 만들어지고, (−)전하를 띠는 원소는 (+)극에서 만들어진다.

실험 시 주의할 점
1. 손으로 약품을 만지지 않는다. 2. 불을 쓸 때는 불이 옮겨 붙지 않도록 조심한다. 3. 유리비커와 유리관이 깨지지 않도록 조심한다. 4. 집게 도선을 유리관에 넣을 때 주의한다.

① 침 핀, 집게 도선, 비커는 실험 준비물에 포함된다.

② 정확한 실험을 위해 수산화나트륨과 증류수의 양을 계량하는 것이 좋다.

③ 수산화나트륨만이 증류수에 전류를 흐르게 한다.

④ 수소는 (+)전하를 띠고 있고, 산소는 (−)전하를 띤다.

1회 기출예상문제 2회 기출예상문제 3회 기출예상문제 4회 기출예상문제 5회 기출예상문제 6회 기출예상문제 인성검사 면접가이드

27. 다음은 Z 농구팀 구단 전술에 관한 내용이다. Z 농구팀에서 스몰 포워드 포지션인 선수는?

- 농구 포지션 종류

센터	포인트가드	슈팅가드	스몰 포워드	파워 포워드

- 포지션 선정 기준
  1) 신장이 큰 선수를 센터로 둔다.
  2) 야투 성공률과 3점 슛 성공률의 평균이 높은 선수가 슈팅가드를 맡는다.
  3) 평균 득점이 높은 선수가 스몰 포워드를 맡는다.
  4) 평균 리바운드 횟수가 많은 선수가 파워 포워드를 맡는다.
  5) 평균 어시스트 횟수와 평균 스틸 횟수의 합이 높은 선수가 포인트가드를 맡는다.
  6) 포인트가드, 센터, 파워 포워드, 슈팅가드, 스몰 포워드 순으로 포지션을 채운다.

- 선수별 통계

구분	A	B	C	D	E
신장(cm)	203	198	187	183	193
야투 성공률(%)	53	40	36	28	49
3점 슛 성공률(%)	15	24	26	40	17
평균 득점(점)	16.7	19.5	20.8	12.6	15.2
평균 리바운드(회)	18.1	15.4	9.5	5.2	11.7
평균 어시스트(회)	2.1	3.5	7.4	6.8	5.1
평균 스틸(회)	2.5	1.9	3.6	4.6	2.3

① B   ② C

③ D   ④ E

28. 다음은 5×5 부등호 게임판 및 규칙이다. '?'에 들어갈 숫자로 알맞은 것은?

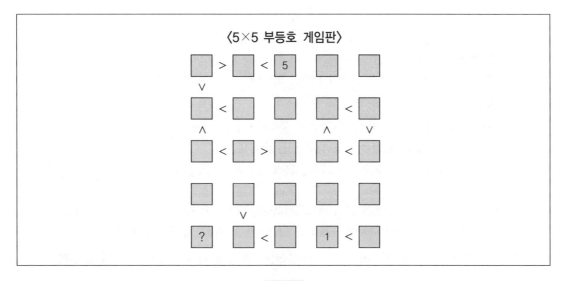

〈5×5 부등호 게임판〉

규칙

1) 다섯 가로줄과 다섯 세로줄에는 1부터 5까지의 숫자가 하나씩만 들어가야 한다.

⟨예⟩

1	2	3	4	5
2	3	4	5	1
3	4	5	1	2
4	5	1	2	3
5	1	2	3	4

2) 숫자 사이에 있는 부등호 조건에 맞게 숫자를 넣어야 한다(단, 부등호는 양옆의 한 칸씩에만 적용된다). ⟨예⟩ 4<5, 1<3

① 2
② 3
③ 4
④ 5

29. 다음 커피머신 설명서를 읽고 이해한 내용으로 적절하지 않은 것은?

〈커피머신 설치 및 사용방법〉

1. 제품을 깨끗이 닦아 주세요.
   - 제품의 수평이 맞지 않으면 소음의 원인이 됩니다.
   - 벽면과 15cm 이상 간격을 두고 설치하십시오.

2. 보조물통 뚜껑을 화살표 방향으로 빼주세요. 생수통 받침대 위에 생수통을 올려놓으시면 됩니다 (13L 이하 용량의 소형, 중형 생수통 탑재 전용입니다).
   - 보조물통을 사용할 경우, 커피에 들어가는 물의 양에 차이가 발생할 수 있습니다. 반드시 생수통을 이용해 주시기 바랍니다.
   - 생수통 급수 시 제품 외관에 물이 흐르지 않도록 신속히 거꾸로 세워 탑재하시기 바랍니다.
   - 생수통의 무게가 무겁기 때문에 노약자나 어린이가 교체하지 않게 주의해 주세요.

3. 컵 보관통에 종이컵을 넣어주세요. 컵을 넣은 후에는 제품 도어 내부의 컵 테스트 버튼을 눌러 컵이 정상 투출되는지 확인합니다.
   - 컵 감지기에 무리가 가지 않게 5 ～ 10개씩 나눠 넣습니다.
   - 비규격 컵, 찌그러진 컵 등을 넣어 사용하지 마세요.
   - 종이컵은 자판기용 크기를 사용해 주세요.

4. 원료통 상부에 끼워져 있는 스티로폼 판넬을 꺼내고, 원료통 손잡이를 잡고 살짝 들면서 당겨 빼내세요. 그리고 원료통에 원료를 넣고 뚜껑을 닫아 주세요.
   뚜껑을 닫은 후 원료통의 회전축 고정 홈이 회전축에 맞물리게 끼운 후 원료통 밑면의 돌출부를 판넬 홈에 맞게 끼워 주세요.
   - 원료 투입 시 원료통을 뒤로 약간 기울여 주세요.

5. 전원플러그를 220V 전용 콘센트에 꽂고, 제품 옆면의 전원 스위치를 켜 주세요.

6. 음료 선택 버튼을 누르고, 컵 투출구에서 음료가 담긴 컵을 꺼내세요.

---

① 커피머신 작동 시 소음이 발생할 경우 비스듬한 각도로 커피머신이 설치된 것은 아닌지 확인한다.

② 컵을 보관통에 넣을 때 한꺼번에 넣지 않도록 주의하고 다 넣은 후에 컵이 제대로 나오는지 확인한다.

③ 원료를 원료통에 넣을 때 원료통의 수평이 맞도록 유의해야 한다.

④ 220V 전용 콘센트에 전원 플러그를 꽂아도 작동이 되지 않는다면 제품 옆면에 있는 전원 스위치를 확인해야 한다.

30. 다음은 국제결혼 가정의 어려움을 표로 나타낸 것이다. 이에 대한 반응으로 적절하지 않은 것은?

구분	내용
의사소통의 불편함	의사소통의 문제는 생활 전반에서 오는 문화적 차이를 극복할 수 있는 통로를 원천적으로 가로막는데, 함께 생활하는 가족뿐 아니라 배우자와도 의사소통이 원활하지 못하다 보니 사소한 오해가 더 큰 문제로 이어질 수 있으며, 경우에 따라서는 언어 단절이 정서적 단절로 이어지기도 한다.
문화의 이질성	다른 환경과 문화권에서 생활을 해온 국제결혼가족원들은 문화적 차이에서 비롯된 오해와 갈등을 경험하기도 한다. 이질적인 문화적 배경은 부부 및 친인척 관계에서의 정서적 갈등은 물론, 자녀 교육방법이나 생활 습관, 가치관의 차이 등으로 인해 가족 간 공동생활에 혼란과 어려움을 초래한다.
사회의 편견과 차별	외국인 배우자는 사회적 편견과 차별로 인해 지역사회에서 따돌림을 당하여 소외감과 정신적 긴장감에 놓이게 되며 이는 가족 형성 및 적응과정에서 많은 문제를 초래할 수 있다. 또한 국제결혼가족 2세에 대한 편견은 더욱 심각하다. 혼혈이라는 이유로 또래집단과 교육제도 등에서 소외받고 상처받을 가능성이 높으며, 더욱이 제도권 밖에 있는 외국인근로자 자녀의 경우 교육 기회조차 제대로 제공되지 않아 기본적인 교육과 사회적 통합의 기회가 보장되지 못한다.
폭력과 학대	결혼이민자 여성들은 한국 문화와 언어에 미숙하여 폭력이나 학대에 제대로 대응하지 못하며, 한국 국적 취득을 위해 폭력 상황을 외부에 노출시키거나 도움을 요청하기 어렵다.
사회제도의 미흡	결혼이민자가 우리나라에서 체류하고 취업하며 생활하는 데 관련되는 국내법(출입국관리법령, 재외동포의 출입국과 법적 지위에 관한 법률, 국민의 외국인 배우자에 관한 체류 관리 지침)에 의하면, 합법적 국내체류 여부가 한국인 배우자에게 의존하게 되어 있어 배우자에 대한 종속을 심화시키고 이로 인해 불평등한 부부관계를 형성한다.

① 문화가 다르더라도 배척하지 말고 문화 상대주의를 생각하며 존중해야 돼. 특히 배우자가 외국인이면 문화의 차이로 다툼이 있을 텐데, 감정이 상하더라도 상대 문화를 폄하하는 언행은 하지 말아야 돼.

② 외국인 배우자가 느낄 주변 이웃들의 편견과 자녀들이 학교생활에서 느낄 차별이 걱정되는 상황이야.

③ 국제결혼에서 외국인 배우자 여성들이 폭력 혹은 학대에 시달리는 경우가 있어. 따라서 이들을 보호하는 장치가 있어야 한다고 봐.

④ 현재 법적 장치는 외국인 배우자의 의지에 따라 합법적 국내 체류 여부가 결정되고 있어.

31. 다음은 진입장벽과 철수장벽의 관계를 나타낸 것이다. ㉠에 해당하는 예시는?

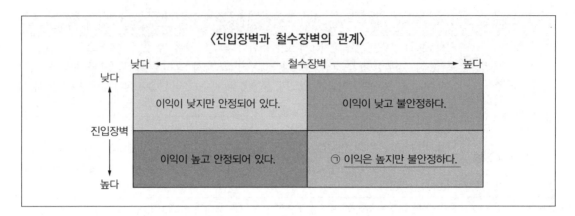

① 인테리어에 투자하지 않았고 임대를 내놓아도 원하는 사람을 금방 찾을 수 있는 건물에서 카페를 운영하는 영희

② 적은 초기 자본으로 시작할 수 있지만 소득이 비교적 적은 지역에서 편의점을 운영하는 철수

③ 낮은 합격률의 변호사시험에 합격하여 자신만의 법률사무소를 개업한 주영이

④ 전 국토에 통신 설비를 설치하였고, 사업 실패 시 철거 비용만 수천 억에 달하는 전국에 있는 3개 통신사 중 1개를 운영하는 영철이

32. 다음은 A 제품의 공장별 생산 현황이다. 제품 1개당 생산비용이 35만 원 이상인 공장을 모두 고르면?

〈A 제품의 공장별 생산 현황〉

구분	생산비용(만 원)	생산량(개)
(가)	5,213	143
(나)	6,241	184
(다)	12,484	381
(라)	9,667	287
(마)	8,258	243

① (가)   ② (나)

③ (가), (다)   ④ (가), (마)

33. 다음은 K 기업 지원자 A ~ D의 평가 점수표이다. 이 중 합격자로 적절한 사람은?

서류점수 20%, 필기점수 30%, 실기점수 40%, 면접점수 10%를 반영하여 제일 점수가 높은 사람 1명을 합격자로 선정한다.

〈K 기업 지원자 평가 점수〉

(단위 : 점)

구분	A	B	C	D
서류평가	60	70	50	50
필기시험	80	60	70	90
실기시험	70	80	90	80
면접평가	50	60	60	50

① A
② B
③ C
④ D

34. 다음 글을 읽고, 이에 대한 〈보기〉의 설명 중 옳은 것을 모두 고르면?

철수는 출퇴근할 때 비포장도로를 이용해야 한다. 비포장도로로 인해 A 자동차의 타이어는 20번 출퇴근하면 한 차례 교체해야 하고, 교체 비용은 20만 원이다. B 자동차의 타이어 또한 비포장도로로 인해 80번 출퇴근하면 한 차례 교체해야 하고, 교체 비용은 40만 원이다. A 자동차의 가격은 2,000만 원이고, B 자동차의 가격은 2,400만 원이다.

보기

ㄱ. 출퇴근을 6,000번 하는 경우, B 자동차를 구매해야 한다.
ㄴ. 출퇴근을 8,000번 하는 경우 A 자동차를 구매해야 한다.
ㄷ. A 자동차의 타이어 교체 비용이 10만 원으로 낮아진다면, 출퇴근을 9,000번 하는 경우 A 자동차를 구매하는 것이 유리하다.

① ㄱ
② ㄴ
③ ㄱ, ㄷ
④ ㄴ, ㄷ

35. 다음은 표적시장 선정 전략의 장단점을 비교한 것이다. (가) ~ (마)에 들어갈 내용으로 옳지 않은 것은?

구분	장점	단점
비차별화	(가)	(나)
차별화	(다)	(라)
집중화	자원의 집중화와 효율화	미흡한 대응 시 높은 위험

① (가) – 규모의 경제로 인한 비용 절감

② (나) – 정확한 시장 세분화와 합리적인 표적시장 선택에 실패하면 수익성 보장이 어려움.

③ (다) – 각 시장에 적합한 프로그램을 적용함으로써 고객만족과 판매량 증가

④ (라) – 모든 세분시장에 각각의 마케팅 프로그램을 도입하기 때문에 비용이 과다 소요

36. 다음은 긴급복지지원의 내용이다. (가) ~ (마)에 들어갈 내용으로 적절하지 않은 것은?

종류	지원 내용
생계지원	(가)
의료지원	(나)
주거지원	(다)
사회복지시설 이용지원	사회복지시설 입소 또는 이용서비스 제공
교육지원	(라)

① (가) – 식료품비, 의복비 등 지원

② (나) – 각종 검사, 치료 등 지원

③ (다) – 국가 · 지자체 또는 타인 소유의 임시 거소 제공

④ (라) – 동절기 연료비 지원

37. ○○기업에서 기업자원통합관리시스템(ERP) 업무를 담당하는 A 사원은 핵심 ERP를 활용하여 관리 조직을 입력하려고 한다. 다음 중 입력 순서가 바른 것은?

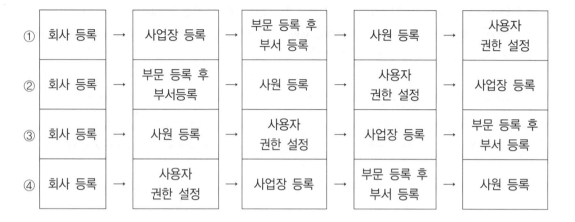

①	회사 등록	→	사업장 등록	→	부문 등록 후 부서 등록	→	사원 등록	→	사용자 권한 설정
②	회사 등록	→	부문 등록 후 부서등록	→	사원 등록	→	사용자 권한 설정	→	사업장 등록
③	회사 등록	→	사원 등록	→	사용자 권한 설정	→	사업장 등록	→	부문 등록 후 부서 등록
④	회사 등록	→	사용자 권한 설정	→	사업장 등록	→	부문 등록 후 부서 등록	→	사원 등록

38. 자재관리를 담당하는 김 부장은 넓이가 300m²인 창고에 다음과 같이 박스를 정리해 두려고 한다. 창고 안에 정리해 둘 수 있는 박스의 최대 수량은 몇 개인가?

- 창고의 가로 길이는 10m, 세로 길이는 30m이다.
- 한 변이 1m인 정사각형 박스 20개, 가로 1m × 세로 2m인 직사각형 박스 10개,
  한 변이 2m인 정사각형 박스 20개, 가로 2m × 세로 3m인 직사각형 박스 25개,
  한 변이 4m인 정사각형 박스 10개, 가로 4m × 세로 3m인 직사각형 박스 10개가 있다.
- 물품 특성상 박스 위에 다른 박스를 올릴 수는 없으며, 창고의 높이는 고려하지 않는다.
- 박스의 가로와 세로 방향을 바꿔서 둘 수는 없다.
- 넓이 6m²의 공간은 남겨 두어야 한다.

① 77개　　　　　　　　　　　② 78개
③ 79개　　　　　　　　　　　④ 80개

39. 다음은 ○○기업의 예산 구성요소이다. 제시된 자료를 바탕으로 할 때 비용이 잘못 짝지어진 것은?

• 직접비용(Direct cost) : 생산비용 중에서 제품 생산이나 서비스 창출을 위해 직접 투입된 비용
• 간접비용(Indirect cost) : 생산비용 중에서 제품 생산이나 서비스 창출에 직접 관여하지 않는 비용으로, 직접비용에 해당하지 않는 모든 비용

	직접비용	간접비용		직접비용	간접비용
①	광고비	통신비	②	출장 교통비	전기세
③	컴퓨터 구입비	건물관리비	④	빔 프로젝터 임대료	설비의 재산세

40. 다음 글은 ○○공단이 주관하는 '근로자 문화예술제'에 대한 설명이다. 이 글에서 알 수 있는 인적자원관리의 원칙은?

　1980년 3월 10일 근로자의 날을 맞아 대구지방노동청이 서예, 공예, 수예 3개 부문에 걸쳐 관내 여성 근로자의 출품작을 받아 '근로자 여성 연합작품 전시회 및 바자회'를 연 것을 계기로, 같은 해 11월 서울 세종문화회관에서 제1회 노동문화제가 탄생하게 되었습니다.
　1980년 11월 제1회 노동문화제가 개최된 데 이어 1986년부터는 ○○공단과 KBS한국방송이 공동으로 노동문화제를 개최하여 왔으며, 1992년 1월 '노동문화제'에서 '근로자 문화예술제'로 명칭을 변경하고 참가대상을 모든 근로자로 확대(5인 이상 사업장에서 1인 이상 사업장)하여 실시해 오고 있습니다.

---

① 해당 직무 수행에 가장 적합한 인재를 배치한다.
② 근로자가 창의력을 발휘할 수 있도록 새로운 기회를 마련해 준다.
③ 직무 배당, 승진, 상벌, 근무 성적의 평가, 임금 등을 공정하게 처리해야 한다.
④ 근로자의 인권을 존중하고 공헌도에 따라 노동의 대가를 공정하게 지급해야 한다.

41. 다음 소유경영자와 전문경영자에 대한 내용으로 잘못된 것은?

구분	정의	장점	단점
소유 경영자	기업을 일으킨 창업주이거나 기업 지분을 일정 이상 보유한 대주주이자 동시에 경영에도 참여하는 사람	• ① 강력한 리더십 • 과감한 경영혁신 • 환경 변화에 빠른 대응력	• ② 장기적 전망 부족 • 가족 경영, 족벌 경영의 위험 • 개인 이해와 회사 이해 혼동 • 부와 권력의 독점
전문 경영자	소유와 관계없이 전문적인 지식을 가지고 경영만 전담하는 경영자	• 민주적 리더십 • ③ 경영의 전문화 • 회사의 안정적 성장	• ④ 임기의 제한, 개인의 안정 추구 • 주주 이해 관계의 경시 • 단기적 이익에 집착

42. 다음 조직구조의 특징에 대해 잘못 설명한 것은?

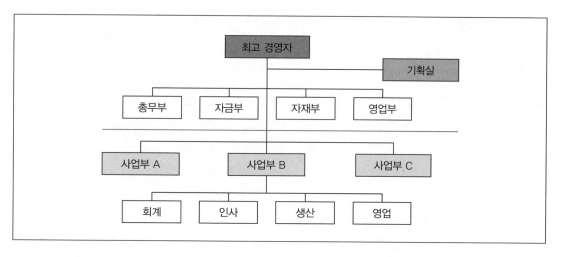

① 직계 조직과 참모 조직의 단점을 보완하고 장점을 살릴 수 있는 조직구조이다.

② 명령일원화 원칙에 위배되는 특징을 가진다.

③ 종업원은 한 명의 감독자를 가지고, 상급관리자는 기능적인 여러 명의 하급관리자를 가진다.

④ 기업 규모가 클 때 효과적인 조직구조이다.

[43 ~ 44] 다음은 제품의 수명 주기에 대해 나타낸 것이다. 이를 바탕으로 이어지는 질문에 답하시오.

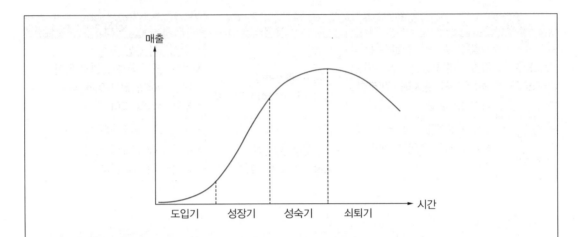

구분	도입기	성장기	성숙기	쇠퇴기
판매량	적음	급격한 증가	정점	적음
이익	손실	증가	많음	감소
수용 단계	혁신 수용자	초기 수용층	다수 수용층	후발 수용층

43. 제품의 수명 주기에서 단계별 마케팅 목표를 알맞게 짝지은 것은?

ㄱ. 비용 축소	ㄴ. 시장점유율 확대
ㄷ. 점유율 방어	ㄹ. 인지 및 사용

	도입기	성장기	성숙기	쇠퇴기
①	ㄱ	ㄷ	ㄴ	ㄹ
②	ㄱ	ㄹ	ㄴ	ㄷ
③	ㄹ	ㄷ	ㄴ	ㄱ
④	ㄹ	ㄴ	ㄷ	ㄱ

44. 다음 사례가 해당되는 제품의 수명 주기 단계는?

> A 제품은 출시 이후 호평이 쏟아지며 판매량이 급격히 늘어났다. 이로 인해 A 제품을 생산하는 Z 회사는 이익을 내기 시작했다.

① 도입기
② 성장기
③ 성숙기
④ 쇠퇴기

45. 다음 기계적 조직과 유기적 조직에 대한 표를 보고 이해한 내용으로 적절하지 않은 것은?

구분	기계적 조직	유기적 조직
주요 목표	효율성, 생산성	유연성, 적응성
운영 방식	기계적 방식에 의존	인간의 잠재력 활용
조직구조의 구성 방식	• 높은 과업 분화 • 높은 집권화 • 높은 공식화	• 낮은 과업의 분화 • 높은 분권화 • 낮은 공식화
특성	• 조직의 지위에 기초한 의사결정 • 하향적 의사소통 • 상급자에 대한 조정	• 개인 능력에 기초한 의사결정 • 쌍방적 의사소통 • 상호 조절 및 자발적 조정
상황 조건	• 대량 생산·연속 생산 기술 • 안정적이고 단순한 환경	• 다품종·소량 생산 기술 • 동태적이고 복잡한 환경

① 기계적 조직은 상급자의 책임이 큰 편이다.

② 유기적 조직이 기계적 조직보다 모든 부문에서 효과적인 조직이다.

③ 고객의 욕구나 기술의 변화가 심할 경우 유기적 조직이 적합하다.

④ 같은 물품을 많이 생산하여 원가를 절약하는 전략은 기계적 조직이 효과적이다.

46. 다음 ㉠ ~ ㉤에 들어갈 내용으로 적절한 것은?

<포지셔닝 전략의 절차>

[1단계] ㉠	해당 제품군에서 소비자들이 얻고자 하는 것이 무엇인지, 기존 제품들에 대해 어떤 불만을 가지고 있는지 등 소비자 요구와 기존 제품에 대한 불만족 원인을 파악하는 과정이다.
[2단계] ㉡	도입하고자 하는 제품의 경쟁 상대를 파악하는 과정으로, 이때 주의할 것은 표적시장을 어떻게 설정하느냐에 따라 경쟁자가 달라질 수 있다는 점이다.
[3단계] ㉢	경쟁제품이 소비자들에게 어떻게 인식되고 평가받는지 파악하는 과정으로 이때 포지셔닝 맵을 작성하면 경쟁제품의 속성과 소비자의 인식을 파악하는 데 매우 유용하다.
[4단계] ㉣	경쟁제품에 비하여 소비자의 욕구를 더 잘 충족시킬 수 있는 자사제품의 포지션을 결정한다.
[5단계] ㉤	포지셔닝 전략이 실행된 후 자사제품이 목표한 위치에 포지셔닝되었는지 확인하여야 한다. 또한 초기에 성공적인 포지셔닝이 되었더라도 시간이 흘러 경쟁 환경과 소비자 욕구가 변화하였을 때는 목표 포지션을 재설정하여 이동시켜야 한다.

	㉠	㉡	㉢	㉣	㉤
①	소비자 분석	경쟁제품의 포지션 분석	경쟁자 확인	자사제품의 포지션 개발	포지셔닝의 확인 및 리포지셔닝
②	소비자 분석	경쟁자 확인	경쟁제품의 포지션 분석	자사제품의 포지션 개발	포지셔닝의 확인 및 리포지셔닝
③	자사제품의 포지션 개발	소비자 분석	경쟁자 확인	경쟁제품의 포지션 분석	포지셔닝의 확인 및 리포지셔닝
④	경쟁제품의 포지션 분석	경쟁자 확인	소비자 분석	포지셔닝의 확인 및 리포지셔닝	자사제품의 포지션 개발

47. 다음은 SWOT 분석의 4요소이다. 예시로 적절하지 않은 것은?

강점(Strength)	약점(Weakness)
① 높은 자본력	② 확고한 시장 지위
기회(Opportunity)	위협(Threat)
③ 정책의 수혜자	④ 타사의 고객 유치 전략의 성공

48. 다음 설명에 해당하는 회사의 형태로 알맞은 것은?

- 1인 이상의 사원이 자신의 출자액에 한하여 책임을 지는 기업의 형태이다.
- 사원 전원의 책임이 간접적이고 유한하다.
- 사원이 회사에 대하여 원칙적으로 출자금액을 한도로 책임을 지고, 회사채권자에 대해서는 아무 책임도 지지 않는 사원으로써 구성되는 사단법인이다.

① 유한회사　　　　　　　　　　② 합자회사

③ 합명회사　　　　　　　　　　④ 주식회사

49. 기획부는 부서의 업무 성적이 저조하다는 관리자의 주문에 부서의 능률을 개선하기 위해 회의를 통해 부서 차원의 업무 수행 습관을 분석하기로 하였다. 다음 중 업무의 개선 방법으로 적절하지 못한 내용을 언급한 직원은?

김 대리 : 업무와 수행 계획은 시간이 조금 걸리더라도 신중하게 세울 필요가 있습니다.

최 사원 : 집중하여 일을 하는 것도 중요하지만 충분한 휴식 시간을 가질 필요가 있습니다.

한 사원 : 작업 중간에 상황을 점검하여 진행 속도가 느려지니 최대한 빠른 시간 안에 완성하는 것을 목표로 하죠.

유 대리 : 객관적으로 알 수 있는 수치를 목표로 정하여 측정하는 것도 좋은 방법이 될 수 있다고 생각합니다.

---

① 김 대리   ② 최 사원

③ 한 사원   ④ 유 대리

50. 다음 중 조직이론에 대한 설명으로 옳지 않은 것은?

① 전략적 선택이론 – 조직의 구조는 외부의 상황보다 관리자의 상황 판단과 전략이 이를 결정한다.

② 조직군생태이론 – 조직군을 분석단위로 하며, 개별 조직은 외부환경의 선택에 좌우되는 수동적인 존재로 이해한다.

③ 거래비용이론 – 기업은 탐색, 거래, 감시비용 등의 거래비용을 절감하기 위해 내부화 전략을 폐기하고 외부화 전략을 강화해야 함을 강조한다.

④ 대리인 이론 – 주인과 대리인 사이의 정보 비대칭 문제를 해결하기 위해 주인이 대리인에게 권한을 대폭 위임해야 한다는 주장에 반대한다.

2 일반상식_5I ~ I00

51. 다음 유적지에서 알 수 있는 시대상으로 옳지 않은 것은?

• 연천 전곡리	• 사원 검은모루 동굴
• 공주 석장리	• 청원 두루봉 동굴

① 덧무늬 토기, 빗살무늬 토기 등은 저장을 위한 도구로 쓰였다.
② 구성원 전부가 평등한 공동체 생활을 했다.
③ 동굴이나 강가에 움막을 지어 생활했다.
④ 주먹도끼와 뗀석기와 같은 도구를 사용하였다.

52. 다음 〈보기〉에서 설명하는 국가와 관련 있는 것은?

> 보기
>
>   나라는 구릉과 넓은 못이 많아 동이 지역 가운데 가장 넓고 평탄한 곳이다. 토질은 오곡을 가꾸기에 알맞지만, 과일은 생산되지 않는다. 왕이 죽으면 순장을 하는데 많은 때는 백 명을 헤아린다. 수해난 한재를 입어 곡식이 잘 익지 않으면 그 책임을 왕에게 묻기도 하였다.
>
> – 삼국지 「위서 동이전」 –

① 이 국가에서는 하호(下戶)가 대부분의 생산 활동을 담당했다.
② 책화를 통해서 부족 간의 생활권을 존중했다.
③ 읍군과 삼로가 부족을 다스렸다.
④ 가족 공동무덤인 골장제라는 풍습이 있었다.

1회 기출예상문제
2회 기출예상문제
3회 기출예상문제
4회 기출예상문제
5회 기출예상문제
6회 기출예상문제
인성검사
면접가이드

53. 발해에 대한 설명으로 옳지 않은 것은?

① 대조영이 동모산에 건국했다.

② 주민의 다수는 고구려 유민들로, 이들 중 일부는 지배층이 되었다.

③ 정혜공주의 묘를 통해서 고구려의 영향을 받았다는 것을 알 수 있다.

④ 중앙관제는 당의 3성 6부를 수용하였지만 운영과 명칭은 독자적이었다.

54. 고려 광종의 개혁정책으로 옳은 것은?

① 사성 정책   ② 과거제도 도입
③ 전시과 제도 실시   ④ 역분전 지급

55. 고려시대 정치기구에 대한 설명으로 옳지 않은 것은?

① 중서문하성은 최고의 통치기구로 이곳에서 국가의 정책을 논의했다.

② 도병마사는 재신과 추밀이 모여 법과 제도를 정비하는 곳이었다.

③ 중추원은 군사 기밀을 맡으며 국왕의 명령을 전달했다.

④ 어사대는 관리의 비리를 감찰하고, 풍속을 바로잡았다.

56. 사림 세력에 대한 설명으로 옳지 않은 것은?

① 중종 때 현량과를 통해 대거 등용되었다.

② 4번의 사화를 통해 정치적 실권을 장악하였다.

③ 조선 중기의 붕당정치를 주도하였다.

④ 지방의 중소 지주로서 향약을 보급하는 데 힘썼다.

57. 양란 이후 농민생활을 안정시키기 위해 공납을 개선한 제도는?

① 균역법   ② 속오법

③ 대동법   ④ 호포법

58. 다음 〈보기〉에서 설명하는 실학자는?

> 보기
>
> • 「경세유표」와 「목민심서」 저술
> • 여전론과 정전론 주장
> • 거중기 고안

① 정약용   ② 박지원

③ 유수원   ④ 박제가

59. 다음에서 설명하는 단체에서 활동한 적 없는 인물은?

> • '조선 혁명 선언'을 활동 지침으로 삼았다.
> • 무정부주의의 영향을 받았다.
> • 비밀 결사 조직으로 친일파 처단과 주요기관 파괴 활동을 전개했다.

① 이육사   ② 김상옥

③ 김익상   ④ 이봉창

60. 6월 민주 항쟁 이후 전개된 사건으로 옳은 것은?

① 6 · 29 선언   ② 부마 항쟁

③ 4 · 13 호헌 조치   ④ 12 · 12 사태

61. 다음 〈보기〉의 사건들을 먼저 일어난 순서대로 바르게 나열한 것은?

> **보기**
>
> ㉠ 5·10 총선거 실시　　　㉡ 장면 내각 설립
> ㉢ 인천상륙작전　　　　　㉣ 제3공화국 수립
> ㉤ 6월 민주항쟁

① ㉠-㉢-㉡-㉤-㉣　　　　② ㉠-㉢-㉡-㉣-㉤
③ ㉢-㉠-㉤-㉡-㉣　　　　④ ㉢-㉤-㉠-㉣-㉡

62. 다음 중 조선시대 세종에 대한 설명으로 적절하지 않은 것은?

① 4군 6진을 개척하여 영토를 확장하였다.
② 최윤덕과 김종서를 보내 두만강, 압록강 유역의 여진족을 몰아내었다.
③ 의정부 서사제를 6조 직계제로 바꾸었다.
④ 조선 최초의 동전인 조선통보를 주조하였다.

63. 다음 〈보기〉의 백제 왕이 재위할 시기와 관련된 일로 적절하지 않은 것은?

> **보기**
>
> 　고구려가 군사를 일으켜 왔다. 왕이 이를 듣고 패하 강변에 군사를 매복시켰다가 그들이 이르기를 기다려 급히 치니, 고구려 군사가 패하였다. 겨울에 왕이 태자와 함께 정예 군사 3만 명을 거느리고 고구려에 쳐들어가 평양성을 공격하였다. 고구려 왕 사유가 힘을 다해 싸워 막다가 빗나간 화살에 맞아 죽었다.
>
> – 〈삼국사기〉 –

① 남쪽으로 영산강을 넘어 마한의 여러 나라와 고을들을 차지해 마한을 거의 멸망시켰다.
② 불교를 처음으로 공인하였다.
③ 중국 만주의 요서 지방에 진출하였다.
④ 박사 고흥을 통해 백제의 역사를 담은 〈서기〉를 편찬하도록 하였다.

64. 다음 자료의 ㉠에 대한 설명으로 적절한 것을 〈보기〉에서 모두 고르면?

> 고려의 토지 제도는 문무백관으로부터 부병과 한인에 이르기까지 일정한 등급에 따라서 모두 다 토지를 주고 또 등급에 따라 땔나무를 베어 낼 땅을 주었는데, 이를 ㉠전시과라고 하였다.
>
> — 〈고려사〉 —

보기

> ㄱ. 태조 때 처음으로 제정된 제도이다.
> ㄴ. 세습이 가능한 공음전이 있었다.
> ㄷ. 관리에게 토지의 수조권을 지급하였다.
> ㄹ. 백성에게 정전을 지급하였다.

① ㄱ, ㄴ   ② ㄱ, ㄷ
③ ㄱ, ㄹ   ④ ㄴ, ㄷ

65. 다음 〈보기〉의 빈칸 ㉠에 들어갈 정부의 모습으로 적절한 것은?

보기

> '한반도의 비핵화에 관한 공동 선언'은 (㉠) 정부 때 남북 고위급 회담의 결과로 발표되었다. 이 선언의 주요 내용으로는 핵무기의 시험·생산·보유·사용의 금지, 핵에너지의 평화적 이용, 핵 재처리 시설과 우라늄 농축 시설에 대한 포기, 남북 핵통제 공동위원회 구성 등이 있다.

① 제2차 남북정상회담을 개최하였다.
④ 남북조절위원회를 설치하였다.
③ 금강산 관광 사업을 시작하였다.
④ 남북기본합의서를 채택하였다.

1회 기출예상문제
2회 기출예상문제
3회 기출예상문제
4회 기출예상문제
5회 기출예상문제
6회 기출예상문제
인성검사
면접가이드

66. 다음 빈칸에 공통적으로 들어갈 내용으로 적절한 것은?

> '학교를 가다'는 바른 표현일까. '를(을)'은 (   )인데, '에'는 장소를 나타내는 부사격 조사이고 학교는 장소이니 '학교에 가다'가 맞지 않을까. 결론은 '학교를 가다'도 맞는 표현이다. '현장을 가다', '휴가를 가다', '중국을 가다' 등도 맞다.
> 사전을 찾아보면 '를(을)'의 쓰임새는 (   ) 외에도 광범위하다. 예를 들어 '아무리 해도 흥분이 가라앉지를 않았다'와 같이 앞말을 강조하는 보조사로도 쓰인다.

① 주격조사
② 목적격조사
③ 서술격조사
④ 보격조사

67. 다음 빈칸에 공통적으로 들어갈 말은?

> (   )(이)란 하나의 이야기 안에 또 다른 이야기가 들어있는 소설의 구성 방법이다. 다시 말해 외부 이야기 안에 내부 이야기가 들어 있는 것으로 외부 이야기를 테두리로서 사용하여 각각의 단편들을 연결하거나 그들의 상황을 이야기하는 기법이다.
> (   )에서의 핵심 내용은 대부분 내부 이야기에 있다. 내부 이야기는 작가가 전달하고자 하는 주제나 의미를 담고 있으며, 외부 이야기는 그러한 내부 이야기의 신뢰도를 높여 주는 역할을 한다.

① 옴니버스식 구조
② 역전적 구조
③ 삽화식 구조
④ 액자식 구조

68. 다음 제시된 단어들에 공통적으로 일어난 음운 현상은?

> 십만 → [심만], 돋는 → [돈는], 국물 → [궁물]

① 비음화
② 유음화
③ 연구개음화
④ 구개음화

69. 다음 중 띄어쓰기가 잘못된 문장은?

① 빨리는커녕 천천히도 못 걷겠다.
② 이번 올림픽에서 메달을 몇 개나 딸 수 있을 지 궁금하다.
③ 우리는 수험생이므로 열심히 공부할 수밖에 없다.
④ 사업지원실에서 다음과 같이 통보하여 온바 이를 알려 드립니다.

70. 다음 중 밑줄 친 부분의 품사가 수사인 것을 고르면?

① 그 일이 있은 지 <u>이틀</u>이 지났다.
② 그 사람을 <u>두</u> 번 죽일 셈이냐?
③ <u>셋째</u>는 공무원 시험에 합격하였다.
④ 나는 사과 <u>하나</u>를 먹었다.

71. 다음 중 단어에 대한 발음이 잘못된 것은?

① 넓다[널따]
③ 밟는[발 : 른]

② 쫓다[쫃따]
④ 줄넘기[줄럼끼]

72. 다음 중 표준어가 아닌 것은?

① 굼벵이
③ 끄나풀

② 꼽사리
④ 구렛나루

1회 기출예상문제
2회 기출예상문제
3회 기출예상문제
4회 기출예상문제
5회 기출예상문제
6회 기출예상문제
인성검사
면접가이드

73. 다음 밑줄 친 부분의 띄어쓰기가 잘못된 것은?

① 이번 시험에서 우리 중 <u>안되어도</u> 두 명은 합격할 것 같다.
② 오랫동안 몸살을 앓더니 안색이 <u>안돼</u> 보인다.
③ 그 일이 <u>못된</u> 것은 다 그 사람 탓이다.
④ 한 <u>개∨당</u> 얼마를 내야 하나요?

74. 다음 밑줄 친 부분의 한자어로 올바른 것은?

> 그는 아버지의 <u>유지</u>에 따라 교육 사업에 혼신의 힘을 다하였다.

① 遺志   ② 維持
③ 有旨   ④ 油脂

75. 다음 밑줄 친 단어의 쓰임이 잘못된 것은?

① 그녀는 건망증이 <u>들린</u> 사람처럼 아무것도 기억하지 못했다.
② 옷을 입어 보지 않고 대충 <u>겨누어</u> 보고만 샀더니 너무 헐렁하다.
③ 그는 정류장 옆에서 <u>겻불</u>을 쬐며 차가 오기를 기다렸다.
④ 흙벽이나 돌담만 시꺼멓게 <u>그은</u> 채 남아 있었다.

76. 다음 밑줄 친 단어와 관련된 한자로 적절한 것은?

> 까마귀 날자 <u>배</u> 떨어진다.

① 腹   ② 船
③ 梨   ④ 北

77. 연극이나 영화 따위에서 등장인물이 무대에 혼자 있을 때 자신의 심리상태, 의견, 감정 등을 자유롭게 표현하는 것을 무엇이라 하는가?

① 방백

② 독백

③ 프롤로그

④ 판토마임

78. 다음 빈칸에 공통으로 들어갈 단어는?

- 대표님의 (   ) 여부가 결정되는 대로 알려 드리겠습니다.
- 스승님은 아흔이 넘으셨는데도 아직까지 학회에 (   )하신다.
- 선약이 있어서 그 모임에 (   )이/가 어렵다.

① 참석

② 개척

③ 인도

④ 검토

79. 다음 밑줄 친 부분의 의미가 〈보기〉와 가장 유사한 것은?

> 보기
>
> 이 카페는 생과일로 아이스크림과 주스를 직접 <u>만들었다.</u>

① 오랜 공사를 벌인 끝에 마침내 터널을 <u>만들었다.</u>

② 새로 취임한 한 감독은 재미있는 배구로 팬들에게 사랑받는 팀을 <u>만들겠다는</u> 포부를 밝혔다.

③ 전반적인 생산단계를 실시간으로 분석하면서 최적의 생산 환경을 <u>만드는</u> 것이다.

④ 어떤 나라에서는 자국어 보호법과 같은 법을 <u>만드느라</u> 법석이다.

80. 다음 속담에서 밑줄 친 부분이 의미하는 숫자로 적절한 것은?

> 구슬이 <u>서</u> 말이라도 꿰어야 보배다.

① 1   ② 2
③ 3   ④ 4

81. 〈보기〉의 빈칸에 들어갈 용어로 적절한 것은?

> **보기**
>
> (   )은/는 가장 널리 사용되는 경영성과 측정기준 중의 하나로, 기업의 순이익을 투자액으로 나누어 구한다. 원래 미국의 화학회사 듀퐁사에 의해 사업부의 업적을 평가하고 관리하기 위해 사용되어 내부통제기법으로 개발되었다. (   )은/는 궁극적으로 회사의 경영성과를 계획·통제하는 것을 목적으로 하지만 최근에는 기업 전체 경영성과의 계획, 내부통제, 자원배분 결정, 이익예측, 채권자 및 투자자에 의한 기업 경영성과의 평가 등 여러 가지 목적에 사용되고 있다.

① NIM   ② KPI
③ OKR   ④ ROI

82. 마케팅 목표를 달성하기 위해 전략적으로 실시하는 활동인 마케팅 믹스 중 4C에 해당하지 않는 요소는?

① Communication   ② Customer Value
③ Consumer-to-Consumer   ④ Costs to Customer

83. 다음 기사의 빈칸에 들어갈 내용으로 적절한 것은?

> 온라인 스트리밍 서비스는 소비자가 주기적으로 서비스를 제공받는 구독경제로, 카드나 계좌이체 등 결제수단을 사전에 등록해 정기 결제가 이루어진다. 기업은 고객 이탈을 방지하고 지속적인 고객 관계를 형성할 수 있어 예측 가능한 수익흐름 창출을 이어갈 수 있다. 그런데 무료 체험 기회를 제공하는 마케팅으로 소비자를 유인한 뒤, 충분한 고지 없이 유료 서비스로 전환하는 방식으로 인해 불만이 지속되고 있다. 이러한 상술을 (   )(이)라고 한다. 결제 방식을 바꾸는 것을 귀찮아하는 소비자 성향을 이용하는 마케팅 전략이다.

① 게릴라 마케팅   ② 다크 넛지 마케팅
③ 노이즈 마케팅   ④ 데카르트 마케팅

84. 다음 〈보기〉에서 설명하고 있는 딜레마는?

보기

> '당신은 A, B, C 3개의 문 중 하나를 골라 문 뒤에 있는 상품을 받는다. 1개의 문 뒤에는 자동차가 있고 2개의 문 뒤에는 염소가 있다. 당신이 문을 선택하면 진행자는 2개 중 염소가 있는 문을 연다. 이제 당신은 선택을 바꿀 수도 있다.'
> 만약 A를 선택했다고 가정하면 세 가지 경우가 있다. A 뒤에 자동차가 있는 경우 선택을 바꾸면 염소를 받고, B나 C 뒤에 자동차가 있는 경우 선택을 바꾸면 자동차를 받으므로 선택을 바꿀 시 자동차를 받을 확률은 3분의 2다. 그런데 사회자가 염소가 있는 문을 열고 나서, 대다수는 확률이 2분의 1이라고 생각하여 선택을 바꾸지 않는다.

① 몬티 홀 딜레마   ② 혁신가의 딜레마
③ 트롤리 딜레마   ④ 하인츠 딜레마

85. 다음 글의 빈칸에 들어갈 알맞은 용어는?

> '허시파피'는 아무도 거들떠보지 않던 미국의 신발 브랜드였다. 그런데 이 제품을 뉴욕의 히피 청소년들이 남들과 차별성을 두기 위해 신기 시작하였고 이후 유명 디자이너들이 허시파피를 자신의 패션쇼에서 부각시키고, 영화 〈포레스트 검프(Forrest Gump, 1994)〉에서 톰 행크스(Tom Hanks)가 허시파피를 신고 출연하는 등 유행이 되었다.
>
> 이듬해, 허시파피의 매상은 4배 증가했다. 허시파피를 신기 시작한 뉴욕의 청년들이 매상 증가의 (   )를 만들어 낸 것이다.

① 팜 파탈   ② 보이지 않는 고릴라
③ 티핑 포인트   ④ 샤워실의 바보

86. 지속적인 경고로 충분히 예상할 수 있었지만 쉽게 간과하는 위험 요인을 일컫는 용어는?

① 검은 코끼리   ② 회색 코뿔소
③ 유리절벽   ④ 대나무천장

87. 하층계급 주거지역이 중산층 이상 계층의 유입에 따라 고급 주거지역으로 탈바꿈하고, 기존 주민들은 주거비용을 감당하지 못하여 살던 곳에서 쫓겨나면서 지역 전체의 구성과 성격이 변하는 현상을 뜻하는 용어는?

① 아이언플레이션   ② 팬플레이션
③ 리디노미네이션   ④ 젠트리피케이션

88. 점진적으로 고조되는 위험을 미리 인지하지 못하거나, 그에 대한 적절한 조기대응을 못해 결국 화를 당하게 됨을 뜻하는 용어는?

① 메기효과
② 펭귄효과
③ 삶은 개구리 증후군
④ 베어마켓

89. 일정한 시간 및 형식을 갖춘 정형적인 근무형태를 벗어나 가정의 균형을 위해 탄력적으로 일하는 방식을 일컫는 용어는?

① 그린북
② 베이지북
③ 퍼플잡
④ 블루칩

90. 서울외곽순환고속도로의 제한속도는 전 구간 최고 100km/h이다. 서울외곽순환고속도로의 최고속도에서 도로교통공단이 제시하는 기준이 권장하는 앞 차와의 안전거리는? (단, 도로상황이나 기상환경상 일반적인 상황임을 가정한다)

① 50m
② 80m
③ 100m
④ 150m

91. 다음 중 통화공급곡선을 좌측으로 이동시키는 정책은?

① 법인세 인상
② 기준 금리 인하
③ 공개시장에서 중앙은행의 국채 매입
④ 은행 지급준비율 축소

1회 기출예상문제
2회 기출예상문제
3회 기출예상문제
4회 기출예상문제
5회 기출예상문제
6회 기출예상문제
인성검사
면접가이드

92. 한국은행에서는 정기적으로 물가지수를 발표하면서 석유나 농수산제품과 같이 일시적인 변동 정도가 큰 항목을 제외한 물가지수도 발표하고 있다. 이를 일컫는 용어는?

① 생활 물가지수　　　　　　　　　　② 근원 물가지수

③ 생산자 물가지수　　　　　　　　　④ 소비자 물가지수

93. 금융 용어에 대한 설명 중 적절하지 않은 것은?

① 효율적 시장 가설이란 현재 공개된 모든 정보가 주가에 반영이 되어 있다는 주장이다.

② 레버리지는 자기자본의 시장 가치 대비 부채의 시장가치로 표현되는데, 비대칭적인 변동성과 관련이 높다.

③ 주가의 랜덤워크(random walk) 가설은 주가의 예측 가능성과 관련이 있는 것으로서 주가의 등락이 독립적인 확률 분포를 가지는 경우를 배제한다.

④ 행사가격은 옵션 매입자가 만기일 또는 그 전에 권리를 매수 또는 매도할 때 적용되는 가격이다.

94. 50단위의 현금통화, 75단위의 예금통화, 25단위의 지급준비금이 주어질 경우 통화승수는?

① $\dfrac{4}{3}$　　　　　　　　　　　　② $\dfrac{5}{3}$

③ 2　　　　　　　　　　　　　　　④ $\dfrac{7}{3}$

95. 채무에 대한 담보로 제공한 부동산을 직접 받지 않은 상태에서 채권에 대한 우선변제권을 받을 수 있는 권리는?

① 전세권　　　　　　　　　　　　② 유치권

③ 지역권　　　　　　　　　　　　④ 저당권

96. 다음 사건과 관련된 용어는?

> 미국의 정치인 조지프 매카시(Joseph McCarthy)는 1950년 공화당 당원대회에서 "미국에서 공산 주의자가 활동하고 있고, 나는 지금 297명의 공산주의자 명단을 가지고 있다."라고 주장하면서, 미국 내 각종 주요 인사들을 중심으로 한 대규모 공산주의 사상 색출의 광풍인 매카시즘(McCarthyism)이 불었다. 하지만 매카시가 들고 있던 공산주의자 목록은 가짜였고, 그러한 색출의 결과는 거의 대부분 이 무고였으나, 3년간 미국 사회를 지배한 매카시즘에 의해 수백 명이 수감되고 만여 명이 공산주의와 조금이라도 연관되었다는 의심과 함께 직장을 잃었다.
>
> 이러한 사회적 배경에는 1930년대 미국 내 공산주의의 확대, 제2차 세계대전 이후 1940년대 말 소련의 핵실험과 중국의 국공내전, 한국 전쟁의 중공군 개입 등으로 미국 사회 내 공산주의에 대한 공포에서 비롯되었다.

① 오렌지족   ② 그레이마켓
③ 레드 스케어   ④ 그린 오션

97. 다음에서 설명하고 있는 정책과 가장 유사한 내용의 용어를 고르면?

> 〈서울특별시 역세권 청년주택 공급 지원에 관한 조례〉
> **제1조(목적)** 이 조례는 대중교통중심 지역의 효율적인 개발을 통해 임대주택 공급촉진에 필요한 사항 을 규정함으로써 청년층의 주거안정을 도모하는 것을 목적으로 한다.
> **제2조(정의)** 이 조례에서 사용하는 용어의 뜻은 다음과 같다.
>   2. "청년주택"이란 서울특별시장(이하 "시장"이라 한다), 서울주택도시공사 또는 「민간임대주택에 관한 특별법」 제2조 제7호에 따른 임대사업자가 만 19세 이상 만 39세 이하로서 무주택자인 청년 및 신혼부부 등에게 우선적으로 공급하기 위하여 역세권에 공급하는 다음 각목의 임대주택 을 말한다. 다만, 오피스텔은 제외한다.

① 코하우징   ② 어포더블 하우징
③ 소셜 하우징   ④ 스마트 하우징

98. 다음에서 설명하는 뮤지컬의 제목은?

> 마리아 폰 트라프의 자서전 〈트라프 가문의 가수들 이야기(The Story of the Trapp Family Singers)〉를 원작으로 로저스와 해머스타인이 제작한 뮤지컬 작품으로, 1959년 11월에 초연되었다. 뮤지컬의 대표곡으로는 '에델바이스(Edelweiss)', '도레미(Do−Re−Mi)' 등이 있으며, 1965년에는 줄리 앤드루스를 주연으로 한 동명의 영화로 제작되어 아카데미상을 수상하였다.

① 〈사운드 오브 뮤직〉   ② 〈시카고〉

③ 〈아이다〉   ④ 〈위키드〉

99. 조선 세종대에 창제되어 행악으로 사용된 음악으로, 〈용비어천가〉의 일부를 가사로 만들어 노래를 한 것으로 알려진 합주곡은?

① 무령지곡   ② 민파정식지곡

③ 여민락   ④ 낙향춘

100. 다음 중 노벨상에 대한 설명으로 옳지 않은 것은?

① 우리나라에서는 김대중 대통령이 한국인 최초로 수상하였다.

② 노벨 문학상을 거부한 최초의 인물은 프랑스의 작가이자 철학가인 장 폴 사르트르이다.

③ 수상식은 매년 12월 10일 스웨덴의 스톡홀름에서 거행되지만, 평화상은 같은 날 노르웨이의 오슬로에서 거행된다.

④ 1901년부터 시작되어 현재는 물리학, 화학, 생리 및 의학, 문학, 평화 다섯 부분으로 나뉘어 시상된다.

부산교통공사

직업기초능력평가 + 일반상식

제4회

수험번호	
성 명	

4회 기출예상문제

1 NCS 직업기초능력평가_1 ~ 50

[01 ~ 02] 다음 글을 읽고 이어지는 질문에 답하시오.

> (가) 한국인은 정신 문제가 생겨도 신체 문제라고 여기고, 사회적 편견 때문에 숨기는 경우가 많다. 그러나 전문가들은 "상당수의 정신질환은 암처럼 초기−중기−말기로 이어지는 양상이 뚜렷하기 때문에 초기에 질환을 인식하고 해결책을 찾아야 완치를 기대할 수 있다."고 말한다.
>
> (나) 암처럼 초기−중기−말기로 진행되는 대표적인 정신질환은 우울증, 불안장애, 조현병이다. 이들 정신질환은 모두 뇌의 신경전달물질(세로토닌, 도파민, 노르에피네프린 등) 활동이 줄어들거나 멋대로 활성화되면서 발생한다. K 병원 정신건강의학과 윤○○ 교수는 "뇌 세포와 신경전달물질 체계가 완전히 망가져 고착화되기 전에 적절한 치료를 받아야 뇌의 구조적 변화가 지연되고 회복된다."고 말했다.
>
> (다) 또한 정신질환 역시 암이나 여타 다른 질환과 마찬가지로 초기에 병변이 작을 때 치료에 돌입해야 약물이 투여됐을 때 빠르게 반응하고, 신체 기능 저하도 덜 일어난다. S 병원 정신건강의학과 오△△교수는 "치료 받지 않아 유병 기간이 길어질수록 정신병적 증상이 악화되고 약물에 대한 반응이 떨어진다."고 말했다.
>
> (라) 무엇보다 정신질환은 사회적 고립으로 인한 재발과 제2차 질환(약물·알코올중독 등)이 동반되는데, 초기에 치료해야 재발이나 동반 질환을 막을 수 있다.

01. 윗글의 순서를 바르게 나열한 것은?

① (가) − (나) − (다) − (라)

② (가) − (라) − (다) − (나)

③ (나) − (다) − (가) − (라)

④ (나) − (가) − (라) − (다)

02. 윗글을 읽고 이해한 내용으로 바르지 않은 것은?

① 사회적 편견이 질병의 빠른 대처를 방해할 수 있다.
② 우울증은 초기−중기−말기로 진행이 된다.
③ 조현병은 도파민 활동이 줄어들 경우 발생할 수 있는 정신질환이다.
④ 정신질환은 약물 치료가 권장되지 않는다.

03. 다음 글의 내용을 고치기 위한 의견으로 적절하지 않은 것은?

탁월함은 어떻게 습득되는가, 가르칠 수 있는가? 이 물음에 대하여 아리스토텔레스는 지성의 탁월함은 가르칠 수 있지만 성품의 탁월함은 비이성적인 것이어서 가르칠 수 없고 ㉠훈련을 통해서 얻을 수 있다.
그는 좋은 성품을 얻는 것을 기술을 습득하는 것에 비유한다. 그에 따르면, 리라(lyra)를 켬으로써 리라를 켜는 법을 배우며 말을 탐으로써 말을 타는 법을 배운다. 어떤 기술을 얻고자 할 때 처음에는 교사의 지시대로 행동한다. 그리고 반복 연습을 통하여 그 행동이 점점 더 하기 쉽게 되고 마침내 제2의 ㉡습관이 된다. ㉢이와 마찬가지로 어린아이는 어떤 상황에서 어떻게 행동해야 진실되고 관대하며 예의를 차리게 되는지 일일이 배워야 한다. ㉣예의는 사람과 사람의 관계에서 꼭 갖추어야 할 덕목이다. 그래서 훈련과 반복을 통하여 그런 행위들을 연마하다 보면 그것들을 점점 더 쉽게 하게 되고, 결국에는 스스로 판단할 수 있게 된다.

① ㉠은 문장성분 간의 호응관계를 고려하여 '훈련을 통해서 얻을 수 있다고 대답했다.'로 고쳐야 한다.
② ㉡은 단어 사용이 적절하지 않으므로 '천성'으로 바꾸어야 한다.
③ 문장 내의 연결 관계가 어색하므로 ㉢을 '그러므로'로 고쳐야 한다.
④ ㉣은 글의 통일성을 해치므로 삭제해야 한다.

1회 기출예상문제

2회 기출예상문제

3회 기출예상문제

4회 기출예상문제

5회 기출예상문제

6회 기출예상문제

인성검사

면접가이드

04. 아래 계약서 작성에 대한 설명으로 적절하지 않은 것은?

표준근로계약서(기간의 정함이 없는 경우)

_____(이하 "사업주"라 함)과(와) _____(이하 "근로자"라 함)은 다음과 같이 근로계약을 체결한다.

1. 근로개시일 :   년   월   일부터
2. 근무장소 :
3. 업무의 내용 :
4. 소정근로시간 : __시__분부터 __시__분까지 (휴게시간 :   시 분 ~   시   분)
5. 근무일/휴일 : 매주 __일(또는 매일 단위) 근무, 주휴일 매주 __요일
6. 임금
   - 월(일, 시간)급 : _____원
   - 상여금 : 있음(   ) _____원, 없음(   )
   - 기타급여(제수당 등) : 있음(   ), 없음(   )
     • _____원, _____원
     • _____원, _____원
   - 임금지급일 : 매월(매주 또는 매일) ____일(휴일의 경우는 전일 지급)
   - 지급방법 : 근로자에게 직접 지급(   ), 근로자 명의 예금통장에 입금(   )
7. 연차유급휴가
   - 연차유급휴가는 근로기준법에서 정하는 바에 따라 부여함.
8. 사회보험 적용여부(해당란에 체크)
   □ 고용보험   □ 산재보험   □ 국민연금   □ 건강보험
9. 근로계약서 교부
   - 사업주는 근로계약을 체결함과 동시에 본 계약서를 사본하여 근로자의 교부요구와 관계없이 근로자에게 교부함(근로기준법 제17조 이행).
10. 근로계약, 취업규칙 등의 성실한 이행의무
    - 사업주와 근로자는 각자가 근로계약, 취업규칙, 단체협약을 지키고 성실하게 이행하여야 함.
11. 기 타
    - 이 계약에 정함이 없는 사항은 근로기준법령에 의함
                              년   월   일

(사업주) 사업체명 :   (전화 :   )
         주   소 :
         대 표 자 :   (서명)
(근로자) 주   소 :
         연 락 처 :
         성   명 :   (서명)

---

① 이 표준근로계약서는 근로를 마칠 시점을 작성하지 않아도 된다.

② 근로시간은 휴게시간을 포함하여 작성한다.

③ 임금은 반드시 월급으로 작성해야 한다.

④ 반드시 사업주와 근로자 두 사람의 서명이 있어야 한다.

05. 다음 밑줄 친 부분 중 맞춤법 또는 단어 쓰임이 올바른 것은?

> 지금은 우리 식재료와 파스타의 ㉠융해가 흔하다. 묵은지 파스타도 있다. 곱창을 볶아 올리기도 하고, 국물 넉넉한 ㉡떡볶이 ㉢스빠게티도 팔린다. 서양재료여야 한다는 강박도 없다. 파스타집이 '이태리면집'이니 '이태리백반집'이라는 간판을 달고 있는 것은 이런 인식의 반영이다. 외래 것을 우리 문화에 ㉣이화시켜 독자적으로 즐기는 건 이제 자연스러운 흐름이다.

① ㉠

② ㉡

③ ㉢

④ ㉣

06. 다음 중 비언어적 의사소통의 특징이 아닌 것은?

① 언어적 의사소통을 보완한다.

② 무의식적이며 본능적이다.

③ 문화에 따라서 다르게 해석된다.

④ 지식적인 정보를 전달하는 데 유용하다.

www.gosinet.co.kr   gosinet

1회 기출예상문제

2회 기출예상문제

3회 기출예상문제

4회 기출예상문제

5회 기출예상문제

6회 기출예상문제

인성검사

면접가이드

07. 다음 외래어 표기법에 따른 적절한 예시가 아닌 것은?

1. 짧은 모음 다음의 어말 무성 파열음([p], [t], [k])은 받침으로 적는다.
   예 book[buk] 북
2. 짧은 모음과 유음·비음([l], [r], [m], [n]) 이외의 자음 사이에 오는 무성 파열음([p], [t], [k])은 받침으로 적는다.
   예 act[ækt] 액트
3. 위 경우 이외의 어말과 자음 앞의 [p], [t], [k]는 '으'를 붙여 적는다.
   예 part[pɑ:t] 파트

① gap[gæp] 갭   ② cat[kæt] 캣
③ setback[setbæk] 세트백   ④ stamp[stæmp] 스탬프

08. 다음은 사티어(Satir)의 의사소통 유형을 나타낸 것이다. (가) ~ (마)에 해당하는 유형이 바르게 연결된 것은?

사티어는 사람들이 스트레스 상황에서 대처하는 공통적인 방법을 발견하게 되었다. 그것은 자기를 보호하고 생존하는 대처방법이었다. 그 유형은 회유형, 비난형, 초이성형, 산만형, 일치형이다.

(가)	공격적인 대화를 하며, 타인보다는 자신의 감정을 중요시한다. 남을 탓하고 비판하며 갈등 상황에서 분노를 표출한다.
(나)	이성적인 대화를 하며, 자신과 타인의 감정보다는 상황을 중요시한다. 단지 그 상황에서 객관적으로 옳고 그르냐가 이 유형의 행동 기준이다.
(다)	수동적인 대화를 하며, 자신보다는 타인을 기준으로 삼아 타인의 감정을 중요시한다. 자신의 솔직한 감정을 억압하고, 남의 비위를 맞추며, 갈등 상황에서 침묵하는 경향을 보인다.
(라)	상황을 회피하는 대화패턴으로 현실과 동떨어진 경향을 보인다. 비현실적이고 부적절한 이야기로 대화에 방해가 되며, 갈등 상황에서 엉뚱한 소리를 잘한다.
(마)	상황에 따라 유연하고 탄력적인 대화를 하며, 여러 상황을 종합적으로 판단하여 관리 및 조율을 한다. 갈등 상황에서도 여유롭고 지혜롭게 관계를 잘 유지한다.

	(가)	(나)	(다)	(라)	(마)
①	비난형	초이성형	산만형	회유형	일치형
②	비난형	초이성형	회유형	산만형	일치형
③	회유형	초이성형	비난형	산만형	일치형
④	회유형	비난형	산만형	초이성형	일치형

09. 다음 글에 대한 설명으로 옳지 않은 것은?

> 전 세계 기업들은 디지털 트랜스포메이션을 위한 핵심 기술로 로보틱 프로세스 자동화(RPA ; Robotic Process Automation)를 주목하고 있다. 글로벌 인력시장 조사 및 분석기관과 오토메이션애니웨어가 아시아태평양 및 호주, 뉴질랜드 지역 IT 담당자를 대상으로 진행한 조사에 따르면 응답자의 68%가 1개의 RPA 솔루션을 도입했고, 32%는 2개 이상의 RPA를 도입한 것으로 나타났다. 이들은 프로세스 효율 향상(51%), 정확성 향상(45%), 예상 비용 절감(41%) 순으로 RPA 도입 성과가 있었다고 답했다.
> 국내 산업계도 RPA 도입에 속도를 내고 있다. 2018년부터 시행된 주 52시간 근무제와 최저임금 인상 등 정부 정책에 따른 사회경제적인 변화 또한 RPA 도입을 가속화시키는 요인이다. 지난 7월 KDB미래전략연구소가 발표한 '국내 은행 RPA 도입 현황 및 시사점' 보고서에 따르면 2017년 이후 RPA를 본격 도입하기 시작한 국내 은행권은 초기에 백 오피스 중심으로 RPA를 도입했고 최근에는 여신, 외환 등 영업 관련 분야로 적용 범위를 확대하고 있다. 국내의 한 은행은 RPA 솔루션을 도입해 외화송금, 펀드상품 정보 등록, 퇴직연금 지급 등록 등 매일 발생하는 약 6,000건에 달하는 업무를 자동화하여 업무 효율성을 높였다.

① RPA 솔루션은 오세아니아에도 진출했다.
② RPA를 도입한 회사 중 절반 넘게 2개 이상의 RPA를 도입했다.
③ RPA의 도입으로 인한 업무 효율성의 향상은 은행에서 두드러졌다.
④ 외부 변화가 RPA 도입을 촉진시켰다.

1회 기출예상문제

2회 기출예상문제

3회 기출예상문제

4회 기출예상문제

5회 기출예상문제

6회 기출예상문제

인성검사

면접가이드

10. 다음은 자음동화에 관한 설명이다. 자음동화 현상의 예로 적절하지 않은 것은?

〈자음동화〉

1) 비음화 : 비음(ㅁ, ㄴ, ㅇ)의 영향으로 비음이 아닌 소리가 비음으로 동화되는 현상
   a. ㅂ, ㄷ, ㄱ + ㄴ, ㅁ → ㅁ, ㄴ, ㅇ
   b. ㅇ, ㅁ + ㄹ → ㄴ
   c. ㅂ, ㄷ, ㄱ + ㄹ → ㅁ, ㄴ, ㅇ + ㄴ

2) 유음화 : 유음 'ㄹ'의 영향으로 'ㄴ'이 유음으로 동화되는 현상
   a. ㄴ + ㄹ → ㄹㄹ
   b. ㄹ + ㄴ → ㄹㄹ

① 밥물[밤물]　　　　　　　② 신라[실라]
③ 굳이[구지]　　　　　　　④ 섭리[섬니]

11. A ~ D 네 사람이 369게임을 한다. 50까지 진행했을 때, A가 지금까지 박수를 친 횟수는?

〈369게임 규칙〉
- 게임 참가자는 1부터 시작하여 숫자 순서대로 하나씩 외친다.
- 3 혹은 6 혹은 9를 포함하는 숫자의 순서일 경우 숫자를 외치지 말고 3 혹은 6 혹은 9를 포함하는 숫자 개수대로 박수를 친다(예 13 - 박수 한 번, 33 - 박수 두 번).
- 순서는 A → B → C → D → A → B → …로 순환한다.

① 5회　　　　　　　　　　② 6회
③ 7회　　　　　　　　　　④ 8회

12. 다음은 식품산업통계정보시스템에서 발표한 2020년 스낵과자 순위이다. 이에 대한 설명으로 옳지 않은 것은?

〈2020년 스낵과자 매출액〉

(단위 : 백만 원)

순위	브랜드	과자이름	1분기	2분기	3분기	4분기
1	롯데	꼬깔콘	22,365	22,579	23,164	21,293
2	농심	새우깡	19,539	20,331	21,450	19,474
3	오리온	포카칩	17,572	17,613	18,020	16,122
4	농심켈로그	프링글스	13,787	15,477	15,110	14,911
5	오리온	오징어땅콩	12,613	13,721	13,177	12,101
6	해태	맛동산	13,558	12,575	11,341	13,308
7	오리온	꼬북칩	14,197	14,010	12,106	9,874
8	해태	허니버터칩	11,439	10,368	9,401	10,381
9	크라운	C콘칩	8,962	9,070	9,509	9,585
10	농심	꿀꽈배기	9,319	9,556	8,967	8,990

① 포카칩의 매출은 2020년 3분기 때 제일 높았다.

② 전체 스낵과자 중 꼬깔콘의 매출액이 모든 분기에서 1위를 차지하였다.

③ 2020년 꼬깔콘의 총 매출은 허니버터칩의 2배가 넘는다.

④ 2020년 2 ~ 3분기 합계 매출은 오징어땅콩이 꼬북칩보다 낮다.

13. 다음 〈표〉는 20X2, 20X3년 햄버거 프랜차이즈 3사 실적 현황이다. 이에 대한 설명으로 옳지 않은 것은?

〈표〉 20X2 ~ 20X3년 햄버거 프랜차이즈 3사 실적 현황

(단위 : 억 원)

구분		롯데리아	맥도날드	버거킹
매출액	20X2년	5,584	1,259	1,757
	20X3년	6,192	1,269	2,123
영업이익	20X2년	370	32	39
	20X3년	423	62	88
영업이익률	20X2년	6.6%	2.5%	5.1%
	20X3년	6.8%	4.9%	6.0%
	증감률	0.2%p	2.4%p	0.9%p

① 20X2년 롯데리아의 매출액이 맥도날드와 버거킹의 매출액을 합친 것보다 높다.

② 20X2년 대비 20X3년 버거킹의 매출액 증가율은 20% 이상이다.

③ 20X3년의 맥도날드와 버거킹 영업이익의 합은 롯데리아 영업이익의 35% 이하이다.

④ 20X2년 대비 20X3년 영업이익의 증가량은 롯데리아가 제일 크다.

14. 그림과 같이 세 지점 A, B, C가 있다. 〈조건〉에 따를 때 B와 C 사이의 거리는 몇 km인가?

조건

• A부터 C까지의 거리는 300km이다.

• A에서 B를 향할 때 60km/h 속력으로 간다.

• B에서 C를 향할 때 80km/h 속력으로 간다.

• A부터 C까지는 총 4시간 15분이 걸린다.

① 180km   ② 160km

③ 140km   ④ 120km

15. 다음은 Z 도서관의 도서 분야별 대출권수를 나타낸 것이다. 표에 대한 분석으로 옳지 않은 것은?

(단위 : 권)

학생 \ 도서분류	인문학	사회과학	자연과학	예술
A	10	15	13	8
B	12	9	17	9
C	13	11	8	13
D	7	10	22	2

① 사회과학 분야의 도서를 제일 많이 대출한 학생은 A이다.

② 인문학, 사회과학 분야의 도서를 2번째로 많이 대출한 학생은 C이다.

③ 총 도서 대출권수가 제일 많은 학생은 B이다.

④ 인문학 도서 대출권수에 2배의 가중치를 두고 총 도서 대출권수를 계산하면, 제일 많이 대출한 학생은 C이다.

16. 다음 표는 20X1년 지역 규모별 중학교와 고등학교 수를 나타낸 것이다. 이에 대한 〈보기〉의 설명 중 옳은 것을 모두 고르면?

(단위 : 개)

구분		중학교			고등학교		
		전체	국공립	사립	전체	국공립	사립
지역 규모	대도시	1,004	775	229	823	393	430
	중소도시	972	799	173	835	529	306
	읍·면 지역	1,089	859	230	623	415	208
	도서벽지	139	130	9	63	57	6

보기

ㄱ. 중학교는 지역 규모에 상관없이 국공립학교가 사립학교보다 많다.

ㄴ. 중소도시 고등학교에서 사립학교의 비율은 35% 이상이다.

ㄷ. 전체 고등학교와 전체 중학교 수의 차이는 1,000보다 크다.

① ㄱ

② ㄴ

③ ㄱ, ㄴ

④ ㄱ, ㄷ

17. 다음 그래프는 A ~ D 회사의 분기별 매출액을 나타낸 것이다. 총 매출액이 제일 큰 회사와 작은 회사는?

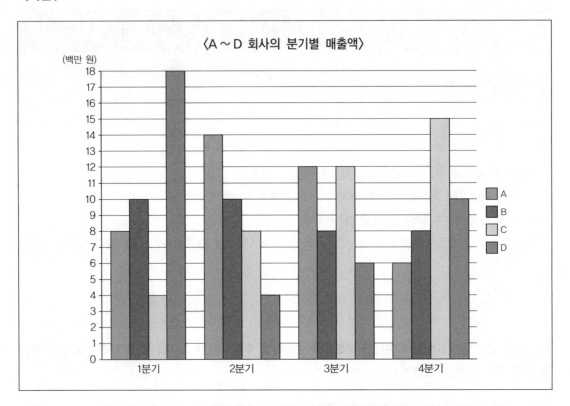

〈공식〉
총 매출액＝1분기 매출액＋2분기 매출액＋3분기 매출액＋4분기 매출액

	총 매출액이 제일 큰 회사	총 매출액이 제일 작은 회사
①	A	B
②	A	D
③	C	B
④	D	C

18. Z 동네에 A ~ C 마트 3개가 있다. ○○음료 10병과 □□과자 8개를 제일 저렴하게 구매할 수 있는 가격은?

○○음료	A 마트	1병에 1,000원, 3병을 구매하면 1병 무료
	B 마트	1병에 1,200원, 5병 이상 구매 시 전체 ○○음료 가격의 30% 할인
	C 마트	1병에 800원

□□과자	A 마트	1개에 1,800원, 3개 이상 구매하면 추가 구매 1개당 50% 할인
	B 마트	1개에 1,500원, 5개 구매하면 1개 무료
	C 마트	1개에 1,200원

① 16,500원　　　　　　　　② 16,800원
③ 17,200원　　　　　　　　④ 17,500원

19. A ~ C 세 사람이 승패가 반드시 갈리는 게임을 하고 있다. A가 B를 이길 확률은 40%이고, A가 C를 이길 확률은 30%이고, B가 C를 이길 확률이 60%일 때, A가 2위를 차지할 확률은?

① $\frac{1}{5}$　　　　　　　　② $\frac{11}{50}$
③ $\frac{6}{25}$　　　　　　　　④ $\frac{13}{50}$

20. 다음 표에서 문화체육관광부(문체부)의 예산이 5조 원 이상인 해는 모두 몇 개 연도인가?

(단위 : 조 원, %)

구분	20X1년	20X2년	20X3년	20X4년	20X5년	20X6년	20X7년
정부예산	292.8	309.0	325.4	341.9	355.8	375.6	386.3
정부예산 대비 문체부예산비율	1.08	1.12	1.14	1.20	1.24	1.34	1.42

① 없음.　　　　　　　　② 1개
③ 2개　　　　　　　　④ 3개

21. Z 회사에서는 9월에 A ~ J 직원 총 10명의 휴가 날짜를 계획해야 한다. 직원들의 휴가계획 결과로 옳지 않은 것은?

〈휴가 지원 기준〉

1) 2지망까지 휴가 날짜 지원 가능
2) 1지망에서 필요 인원보다 지원 인원이 많은 경우, 남은 연차 날짜가 많은 직원이 우선
3) 1지망 휴가 날짜에 배정되지 못한 직원은 2지망 휴가 날짜를 배정받는데, 1지망 배정 후 남은 필요인원보다 지원 인원이 많은 경우, 남은 연차 날짜가 많은 직원이 우선
4) 1, 2지망 휴가 날짜에 모두 배치되지 못한 직원 : 필요 인원을 채우지 못한 휴가 날짜에 배치

〈날짜별 휴가 가능 인원〉

(1) 9월 1 ~ 6일	(2) 9월 9 ~ 15일	(3) 9월 17 ~ 22일	(4) 9월 24 ~ 29일
2명	4명	1명	3명

〈A ~ J 직원의 남은 연차 날짜 및 1, 2지망 휴가 날짜〉

구분	A	B	C	D	E	F	G	H	I	J
남은 연차 날짜	10	8	9	11	15	7	12	14	6	2
1지망	(1)	(3)	(4)	(4)	(4)	(2)	(3)	(1)	(1)	(4)
2지망	(2)	(4)	(1)	(2)	(2)	(3)	(1)	(4)	(2)	(1)

① B 직원의 휴가 날짜는 9월 9일 ~ 15일이다.
② E 직원의 휴가 날짜는 9월 24일 ~ 29일이다.
③ G 직원의 휴가 날짜는 9월 17일 ~ 22일이다.
④ I 직원의 휴가 날짜는 9월 1일 ~ 6일이다.

22. 철수, 영희, 승한, 세영 총 4명의 신입직원 중 A팀은 2명, B팀은 1명, C팀은 1명 충원했다. 다음 진술 중 하나는 거짓이고 나머지는 모두 참일 때, A팀에 들어간 사람은?

• 철수 : 나는 A팀이다.   • 승한 : 나는 C팀이 아니다.
• 영희 : 나는 B팀이다.   • 세영 : 나는 C팀이다.

① 철수, 승한   ② 철수, 영희   ③ 철수, 세영   ④ 승한, 영희

23. 다음 〈규칙〉을 참고하여 A를 계산하면?

규칙

1) (가) : 십의 자리 수와 일의 자리 수를 바꾼다.
   예 39(가) → 93

2) (나) : 각 자릿수에 1을 더한다.
   예 123(나) → 234

3) (다) : 제일 가까운 9의 배수로 지정한다.
   예 48(다) → 45

462(다)+{782(가)−582(나)}=A

① 479
② 488
③ 494
④ 503

24. A ~ E 다섯 팀이 야구 리그전을 펼쳤다. 다음 〈결과〉를 바탕으로 4위에 오른 팀을 고르면?

결과

• A ~ E 모든 팀이 각각 한 경기씩 펼쳤고, 무승부 없이 승패가 갈렸다.
• A팀은 D팀을 이겼다.
• B팀은 A팀을 이겼고, E팀에 졌다.
• C팀은 4승을 거두었다.
• 모든 팀은 승률이 다르다.

① A
② B
③ D
④ E

25. 다음은 C 교수에게 배부된 온라인 시험 진행 유의사항이다. 이해한 내용으로 옳지 않은 것은?

〈온라인 시험 진행 유의사항〉

1. 온라인 시험도 시험 감독이 필요합니다. 따라서 해당 시간에 직접 시험 감독(모니터링)을 실시해야 합니다.
   - 스마트캠퍼스 온라인 시험 기능은 시험 중 발생하는 모든 장애에 대비할 수 없습니다. 따라서 수강생의 신속한 민원 해결을 위해 담당 교수님이 모니터링을 실시하는 것이 좋습니다.
   - 시험 재응시 부여 방식은 사전에 숙지하는 것이 좋습니다(온라인 시험 설정 매뉴얼 10 ～ 15p 참조).

2. 교수님께서 직접 시험 중 재응시 기회 부여가 불가능할 경우, 교육혁신원 재택(온라인) 수업 민원실(콜센터)에 그 권한을 위임해 주세요.
   - 위임방법

   > 〈공지사항 예시〉
   >
   > 본 교과목 온라인 시험 장애 시 재택(온라인) 수업 민원실(콜센터)에 전화하여 재응시 기회 또는 필요한 조치를 받으시기 바랍니다.
   > - 콜센터 전화번호 : 02 – 987 – 6543(4321)
   > - 콜센터 운영 기간 : (평일) 09 : 00 ～ 18 : 00, (토/일요일) 09 : 00 ～ 15 : 00

   - 온라인 시험 감독 범위는 아래와 같습니다.
     • 재택(온라인) 수업 민원실 업무 시간 중에만 감독(모니터링) 진행
     • 시험 시간 중 발생한 장애에 대해서만 처리
     • 재응시는 퀴즈 진행 시간에만 부여할 예정임.

3. 본 시험 전 간단한 테스트 퀴즈를 설정하여 학생들이 사전에 본인의 응시환경을 테스트할 수 있도록 조치해 주세요.

4. 시험은 반드시 1페이지에 1문제씩 설정해 주세요.
   - 시험 중 인터넷이 끊길 경우 데이터 소실이 최소화됩니다.

5. 특정시간에 시험 응시 인원이 많을 경우, 시간 변경 요청을 진행할 수 있습니다. 이 경우 협조하여 주시기 바랍니다.

6. 과목별 공지사항에 〈온라인 시험 응시 학습자 매뉴얼 안내〉를 게시하여 학생들이 이를 충분히 숙지할 수 있도록 안내하여 주세요.

---

① 온라인 시험일지라도 교수님이 직접 시험 감독하는 것을 권장한다.
② 재응시 부여 방식은 별도로 배부된 온라인 시험 설정 매뉴얼에서 찾을 수 있다.
③ 재응시 기회 부여가 곤란할 경우 C 교수는 어느 시간이든 02 – 987 – 4321로 전화를 걸면 된다.
④ 시험을 실시하기 전에 미리 응시환경을 점검할 수 있도록 해야 한다.

26. 다음은 토마토스파게티의 레시피이다. 이에 대한 설명으로 옳지 않은 것은?

〈토마토스파게티 레시피〉

• 재료
 스파게티면 250g, 베이컨 110g, 시판 스파게티 소스 1병, 소시지 2개, 통마늘 10쪽, 양파 반 개,
 브로콜리 1송이, 양송이버섯 5개, 방울토마토 10개, 소금, 올리브유, 파슬리가루, 파마산 치즈가루

• 요리 순서
 (1) 스파게티면 250g을 준비한다.
 (2) 끓는 물에 소금 반 스푼, 올리브유 1스푼을 넣는다.
  – 소금은 물의 끓는점을 높이고, 글루텐 함량이 많은 강력분으로 만들어진 스파게티 면을 쫄깃
   하고 탄력 있게 만들어 준다.
 (3) 스파게티면을 8분 정도 삶아 준다(8분 삶을 시 대중적인 식감, 10분 삶을 시 부드러운 식감이다).
 (4) 다 삶은 스파게티면은 찬물에 헹구지 말고 체에 걸러서 물기만 제거해 준다.
 (5) 브로콜리 1송이를 먹기 좋은 크기로 자르고, 끓는 물에 소금 반 스푼을 넣고 살짝 데쳐 준 뒤
   찬물에 헹궈서 준비한다.
 (6) 방울토마토, 통마늘, 양송이버섯, 햄, 베이컨, 양파를 먹기 좋은 크기로 잘라서 준비한다.
 (7) 넓은 팬에 올리브유 1스푼을 넣고 마늘과 양파를 넣어 양파가 투명해질 때까지 볶는다.
 (8) 양파가 투명해지면 베이컨과 햄을 넣고 함께 볶아 준다.
 (9) 베이컨이 작아지면 시판 스파게티 소스와 토마토, 양송이버섯, 브로콜리를 넣고 섞어 준다.
 (10) 완성된 소스를 면 위에 올린다.

---

① 위 레시피는 시판 스파게티면 소스를 이용한 것이다.
② 스파게티면을 삶을 때 소금을 넣지 않으면 탄력 있는 면을 만들기 어렵다.
③ 스파게티면은 취향에 관계없이 무조건 8분 동안 삶아야 한다.
④ 방울토마토, 통마늘, 양송이버섯, 햄, 베이컨, 양파를 볶을 때는 먼저 볶아야 하는 순서가 있다.

[27 ~ 28] 다음을 읽고 이어지는 질문에 답하시오.

<신약 개발 단계 중 임상시험 단계>

전임상시험에서 검증이 된 약물이 사람에게도 안전하고 효과가 있는지 시험하기 위해 임상시험을 실시한다. 임상시험은 1상, 2상, 3상으로 이루어져 있다.

- 임상시험 1상

임상시험 1상은 안전성을 확신하기 위해 시행한다. 일반적으로 건강한 사람 20 ~ 80명에게 약물을 투여해 약물이 문제를 일으키지 않는지 확인한다. 이 시험에서 사람에게 사용할 수 있는 최대용량을 결정한다. 또한 약이 몸에 흡수돼 최종적으로 제거되는 과정과 부작용을 조사한다. 항암제는 건강한 사람 대신 환자에게 약물을 투여한다. 이때 약의 효능이 나타나는지도 조사한다.

- 임상시험 2상

• 2상에서는 수백 명의 환자들을 시험에 참가시키지만 약의 효능을 완전히 증명할 만큼 충분하지는 않다. 이 단계에서는 약물로 치료하려는 질병을 앓고 있는 환자들이 참여한다. 안전성이 여전히 중요한 사안이며 특히 약물을 투여한 후 짧은 기간에 나타나는 부작용을 주의 깊게 관찰한다.

• 환자들을 최소 세 그룹으로 나눠 위약, 낮은 용량, 높은 용량을 투약하며 부작용이 가장 낮게 나타나면서 약효를 보이는 용량을 결정한다. 임상시험에서 파악하고 싶은 질문을 세부적으로 수정하면서 임상시험 방법을 최종적으로 결정한다. 이 시험결과에 따라서 약물 효능이 뛰어나다고 판명되면 3상으로 진행하는데, 보통은 이 단계에서 약 67% 정도가 떨어지고 33% 정도가 임상시험 3상으로 진행된다.

- 임상시험 3상

• 임상시험 중에서 가장 중요하며 가장 비용이 많이 소요되는 연구다. 임상시험 3상은 개발사에서 계획하지만 FDA의 승인을 받아야 한다. 앞에서 기술한 것처럼 FDA 규제요원과 만나면서 협의 과정을 거친다.

• 참여하는 환자의 수는 300 ~ 3,000명이다. 이때 1차 평가지수를 설정하며 이 평가지수가 바로 시험에 사용한 약의 성패를 결정하는 주요소가 된다. 2차 평가지수와 그 외 부수적으로 분석할 내용도 이때 결정한다. 통계적으로 약효를 입증해야 하는데 암 치료제와 같이 약효를 명확하게 볼 수 있는 경우에는 수백 명, 백신과 같이 효과를 보려면 자연적인 감염이 필요할 경우에는 수천 명까지 참여시켜야 한다. 예외적인 경우, 10만 명 이상 참가한 임상시험도 있다.

<임상시험 모식도>

소요 시간 : 3 ~ 10년, 실험 대상 : 환자, 정상인

임상시험 1상	임상시험 2상	임상시험 3상
참여인원 : 20 ~ 80명	참여인원 : 100 ~ 300명	참여인원 : 300 ~ 3,000명
목적 : 주로 안전성 평가	목적 : 효능을 보이는 최고 복용량 조사	목적 : 효능 및 안전성 확인
성공률 : ~ 70%	성공률 : ~ 33%	성공률 : 25%

27. 윗글의 내용으로 옳지 않은 것은?

① 임상시험은 총 1상, 2상, 3상으로 이루어져 있다.

② 신약 개발 과정에서 약의 효능을 시험하기에 앞서 안전성을 먼저 확인해야 한다.

③ 사람에게 사용할 수 있는 최대용량을 결정하는 단계는 임상시험 1상이다.

④ 임상시험 2상은 약의 효능을 확인하는 단계로, 이 과정에서 약물의 대다수가 임상시험 3상으로 진행된다.

28. 백신 임상시험 3상이 진행된다고 할 때, 보편적으로 참여할 인원으로 적절한 것은?

① 30만 명   ② 4,000명

③ 200명   ④ 90명

[29 ~ 30] 다음 자료를 읽고 이어지는 질문에 답하시오.

• 요리사 신규채용 공고에 따른 지원자 명단은 다음과 같다.

구분	분야	경력	나이	거주지
지원자 1	한식, 중식	2년	25	대전
지원자 2	양식	5년	32	용인
지원자 3	일식, 중식	없음.	27	대전
지원자 4	중식	6년	31	남양주
지원자 5	중식, 양식	7년	38	성남
지원자 6	한식, 일식	3년	35	대전
지원자 7	한식	10년	39	수원
지원자 8	양식	없음.	29	안산
지원자 9	한식, 양식	13년	47	대전
지원자 10	일식, 양식	8년	37	대전

〈면접관 A ~ D 4명의 선발 기준〉

• 면접관 A : 대전에 거주하고 한식 분야에 경력이 있었으면 해.
• 면접관 B : 경력이 전혀 없는 사람은 곤란하므로 경력이 최소 3년 이상이었으면 하는데.
• 면접관 C : 나이가 40세 이상인 지원자를 뽑고 싶어.
• 면접관 D : 두 가지 분야의 요리가 가능한 지원자를 원해.

29. 면접관 4명의 의견을 모두 반영한다면 채용될 지원자는?

① 지원자 6   ② 지원자 7
③ 지원자 8   ④ 지원자 9

30. 면접관 4명 중 2명만 실제 면접에 참여하게 되었다. 참여한 두 면접관의 기준을 모두 만족시키는 지원자를 선발하였더니 지원자 6과 지원자 9만 채용되었다. 참석한 면접관 두 명은?

① A, B   ② A, D
③ B, C   ④ B, D

31. 다음 표는 통신사 A ~ D의 요금제이다. 〈보기〉와 같이 휴대폰을 사용한다면 제일 적은 요금이 청구되는 통신사는?

통신사	기본 요금 (원)	데이터 요금 (원/MB)	통화 요금 (원/분)	문자메시지 요금 (원/통)	비고
A	20,000	25	40	60	18세 이하 전체 요금의 20% 할인
B	10,000	30	20	30	
C	12,000	25	20	50	
D	18,000	15	60	70	18세 이하 전체 요금의 10% 할인

보기

• 나이 : 16세
• 데이터 사용량 : 1,000MB
• 통화 시간 : 150분
• 문자메시지 : 100통

① A
② B
③ C
④ D

32. 다음 조건을 따를 때, Z 축구팀에서 영입할 선수는?

조건

Z 축구팀은 A ~ E 선수 중에서 공격, 미드필더, 수비 점수를 총합하여 제일 점수가 높은 선수를 영입하려고 한다(단, 동점자가 발생할 경우 미드필더, 수비, 공격 점수 순으로 순위를 매긴다).

• 공격 점수

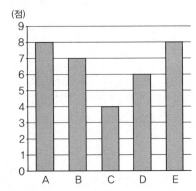

• 미드필더 점수

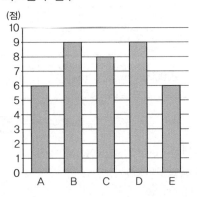

• 수비 점수

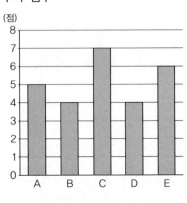

① A   ② B

③ D   ④ E

33. 다음은 (가) ~ (마) 박물관별 입장료와 방문할 단체 입장객 인원을 나타낸 것이다. 총 입장료가 제일 낮은 박물관은?

〈표〉 박물관별 입장료와 방문할 단체 입장객 수

박물관	1인당 입장료(원)	단체 입장객 인원(명)
(가) 박물관	1,500	48
(나) 박물관	1,700	42
(다) 박물관	2,800	24
(라) 박물관	2,200	29

※ 모든 박물관은 30명이 넘는 단체의 총 입장료를 10% 할인해 준다.

① (가) 박물관   ② (나) 박물관
③ (다) 박물관   ④ (라) 박물관

34. 다음은 제품수명주기 특징을 나타낸 표이다. (가) ~ (라)에 들어갈 설명이 바르게 짝지어진 것은?

구분	도입기	성장기	성숙기	쇠퇴기
매출	(가)	급속한 성장	매출 최대	감소
고객당 비용	(나)	평균	낮음	낮음
경쟁수준	낮음	(다)	안정 후 감소	감소
마케팅 목표	제품인지, 비용창출	차별성 강조, 시장점유율 극대화	(라)	비용절감과 상표가치 증진

① (가) – 높음   ② (나) – 낮음
③ (다) – 점차 증대   ④ (라) – 제품인지도 향상

35. 다음 〈보기〉와 〈상황〉을 참고할 때, 시간관리를 위한 우선순위에 대한 설명으로 옳지 않은 것은?

보기

시간관리 매트릭스는 업무를 '급한 일'과 '급하지 않은 일', '중요한 일'과 '중요하지 않은 일'을 기준으로 4개의 영역으로 나누어 활용할 수 있다.

구분	급한 일	급하지 않은 일
중요한 일	A	B
중요하지 않은 일	C	D

일반적으로 A, B, C, D 순으로 일을 처리해야 하지만 간혹 상황에 따라 B와 C의 업무는 순서를 바꿔서 처리할 수 있다.

상황

기획조정실 직원들은 단합대회 차원에서 강원도 설악산에 가기로 결정하였다. 부서 직원 중 한 명인 김자원 대리에게 단합대회를 책임지고 준비하라는 지시가 내려졌다. 하지만 단합대회까지 시간이 꽤 남아 있고 작년에 자신이 했던 일이라 딱히 신경 쓸 것도 없다는 생각으로 느긋하게 생각하고 있었다.

시간이 지나 단합대회 3일 전에야 준비를 시작한 그는 단합대회에서 필요한 물품들을 구입하기 시작하였다. 물품을 거의 구입했다고 생각했지만 집으로 돌아오는 길에 숙소를 예약하지 않았다는 것을 알게 되었다. 다음 날 아침 출근하자마자 인터넷을 통해 숙소를 예약하려고 하였으나 이미 이틀 전에 예약이 마감된 상태였다. 급한 마음으로 다른 숙소도 알아보았지만, 예약이 가능한 곳은 비용이 무척 비싸 예산 범위를 초과할 수 밖에 없었다. 김자원 대리는 어쩔 수 없이 자신의 돈을 더하여 예약을 하고 실장님과 다른 직원들에게는 비밀로 하였다.

그렇게 단합대회 날이 밝아 함께 버스를 타고 출발하려고 하였으나 구입해 두었던 물품 중 일부를 챙기지 않았다. 급한 마음에 버스는 먼저 출발시키고, 자신은 사무실로 돌아가 물건을 챙겨서 따로 출발하게 되었다. 필요한 것을 몇 번 놓치고 나니 온몸에 힘이 빠졌다. 그렇게 다른 직원보다 늦게 도착한 김자원 대리는 낮은 목소리로 읊조렸다. "휴~ 대체 놀러 온 거야, 일하러 온 거야. 일하는 것보다 더 힘이 드네..."

① 단합대회 준비 지시를 받았을 때, 김자원 대리는 단합대회 준비를 B로 인식하였다.
② 단합대회 준비 과정에서 김자원 대리에게 숙소 예약은 A가 되었다.
③ 시간관리를 철저히 했다면 김자원 대리는 예산을 낭비하지 않았을 것이다.
④ 단합대회 준비와 같이 많은 시간이 필요한 일에는 정확한 소요 시간을 계산하는 것이 효과적이다.

36. 다음은 산업을 진입 · 철수 장벽의 높이에 따라 4가지로 분류한 것이다. A ~ D 중 가장 매력적인 산업은?

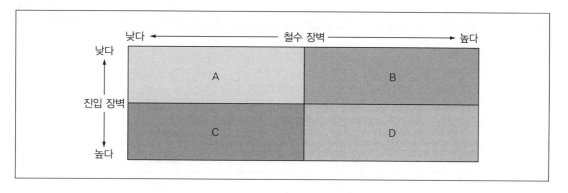

① A

② B

③ C

④ D

37. 다음은 어떤 프로젝트를 진행하기 위하여 필요한 단위 업무의 소요시간이다. 이 프로젝트를 완료하는 데 소요되는 최소 시간은? (단, A ~ D 업무를 모두 끝내야 하며, 제시된 상황 외의 동시 업무 진행은 불가능하다)

〈프로젝트 단위 업무별 소요시간〉

- A 업무 : 5시간
- B 업무 : 10시간
- C 업무 : 7시간
- D 업무 : 3시간

  - A 업무와 B 업무 동시 진행 : 12시간
  - A 업무와 C 업무 동시 진행 : 8시간
  - A 업무와 D 업무 동시 진행 : 7시간

① 21시간

② 22시간

③ 23시간

④ 24시간

[38 ~ 39] ○○제조회사 마케팅팀은 신산업에 대한 개인항공기 개발 워크숍을 시행하기 위해 필요한 행사의 과업세부도를 작성하고 있다. 이어지는 질문에 답하시오.

(가)				예상비용
워크숍 1,200,000	사전 준비 500,000	협의회 620,000		
			101 노트북	20,000
			102 빔프로젝트	100,000
			103 외부수당	500,000

38. 위 과업세부도에서 실행에 필요한 최하위 요소를 통해 어떤 항목에 얼마의 비용이 소모되는가를 확인할 수 있다. (가)에 들어갈 내용으로 가장 적절한 것은?

① 비고
② 활동 요소
③ 투입 인력
④ 과업 내용

39. 과제 수행에 있어서 위와 같은 과업세부도를 작성하는 목적으로 적절한 것은?

① 과업에 필요한 과제 순서의 파악
② 과제 수행에 필요한 물적 자원 파악
③ 항목별 분석을 통한 전체 예산의 정확한 분배
④ 항목별 과업 분석을 통한 전체 과업의 인력 분배

40. 다음의 해외 부동산펀드 관련 자료에 대한 해석으로 적절하지 않은 것은?

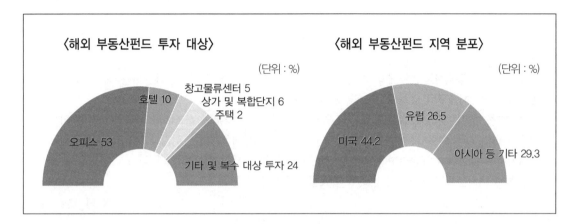

① 해외 부동산펀드 투자 대상은 오피스가 절반 이상을 차지한다.
② 해외 부동산펀드 투자 대상을 명확히 알 수 없는 것이 약 4분의 1을 차지한다.
③ 해외 부동산펀드 투자 대상 가운데 주택은 창고물류센터보다 비중이 작다.
④ 해외 부동산펀드 분포 지역 가운데 가장 많은 비중을 차지하는 것은 아시아지역이다.

41. 다음은 본원적 경쟁 전략을 표로 나타낸 것이다. (나)에 해당하는 전략은?

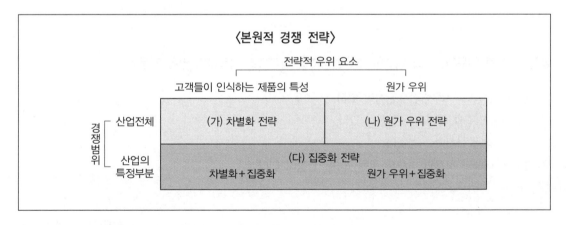

① 광범위한 고객을 대상으로 소품종 대량생산을 한다.
② 고객 집단별로 그들이 요구하는 서비스와 제품을 세분화한다.
③ 경쟁자들의 모방을 막기 위해 혁신성, 고객의 욕구에 반응하는 능력이 있어야 한다.
④ 특정 구매자 집단, 지역적으로 한정된 특정 시장을 집중적인 목표로 삼는다.

42. 다음 △△기업의 신년사를 통해 알 수 있는 △△기업이 추구하는 경영혁신의 유형은?

신 년 사

　　최근 급격한 경영환경 변화에 따라 본사는 기업의 일부 기능만을 고치거나 개선하는 이른바 점진적인 변화가 아닌 "처음부터 다시 시작한다."는 각오로 임하고자 합니다.

　　즉, 비용, 품질, 서비스, 속도와 같은 기업활동의 핵심적인 부문의 성과에서 극적인 향상을 이루기 위해 기업의 업무 프로세스를 근본에서부터 다시 생각하고 재설계하는 것입니다. 따라서 프로세스의 관점에서 기업성과를 재평가하고 이것을 기반으로 기업을 재설계하려고 합니다.

　　임직원 여러분들의 적극적인 참여와 협조를 부탁드립니다.

20XX년 1월 3일

△△기업 대표 최○○

---

① 벤치마킹(Bench Marking)
② 제로베이스(Zero Base)
③ 리스트럭처링(Restructuring)
④ 다운사이징(Downsizing)

43. 다음 중 전문경영자와 비교한 소유경영자의 특징으로 적절하지 않은 것은?

① 장기적 전망이 부족하다는 단점이 있다.
② 가족 경영, 족벌 경영의 위험성이 있다.
③ 과감한 경영 혁신이 가능하다.
④ 개인의 이해와 회사의 이해를 혼동한다는 단점이 있다.

44. 다음 (가) ~ (마)를 기업의 글로벌화 과정에 따라 순서대로 적절하게 나열한 것은?

(가) 해외시장의 중요성이 점차 부각되면서 국내시장에서 나아가 일부 해외시장에서의 판매를 시도하는 단계이다.

(나) 국내시장에서 사업의 영위가 이루어지는 단계이다.

(다) 해당 국가에서의 마케팅 활동을 비롯하여 자체적인 생산시설까지 갖추는 단계이다.

(라) 기초적인 수출방식에서 나아가 마케팅 현지 법인 등을 통하여 현지의 마케팅 활동에 적극적으로 개입하는 단계이다.

(마) 세계 각지의 복수의 생산시설 및 복수의 해외시장 간 유기적 연결 관계를 특징으로 하는 단계이다.

---

① (가)-(나)-(다)-(라)-(마)   ② (가)-(다)-(라)-(나)-(마)

③ (나)-(다)-(가)-(라)-(마)   ④ (나)-(가)-(라)-(다)-(마)

45. 다음은 선발자 우위와 후발자 우위에 대한 설명이다. 그 내용이 적절하지 않은 것은?

구분	개념	우위
선발자	시장에 가장 먼저 진입한 기업	• ① 경험 효과를 선점 • ② 특허를 통한 진입 장벽 형성 • 고객의 심리 속에 진입 장벽을 형성 • 희소한 자원의 선점
후발자	이미 마련된 시장에 진입하는 기업	• ③ 제품 규격 결정과 기술 표준 획득 용이 • ④ 시장 개척과 촉진 비용을 절감 • 연구 개발 비용을 절감

46. 다음은 프로젝트 조직의 모식도이다. 이러한 조직에 대한 설명으로 옳은 것을 〈보기〉에서 모두 고르면?

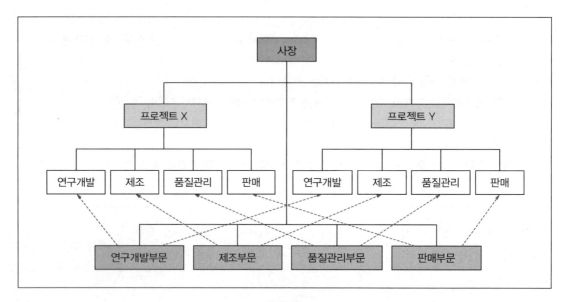

보기

ㄱ. 특정 프로젝트 수행을 위해 형성되는 동태적 조직이다.
ㄴ. 특정 과업에 대해서 자원과 인력을 집중할 수 있다.
ㄷ. 각 사업부별로 독립적인 이익을 중심적으로 운영한다.
ㄹ. 목표 불일치 현상이 발생할 수 있다.
ㅁ. 환경에 대한 적응력이 낮다.

① ㄱ, ㄴ
② ㄱ, ㄷ
③ ㄴ, ㅁ
④ ㄷ, ㄹ

47. 다음 설명에 해당하는 마케팅 전략으로 알맞은 것은?

> 실제 수요의 크기가 마케터가 공급할 수 있거나 공급하려는 바람직한 수요의 크기를 초과하는 상태에서 수요를 줄이기 위한 마케팅 방법이다. 초과수요의 상태에서 마케터는 제품을 획득하려는 잠재고객들의 경쟁을 방관하기보다는 고객들의 만족 수준을 보장하고 장기적인 고객 관계를 유지 개선하는 것이 바람직하다.

① 디마케팅
② 유지적 마케팅
③ 재마케팅
④ 대항적 마케팅

48. 다음과 같은 기법을 참고하여 마케팅팀에서 목표를 설정할 때, 가장 적절한 목표는?

목표를 효과적으로 설계하기 위한 기법
• 목표는 성취 가능한 것이어야 한다.
• 목표는 명확하고, 구체적이어야 한다.
• 목표는 객관적으로 측정할 수 있는 것이어야 한다.
• 목표에 도달하는 구체적인 시간을 명시하여야 한다.
• 목표는 항상 실현 가능성을 내포하고 있어야 한다.

① 올해에는 반드시 우수한 성과를 이뤄냅시다.

② 다음 분기에는 지난 분기보다 매출을 늘립시다.

③ 하반기에는 상품에 대한 고객 인지도를 높여 봅시다.

④ 최근 1개월 내 구매 고객을 대상으로 만족도 설문조사를 실시하여 결과를 분석합시다.

49. 조직화는 기업이 목표 달성에 가장 효과적으로 자원들을 배치하고 분배하며 책임·권한 관계를 설정하는 관리 행위이다. 이러한 조직화의 원칙 중 하나인 부문화는 작업자와 작업 활동을 일정 기준으로 결합시킨 후 각 관리자의 통제 관리하에 두어 관리를 단위화하는 것이다. 다음 부문화의 종류에 대한 자료에서 (가) ~ (마)에 들어갈 말로 알맞은 것은?

구분	특징
(가)	밀접하게 관련된 활동이나 기능을 수행하는 직원이나 작업 단위들을 독립된 부서 단위로 만드는 것이다.
(나)	업무가 진행되는 과정에 따라 부서를 구성하는 방식이다.
(다)	지역별로 업무를 단위화하고 많은 기능을 위임하는 것을 말한다.
(라)	생산되는 제품을 기준으로 구성하며 기업 성장, 다각화 전략 추구 기업이나 서로 연관성이 낮은 독립된 제품 라인을 가진 기업에게 유용하다.
(마)	고객의 구체적인 욕구를 충족시키기 위해 특정 시장과 고객별 세분화로 업무를 집단화한다.

	(가)	(나)	(다)	(라)	(마)
①	프로세스별 부문화	고객별 부문화	지역별 부문화	제품별 부문화	기능별 부문화
②	프로세스별 부문화	기능별 부문화	고객별 부문화	기능별 부문화	제품별 부문화
③	기능별 부문화	프로세스별 부문화	기능별 부문화	고객별 부문화	제품별 부문화
④	기능별 부문화	프로세스별 부문화	지역별 부문화	제품별 부문화	고객별 부문화

50. 다음은 ○○기업의 신입사원 Off-JT 교안이다. 교안 하단의 (가)에 들어갈 내용으로 적절한 것을 〈보기〉에서 모두 고르면?

〈명함 전달 교안〉

학습주제	명함 전달 예절
학습목표	거래처와의 미팅에서 명함을 예절에 맞게 전달할 수 있다.
준비물	빔 프로젝터, PPT 자료, 동영상 자료
학습 내용	

1. 개요
   명함은 처음 대하는 상대방에게 자신의 소속과 성명을 알리는 자기소개서이다. 따라서 직장인은 항상 명함을 소지하고 올바르게 사용할 줄 알아야 한다. 받은 명함은 잘 보관하여 긍정적인 인간관계 유지에 활용한다.

2. 명함을 주고받는 요령
   • 먼저 정중히 인사를 하고 간단한 자기소개를 하면서 명함을 준다.
   • 긍정적인 첫 이미지를 줄 수 있도록 웃으면서 건넨다.
   • (가   )

ㄱ. 상사와 같이 있을 때에는 명함을 상사보다 먼저 건네는 것이 예의다.

ㄴ. 명함은 명함 지갑에서 꺼내어 전달한다.

ㄷ. 만난 사람의 인상착의 등을 명함에 기록하되 상대방이 없을 때 한다.

ㄹ. 받은 명함은 이야기 도중에도 지속적으로 만지면서 관심을 갖고 있다는 표시를 한다.

① ㄱ, ㄴ 　　　　　② ㄴ, ㄷ

③ ㄴ, ㄹ 　　　　　④ ㄷ, ㄹ

2 일반상식_51 ~ 100

51. 청동기 시대에 대한 설명으로 옳지 않은 것은?

① 대표적인 유물로 고인돌이 있다.

② 세형동검과 잔무늬 거울을 통해서 독자적인 문화를 발전시켰다.

③ 보리, 밀, 콩 등의 작물이 재배되었으나, 벼농사는 시작되지 않았다.

④ 생산의 증가와 인구의 증가로 사회분화가 시작되었다.

52. 백제 근초고왕에 대한 설명으로 옳지 않은 것은?

① 마한(馬韓)을 병합하였다.

② 관등과 관복을 제정하였다.

③ 왕권을 부자 세습하였다.

④ 칠지도를 왜로 보내어 친교하였다.

53. 통일 신라와 발해의 지방 행정에 대한 설명으로 옳지 않은 것은?

① 발해의 지방 행정 조직은 5경 15부 62주이다.

② 발해는 전략적 요충지에 5경을 두고, 지방 행정은 15부를 두었다.

③ 통일 신라는 지방관에 대한 감찰을 위해 주ㆍ군에 외사정을 파견하였다.

④ 통일 신라는 군사상 요지에 5소경을 설치하고 지방군인 9서당을 주둔시켰다.

54. 고려시대 신분 제도에 대한 설명으로 옳지 않은 것은?

① 잡류, 남반, 향리, 하급 장교 등은 중류층에 속한다.

② 부모 중에서 한쪽이 노비이면 그 자식도 노비가 되었다.

③ 백정은 도살업에 종사하는 양민이다.

④ 향·부곡·소에 사는 사람의 신분은 양민이지만 일반 군현민에 비해 차별을 받았다.

55. 고려 공민왕의 재위 기간에 있었던 일로 옳은 것은?

① 이제현에 의해 『사략』이 편찬되었다.

② 노비안검법이 시작되었다.

③ 흑창을 설치하였다.

④ 주현공부법을 실시하였다.

56. 조선시대 초기 각 왕의 집권 시기에 따른 체제 정비 내용으로 옳지 않은 것은?

① 태조 : 도읍을 한양으로 옮기고 경복궁을 세웠다.

② 태종 : 사간원을 부활시키고 오가작통법을 실시하였다.

③ 세종 : 의정부의 기능을 집현전으로 옮겨 왕권을 강화했다.

④ 세조 : 6조 직계제를 부활시키고 왕권을 강화하였다.

57. 조선 후기에 민영 광산을 운영했던 전문 경영인을 일컫는 말은?

① 덕대   ② 물주
③ 도고   ④ 객주

58. 개성을 기반으로 활동한 상인에 대한 설명으로 옳지 않은 것은?

① 주로 포구에서 운송, 보관, 숙박 등의 영업을 했다.
② 도성안의 특정 상품에 대한 독점 판매권이 있었다.
③ 중계무역을 통해 전국에 지점을 설치했다.
④ 청나라와의 무역을 통해 성장하였다.

59. 김옥균, 서광범, 박영효 등이 서양의 과학 기술뿐만 아니라 사상과 제도까지 적극적으로 받아들여야 함을 주장하며 일으킨 사건은?

① 아관파천   ② 갑신정변
③ 갑오개혁   ④ 을미개혁

60. 일제의 민족 말살 정책의 내용으로 옳지 않은 것은?

① 신사참배와 궁성요배 강요 　　　　② 일본식 성명 강요
③ 황국신민서사 암송 　　　　　　　　④ 즉결 처분권

61. 다음 중 조선시대 영조에 대한 설명으로 적절한 것은?

① 규장각을 설치하였다. 　　　　　　② 장용영을 설치하였다.
③ 〈속대전〉을 편찬하였다. 　　　　　④ 수원화성을 축조하였다.

62. 다음 〈보기〉의 사건들을 일어난 순서대로 바르게 나열한 것은?

보기
㉠ 신미양요　　　　　　　㉡ 오페르트 도굴 사건
㉢ 병인박해　　　　　　　㉣ 제너럴셔먼호 사건
㉤ 병인양요　　　　　　　㉥ 척화비 건립

① ㉡-㉢-㉤-㉣-㉠-㉥ 　　　　　② ㉢-㉤-㉡-㉣-㉠-㉥
③ ㉢-㉣-㉤-㉡-㉠-㉥ 　　　　　④ ㉤-㉢-㉣-㉠-㉡-㉥

63. 다음 지도의 ㉠ 국가에 대한 설명으로 적절하지 않은 것은?

① 기원 후 3세기경 사방 2,000리의 면적에 80,000호의 인구를 가지고 있었다.

② 송화강 유역에 자리 잡고 있었으며 농업과 목축을 주된 산업으로 삼았다.

③ 전쟁이 일어나면 호민과 하호가 함께 전투에 참가하였다.

④ 해마다 12월이 되면 영고라는 제천의식을 벌여 음주와 가무를 즐겼다.

64. 다음 중 가야 연맹에 대한 설명으로 적절하지 않은 것은?

① 낙동강 하류의 변한 지역에서 철기 문화를 토대로 성장하였다.

② 연맹체를 형성하였으나 중앙집권국가로 발전하지 못하였다.

③ 5세기 이후 연맹의 중심이 대가야에서 금관가야로 이동하였다.

④ 낙랑과 왜의 규슈 지방을 연결하는 교역을 통하여 경제적으로 크게 번영하였다.

65. 다음 연표의 (가) 시기에 있었던 사실로 적절하지 않은 것은?

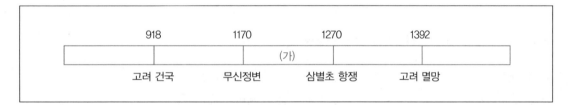

① 만적의 난

② 팔만대장경 제작

③ 망이 · 망소이의 난

④ 윤관의 동북 9성 개척

66. 다음 밑줄 친 부분의 한자어로 올바른 것은?

> 그녀는 <u>정의</u>를 위해 사회에 맞서 싸웠다.

① 定議

② 定義

③ 正義

④ 正意

1회 기출예상문제
2회 기출예상문제
3회 기출예상문제
4회 기출예상문제
5회 기출예상문제
6회 기출예상문제
인성검사
면접가이드

67. 다음 제시된 단어들에 공통적으로 일어난 음운 현상은?

바느질+고리 → 반짇고리, 사흘+날 → 사흗날, 술+가락 → 숟가락
---

① 구개음화   ② 부정회귀

③ 호전작용   ④ 자음축약

68. 단어에 대한 발음이 적절하지 않게 연결된 것은?

① 효과[효 : 과]   ② 값있는[갑씬는]

③ 맛있다[마딛따]   ④ 넓죽하다[넙쭈카다]

69. 다음 중 띄어쓰기가 잘못된 문장은?

① 그 집 사정이 참 딱하데 그려.

② 홍보팀의 김 사원은 일을 잘할뿐더러 성격도 좋다.

③ 그냥 내가 잘못했다고 먼저 사과할걸.

④ 여야는 함께 협조한다는 데 의견을 같이 했다.

70. 다음 빈칸에 공통적으로 들어갈 말은?

> 문장 안에서 같은 자격의 어구가 연이어 나올 때는 기본적으로 각 어구들 사이에 (   )를 쓴다.
> (   )로 연결되는 어구에는 단어도 있을 수 있고, 구나 절 형식도 있을 수 있다. 또한 (   )는 한
> 문장 안에서 앞말을 '곧', '즉', '다시 말해' 등과 같은 어구로 다시 설명할 때 앞말 다음에 쓰기도 한다.

① 마침표   ② 쉼표
③ 가운뎃점   ④ 쌍점

71. 다음 중 밑줄 친 부분의 품사가 나머지와 다른 하나는?

① 아이들이 깔깔 웃어 <u>댄다</u>.
② 먹기는 <u>하는데</u> 아주 조금밖에 먹지 않는다.
③ 그는 지금까지 아픔을 잘 견뎌 <u>왔다</u>.
④ 어릴 적에는 파일럿이 되고 <u>싶었다</u>.

72. 다음 중 표준어에 해당하는 것은?

① 땡초   ② 되뇌이다
③ 멋쩍다   ④ 모자르다

73. 다음 중 문장의 띄어쓰기가 적절하지 않은 것은?

① 어디서 밥이나 제대로 먹고 지내는지 얼굴이 핼쑥해졌다.

② 떨어져 봤자 조금 다치기밖에 더하겠니?

③ 큰놈은 지금 열살로 초등학교 삼 학년이다.

④ 시험이 잠시 후 실시되는바 모두 자리에 앉아 주시기 바랍니다.

74. 다음 중 밑줄 친 단어의 쓰임이 적절하지 않은 것은?

① 그의 얼굴은 살기를 <u>띠기</u>까지 했다.

② 싱그러운 봄나물이 입맛을 <u>돋우었다</u>.

③ 그 후보의 지지층이 더 <u>두껍다</u>.

④ 머리가 <u>벗겨진</u> 노인이 무슨 작가인 양 하루 종일 노트북만 매만지고 있다.

75. 다음 빈칸 ㉠에 공통적으로 들어갈 말은?

> (　　㉠　　)은 감정을 객관화하거나 감정을 표현하기 위한 대상물을 가리킨다. 엘리엇(T. S. Eliot)이 처음 사용하였으며, 시에서 정서와 사상을 표현하기 위하여 찾아낸 사물, 정황, 사건을 이르는 말이다.
>
> (　　㉠　　)은 정서를 직접적으로 토로하는 것이 아니라 이 정서를 환기시키는 구체적인 사물을 제시하여 감정을 간접적으로 절제하여 제시할 때 사용된다.

① 낯설게 하기　　　　　　　　② 객관적 상관물

③ 몽타주　　　　　　　　　　④ 파노라마

76. 빈칸에 들어갈 단어가 순서대로 적절하게 나열된 것은?

> 하루 − 이틀 − (　　) − (　　) − 닷새 − 엿새 − 이레 − (　　) − (　　) − 열흘

① 사흘 − 나흘 − 여드레 − 아흐레　　② 나흘 − 사흘 − 여드레 − 아흐레
③ 나흘 − 사흘 − 아흐레 − 여드레　　④ 사흘 − 나흘 − 아흐레 − 여드레

77. 다음 중 나머지 것들과 의미가 다른 사자성어는?

① 문경지우(刎頸之友)　　　　② 빈천지교(貧賤之交)
③ 백아절현(伯牙絶絃)　　　　④ 만추가경(晩秋佳景)

78. 다음 중 형태소가 아닌 것은?

① 나비　　　　　　　　　② 책가방
③ 연필　　　　　　　　　④ 꿈

79. 다음 중 본말 − 준말 관계로 적절하지 않은 것은?

① 생인손 − 생손　　　　　② 거짓부리 − 거짓불
③ 이기죽거리다 − 이기거리다　　④ 막대기 − 막대

80. 다음 속담들과 공통적으로 관련이 있는 말은?

> • 개구리 올챙이 적 생각 못 한다.
> • 소 잃고 외양간 고친다.
> • 등잔 밑이 어둡다.

① 어리석음   ② 게으름
③ 지혜로움   ④ 고지식함

81. 다음 글에서 설명하고 있는 용어는?

> 1970년 오스트리아 비엔나에 처음 지하철이 도입된 이후, 1980년대부터 지하철 자살률이 급증하기 시작했다. 전문가들은 당시 자살률이 높았던 도넛타워에서 사람들이 어떤 방식으로 자살을 했는지 상세하게 보도한 대중매체의 보도방식을 원인으로 주목했다.
> 비엔나 자살예방센터에서는 자살사건을 보도하지 말자는 방침을 세웠고, 오스트리아의 대부분의 언론사들이 이 권고안을 받아들였다. 이후 오스트리아의 자살률은 절반 수준으로 감소했다.

① 악의 평범성   ② 파파게노 효과
③ 베르테르 효과   ④ 가스라이팅

82. 기업의 상품이나 서비스를 구매하지 않으면서 자신의 실속을 차리기에만 관심을 두고 있는 소비자를 일컫는 용어는?

① 레몬마켓   ② 피치마켓
③ 딤섬본드   ④ 체리피커

83. 다음 〈보기〉와 관련된 용어는?

> **보기**
>
> 1990년대 말 남미에서 등장한 온건 사회주의의 강세를 의미하는 용어로, 저소득층 지원과 소득 재분배를 표방하여 등장하였다. 2010년대 세계 경제의 악화와 경제정책 실패가 겹치면서 복지 중심 정책이 국가 경제를 악화시킨 포퓰리즘이었다는 비판과 장기 독재화로 이어지는 권력 남용과 부정부패로 인한 지도자들의 연이은 탄핵과 체포와 함께 친시장주의 정권이 들어서면서 약세로 돌아서게 되었다.

① 블루 문
② 그린 워시
③ 퍼플 오션
④ 핑크 타이드

84. 은행의 자본 적정성을 평가하기 위하여 가상적인 금리 충격이 발생하는 경우 은행의 자본비율이 얼마만큼 변화하는지를 분석하는 것과 관련된 용어는?

① 유동성 커버리지 측정
② 초기 위험 정보 시스템
③ 실물-금융 한계성 분석
④ 스트레스 테스트

85. 환율이나 주가를 일별로 관찰할 경우 내일의 환율이나 주가의 평균적인 예측값은 오늘의 환율이나 주가와 같다는 주장의 근거로 가장 적절한 것은?

① 효율적 시장가설(Efficient Market Hypothesis)
② 구매력평가설(Purchasing Power Parity)
③ 리스크 프리미엄(Risk Premium)
④ 피셔가설(Fischer Hypothesis)

86. '최후의 대부자'라고도 불리는 기관으로 1997년 외환위기 당시 우리나라에 구제금융을 제공하는 조건으로 구조개혁을 제시한 기관은?

① 국제결제은행(Bank of International Settlements)
② 국제통화기금(International Monetary Funds)
③ 소비자금융보호국(Consumer Financial Protection Bureau)
④ 금융안정감시위원회(Financial Stability Oversight Council)

87. 화폐 표기의 숫자가 커짐에 따라 발생하는 경제적 불편을 해소하기 위해 실행하는 것으로, 화폐 가치는 그대로 두고 화폐 액면 단위를 100분의 1 혹은 10분의 1 등으로 낮추는 현상은?

① 에코플레이션   ② 디노미네이션
③ 애그플레이션   ④ 스크루플레이션

88. 구상무역 방식 중 거래하는 양자가 동시에 신용장을 개설하는 방식은?

① 중계무역   ② 통과무역
③ 백투백   ④ 녹다운

89. 다음 〈보기〉에서 설명하고 있는 것은?

> **보기**
>
> 　경영자가 주주의 자본을 사용해 어느 정도의 이익을 올리고 있는가를 나타내는 것으로, 주주지분에 대한 운용효율을 나타내는 지표이다. 기간이익으로는 경상이익, 세전순이익, 세후순이익 등이 이용되며, 자기자본은 기초와 기말이 순자산액의 단순평균을 사용하는 경우가 많다. 주식시장에서는 이것이 높을수록 주가도 높게 형성되는 경향이 있어 투자지표로도 사용되고, 자산수익률과 더불어 경영효율을 보는 대표적인 재무지표이다.

① PER   ② EPS
③ ROA   ④ ROE

90. 모두가 잘못됐다는 것을 알면서도 먼저 그 말을 꺼내면 초래될 위험이 두려워 누구도 이야기를 꺼내지 않는 커다란 문제를 가리키는 용어는?

① 보아뱀 전략
② 방 안의 코끼리
③ 치킨 게임
④ 언더독 효과

91. 다음 중 거액의 자산을 보유한 고소득층을 대상으로 자산을 관리해 주는 고급 금융 서비스를 일컫는 용어는?

① 어슈어 뱅킹(Assure Banking)
② 다이렉트 뱅킹(Direct Banking)
③ 타운 뱅킹(Town Banking)
④ 프라이빗 뱅킹(Private Banking)

92. 다음 중 GDP의 계산식에 포함되는 것을 모두 고르면?

(가) 개인이 구입한 피아노와 책
(나) 외국의 가구 제조기업이 우리나라에서 생산한 제품
(다) 올해 생산되었지만 판매되지 않은 구두
(라) 암시장에서 거래된 공연 암표
(마) 가정주부의 일 년 간의 가사노동 가치
(바) 부동산 가격 상승에 따른 자본 이득

① (가), (나), (다)
② (나), (라), (마)
③ (다), (마), (바)
④ (가), (나), (바)

93. 다음 중 통화량이 증가하는 경우를 모두 고른 것은?

> (가) 재할인율 상승   (나) 통화승수 하락
>
> (다) 신용카드 발급조건 완화   (라) 지급준비율 인하
>
> (마) 중앙은행 공채매입

① (가), (나), (마)   ② (다), (라), (마)

③ (나), (라)   ④ (가), (다), (라), (마)

94. 다음 (가) ~ (라)의 사례들을 모두 적용할 수 있는 용어는?

> (가) 맛없는 음식을 돈이 아깝다는 이유로 다 먹은 호용
>
> (나) 신제품 개발을 위해 R&D 분야에 대규모 투자를 진행한 희승
>
> (다) 회복 가능성이 없는 주식을 몇 년간 매도하지 않는 성민
>
> (라) 택시가 좀처럼 지나가지 않지만 택시를 기다린 시간이 아까워서 계속 택시를 기다리는 은우

① 한계비용   ② 기회비용

③ 매몰비용   ④ 전환비용

95. 다음 중 데드크로스(Dead Cross)에 대한 설명으로 옳지 않은 것은?

① 단기이동평균선이 중장기이동평균선의 위에 위치하게 된다.

② 골든크로스(Golden Cross)와 서로 상반된 개념이다.

③ 이동평균선의 역배열이 나타날 수 있다.

④ 주식시장 약세의 신호로 분석된다.

96. 다음에서 설명하는 내용에 해당하는 예시로 적절하지 않은 것은?

> 완전 경쟁 시장에서는 모든 경제 주체가 완전한 정보를 가지고 있다고 가정하지만, 실제 현실에서 경제 주체들이 가지고 있는 정보의 양은 각기 다를 수밖에 없다. 이러한 상황에서 가지고 있는 정보량의 격차가 큰 당사자 간에 경제적 이해관계가 있을 때, 정보가 부족한 쪽은 바람직하지 못한 상대방과 거래를 하게 될 확률이 높고, 결국 자신에게 불리한 의사결정을 하게 된다.

① 카페에서 메뉴판을 보고 메뉴를 고르는 고객

② 대부분의 가입자들에게 공평한 평균 보험료를 요구하는 보험회사

③ 부도가능성이 높은 어음을 갖고 있어 어음 보험에 가입하려는 기업

④ 무제한으로 모든 메뉴를 즐길 수 있는 뷔페의 주인

97. 다음 글의 빈칸 ㉠에 공통적으로 들어갈 단어는?

> 〈대한민국헌법〉
>
> 제63조 ① 국회는 (㉠) 또는 국무위원의 해임을 대통령에게 건의할 수 있다.
>   ② 제1항의 해임건의는 국회재적의원 3분의 1 이상의 발의에 의하여 국회재적의원 과반수의 찬성이 있어야 한다.
>
> 제86조 ① (㉠)는 국회의 동의를 얻어 대통령이 임명한다.
>   ③ 군인은 현역을 면한 후가 아니라면 (㉠)로 임명될 수 없다.

① 국무총리   ② 부통령

③ 국회의장   ④ 대법원장

98. 다음 (가) ~ (다)의 빈칸에 들어갈 숫자의 합으로 이루어진 전화번호는?

> (가) (　　)無一失
> (나) 12간지에서 원숭이는 (　　)번째 동물이다.
> (다) 2018년 평창 동계 올림픽은 제(　　)회 동계 올림픽이다.

① 법률상담 132
② 보건복지콜센터 129
③ 전기고장신고 123
④ 정부통합민원서비스 110

99. 다음 〈보기〉 중 회사를 다니면서 새로운 분야나 전문성을 키우기 위해 공부하거나, 불안정한 노동시장과 짧아지는 정년에 대비하고자 공부를 하는 직장인들과 관련한 용어로 바르게 짝지어진 것은?

> 보기
>
> ㉠ 코피스족
> ㉡ BTS족
> ㉢ 샐러던트
> ㉣ 아우트로족

① ㉠, ㉡
② ㉡, ㉢
③ ㉡, ㉣
④ ㉢, ㉣

100. 다음의 명제로 유명한 독일의 철학자는?

> 신은 죽었다. 신은 죽어 있다. 그리고 우리가 그를 죽였다.
> 살인자 중의 살인자인 우리는 어떻게 안식을 얻을 것인가?
> Gott ist tott. Gott bleibt todt. Und wir haben ihn getodtet.
> Wie trosten wir uns, die Morder aller Morder?

① 벤담
② 데카르트
③ 칸트
④ 니체

부산교통공사

직업기초능력평가
+ 일반상식

제5회

수험번호	
성 명	

5회 기출예상문제

1 NCS 직업기초능력평가_I ~ 50

01. 다음은 음운의 축약 중 자음축약에 대한 설명이다. 자음축약에 대한 예로 옳지 않은 것은?

[자음축약]
두 음운이 합쳐져서 하나의 음운으로 줄어 소리나는 음운의 변동 현상

ㄱ			ㄱ → ㅋ
ㄷ	+	ㅎ	ㄷ → ㅌ
ㅂ			ㅂ → ㅍ
ㅈ			ㅈ → ㅊ

① 축하[추카]
② 좋다[조타]
③ 잡히다[자피다]
④ 굳이[구지]

02. 다음 중 공문서 작성법으로 올바르지 않은 것은?

① (날짜 표기법) 2021.07.2
② (항목의 표시) 첫째 항목 : 1,2,3,4 셋째 항목 : 1), 2), 3), 4)
③ (시간) 09 : 20
④ (금액) 금1,430원(금일천사백삼십원)

03. 스트로크(Stroke)는 언어적 혹은 비언어적으로 교류를 할 때 주고받는 자극과 반응으로, 상대를 인정하는 표현을 가리킨다. 다음 중 긍정적 조건부 스트로크와 부정적 조건부 스트로크의 표현으로 적절하지 않은 것은?

유형	긍정적 조건부 스트로크	부정적 조건부 스트로크
사례	• ① 그런 아이디어를 생각해 내다니 넌 천재야. • ② 이번 일 하느라 정말 수고했어. • 엄마를 도와주니 정말 고맙구나.	• ③ 공부를 하지 않더니 꼴 참 좋다. • ④ 나가! 꼴 보기 싫어.

04. 다음 밑줄 친 부분 중 맞춤법 및 표현이 옳은 것을 모두 고르면?

> 킥오프는 경기의 시작 방법이다. 경기가 시작하거나 ㉠둑점이 됐거나 후반 혹은 연장전이 열릴 때 경기를 ㉡제개하는 방법이다. 경기장 가운데 위치한 ㉢샌터 서클 안 하프라인 중앙에 공을 놓고 차는 걸 킥오프라고 한다.
>
> 기존 킥오프는 선수가 찬 공이 앞으로 ㉣정지해야만 했다. 때문에 두 선수가 서클 안에 들어가 한 선수가 공을 살짝 앞으로 밀고 다른 선수가 공을 잡거나 뒤로 내주는 식으로 킥오프가 ㉤진행됐다. 이때 상대 선수들은 공과 9.15m 떨어진 서클 밖에 위치했다.

① ㉠
② ㉡, ㉢
③ ㉣, ㉤
④ ㉤

05. 다음은 독일어 표기법에 관한 설명이다. A와 B에 들어갈 적절한 예시로 알맞게 짝지어진 것은?

> 제1항 [r]
> 1. 자음 앞의 [r]는 '으'를 붙여 적는다.
>
> | A |
> |---|
>
> 2. 어말의 [r]와 '-er[ər]'는 '어'로 적는다.
>
> | B |
> |---|

	A	B
①	Hormon[hɔrmoːn] 호르몬	Hermes[hɛrmɛs] 헤르메스
②	Hormon[hɔrmoːn] 호르몬	Herr[hɛr] 헤어
③	Schiller[ʃilər] 실러	Hamburg[hamburk, -burç] 함부르크
④	schon[ʃoːn] 숀	Stadt[ʃtat] 슈타트

06. 다음 중 신체언어의 예시로 알맞은 것은?

① 철수는 말주변이 좋아 대중 앞에서 연설하는 것을 잘한다.

② 민지는 외국에서 언어가 통하지 않아 외국인에게 몸짓으로 길을 물어봤다.

③ 세영이와 영서는 소음을 유발하지 않기 위해 수업 시간에 쪽지를 주고받으며 대화한다.

④ 성욱이는 TV에서 소리가 나지 않아 자막만 보며 영화 내용을 이해하고 있다.

07. 다음은 경청과 관련된 내용이다. 적절하지 않은 설명은?

> 많은 사람이 듣는 것은 잘하지만 경청은 잘 못한다. 듣는 것은 음파의 진동을 감지하는 것이고, 경청은 들은 것으로부터 의미를 만들어내는 것이다. 효과적인 청취는 수동적이기보다 적극적이다. 수동적인 경청을 한다면 청취자는 녹음기와 같다. 하지만 적극적 경청은 화자의 머릿속 깊이 들어가 그 사람의 입장에서 메시지를 이해하는 것이다.
>
> 아래에 효과적 경청을 위한 8가지 행동을 소개한다. 만약 여러분이 경청 능력을 향상시키고 싶다면 이러한 행동들을 유념할 필요가 있다.

1. ① 눈 맞춤을 하라.
2. 긍정적인 고갯짓과 적절한 표정을 보여라.
3. ② 주의를 산만하게 하는 행동을 피하라.
4. ③ 질문을 하지 마라.
5. 재진술하라.
6. ④ 상대방이 말하는 중에 끼어들지 마라.
7. 너무 많이 말하지 마라.
8. 화자나 청취자의 역할을 부드럽게 바꾸어라.

[08 ~ 09] 다음 글을 읽고 이어지는 질문에 답하시오.

(가) 국제연합 식량농업기구(FAO)는 식량안보의 개념을 '모든 사람이 언제나 건강하고 활동적인 생활을 위해 충분하고 안전하며 영양적으로 우수한 음식에 물리적 · 사회적 · 경제적 접근이 가능한 경우'로 정의하고 있다.

(나) 특히 우리나라처럼 곡물(식량)자급률이 낮고 주요 곡물의 대부분을 수입에 의존하고 있는 경우는 더욱 그 위험성이 크다.

(다) 언제든 안전하며, 영양적으로 우수한 음식을 충분히 먹을 수 있는 상황에서 식량안보는 우리와는 먼 이야기로 여겨지기 일쑤지만, 실제로는 모든 국가가 언제나 식량안보의 위기에 처해질 수 있는 상시적 위험에 노출돼 있다.

농식품부에 따르면 국내 곡물자급률과 식량자급률은 2018년 기준 각각 21.7%, 46.7%였다. 이 중 쌀은 곡물자급률이 82.5%, 식량자급률이 97.3%로 거의 대부분을 국내에서 조달 가능한 상황이다. 하지만 밀의 곡물 · 식량자급률은 각각 0.7% · 1.2%, 옥수수는 0.7% · 3.3%, 콩은 6.3% · 25.4%에 불과했다.

08. (가) ~ (다)를 글의 맥락에 따라 바르게 나열한 것은?

① (가) – (나) – (다) ② (가) – (다) – (나)
③ (나) – (가) – (다) ④ (나) – (다) – (가)

09. 다음 중 2018년 우리나라 옥수수의 식량자급률은 몇 %인가?

① 0.7% ② 1.2%
③ 3.3% ④ 21.7%

10. 다음 글에 대한 이해로 적절하지 않은 내용은?

　최근 과도한 스트레스와 불규칙한 생활패턴, 잘못된 식습관으로 만성피로를 겪는 현대인이 늘고 있다. 일시적인 과로로 발생한 피로가 6개월 이상 지속되거나, 충분히 쉬어도 회복되지 않을 때를 만성피로로 진단한다. 보통 휴식을 취하면 만성피로가 나아질 거라 생각하지만, 만성피로를 개선하지 않고 내버려두면 집중력이 감소하고 근육통, 두통 등이 나타난다. 면역력이 떨어져 감염병에도 취약해질 수 있는 만큼 주의가 필요하다.

◇ 건강관리 힘든 일상, 활성비타민 인기

　만성피로를 개선하려면 규칙적인 운동과 영양소가 골고루 함유된 식단이 기본이다. 하지만 일상이 바쁘고 불규칙하게 살아야 하는 현대인에게는 어려운 이야기다. 대신 하루 한 알로 피로회복에 도움되는 성분을 간편하게 먹을 수 있는 고함량 활성비타민이 인기를 끌고 있다.

　비타민 B군으로 대표되는 활성비타민은 육체 피로부터 어깨 결림, 눈 피로 등의 증상 완화에 효과가 있다. 스트레스 완화, 면역력 강화, 뇌신경 기능 유지, 피부와 모발 건강 등에도 도움을 준다고 알려졌다.

　활성비타민의 효과가 알려지며 관련 시장은 매년 30% 이상 폭발적으로 성장해 다양한 제품들이 출시되고 있다. 전문가들은 비타민 제품을 고를 때 자신에게 필요한 성분인지, 함량이 충분한지, 활성형 비타민이 맞는지 등을 충분히 살펴본 다음 선택하라고 권고한다.

---

① 과로로 인한 피로가 1년 이상 지속된 철수는 만성피로로 진단될 수 있다.

② 피로는 면역력을 감퇴시킬 수 있어 독감과 같은 전염병에 걸리기 쉽게 만든다.

③ 비타민 B군은 스트레스를 경감시키고, 모발 건강에 도움을 줄 수 있다.

④ 시중에 있는 다양한 비타민 제품은 모든 사람에게 동일한 효과를 낸다.

11. 마라톤 선수인 철수는 30km를 달린다. 철수는 평지에서 일정한 속도로 달리지만 오르막길에서는 평지 속도의 80%로, 내리막길에서는 평지 속도의 120%로 달린다. 오르막길이 2km, 내리막길이 6km라고 할 때 철수가 2시간 만에 완주하기 위한 평지 속도는?

① $\dfrac{59}{4}$ km/h

② $\dfrac{61}{4}$ km/h

③ $\dfrac{31}{2}$ km/h

④ $\dfrac{63}{4}$ km/h

www.gosinet.co.kr gosinet

1회 기출예상문제
2회 기출예상문제
3회 기출예상문제
4회 기출예상문제
5회 기출예상문제
6회 기출예상문제
인성검사
면접가이드

12. 숫자 1부터 150까지 쓰여 있는 공 150개와 1부터 7까지 쓰여 있는 상자 7개가 있다. 이 공을 1부터 순서대로 하나씩 상자에 넣으려고 한다. 상자에 넣는 방식은 〈보기〉와 같을 때, 148이 쓰여진 공이 들어가는 상자 번호는?

보기

상자 번호대로 1-2-3-4-5-6-7-6-5-4-3-2-1-2-3 … 순서로 넣는다

① 2번   ② 3번   ③ 4번   ④ 5번

13. 맑은 날의 다음날에 비가 올 확률은 $\frac{1}{4}$이고, 비가 온 날의 다음날에 비가 올 확률은 $\frac{1}{2}$이다. 9월 1일이 맑은 날이라고 할 때, 9월 4일이 맑은 날일 확률은? (단, 날씨는 맑은 날, 비오는 날 두 개로만 구분한다)

① $\frac{3}{4}$ ② $\frac{49}{64}$ ③ $\frac{25}{32}$ ④ $\frac{43}{64}$

14. 다음은 2019 ~ 2020년 주요국의 한국 관광객 수 통계이다. 이에 대한 설명으로 옳지 않은 것은?

(단위 : 명)

구분	10월		1 ~ 10월	
	2019년	2020년	2019년	2020년
중국	475,307	567,695	3,968,977	5,008,775
일본	290,468	248,541	2,390,028	2,757,828
대만	99,972	127,944	939,860	1,067,873
미국	98,103	101,099	819,093	884,413

① 1 ~ 10월 동안 제시된 네 국적의 관광객은 2019년 대비 2020년에 증가했다.
② 2019년 1 ~ 10월 중국 국적의 한국 관광객 수는 같은 시기 일본, 대만, 미국 국적의 한국 관광객 수 합보다 적다.
③ 2020년 1 ~ 10월에 대만 국적의 한국 관광객 수는 중국 국적의 한국 관광객 수의 20% 미만이다.
④ 1 ~ 10월 동안 일본 국적의 한국 관광객 수는 2019년 대비 2020년에 15% 이상 증가했다.

15. 다음은 학생별 국어, 수학, 영어, 탐구 점수이다. 표에 대한 분석으로 적절하지 않은 것은? (단, 모든 시험은 100점 만점이다)

(단위 : 점)

학생＼영역	국어	수학	영어	탐구
승한	80	84	76	90
세영	73	90	81	82
윤지	92	73	81	78
성욱	86	80	74	82

① 총점이 두 번째로 높은 학생은 세영이다.
② 국어에 20% 가중치를 두면 총점이 제일 높은 학생은 윤지이다.
③ 탐구 반영 비율을 절반으로 줄이면 동점자가 3명 나온다.
④ 영어에 40% 가중치를 두면 총점이 두 번째로 높은 학생은 세영이다.

16. 다음 표는 202X년 11월 가수 평판지수이다. 이에 대한 설명으로 옳은 것은?

순위	걸그룹	참여지수	미디어지수	소통지수	커뮤니티지수	브랜드 평판지수
1	A	239,020	3,419,392	2,094,592	3,425,581	9,178,585
2	B	440,232	2,731,440	1,528,770	1,374,671	6,075,113
3	C	292,740	2,012,872	1,527,572	2,091,098	5,924,282
4	D	188,768	1,950,312	1,652,041	1,950,941	5,742,062
5	E	188,972	1,583,688	1,452,346	1,278,709	4,503,715
6	F	95,472	1,352,952	1,151,747	1,765,770	4,365,941
7	G	266,628	1,344,744	775,524	1,310,006	3,696,901
8	H	356,116	1,534,440	420,579	1,072,608	3,383,743
9	I	140,964	1,210,224	306,593	1,148,407	2,806,188
10	J	551,004	1,290,024	501,198	377,149	2,719,376

① 미디어지수 순위와 브랜드 평판지수 순위는 일치한다.
② A의 커뮤니티지수는 B와 C의 커뮤니티지수를 합친 것보다 높다.
③ 참여지수, 미디어지수, 커뮤니티지수의 합은 I가 J보다 높다.
④ G의 참여지수와 커뮤니티지수의 합이 브랜드 평판지수에 차지하는 비율은 40%보다 낮다.

17. 다음은 학생들의 1차, 2차, 3차 시험 점수이다. 평균 점수가 가장 높은 학생(A)과 가장 낮은 학생(B)를 고르면?

(단위 : 점)

구분	1차 시험	2차 시험	3차 시험
철수	84	71	82
영희	93	62	76
동수	95	59	83
지수	87	81	69
영서	71	76	92

	A	B		A	B
①	철수	영희	②	동수	지수
③	영서	영희	④	영서	지수

18. 다음은 K 중고 핸드폰 매장에서 정리한 제품 목록이다. 총점이 가장 높은 제품은?

구분	기종	액정 깨진 정도	흠집	개통 여부
A	SS10(+)	15	14	O
B	SS9	11	16	X
C	SS10	13	21	X
D	SS8	12	17	X

※ 기종 점수 : SS10(+) – 100점, SS10 – 97점, SS9(+) – 90점, SS9 – 88점, SS8 – 85점

※ 총점＝기종 점수－액정 깨진 정도×2－흠집

※ 개통을 한 적이 있는 핸드폰이면 총점에서 5점을 감점한다.

① A   ② B

③ C   ④ D

1회 기출예상문제

2회 기출예상문제

3회 기출예상문제

4회 기출예상문제

5회 기출예상문제

6회 기출예상문제

인성검사

면접가이드

19. 다음 자료에 대한 설명으로 옳은 것을 모두 고르면?

〈2015-2016 시즌 유럽 축구 리그 수익〉

(단위 : 유로)

국가명	광고·스폰서	방송중계권	입장 수익
잉글랜드	14억 5,700만	25억 7,700만	8억 3,100만
독일	12억 5,100만	9억 3,300만	5억 2,800만
스페인	7억 500만	12억 3,200만	5억
이탈리아	5억 2,300만	11억 9,000만	2억 400만
프랑스	6억 6,500만	6억 5,600만	1억 6,400만

보기

ㄱ. 모든 항목에서 잉글랜드가 수익이 가장 높다.
ㄴ. 모든 국가에서 방송중계권이 수익에서 가장 높은 비중을 차지한다.
ㄷ. 이탈리아의 총 수익은 20억 유로를 넘는다.

① ㄱ   ② ㄷ
③ ㄱ, ㄴ   ④ ㄱ, ㄷ

20. 다음은 특정 시점의 도시철도 운영기관별 정원과 주행거리를 나타낸 자료이다. 다음 자료를 올바르게 이해한 내용을 〈보기〉에서 모두 고르면?

구분	부산교통공사	서울교통공사	서울도시철도	대구도시철도	인천교통공사	광주도시철도	대전도시철도
정원(명)	3,696	9,115	6,518	2,379	1,244	563	600
주행거리 (천 km)	13,032	21,204	19,501	5,995	3,152	1,586	1,736
영업거리 (km)	107.8	137.9	162.2	81.3	29.4	20.5	22.6

보기

㉠ 주행거리 천 km당 인력은 서울교통공사가 가장 많고, 부산교통공사가 가장 적다.
㉡ 정원과 영업거리는 비례관계가 성립하나, 정원과 주행거리는 비례관계가 성립하지 않는다.
㉢ 영업거리 1km당 인력이 50명을 넘기는 곳은 서울교통공사뿐이다.

① ㉠   ② ㉠, ㉡
③ ㉡, ㉢   ④ ㉠, ㉢

21. 1 ~ 9가 적힌 공 9개가 주머니에 들어있다. 〈조건〉에 따를 때, 철수와 영희가 만든 숫자의 차가 나올 수 없는 수는?

조건

• 철수가 공 3개를 뽑은 후 영희가 나머지 3개를 뽑는다.
• 철수와 영희 모두 3개의 숫자를 조합하여 만들 수 있는 가장 큰 세 자리의 수를 만든다.
  예) 철수가 3, 5, 8을 뽑고, 영희가 1, 2, 7을 뽑았으면 철수는 853, 영희는 721을 만든다.

① 78
② 321
③ 434
④ 667

22. 다음 〈조건〉을 바탕으로 〈보기〉 중 옳은 것을 모두 고르면?

조건

• A, B, C 3개의 축구팀이 리그전을 펼친다.
• 모든 경기 합쳐서 총 10골이 나왔다.
• A팀은 B팀을 상대로 3골을 넣었고, C팀을 상대로 2골을 넣었다.
• A팀은 2승을 거두었다.
• 1골차 경기는 1경기였고, 무승부 경기도 1경기였다.
• 0 : 0 경기는 하나도 없었다.

보기

ㄱ. A팀과 B팀의 경기 결과는 A : B=3 : 2이다.
ㄴ. B팀은 총 2골을 넣었다.
ㄷ. B팀과 C팀의 경기는 총 2골이 나왔다.

① ㄱ
② ㄴ
③ ㄱ, ㄴ
④ ㄴ, ㄷ

23. A, B, C, D, E는 점심식사로 각각 피자, 치킨, 순대국, 해장국, 초밥 중 하나를 먹었다. 다음 진술 중 참은 하나일 때, A가 먹은 메뉴는? (단, A, B, C, D, E의 식사 메뉴는 모두 다르다)

> A : C는 치킨을 먹었고, E는 피자를 먹었다.
> B : A는 피자를 먹지 않았고, D는 초밥을 먹었다.
> C : B는 해장국을 먹었고, D는 치킨을 먹었다.
> D : C는 피자를 먹었고, E는 초밥을 먹지 않았다.
> E : A는 순대국을 먹었고, B는 초밥을 먹었다.

① 피자
③ 순댓국

② 치킨
④ 해장국

24. 다음은 우주인 평가 과정 중 일부를 나타낸 것이다. 3차 평가에서 선정되는 인원이 1명일 때, 선정되는 사람은?

> • 1차 평가선정(인원 : 3명)
> – 3.5km 달리기
>
> • 2차 평가선정(인원 : 2명)
> – 윗몸일으키기, 팔굽혀펴기 개수의 합
>
> • 3차 평가선정(인원 : 1명)
> – 상황대처능력 평가
>
> 〈지원자 기록〉
>
> | 구분 | A | B | C | D |
> |---|---|---|---|---|
> | 3.5km 달리기 | 21분 33초 | 22분 12초 | 20분 5초 | 22분 19초 |
> | 윗몸일으키기(개) | 63 | 58 | 61 | 73 |
> | 팔굽혀펴기(개) | 52 | 56 | 52 | 45 |
> | 상황대처능력(점) | 88 | 86 | 85 | 91 |

① A
③ C

② B
④ D

25. 다음은 탁구 규칙의 일부 내용을 참고하였을 때, 규칙을 지키지 않은 경우는?

〈득점〉

선수는 다음과 같은 상황에서 득점하게 된다.

1. 상대가 서브나 리턴에 실패한 경우
2. 상대가 서브나 리턴을 한 공이 자신의 코트에 바운드되기 전에 네트 이외의 곳에 맞을 경우
3. 상대가 친 공이 바운드되지 않고 코트를 넘어간 경우
4. 상대가 공을 가린 경우
5. 상대가 공을 연속해서 두 번 친 경우 (단, 라켓을 쥔 손은 라켓의 일부로 간주되기 때문에 공이 손을 맞고 넘어오는 경우도 정상적인 랠리의 일부분으로 인정된다)
6. 상대가 러버를 붙이지 않은 쪽 라켓 면으로 공을 쳐 넘기는 경우
7. 상대가 탁구대를 움직이게 만들거나 네트를 건드린 경우

〈서브〉

1. 서브할 때는 공을 손에서 16cm 이상 던져 올려야 한다.
2. 공을 뒤로 던지거나 굴러 떨어뜨리는 서브는 반칙이다.
3. 서브할 때 손을 곧게 펴고 손바닥 중심의 움푹 패인 곳에 공을 올려놓아야 한다.

---

① 진범이가 리턴한 공이 네트에 맞고 진범이의 코트에 바운드되었으면 진범이는 실점을 한다.

② 예진이가 서브한 공이 바운드되지 않고 코트를 넘어가면 예진이는 실점을 한다.

③ 상근이가 라켓을 쥔 손으로 리턴한 공이 상대 코트에 바운드되었으면 실점이 아니다.

④ 지원이가 코트에서 16cm 이상 던져 올린 공으로 서브를 성공시키면 실점이 아니다.

[26 ~ 27] 다음 글을 읽고 이어지는 질문에 답하시오.

중국의 대형 병원 100여 곳은 현재 알리바바가 개발한 ⊙<u>AI CT 판독 시스템</u>으로 코로나 감염 여부를 진단하고 있다. 중국 전역의 코로나 확진자 5,000여 명의 폐 CT 이미지를 학습한 AI에 신규 환자의 폐 CT 이미지를 입력하면, 20초 만에 결과를 보여주는 식이다. 의사가 판독했을 때 평균 15분가량 소요되는 작업이다. 정확도는 96%다.

마이크로소프트(MS)가 개발한 AI 챗봇 ⓒ<u>'헬스케어봇'</u>은 지난 3월 중순부터 덴마크 인구 3분의 1을 책임지는 응급의료기관 코펜하겐 EMS(Emergency Medical Services)에서 하루에도 수만 건이 넘는 전화 응대를 사람 대신하고 있다. 기존에는 잘해야 수천 건의 전화를 받는 데 그쳤지만, 챗봇 덕분에 효율이 크게 오른 것이다.

무인 택배 로봇은 사회적 거리 두기를 실행하는 세계 곳곳에서 상품을 배송하는 데 활용되기 시작했고, 병원에서도 간단한 진료와 약품을 환자에게 전달할 수 있는 ⓒ<u>의료용</u> 로봇이 속속 나타나고 있다.

네이버는 최근 악플과의 전쟁에 AI 기술을 과감하게 적용하고 나섰다. 지난해 4월 출시한 ⓔ<u>'AI 클린봇'</u>을 웹툰·스포츠·뉴스 등에 순차적으로 도입했다. AI 클린봇은 그동안 모욕·혐오적인 문장 맥락을 인식해 댓글을 블라인드 처리하고, 악성 댓글을 상습 작성하는 이용자를 판단해 일정 기간 댓글 이용을 제한하기도 한다. 네이버 관계자는 "특정 모욕적인 단어뿐 아니라 앞뒤 문맥에 따라 비방하는 의미를 찾아낼 수 있도록 AI를 고도화했다."고 말했다.

26. 위 글의 밑줄 친 ㉠ ~ ㉣에 관한 설명으로 가장 잘못된 것은?

① ㉠은 코로나 감염 여부를 판독하는 데 걸리던 시간을 대폭 단축시켰다.
② ㉡은 AI가 무인 전화 응대로 활용될 수 있다는 예시이다.
③ ㉢은 법학도 로봇에 적용될 수 있다는 걸 보여준다.
④ ㉣에 해당하는 AI는 문맥을 파악하는 능력이 있다.

27. 다음 글을 읽고 나올 수 있는 반응으로 옳지 않은 것은?

> 존 체임버스 전 시스코 최고경영자(CEO)는 "AI의 파급력은 인터넷 혁명보다도 강력할 것"이라고 평가했다. AI 패권을 잡기 위한 글로벌 규모의 '총성 없는 전쟁'도 치열하다. 도널드 트럼프 미국 대통령은 지난해 2월 'AI 분야에서 미국의 리더십 유지하기'란 행정명령에 서명하고, 5개월 뒤 이를 구체화한 '연방 AI표준 개발계획' 초안을 발표했다. 중국은 2016년부터 '차세대 AI 개발 계획'을 발표하며 매년 천문학적인 규모의 금액을 AI 기술에 투자하고 있고, 유럽연합(EU)도 2018년 'AI 협력 선언'을 통해 AI 역량 육성 작전에 나섰다.

① AI는 정보화 사회보다 더 큰 파급력을 가질 것이다.
② 중국의 AI CT 판독 시스템은 2016년부터 이루어진 정책의 결과물 중 하나이다.
③ AI를 활용한 의료용 로봇은 복잡한 진료에 한계가 있다.
④ 우리나라도 AI를 이용하여 악플을 사전에 차단하고 있다.

1회 기출예상문제

2회 기출예상문제

3회 기출예상문제

4회 기출예상문제

5회 기출예상문제

6회 기출예상문제

인성검사

면접가이드

28. 철수, 영희, 진범, 지수, 영서는 다음과 같은 규칙의 보드게임을 하려고 한다. 이에 대한 설명으로 옳지 않은 것은?

- 기본 구성
  - 1부터 13까지의 숫자가 적힌 타일 104개(빨강, 파랑, 주황, 검정 각 2개씩)
  - 2개의 조커 타일
  - 타일 받침대

- 용어 정리
  - 테이블에 내릴 수 있는 방법은 '그룹'과 '연속' 세트가 있다.
  - 그룹 : 색깔이 다르고 숫자가 같은 타일 3개 혹은 4개
  - 연속 : 색깔이 같고 숫자가 연속되는 타일 3개 이상

- 게임 방법
  (1) 모든 타일을 뒤집어서 골고루 섞는다.
  (2) 게임자들은 타일을 하나씩 잡고 가장 높은 숫자를 집은 사람부터 게임을 시작하며 시계 방향으로 진행한다.
  (3) 모든 타일을 7개씩 쌓아서 테이블에 두고, 각자 14개의 타일을 가지고 가 받침대에 올려놓는다.
  (4) 테이블에 처음 세트를 내릴 경우 '등록'이라는 규정이 있으며 '등록'에는 반드시 세트들의 숫자 합이 30 이상이어야 한다. 단, 등록은 반드시 자신이 가지고 있는 타일로만 해야 한다.
  (5) 등록을 하면 자기 차례는 끝이 난다. 하지만 등록을 할 수 없거나 전략적으로 다음 차례에 등록을 하기로 한다면 타일을 한 개 가져가고 다음 게임자에게 순서가 넘어간다.
  (6) 등록을 하고난 후 자기 차례가 되면 숫자조합을 할 수 있다. 이때 테이블에 내려진 타일은 누구의 것도 아니며 누구든 테이블에 내려진 타일을 재조합할 수 있다.
  (7) 게임자는 자신의 차례에 1분의 시간이 주어지며 이 시간 내에 숫자 조합을 완료해야 한다.
  (8) 자신이 가진 타일을 모두 내려놓으면 게임에서 승리한다.

---

① 같은 색깔의 2, 3, 4, 5번 타일의 세트는 '연속'이다.

② 게임 시작 전 진범, 지수, 영서가 각각 5, 12, 8을 집었다면 지수가 먼저 시작한다.

③ 철수는 같은 색깔의 3, 4, 5, 6, 7번 타일이 있다면 이를 등록할 수 있다.

④ 영희는 자기 차례에서 숫자 조합을 45초 만에 완성시키면 다음 차례로 정상적으로 넘어간다.

29. 다음 명제에 대한 설명을 보고 〈보기〉 중 명제 분류를 옳게 한 것을 모두 고르면?

> 명제란 참·거짓을 구분할 수 있는 평서문으로 객관적인 기준이 있는 문장을 말하며 양화사, 주어, 술어, 계사로 이루어진다. 양화사란 수량을 나타내는 한정사로서 전체를 나타내는 전칭, 부분을 나타내는 특칭이 있다. 계사는 주어와 술어의 관계를 나타내는 것으로 긍정이면 '이다', 부정이면 '아니다'로 표현한다.
>
> 1) 전칭긍정명제(A 명제) – 양화사는 '모든'이고 계사는 '이다'인 명제
>   예) 모든 새는 날개가 있는 동물이다.
> 2) 전칭부정명제(E 명제) – 양화사는 '모든'이고, 계사는 '아니다'인 명제
>   예) 모든 사자는 날개가 있는 동물이 아니다.
> 3) 특칭긍정명제(I 명제) – 양화사는 '어떤'이고, 계사는 '이다'인 명제
>   예) 어떤 사람은 교수이다.
> 4) 특칭부정명제(O 명제) – 양화사는 '어떤'이고. 계사는 '아니다'인 명제
>   예) 어떤 사람은 교수가 아니다.

보기

ㄱ. 겉모습에 반하여 결혼한 사람은 모두 후회하는 사람이다. – A 명제
ㄴ. 대부분의 사람들은 우리를 배신한 사람이다. – I 명제
ㄷ. 네가 갔던 모든 장소는 내가 갔던 장소이다. – A 명제
ㄹ. 친구가 없는 어떤 사람은 정상이 아니다. – E 명제
ㅁ. 어떤 학생은 낭만을 아는 학생이 아니다. – O 명제

① ㄱ, ㄴ, ㄷ, ㅁ   ② ㄴ, ㄷ, ㅁ
③ ㄴ, ㄹ, ㅁ   ④ ㄴ, ㄷ, ㄹ, ㅁ

30. 다음 관리자가 직업을 수행하는 데 필요한 사고의 유형으로 적절한 것을 모두 고르면?

〈판촉관리기법 관리자〉

• 진출 분야 : 광고대행사, 온라인 마케팅 대행사, 기업체(통신사, 유통, 쇼핑몰 등)

• 직무 내용

 − 마케팅과 소비자 행동 등에 대한 전문지식을 활용해 판촉하고자 하는 특정 상품의 시장성, 소비자 소비경향, 잠재 구매 고객 등에 대해 조사하여 획기적인 판매 전략을 계획하고 실행

 − 광고주의 제품에 대한 유통과정·판매자 행동·판촉활동 등 구매 시점에서의 소비자 소비패턴을 분석하고 기타 마케팅 분석 자료를 참고

 − 특정 상품이나 잠재 상품에 대한 소비자의 소비패턴을 예측하고 소비자의 행동을 분석해 광고 전문가와 광고 전략을 협의하며, 특정 상품과 서비스에 대한 홍보와 효율적인 판매 전략을 계획하고 실행

 − 분석결과를 바탕으로 특별히 주의해야 할 문제점과 시장기회를 파악 및 분석하여 판매이해와 판촉 행동 촉진 등의 판촉과제를 설정하고 그에 대한 목표와 예산을 설정

 − 광고 주제를 연장하거나 상품의 구체적 특성을 호소하고 판촉표현의 주제를 설정하며, 판촉을 전 개하는 방법의 실시일정계획과 효과측정계획을 세움. 판촉전략 설명서와 실시계획 설명서를 작성 하여 실시 후 효과를 수집 및 측정·평가하고 사례를 정리·보관

ㄱ. 전략적 사고	ㄴ. 분석적 사고
ㄷ. 수렴적 사고	ㄹ. 내부 자원 활용

① ㄱ, ㄹ   ② ㄴ, ㄷ

③ ㄱ, ㄴ, ㄷ   ④ ㄴ, ㄷ, ㄹ

31. 다음 마이클 포터의 5 Forces 모델에 대한 설명 중 옳지 않은 것은?

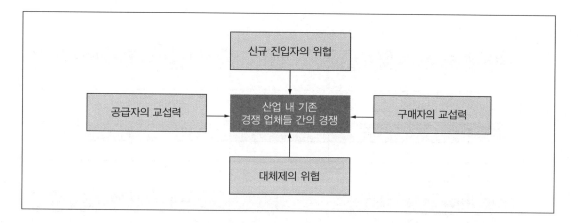

① 신규 진입자의 위협 – 신규 진입자의 위협 정도를 낮추기 위해 진입 장벽을 높이는 방법 중 하나는 정부의 진입 규제이다.

② 공급자의 교섭력 – 공급자가 속한 산업이 소수의 기업에 지배되고 집중도가 높을 경우 공급자의 교섭력이 약화된다.

③ 구매자의 교섭력 – 구매자의 전환 비용이 낮을 경우 구매자의 교섭력이 높아진다.

④ 대체재의 위협 – 기존의 상품을 대체하는 매력적인 제품 혹은 서비스가 있는지를 나타낸다.

32. ○○교통공사 총무부 박 대리는 김 과장에게 "보고서에서 직접비용에 대한 산정이 잘못되어 있어요. 다시 정리해서 보고해 주세요."라는 말을 들었다. 박 대리가 작성한 보고서 내용 중 직접비용에 해당하지 않는 것은?

① 직원들에게 지급하는 인건비

② 다음 주 협력업체 방문에 쓰일 출장비 선지급

③ 업무 관련 워크숍에서 사용된 숙박비와 잡비

④ 오래된 컴퓨터와 복사기 교체를 위해 쓰인 비품비

33. 다음 A 자동차에 대한 설문조사의 이해로 적절하지 않은 것은?

1. 가격

매우 불만족	불만족	보통	만족	매우 만족
			○	

2. 유지비

매우 불만족	불만족	보통	만족	매우 만족
	○			

3. 실내 공간의 편리성

매우 불만족	불만족	보통	만족	매우 만족
○				

4. 디자인

매우 불만족	불만족	보통	만족	매우 만족
				○

5. 차체의 견고성

매우 불만족	불만족	보통	만족	매우 만족
			○	

6. 회사의 신뢰성

매우 불만족	불만족	보통	만족	매우 만족
			○	

7. 구매조건

매우 불만족	불만족	보통	만족	매우 만족
		○		

8. A/S의 신속성

매우 불만족	불만족	보통	만족	매우 만족
○				

9. A/S의 신뢰성

매우 불만족	불만족	보통	만족	매우 만족
○				

10. 주행연비

매우 불만족	불만족	보통	만족	매우 만족
			○	

① 해당 차량은 주행연비가 좋기 때문에 유지비가 많이 들지 않는 편이다.

② A 자동차의 회사는 A/S 문제를 시급히 해결해야 한다.

③ 고객들은 디자인에 매우 만족도가 높지만 차내 공간은 상당히 불편하게 이용한다.

④ A 자동차의 회사가 차량이 견고함을 주로 광고해왔다면 구매자는 해당 회사에 신뢰를 가질 것이다.

34. (가) ~ (다) 마트는 회원권을 가지고 있으면 전체 금액에서 일정 비율을 할인받을 수 있다. 다음 표는 마트별 회원권의 가격과 회원 할인 비율을 나타낸 것이다. 〈보기〉와 같이 물품을 구매한다고 할 때, 회원 권을 구매하는 것이 이득인 사람을 모두 고르면?

마트	회원권 가격(원)	회원 할인 비율(%)
(가)	12,000	10
(나)	18,000	20
(다)	15,000	15

보기

- 철수 : (가) 마트에서 1,000원인 물품 20개, 2,000원인 물품 40개, 3,500원인 물품 5개
- 희정 : (가) 마트에서 1,800원인 물품 30개, 3,400원인 물품 20개
- 인호 : (나) 마트에서 1,500원인 물품 30개, 2,500원인 물품 20개
- 예린 : (나) 마트에서 2,100원인 물품 35개, 3,300원인 물품 4개
- 태훈 : (다) 마트에서 4,200원인 물품 16개, 6,500원인 물품 5개

① 철수, 희정
② 희정, 인호
③ 인호, 태훈
④ 예린, 태훈

35. 다음은 총무부에서 비품별 단가와 구매 수량을 정리한 표이다. 음영으로 표시된 칸은 실수로 지워진 것이다. (A)에 들어갈 금액은?

비품	단가(원)	수량(개)	금액(원)
볼펜	150	100	15,000
A4용지	3,000	20	
연필	200	100	20,000
테이프	2,000		(A)
포스트잇	1,500	50	75,000
클립	3,000	30	90,000
합계			340,000

① 60,000
② 70,000
③ 80,000
④ 90,000

36. 다음 글에 제시된 인사관리의 원칙으로 옳은 것은?

A 기업은 모든 직원을 정규직으로 대우하고 월급을 한 번도 밀리지 않았지만, 그 이면에는 이처럼 피 말리는 순간들이 있었다. 그러나 이 같은 배경 속에서 맺어진 신뢰가 갖는 힘은 놀라웠다. A 기업은 20 ~ 30대 결혼 적령기 직원이 많은 젊은 회사다. 지금도 매년 많은 직원들이 결혼도 하고 아이도 낳는데, 이른바 삼포세대(연애·결혼·출산 포기 세대)에 속한 직원들이 결혼과 출산을 많이 할 수 있다는 것은 회사에 대한 믿음이 있기 때문이다. 직원들은 A 기업에 대해 최소한 월급은 밀리지 않는 회사, 우리에게 작은 것 하나라도 더 주기 위해 애쓰는 회사, 노동력을 착취하거나 다른 생각을 하지 않는 회사라는 자부심을 갖고 있다고 한다. 이러한 자부심은 결국 책임감으로 이어지며 선순환되고 있다.

① 조직은 직원들에게 안정된 직장 생활을 할 수 있는 환경을 만들어 주어야 한다.
② 조직은 직원의 공헌도에 따라 노동의 대가를 공정하게 지급해야 한다.
③ 조직은 직원들의 능력을 발휘할 수 있는 기회를 제공해야 한다.
④ 조직은 직원들이 서로 믿을 수 있도록 이끌어 주어야 한다.

37. 다음 자료를 통해 알 수 있는 고성과자와 보통성과자의 시간 활용의 차이는?

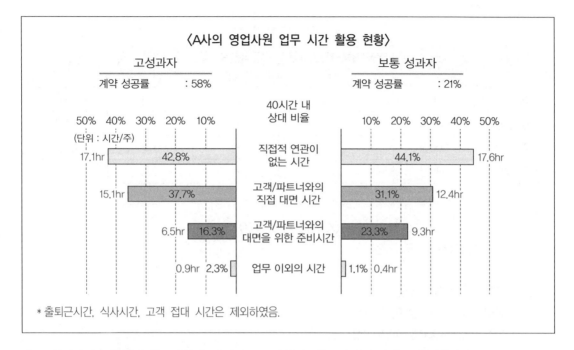

〈A사의 영업사원 업무 시간 활용 현황〉

① 고성과자와 보통성과자는 계약에 직접적으로 연관이 없는 시간에 차이가 확인되었다.
② 고성과자와 보통성과자는 고객을 직접 만나는 시간에 있어서 중요한 차이가 확인되었다.
③ 보통성과자가 가장 많은 시간을 투자한 것은 고객만남을 준비하는 시간이었다.
④ 보통성과자가 가장 적은 시간을 투자한 것은 고객만남을 준비하는 시간이었다.

38. 연속적 흐름을 갖는 공정에서 최소의 작업장 수로 바람직한 산출률을 달성하기 위해 요소 작업을 작업장에 할당하는 과정을 의미하는 용어는?

① 전진부하할당(Foward loading)
② 유연생산시스템(TMS)
③ 기준생산계획(MPS)
④ 라인 밸런싱(Line balancing)

39. K 기업은 채용 조건에 따른 점수가 가장 높은 사원을 채용할 예정이다. 〈K 기업 지원자 명단〉에서 합격자는 누구인가?

〈K 기업 지원자 명단〉

구분	토익	한국사능력검정시험 1급	컴퓨터활용능력 1급	관련 실무경험 (인턴 포함)	경력/신입
최우혁	780점	無	無	2회	경력
김선호	930점	有	無	1회	경력
김다은	900점	有	有	1회	신입
이지혜	680점	有	有	2회	신입

〈K 기업 채용 조건〉

1. 한국사능력검정시험 1급 : 5점
2. 토익 점수
    - 700점 미만 : 점수 없음
    - 700점 이상 ~ 800점 미만 : 5점
    - 800점 이상 ~ 900점 미만 : 8점
    - 900점 이상 : 10점
3. 경력자 : (실무경험×2)점
    ※ 단, 실무 경험이 2회 이상인 경우에만 가산함.
4. 동점자 존재 시 컴퓨터활용능력 1급 소지자를 우선 선별한 뒤, 실무 경험이 많은 순으로 선별함.

① 최우혁
② 김선호
③ 김다은
④ 이지혜

40. ○○공사 총무팀 김능력 사원은 공사 창립기념일을 기념하여 전 직원에게 선물할 우산을 알아보고 있다. 다음 제품 목록에 대해서 〈보기〉에 따라 점수를 계산할 때, 가장 높은 점수를 받은 두 가지 제품은?

구분	색상	기본금액 (개당)	제작 기간	배달 기간	불량률	할인 내역
EV301	Blue	8,500원	2일	4일	4.59%	300개 이상 구매 시 총 금액의 12% 할인
EV302	Red	11,000원	3일	3일	4.12%	400개 이상 구매 시 총 금액의 10% 할인
EV303	Black	9,200원	4일	2일	5.02%	450개 이상 구매 시 총 금액의 5% 할인
EV304	Yellow	13,000원	2일	2일	4.23%	350개 이상 구매 시 총 금액의 15% 할인
EV305	White	8,000원	3일	4일	3.87%	350개 이상 구매 시 총 금액의 8% 할인

* ○○공사 전체 직원 수는 총 420명이며 구입 수량도 420개이다.

* 각 상품은 섞어서 구매할 수 없고 한 가지 상품으로 일괄 구매해야 한다.

보기

구분	0점	1점	2점	3점
제작기간과 배달기간의 합	7일 이상	6일	5일	4일 이하
최종 구매 금액	39,000,000원 이상	3,600,000원 이상 ~ 3,900,000원 미만	3,300,000원 이상 ~ 3,600,000원 미만	3,300,000원 미만
불량률	5% 이상	4% 이상 ~ 5% 미만	3% 이상 ~ 4% 미만	3% 미만
개당 금액	10,000원 이상	9,500원 이상 ~ 10,000원 미만	9,000 이상 ~ 9,500원 미만	9,000원 미만
구입 시 할인	7% 미만	7% 이상 ~ 10% 미만	10% 이상 ~ 15% 미만	15% 이상

• 색상이 검정색이나 흰색일 경우 총점 20%의 가점이 있다.

① EV301, EV303

② EV301, EV305

③ EV302, EV304

④ EV303, EV305

www.gosinet.co.kr gosinet

1회 기출예상문제
2회 기출예상문제
3회 기출예상문제
4회 기출예상문제
5회 기출예상문제
6회 기출예상문제
인성검사
면접가이드

41. 다음은 섀넌과 위버(Shannon & Weaver)가 제시한 조직 커뮤니케이션 과정 모델이다. 〈보기〉에 해당하는 것은?

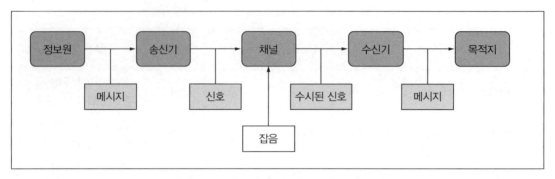

보기

신호를 메시지로 해독하는 역할을 한다.

① 정보원   ② 송신기
③ 채널   ④ 수신기

42. 다음은 고성과를 이끌어내기 위한 3요소를 나타낸 것이다. 각 요소에 해당하지 않은 것은?

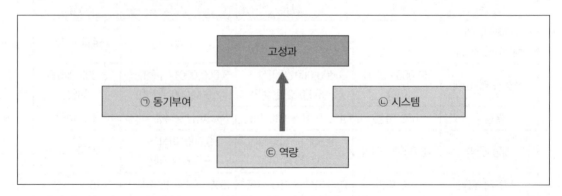

① ㉠ : 비전 제시   ② ㉠ : 보상
③ ㉡ : 평가(성과관리)   ④ ㉢ : 조직문화

43. 다음은 뒤누와이에(Dunoyer)의 조직진단 절차이다. (가)에 해당하는 단계는?

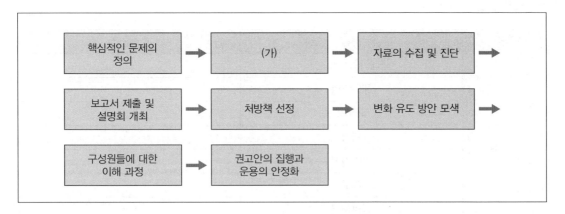

① 평가 결과 피드백
② 변화 전략 방안 모색
③ 변화 전략 방안 권고
④ 예비 진단

44. Z 회사가 조직구조를 다음과 같이 바꾸었을 때, 바뀐 조직구조에 대한 설명으로 옳은 것은?

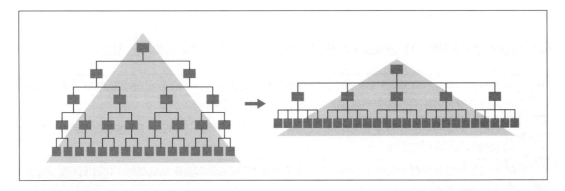

① 면밀한 감독을 할 수 있다는 장점이 있다.
② 상위 관리층과 일선 사원 사이의 격차가 심화된다.
③ 위임이 증가하여 분권화가 촉진된다.
④ 상사가 부하 업무에 대해 과도하게 간섭할 수 있다.

45. ○○자동차회사에서 전략지원 직군의 수행업무를 다음과 같이 표로 만들려고 한다. 경영기획 담당 수행업무로 옳은 것은?

직군	분류	수행업무
전략지원	국내영업/서비스	
	해외영업	
	마케팅	
	재경	
	경영기획	
	홍보	
	경영지원	
	IT	

① 경영관리, 회계관리, 재무관리, 원가관리
② 전 세계 차량판매 지원 및 관리
③ 인사, 총무, 교육, 노무
④ 사업 및 전략기획, 조사연구, 신사업전략

46. 다음은 벤치마킹의 4대 원칙을 나타낸 것이다. (가) ~ (라)를 알맞게 짝지은 것은?

(가)	자사와 유사한 상대방의 프로세스를 조심스럽게 관찰함으로써 궁극적으로 상대방으로부터 파악한 프로세스 실행동인을 자신의 프로세스에 도입하고 적용할 수 있게 됨.
(나)	벤치마킹 파트너 간의 가장 고도의 지식 전수가 이루어지기 위해서는 반드시 운영활동의 프로세스가 경쟁적이거나 유사해야 함.
(다)	현실을 보다 정확히 반영하기 위해 장기간에 걸쳐서 시간대별로 자료를 획득하거나 여러 회사를 동일한 시스템을 통해서 측정함.
(라)	양자승리 상황인 상호 교환적 관계에 기반을 둠.

	(가)	(나)	(다)	(라)
①	타당성의 원칙	호혜성의 원칙	유추의 원칙	측정의 원칙
②	측정의 원칙	유추의 원칙	호혜성의 원칙	타당성의 원칙
③	유추의 원칙	측정의 원칙	타당성의 원칙	호혜성의 원칙
④	측정의 원칙	유추의 원칙	타당성의 원칙	호혜성의 원칙

47. 다음 그림은 ○○전자의 업무수행 시트(sheet)이다. 자료에 대한 설명으로 옳은 것은?

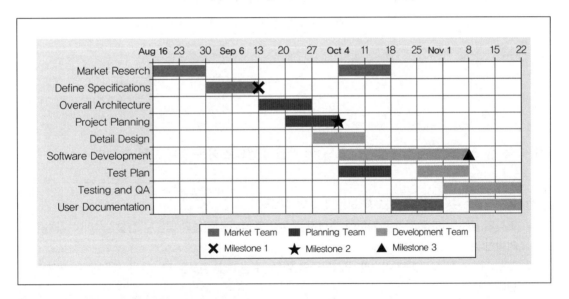

① 일의 흐름을 동적으로 보여주는 데 효과적이다.

② PERT/CPM 차트라고 부른다.

③ 단계별로 소요되는 시간과 각 업무활동 사이의 관계를 보여 준다.

④ 각 활동별로 기대되는 수행수준을 달성했는지를 효과적으로 확인할 수 있다.

48. 다음은 ○○기업의 신입사원 Off-JT 교안이다. 이를 참고할 때 다음 예시 중 먼저 소개한 대상이 알맞지 않은 것은?

〈소개 매너의 이해 교안〉

사람을 만났을 때 처음 인상이 오랫동안 지속되기 때문에 사람을 소개하는 형식과 예의를 갖추어 좋은 기억을 남기도록 하는 것이 중요하다. 종종 사람을 소개할 때 어느 쪽을 먼저 소개해야 할지 고민을 하게 된다. 사람을 소개하는 순서의 차례를 살펴보면 다음과 같다.

---

① 선배님, 이쪽은 신입사원 박○○씨입니다.
② 사모님, 이쪽은 재무부서의 최 대리입니다.
③ 정 팀장님, 이쪽은 이번에 저희 부서로 오게 된 최 대리입니다.
④ 유 대리님, 이쪽은 업계에서 아주 유명하신 프로그램 기획자입니다.

49. 다음 중 조직의 체제를 구성하는 요소들에 대한 설명으로 옳은 것을 모두 고르면?

ㄱ. 조직목표는 조직이 달성하고자 하는 장래의 상태이다.
ㄴ. 조직의 구조는 조직의 부문 사이에 형성된 관계로 조직 구성원들의 공유된 생활양식이나 가치를 의미한다.
ㄷ. 조직도는 조직 구조뿐만 아니라 구성원들의 임무, 수행과업, 일하는 장소들을 파악할 수 있게끔 한다.
ㄹ. 조직의 규칙과 규정은 조직 구성원들의 행동범위를 정하고 일관성을 부여해 준다.

---

① ㄱ, ㄴ   ② ㄱ, ㄹ
③ ㄴ, ㄷ   ④ ㄷ, ㄹ

50. 다음 글을 통해 알 수 있는 조직 성장을 위한 원칙은?

내가 세운 회사가 업계에서 살아남는다면 시간이 지난 뒤 결정을 해야 한다. 얼마나 크게 그리고 얼마나 빨리 성장할지를 선택해야 하기 때문이다. 회사를 키우려면 당장 자본 조달이 필요하고 무리한 확장 이후에 사업에 실패를 하면 돌이킬 수가 없게 된다. 덩치 큰 공룡보다 작은 몸집의 포유류나 곤충이 살아남은 자연 생태계도 이와 같은 메커니즘이다. 많이 성장할수록 많이 먹어야 할고 먹을 게 없어지면 죽게 된다. 과연 끝없는 성장은 옳은 길인가?

우리 사회는 무조건 큰 것이 더 좋다는 인식이 만연하다. 대부분의 사람들은 모든 경영자들이 사업 기회를 활용해 최대한 빨리 회사를 성장시켜 제2의 구글이나 페이스북 같은 기업을 만들려 한다고 생각한다. 사회에 널리 퍼져 있는 이러한 추측은 회사 입장에서는 성장에 대한 또 다른 압박으로 다가온다. 특히 사회적 지위와 명성이 연관되어 있다면 더욱 그렇다.

칼튼은 말한다. "성장에 관한 결정은 결코 쉽지 않습니다. 경영자의 자존심이 걸린 문제니까요. 저는 내면을 들여다보는 시간을 자주 가집니다. 내 삶에서 가장 중요한 것은 무엇인가? 내가 사업을 하는 목적은 무엇인가? 인생에서 얻고자 하는 것은 무엇인가? 세상은 언제나 더 큰 성장을 독려합니다. 하지만 저는 그것을 따라야 할 필요성을 느끼지 못했습니다."

① 일반적인 상식을 배제해야 한다.

② 지속적인 성장을 위해 사업에 몰입해야 한다.

③ 주어진 사업 기회를 놓치지 않아야 한다.

④ 스스로에게 자문하면서 성찰해야 한다.

1회 기출예상문제

2회 기출예상문제

3회 기출예상문제

4회 기출예상문제

5회 기출예상문제

6회 기출예상문제

인성검사

면접가이드

2 일반상식_51 ~ 100

51. 다음 중 신석기 시대에 대한 설명으로 옳지 않은 것은?

① 탄화된 좁쌀이 발견된 것으로 보아 잡곡류의 경작이 이루어졌다.
② 가락바퀴나 뼈바늘을 이용하여 옷이나 그물을 만들었다.
③ 생산물의 분배 과정에서 사유 재산 제도가 등장하였다.
④ 진흙을 빚어 만든 토기를 사용하였다.

52. 다음 중 고조선에 대한 설명으로 옳은 것은?

① 하늘에 제사를 지내는 영고가 개최되었다.
② 위만 왕조의 고조선은 철기문화를 본격적으로 수용하여 상업과 무역도 발달하게 되었다.
③ 8조법에는 남의 물건을 훔친 자는 12배의 배상을 하게 한다고 제시되어 있다.
④ 빈민을 구제하기 위해 진대법을 실시하였다.

53. 다음 중 신라 법흥왕의 업적으로 옳은 것은?

> ㉠ 병부를 설치하였다.
> ㉡ 이차돈의 순교를 계기로 불교를 공인하였다.
> ㉢ 새로 정복한 지역에 순수비를 세웠다.
> ㉣ 우산국을 복속하였다.

① ㉠, ㉡   ② ㉠, ㉢
③ ㉡, ㉢   ④ ㉢, ㉣

54. 통일 신라 말 호족에 대한 설명으로 옳지 않은 것은?

① 당에서 유학을 하고 돌아와 개혁을 추구하는 지식인이다.
② 해상 활동으로 재력과 무력을 쌓은 세력이다.
③ 중앙의 권력 투쟁에서 밀려나 지방에서 세력을 쌓은 귀족이다.
④ 지방의 토착세력으로 독자적인 자신만의 세력이 있었다.

55. 다음과 같은 정책들이 실시된 결과에 대한 설명으로 옳지 않은 것은?

• 칭제 건원   • 과거제 시행
• 노비안검법 실시   • 백관의 공복제정

① 호족의 세력이 약화되었다.
② 대외적 자주성을 표방하였다.
③ 귀족 정치의 특징이 강화되었다.
④ 국가의 재정 기반이 확대되었다.

56. 다음 중 고려 후기의 민족적 자주의식을 반영한 역사서로 옳지 않은 것은?

① 『해동고승전』
② 『제왕운기』
③ 『삼국유사』
④ 『해동역사』

57. 조선 초기 민족 문화가 발달하게 된 배경으로 옳지 않은 것은?

① 소중화 의식이 강조되었다.
② 관학파가 정국을 주도하였다.
③ 민생안정과 부국강병이 중시되었다.
④ 성리학 이외의 다른 학문과 사상을 수용하였다.

58. 다음에서 설명하는 정치기구는?

• 원래는 역대 왕의 글과 책을 수집하고, 보관하기 위한 왕실 도서관의 기능을 하였다.
• 정조가 비서실의 기능과 문한 기능을 통합적으로 부여하고, 과거 시험의 주관과 문신 교육의 임무까지 부여하였다.

① 집현전   ② 규장각
③ 홍문관   ④ 비변사

59. 대한민국 임시정부에 대한 설명으로 옳지 않은 것은?

① 삼권 분립에 기반한 우리나라 최초의 민주 공화제 정부이다.
② 파리 강화 회의에 김규식을 대표로 파견하였다.
③ 애국 공채 발행과 국민의 의연금을 통해 군자금을 조달하였다.
④ 3.1 만세 운동을 조직적으로 기획하고 전개하였다.

60. 다음 내용과 관련된 헌법 개정은?

> 대통령의 선출 방식을 국회 간선제에서 직선제로 바꾼 최초의 헌법 개정이다.

① 3선 개헌
② 9차 개헌
③ 발췌 개헌
④ 사사오입 개헌

61. 다음 중 조선 태조의 업적으로 적절하지 않은 것은?

① 도평의사사를 폐지하였다.
② 불교 탄압을 목적으로 한 도첩제를 실시하였다.
③ 한양으로 천도하였다.
④ 의흥삼군부를 설치하였다.

62. 다음 〈보기〉에서 나타나는 사건 이후 조선에 나타난 변화로 적절하지 않은 것은?

> 보기
>
> 어느 명나라 병사가 마산으로 가는 길에 어린아이가 죽은 어머니에게로 기어가서 가슴을 헤치고 그 젖을 빨고 있는 것을 보고 너무 가여워서 데려다가 군중에서 길렀다. 그는 나에게 말하기를 '왜적은 아직 물러가지 않고 백성들은 이처럼 처참한 형편이니 장차 어떻게 하겠습니까?' 하고 탄식하기를…
>
> – 유성룡, 〈징비록〉 –

① 대동법을 폐지하고 영정법을 시행하였다.
② 비변사의 기능이 강화되고 의정부 6조 체계가 약화되었다.
③ 민영 수공업에 활기가 불어와 관영 수공업이 빠르게 몰락하였다.
④ 서당교육이 보급되면서 서민문화가 발달하고 풍속화와 민화가 유행하였다.

63. 백제 천도 과정을 시대 순으로 바르게 나열한 것은?

① 한성 → 웅진 → 사비　　　　　② 한성 → 사비 → 웅진
③ 사비 → 웅진 → 한성　　　　　④ 웅진 → 한성 → 사비

64. 다음 중 흥선대원군이 척화비를 세워 통상 수교 거부 정책을 추진하게 된 이유가 아닌 것은?

① 오페르트의 남연군 묘 도굴 사건　　② 진주 농민 봉기
③ 프랑스군의 침입　　　　　　　　　④ 제너럴 셔먼호 사건

65. 다음 글은 1907년에 전개된 어떤 운동의 취지문 중 일부이다. 이 운동에서 추구하였던 목표로 가장 적절한 것은?

> 국채 1,300만 원은 바로 우리 한(韓)제국의 존망에 직결된 것이라. 이것을 갚으면 나라가 존재하고, 갚지 못하면 나라가 망할 것은 필연적인 사실이다. 지금 국고는 도저히 상환할 능력이 없으며, 만일 나라에서 갚는다면 그때는 이미 3,000리 강토는 내 나라, 내 민족의 소유가 못될 것이다.

① 경제적 자주성의 확립　　　　　② 열강의 이권 침탈 반대
③ 외국과의 통상 교섭 반대　　　　④ 자주적 근대 국가의 수립

66. 다음 중 표준어에 해당하는 것은?

① 알타리무   ② 콧망울

③ 뒤꼍   ④ 헝겁

67. 다음 밑줄 친 부분의 띄어쓰기가 올바른 것은?

① 그렇게 <u>농담식으로</u> 말하면 믿음이 가지 않는다.

② 한 <u>시간∨여</u>를 기다려 겨우 들어갈 수 있었다.

③ <u>그때∨그곳</u>으로 돌아간다면 참 좋을 텐데...

④ <u>모소식통</u>에 의하면 우리 연대는 훈련을 위해 다른 지역으로 이동해야 한다.

68. 다음 밑줄 친 부분이 〈보기〉에서 설명하는 품사로 쓰인 것은?

┤ 보기 ├

• 단어로 인정되지만 자립성이 없어 관형어의 꾸밈을 받는다.

• 조사와 결합이 가능하다.

① 연필 두 <u>자루</u>만 사다 줄래?

② 비는 <u>사흘</u> 동안 계속되었다.

③ <u>우리</u> 회사 사무실은 넓지는 않지만 깨끗하다.

④ 그 외에 <u>다른</u> 사람은 오지 않았다.

69. 다음 밑줄 친 부분의 한자어로 올바른 것은?

> 그는 휜 척추를 교정하기 위해 물리 치료를 받고 있다.

① 敎正　　　　　　　　　② 校正
③ 矯正　　　　　　　　　④ 校庭

70. 다음 〈보기〉에서 설명하는 음운 현상에 대한 예로 가장 적절한 것은?

> **보기**
>
> 　자음이 음절 끝에 올 때 터지지 아니하고 닫힌 상태로 발음되는 현상을 말한다. 이 현상은 일곱 개의 대표음으로 실현되는데 이런 점에서 음운의 중화(中和) 현상으로도 볼 수 있고, 음운의 교체로 볼 수도 있다. 이 현상은 국어의 음절 구조상 첫소리와 끝소리에 하나의 자음만 올 수 있기 때문에 나타난다.

① 겉옷[거돋]　　　　　　② 찰나[찰라]
③ 해돋이[해도지]　　　　④ 솜이불[솜니불]

71. 다음 중 밑줄 친 부분의 품사가 나머지와 다른 하나는?

① 이 소문은 어제오늘 난 소문이 아니고 꽤나 오래되었다.
② 할아버지께서는 형을 가장 사랑하셨다.
③ 모인 인원을 모두 합하여도 스무 명이 안 된다.
④ 감기에 걸렸을 때는 쉬는 게 제일이다.

72. 다음 빈칸에 공통적으로 들어갈 말은?

> '누구'는 '잘 모르는 사람'을 가리키는 (   )다. '누군가'는 '누구+인가'의 줄임말로 볼 수 있다. "누군가 나를 찾고 있다."에서와 같이 쓸 수 있다.
> 그런데 '누군가'를 (   )로 보고 다시 조사를 붙여 '누군가가', '누군가를', '누군가에게'라고 쓰는 이들이 많다. '누군가'가 명사가 아니라면 원칙적으로 '가', '에게' 등의 조사가 붙을 수 없다. 따라서 앞의 '누군가가'는 그냥 '누군가'로, 뒤의 '누군가에게'는 '누구에게'로 바꿔 쓰는 게 맞다.

① 지시 관형사 ② 성상 관형사
③ 처소 대명사 ④ 인칭 대명사

73. 다음 단어에 대한 발음이 잘못된 것은?

① 놓는[논는] ② 철학[처락]
③ 올해[올해] ④ 싫을[시를]

74. 다음 빈칸에 공통적으로 들어갈 말로 적절한 것은?

> (   )은/는 형식의 제약을 받지 않고 인생이나 자연 또는 일상생활에서의 느낌이나 체험을 생각나는 대로 쓴 산문 형식의 글이다. 형식에 얽매이지 않는 자유로움 때문에 (   )을/를 '붓 가는 대로 쓴 글'이라고도 한다. (   )의 가장 큰 특징은 무형식적이며, 소재가 다양하고 글쓴이의 인생관 및 가치관이 담겨 있다는 것이다. 또한 (   )은/는 누구나 쓸 수 있는 비전문적인 글이기도 하고, 글쓴이가 겪은 일을 솔직하게 써서 감동을 주는 고백적인 글이기도 하다. 글쓴이의 생활경험이 많이 등장하기 때문에 신변잡기적이라는 특징도 있다.

① 수필 ② 소설
③ 기행문 ④ 희곡

1회 기출예상문제
2회 기출예상문제
3회 기출예상문제
4회 기출예상문제
5회 기출예상문제
6회 기출예상문제
인성검사
면접가이드

75. 다음 중 밑줄 친 단어의 쓰임이 잘못된 것은?

① 병뚜껑이 너무 꼭 <u>닫혀서</u> 열 수가 없다.
② 그 아이는 다른 사람들에 비해 실력이 많이 <u>딸린다</u>.
③ 한 학년 사이에 아들의 키가 훌쩍 커 버려 바짓단을 <u>늘였다</u>.
④ 밤늦게 들어온 남편을 위해 찌개를 <u>데우고</u> 밥상을 차렸다.

76. 다음 중 본말과 준말의 연결로 적절하지 않은 것은?

	본말	준말		본말	준말
①	어제그저께	어저께	②	디디고	딛고
③	무엇을	무얼	④	변변하지 않다.	변변찮다.

77. 다음 시를 쓴 시인이 속한 유파로 적절한 것은?

얇은 사(紗) 하이얀 고깔은
고이 접어서 나빌레라.

파르라니 깎은 머리
박사(薄紗) 고깔에 감추오고

두 볼에 흐르는 빛이
정작으로 고와서 서러워라

① 시문학파
② KAPF
③ 청록파
④ 주지시파

78. 다음 중 형태소에 해당하는 것은?

① 구름   ② 해님
③ 묻히다   ④ 맏이

79. 다음 밑줄 친 단어가 의미하는 것은?

내 코가 <u>석</u> 자다.

① 石   ② 90cm
③ 三   ④ 자리

80. 다음 중 표기가 모두 옳은 것은?

① 나룻터, 홧병, 도맷값, 시냇물   ② 나룻터, 화병, 도매값, 시냇물
③ 나루터, 홧병, 도맷값, 시내물   ④ 나루터, 화병, 도맷값, 시냇물

81. 바터무역의 방식 중 무엇을 팔았다가 다시 되사들이는 행위를 지칭하는 것으로 국채에서는 국채 조기 상환을, 주식시장에서는 기업의 자사주 매입을 뜻하는 용어는?

① 스위치무역   ② 스트랭글
③ 바이백   ④ 유상소각

1회 기출예상문제

2회 기출예상문제

3회 기출예상문제

4회 기출예상문제

5회 기출예상문제

6회 기출예상문제

인성검사

면접가이드

82. 강한 힘을 가진 다수의 의견은 적극적인 의견 표출로 점점 강해지고, 약한 힘을 가진 비판 의견은 의견 표출에 소극적이 되어 점점 약해진다는 내용의 사회심리는?

① 침묵의 나선
② 스미스의 역설
③ 공정한 세상 가설
④ 라플라스의 악마

83. 다음 글의 빈칸 ㉠에 들어갈 내용은?

영국의 T. S. 엘리엇의 시 〈지혜로운 고양이가 되기 위한 지침서〉를 기초로 제작된 뮤지컬 〈캣츠 (Cats)〉는 배우들의 전신 고양이 분장과 뮤지컬 넘버 〈메모리(Memory)〉 등으로 영국의 웨스트엔드에서 1981년 초연 이래로 2002년까지 9,000회의 공연이 이루어지는 등 큰 인기를 얻었다. 2019년에는 뮤지컬 영화 〈레 미제라블〉의 감독 톰 후퍼에 의해 영화화되었으나, 그해 최악의 영화를 선정하는 (㉠)에서 '최악의 작품상'으로 선정되는 불명예를 안았다.

① 골든 글로브
② 오스카 상
③ 골든 라즈베리 상
④ 로튼 토마토

84. 주식시장(Equity Market)에 대한 설명으로 바르지 않은 것은?

① 주식으로 조달된 자금에 대해서는 원리금 상환 의무가 없다.
② 회사의 재산에 대한 지분을 나타내는 주식이 거래되는 시장을 말한다.
③ 주주는 주식 소유자로서 기업 순이익에 대한 배당 청구권을 갖는다.
④ 우리나라의 주식 시장에는 유가증권시장, 코스피, 프리보드 등이 있다.

85. 다음 글의 밑줄 친 '이 용어'에 해당하는 것은?

미국 온라인 영어사전 사이트인 딕셔너리닷컴(Dictionary.com)은 2016년 '올해의 단어'(Word of the Year)로 '이 용어'를 선정했다. 딕셔너리닷컴은 올해 영국의 유럽연합(EU) 탈퇴 결정(브렉시트), 시리아 난민 위기, 미국의 대통령 선거, 미국의 비무장 흑인 총격 논란 등의 이슈가 터져 나오면서 이용자들이 '이 용어'를 많이 찾아봤다고 설명했다. 전 세계의 인터넷·스마트폰 이용자들이 이 용어를 가장 많이 찾아본 날은 영국 국민투표 이튿날인 6월 24일로 평소보다 검색량이 938% 폭증한 것으로 집계됐다. 당시 오바마 미국 대통령이 대선 후보였던 도널드 트럼프의 발언을 '이 용어'의 표본이라고 비판한 이튿날인 6월 30일에도 검색 횟수가 치솟았다.

① 네오러다이트(Neo-Luddite)
② 제노포비아(Xenophobia)
③ 오버투어리즘(Overtourism)
④ 노모포비아(Nomophobia)

86. 우수한 인재들로만 구성된 집단의 성과가 오히려 낮게 나타나는 현상은?

① 아폴로 신드롬
② 스톡홀롬 신드롬
③ 쿠바드 신드롬
④ 피터팬 신드롬

87. 다음 중 수요곡선 자체를 이동시키지 않는 것은?

① 가격의 변화
② 소득의 변화
③ 소득분포의 변화
④ 구매력을 가진 인구의 변화

88. 무차별곡선에 대한 설명 중 옳지 않은 것은?

① 두 재화 간의 대체가 어려울수록 경사가 완만하게 볼록하다.
② 원점에서 멀리 떨어진 무차별곡선일수록 더 큰 효용을 얻는다.
③ 무차별곡선상의 모든 상품 묶음은 소비자에게 동일한 만족을 준다.
④ 무차별곡선들은 서로 교차하지 않는다.

89. 다음 글과 관련된 사회적 현상으로 적절한 것은?

> 최근 휴일에 독서나 드라마 시청 등 평소 하고 싶었던 일을 하면서 자유롭게 자신만의 시간을 갖기 위해 스테이케이션(Staycation)을 선택하는 사람들이 늘고 있다. 스테이케이션이란 머물다라는 뜻의 'stay'와 휴가라는 뜻의 'vacation'을 합친 말로, 멀리 나가지 않고 집이나 집과 가까운 도심에서 휴가를 보내는 것을 의미한다. 지속적인 경제 침체와 성수기 여행지 가격 인상 등으로 인해, 휴가에 많은 돈을 들이지 않고 집과 멀지 않은 곳에서 휴식을 즐기는 스테이케이션족(族)이 늘어나고 있다.
>
> 과거 2000년대 초까지만 해도 어디론가 떠나야만 휴가라는 인식이 지배적이었지만 최근에는 '머무는 것'도 휴가라는 인식이 나타나 여행 인파가 몰리는 휴가철에 휴양지를 찾는 사람이 줄어들고 있다. 시간과 돈을 투자해 먼 곳으로 여행을 떠나더라도 주차 문제와 바가지요금 등으로 오히려 스트레스가 가중되기 때문이다. 이에 따라 집이나 근교 호텔 등에서 머물며 진정한 휴식을 취하고 자신만의 일상을 즐기는 스테이케이션이 트렌드로 자리 잡게 되었다.
>
> 스테이케이션은 주택시장에도 영향을 미치고 있는데, 집을 단순히 주거하는 곳이 아니라 휴식의 공간이라 인식하는 이들이 많아지고 있으며 이에 따라 집의 중요성도 커지고 있다. 전국 성인 남녀 2천여 명을 대상으로 실시한 설문조사에 따르면, 집을 '휴식의 공간'으로 인식하는 이들이 91.4%로 높게 나타났다. 이러한 인식에 따라 집 주변의 자연 친화적인 생활 인프라도 중시하게 되었으며, 이들의 트렌드에 맞춰 소풍을 즐길 수 있는 생태 연못과 여름철 캠핑이 가능한 캠프장이 조성된 이색 아파트도 등장하였다.

① 템플스테이   ② 신 코쿠닝
③ 조이풀 트레인   ④ 팜스테이

90. 현행 헌법상 의원내각제적 요소로 볼 수 없는 것은?

① 국무총리   ② 국무회의
③ 의회의 국무위원 해임건의제   ④ 대통령의 법률안 거부권

91. 2018년에 발표된 문재인 대통령과 김정은 북한 국무위원장의 '판문점선언'에 관한 내용이 아닌 것은?

① 이산가족 상봉   ② 개성에 남북공동연락사무소 설치
③ 핵 없는 한반도 실현   ④ 온전한 남북교류

92. 완전경쟁시장의 일반균형에 대한 설명으로 옳지 않은 것은?

① 예산집합에서 각 소비자의 효용이 극대화된다.
② 각 생산자의 이윤이 극대화되고 양의 값을 가진다.
③ 한 소비자의 후생을 높이려면 반드시 다른 소비자의 후생이 낮아져야 한다.
④ 선호체계와 생산기술에 대한 몇 가지 가정이 성립할 때 초기부존자원을 적절히 재분배하여 임의의 파레토효율적 배분을 일반균형이 되게 할 수 있다.

93. 다음 중 본원통화의 증감요인으로 옳지 않은 것은?

① 정부자금의 변동
② 외환보유고의 변동
③ 법정지급준비율의 변동
④ 일반은행의 여·수신변동

94. 제시문에서 설명하고 있는 조세의 세율은?

> 모든 재화 또는 용역의 소비행위에 대하여 부과되는 일반소비세이며, 조세의 부담이 거래의 과정을 통하여 납세의무가 있는 사업자로부터 최종소비자에게 전가되는 간접소비세이다.

① 5%
② 7%
③ 10%
④ 12%

95. 피구세(Pigouvian tax)에 관한 내용으로 틀린 것은?

① 정부의 조세정책을 통해 환경오염에 의한 사회적 비용을 경제주체들이 그들의 의사결정 과정에 포함시키도록 만들기 위해 도입되었다.
② 피구세는 20세기 초 경제학자인 피구에 의해 그의 대표적인 저서 「후생경제학」에서 제안되었다.
③ 피구세는 자연스러운 시장환경에 따라서 그 지장에 상응하는 만큼 환경재 이용에 대가를 치르게 하는 것이다.
④ 환경재에 인위적으로 적정가격을 설정함으로써 환경재의 남용을 막는다는 것이다.

96. 다음과 관련이 있는 환율체제는?

> 역내 통화 사이에서의 환율은 상하 일정 변동폭(2.25%) 내에서 움직이도록 하고, 달러 등 역외통화에 대해서는 변동환율제도를 허용한다는 것이다. 이 형태의 환율변동을 도입하면 역내 참가국 통화는 일정한 폭 내에서 변동을 하면서 밴드를 형성하고, 이 밴드가 움직이는 양상이 마치 뱀과 같다고 하여 붙여진 이름이다.

① 킹스턴 체제   ② 스네이크 체제
③ 브레턴우즈 체제   ④ 스미소니언 체제

97. 언론과 종교 탄압행위 등을 세계 여론에 고발하고 정치범의 구제를 위해 노력하는 세계 최고 권위의 인권기구는?

① 국제사면위원회   ② 국제노동기구
③ 국제해사기구   ④ 국제원자력기구

98. 다음은 15초짜리 광고 한 편에서 나온 문구들이다. 이러한 광고를 무엇이라 하는가?

> • 익서스는 말한다. 해가 졌다. 그녀를 찍을 시간이다. 이것이 익서스다. -Canon
> • 골키퍼를 치워 드릴까요? 콧대를 좀더 낮춰 드릴까요? 먼저 다가서 드릴까요? 필요 없어. 10번 찍으면 10번 넘어오니까. 이것이 인생이다. -Tucson ix

① 타이업 광고   ② 애드버토리얼
③ 스왑 광고   ④ 시즐 광고

1회 기출예상문제
2회 기출예상문제
3회 기출예상문제
4회 기출예상문제
5회 기출예상문제
6회 기출예상문제
인성검사
면접가이드

99. 다음의 (가) ~ (다)에 해당하는 용어를 바르게 짝지은 것은?

> (가) 한 매장에 2개 이상의 브랜드 제품을 모아 판매하는 매장
> (나) 짧게는 하루, 길게는 두 달 정도의 한정된 기간 동안만 운영하는 매장
> (다) 시장에서 성공을 거둔 특정 상품 브랜드를 중심으로, 브랜드의 성격과 이미지를 극대화한 매장

	(가)	(나)	(다)
①	플래그십 스토어	편집숍	안테나숍
②	편집숍	팝업 스토어	플래그십 스토어
③	편집숍	팝업 스토어	안테나숍
④	팝업 스토어	편집숍	플래그십 스토어

100. 맨부커상(Man Booker Prize)에 대한 다음 〈보기〉의 설명 중 옳지 않은 것을 모두 고르면?

보기

> ㉠ 맨부커상은 노벨 문학상, 프랑스 콩쿠르상과 함께 세계 3대 문학상에 꼽힌다.
> ㉡ 이 상은 영연방 작가에게 주는 맨부커상(Man Booker Prize)과 그 외 지역 작가에게 주는 인터내셔널 부문상(Man Booker International Prize)으로 나뉜다.
> ㉢ 우리나라 소설가 조정래는 2016년 소설 〈한강〉으로 이 상을 수상하였다.
> ㉣ 비영연방 작품은 영어로 번역되어 영국 외의 영어권 국가에서 출판된다면 수상 대상이 될 수 있다.
> ㉤ 인터내셔널 부문은 매년 시상하며, 작품을 영어로 번역한 번역가에게도 공동 시상한다.

① ㉠

② ㉠, ㉢

③ ㉡, ㉣

④ ㉢, ㉣

부산교통공사

직업기초능력평가
+ 일반상식

제6회

수험번호	
성 명	

6회 기출예상문제

1 NCS 직업기초능력평가_1 ~ 50

01. 다음 상황에서 경청을 위해 김 대리가 가져야 할 태도로 적절한 것은?

> 최 사원 : 김 대리님, 오늘 제가 늦었습니다. 죄송합니다.
> 김 대리 : 장난해? 지금 시간이 몇 시인데 이제 와.
> 최 사원 : 사실 제가 오늘 늦은 이유가 다름이 아니라 지하철이...
> 김 대리 : 됐고, 빨리 일이나 시작하도록 해.

① 상대방의 이야기를 끝까지 주의 깊게 들어야 한다.
② 상대방이 무엇을 요구하는지에 대해 파악해야 한다.
③ 상대방에게 상황에 어울리는 적절한 충고를 해 주어야 한다.
④ 상대방의 눈을 바라보며 이야기를 해야 한다.

02. 다음 안내문을 읽고 지적한 내용으로 적절한 것은?

> **〈컴퓨터 장치 제거 안내문〉**
> 　모뎀과 같이 다시 연결할 수 있는 장치를 제거하는 대신 플러그 엔 플레이 장치를 '사용 안 함'으로 설정할 수 있습니다. 장치를 '사용 안 함'으로 설정하면 장치는 물리적으로는 계속 컴퓨터에 연결되지만 컴퓨터를 시작할 때, '사용 안 함'으로 설정한 장치의 장치 드라이버는 더 이상 로드되지 않도록 윈도즈에서 시스템 레지스트리를 업데이트합니다.

① 유행어나 외래어가 많이 사용되었다.
② 일상생활에서 잘 사용하지 않는 전문용어가 많이 사용되었다.
③ 비유적이고 상징적인 어휘를 많이 사용하였다.
④ 대화체가 아닌 일방적인 설명조의 언어를 사용하였다.

[03 ~ 04] 다음 글을 읽고 이어지는 질문에 답하시오.

(가) 닻에 갇혀 생각하는 심리를 극복하는 것은 결코 쉬운 일이 아니다. 앵커링 효과는 상황에 따라 의사결정을 하는 데 도움이 되기도 하지만 또 다른 면에서는 오히려 사고를 편중시켜 어떠한 일이나 사물을 다양한 시각으로 볼 수 없게 만든다.

(나) 앵커링 효과(Anchoring effect)란 의사결정을 하기 전에 얻은 첫 번째 정보에 따라 사고가 좌지우지되기 쉬운 현상을 가리킨다. '앵커(Anchor)'는 배의 닻을 뜻하는 영어 단어로, 닻을 내리면 배가 아무리 오래 움직인들 닻에 묶인 밧줄의 거리만큼 맴돌게 된다. 이처럼 첫 번째로 얻은 정보는 바다 밑바닥에 잠겨 있듯이 우리의 사고 어딘가에 고정되어 왜곡된 선입견을 생성할 수 있다는 것이다.

(다) 그렇다면 어떻게 앵커링 효과를 피하거나 감소시킬 수 있을까? 첫째는 가능한 한 시야를 넓게 하여 많은 정보를 끊임없이 학습하고, 둘째는 수집한 정보를 전면적으로 분석하여 이성적인 판단을 이끌어 내는 것이다. 이는 '닻을 내리는 것'의 영향을 최소화한다.

(라) 관련된 유명한 일화가 있다. 샌드위치를 파는 작은 가게에 직원 두 명이 있는데, 한 직원은 주문 시 고객에게 "달걀 프라이를 원하시나요?"라고 묻고, 다른 직원은 "달걀 프라이를 1개 드릴까요, 2개 드릴까요?"라고 물었다. 결과적으로 두 번째 직원의 매출이 더 많은 것으로 나타났는데, 두 번째 직원의 방법은 고객이 결정하기 전에 이미 고객의 마음속에 달걀 프라이를 심어 두었기 때문이다.

03. 윗글의 (가) ~ (라)를 문맥에 맞도록 바르게 나열한 것은?

① (가)-(라)-(나)-(다) ② (가)-(나)-(다)-(라)
③ (나)-(가)-(다)-(라) ④ (나)-(라)-(가)-(다)

04. 윗글에 대한 설명으로 적절하지 않은 것은?

① 의사결정 시 자신의 사고가 이미 닻에 갇혀 있다는 사실을 깨닫지 못하는 경우가 많다.
② 많은 정보를 획득하는 것은 우리의 사고를 편중시키기만 한다.
③ 비즈니스 협상 시 먼저 가격 제시를 한 사람에게 유리한 방향으로 조율될 가능성이 높다.
④ 특정 학생의 과거 성적은 평가자가 그 학생의 새로운 성적을 평가할 때도 기준점으로 작용될 수 있다.

05. 다음은 사이시옷과 관련된 어문 규정이다. ㉠ ~ ㉡에 대한 예시로 적절하지 않은 것은?

제30항 사이시옷은 다음과 같은 경우에 받치어 적는다.

1. 순우리말로 된 합성어로서 앞말이 모음으로 끝난 경우
   (1) 뒷말의 첫소리가 된소리로 나는 것
   (2) 뒷말의 첫소리 'ㄴ, ㅁ' 앞에서 'ㄴ' 소리가 덧나는 것 ·················· ㉠
   (3) 뒷말의 첫소리 모음 앞에서 'ㄴㄴ' 소리가 덧나는 것 ·················· ㉡
2. 순우리말과 한자어로 된 합성어로서 앞말이 모음으로 끝난 경우
   (1) 뒷말의 첫소리가 된소리로 나는 것
   (2) 뒷말의 첫소리 'ㄴ, ㅁ' 앞에서 'ㄴ' 소리가 덧나는 것 ·················· ㉢
   (3) 뒷말의 첫소리 모음 앞에서 'ㄴㄴ' 소리가 덧나는 것 ·················· ㉣
3. 두 음절로 된 한자어

---

① ㉠ 뒷머리   ② ㉡ 나뭇잎
③ ㉢ 양칫물   ④ ㉣ 아랫니

06. 다음의 ㉠ ~ ㉣ 중 그 쓰임이 적절한 것은?

　"내가 집이 가난해서 말이 없으므로 혹 빌려서 타는데, ㉠여의고 둔하여 걸음이 느린 말이면 비록 급한 일이 있어도 감히 채찍질을 가하지 못하고 조심조심하여 곧 ㉡넘어질 것가치 여기다가, 개울이나 구렁을 만나면 내려서 걸어가므로 후회하는 일이 적었다. 발이 높고 귀가 날카로운 ㉢준마로써 잘 달리는 말에 올라타면 의기양양하게 마음대로 채찍질하여 고삐를 놓으면 언덕과 골짜기가 평지처럼 보이니 심히 ㉣장쾌하였다. 그러나 어떤 때에는 위태로워서 떨어지는 근심을 면치 못하였다. … "

---

① ㉠   ② ㉡
③ ㉢   ④ ㉣

07. 다음 두 토론자들의 주장을 적절하게 분석한 것은?

> 사회자 : 최근 보이스피싱 범죄가 모든 금융권으로 확산되면서 피해액이 늘어나고 있습니다. 이에 금융 당국이 은행에도 일부 보상 책임을 지게 하는 방안을 검토하는 것으로 알려지고 있습니다. 이에 대해 어떻게 생각하십니까?
>
> 영수 : 개인이 자신의 정보를 잘못 관리한 책임까지 은행에서 진다는 것은 문제가 있습니다. 도와 드릴 수 있다면 좋겠지만, 은행 입장에서도 한계가 있어 안타까울 뿐입니다.
>
> 민수 : 소비자들이 자신의 개인정보 관리에 다소 부주의하다는 것은 인정합니다. 그러나 개인의 부주의를 제고하는 것보다는 정부가 근본적인 해결책을 모색하는 것이 더욱 시급합니다.

① 영수는 은행의 입장을 대변하고 있으며 민수는 정부의 입장을 대변하고 있다.
② 영수와 민수는 보이스피싱 범죄의 확산에 대한 일차적 책임이 은행과 정부에 있다고 생각한다.
③ 영수와 달리, 민수는 보이스피싱 피해에 대한 책임을 소비자에게만 전가해서는 안 된다고 생각한다.
④ 영수는 보이스피싱 범죄를 근본적으로 해결하기 위해 은행의 역할을, 민수는 정부의 역할을 강조한다.

08. 외래어 표기법에 관한 다음 어문 규정을 참고할 때, 빈칸 (B)에 들어갈 예시로 옳은 것은?

> **제3항 마찰음([s], [z], [f], [v], [θ], [ð], [ʃ], [ʒ])**
> 1. 어말 또는 자음 앞의 [s], [z], [f], [v], [θ], [ð]는 '으'를 붙여 적는다.
>
> | (A) |
> | --- |
>
> 2. 어말의 [ʃ]는 '시'로 적고, 자음 앞의 [ʃ]는 '슈'로, 모음 앞의 [ʃ]는 뒤따르는 모음에 따라 '샤', '섀', '셔', '셰', '쇼', '슈', '시'로 적는다.
>
> | (B) |
> | --- |
>
> 3. 어말 또는 자음 앞의 [ʒ]는 '지'로 적고, 모음 앞의 [ʒ]는 'ㅈ'으로 적는다.
>
> | (C) |
> | --- |

① flash[flæʃ] 플래시, sheriff[ʃerif] 셰리프
② fashion[fæʃən] 패션, mask[mɑːsk] 마스크
③ vision[víʒən] 비전, shim[ʃim] 심
④ mirage[mirɑːʒ] 미라지, thrill[θril] 스릴

09. 다음 글을 읽고 이해한 내용으로 적절하지 않은 것은?

<부산교통공사, 시민을 위한 힐링메세지 열차 운영>
– 부산의 상징물, 바다 2가지 콘셉트로 조성 · 운영 –
– 코로나로 지친 부산 시민의 생활에 활력 줄 수 있을 것으로 기대 –

　부산교통공사(사장 이○○)는 오는 6월 1일부터 8월 31일까지 도시철도 1호선과 2호선에서 재단법인 부산광역시대중교통시민기금과 함께 코로나로 일상에 지친 시민들에게 힐링메세지를 전달하는 "메트로 마린" 테마 열차를 운행한다.

　메트로 마린 열차는 1호선 열차 3량, 2호선 열차 2량 총 5량에 조성되며, 부산의 상징물, 부산의 바다 2가지 콘셉트로 조성 · 운행된다.

　부산의 상징물 테마 열차는 "하늘 위에서 부산을 내려보다."라는 구성으로 부산 상징물을 퍼즐 형태로 제작하였으며, 부산의 바다 테마 열차는 "우연히 만난 도시철도, 부산 바다를 여행하는 기분"이라는 콘셉트로 열차 창문과 벽면에 다양한 부산 바다 이미지를 조성했다.

　특히 바닥에는 부산의 바다를 즐길 수 있는 서핑 보드의 이미지를 구현, 승객이 다양한 포즈로 사진을 연출할 수 있게 함으로써 열차를 즐기는 공간으로 조성하였다. 테마 열차는 평일 하루 평균 1호선 왕복 9회, 2호선 왕복 4회 운행되어 시민과 만날 예정이다.

　한편 이번 테마 열차는 공사가 재단법인 부산광역시대중교통시민기금과 최초로 협업하여 실시하는 테마 열차 사업으로, 5월 말부터 매일 한 량씩 시범설치를 시작, 6월 1일 전량 정상운행 하도록 추진 중에 있다. 아울러 방염 재질 랩핑 및 승객의 미끄럼 방지를 위한 돌기를 사용하는 등 안전사고 예방에도 많은 노력을 기울였다.

　부산교통공사 이○○ 사장은 "코로나로 인하여 지친 부산시민의 생활에 활력을 불어넣을 수 있음과 동시에 급감한 도시철도 이용객 회복에 견인 역할을 수행할 것"이라며 "부산 시민들 덕분에 우리의 존재 가치가 있는 만큼, 그 가치를 조금이나마 다시 돌려 드릴 수 있게 되어서 기쁘게 생각한다."고 전했다.

---

① 부산교통공사에서 힐링메세지 열차를 운행하는 이유는 코로나로 일상에 지친 시민들에게 힐링메세지를 전달하기 위해서이다.

② 힐링메세지 열차는 부산의 상징물, 부산의 바다 2가지 콘셉트로 조성되고 운영될 예정이다.

③ 부산의 상징물 테마 열차는 '우연히 만난 도시철도, 부산하늘을 여행하는 기분'이라는 컨셉트로 조성된다.

④ 이 열차는 방염 재질 랩핑을 사용하고 승객의 미끄럼 방지를 위한 돌기를 사용하는 등 안전사고 예방에도 많은 노력을 기울였다.

10. 다음 (가)~(라) 중 부산항 신항 주변지역 개발사업의 목적을 나타내는 것은?

> (가) 부산항 신항을 동북아 물류거점 항만으로의 구축에 대한 필요성이 확대됨에 따라 총 1,008만 m² 의 배후 단지를 조성하여 고부가가치 클러스터를 구축할 계획이다.
>
> (나) 남컨테이너부두 2-2단계(4선석) 및 2-3단계(4선석)가 각각 20X0년 · 20X2년 운영이 개시됨에 따라 남컨테이너부두 배후단지 조성의 필요성이 증대되었다.
>
> (다) 부산항 신항 인접지역에 물류 · 제조 · 지원기능 등이 복합된 항만배후단지를 조성하여, 항만 물동 량 및 부가가치를 창출하고 항만 연관 산업의 활성화를 도모한다.
>
> (라) 다양한 항만 연관 산업과 지원시설 유치를 통해 항만 클러스터를 조성, 글로벌 선도 항만 구축이 가능해진다.

① (가)   ② (나)
③ (다)   ④ (라)

11. 다음 중 과자, 사탕, 음료수를 합하여 가장 많은 양을 가지고 있는 사람은?

(단위 : 개)

구분	다현	지민	소진	지훈	윤주	총합
과자	( )	7	3	4	6	25
사탕	2	4	8	( )	4	25
음료수	8	( )	6	5	4	28

① 다현   ② 지민
③ 소진   ④ 지훈

1회 기출예상문제
2회 기출예상문제
3회 기출예상문제
4회 기출예상문제
5회 기출예상문제
6회 기출예상문제
인성검사
면접가이드

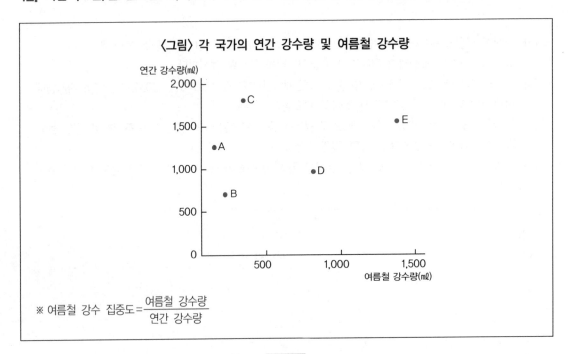

12. 다음 〈조건〉을 참고할 때, 〈그림〉의 B, D에 해당하는 국가를 바르게 연결한 것은?

〈그림〉 각 국가의 연간 강수량 및 여름철 강수량

※ 여름철 강수 집중도 = $\dfrac{여름철\ 강수량}{연간\ 강수량}$

조건

- ㉯ 국가는 ㉮ 국가보다 연간 강수량이 적다.
- ㉰ 국가는 ㉳ 국가보다 연간 강수량이 많다.
- 여름철 강수 집중도는 ㉰, ㉳ 국가가 ㉮, ㉯ 국가보다 2배 이상 높다.
- ㉯ 국가는 ㉲ 국가에 비해서 연간 강수량은 많지만, 여름철 강수량은 적다.

	B	D
①	㉮	㉲
②	㉲	㉳
③	㉲	㉰
④	㉯	㉳

13. ○○기업 체육대회에서 7점 4선승제로 배드민턴 경기가 진행되고 있다. A와 B의 3번째 경기까지 진행된 결과 A가 2승 1패로 앞서고 있다고 한다. 한 경기마다 두 사람이 각각 이길 확률은 $\frac{1}{2}$로 같고 비기는 경우는 없다고 할 때, B가 최종 우승할 확률은?

① $\frac{1}{4}$

② $\frac{3}{16}$

③ $\frac{5}{16}$

④ $\frac{2}{5}$

14. 다음은 ○○기업 지원자의 인턴 및 해외연수 경험과 합격여부에 관한 자료이다. 이에 대한 설명으로 옳지 않은 것은?

〈○○기업 지원자의 인턴 및 해외연수 경험과 합격여부〉

인턴 경험	해외연수 경험	합격여부(명)		합격률(%)
		합격	불합격	
있음	있음	53	414	11.3
	없음	11	37	22.9
없음	있음	0	16	0.0
	없음	4	139	2.8

* 합격률(%) = $\dfrac{\text{합격자 수}}{\text{합격자 수+불합격자 수}} \times 100$

* 합격률은 소수점 아래 둘째 자리에서 반올림한 값이다.

① 인턴 경험과 해외연수 경험이 모두 있는 지원자의 합격률은 11.3%이다.

② 인턴 경험과 해외연수 경험이 모두 없는 지원자의 합격률은 2.8%이다.

③ 해외연수 경험이 있는 지원자가 해외연수 경험이 없는 지원자보다 합격률이 높다.

④ 인턴 경험과 해외연수 경험이 모두 없는 지원자와 둘 중 인턴 경험만 있는 지원자 간의 합격률 차이는 20%p보다 작다.

15. 다음은 일부 광역시·도별 2019, 2020년 약국 수 현황이다. 2020년에 전년 대비 약국 수가 가장 많이 증가한 지역은?

(단위 : 개)

구분	2019년	2020년
대구	1,275	1,300
인천	1,110	1,127
충북	661	683
충남	950	967

① 대구   ② 인천
③ 충북   ④ 충남

16. 다음 중 석사 학위 취득자 대비 박사 학위 취득자의 비율이 남성보다 여성이 큰 두 개의 전공은? (단, 모든 계산은 소수점 아래 둘째 자리에서 반올림한다)

(단위 : 명)

전공	석사 학위 취득			박사 학위 취득		
	남성	여성	계	남성	여성	계
경영학	75	45	120	20	15	35
영문학	40	50	90	12	18	30
사회학	45	40	85	16	9	25
컴퓨터공학	70	65	135	24	16	40

① 경영학, 영문학   ② 영문학, 사회학
③ 영문학, 컴퓨터공학   ④ 경영학, 사회학

17. 공무원 맞춤형 복지점수는 근무연수와 부양가족 수에 따라 차등 지급되며, 복지점수 1점당 1,000원이다. 경력 3년에 가족으로 부모 2명, 배우자 1명, 자녀 2명이 있는 A 씨가 복지점수로 받는 금액은 얼마인가?

기본점수	근속점수	가족점수
400점 (일률 배정)	• 근무연수 1년당 10점 • 최고 30년까지 • 최고 300점 배정	• 배우자 포함 4인 이내로 하되, 자녀는 인원수와 관계없이 모두 배정 • 배우자 100점, 직계존비속 1인당 50점. 다만, 직계비속 중 둘째 자녀는 100점, 셋째 자녀부터는 1인당 200점

* 공무원 맞춤형 복지점수(점) = 기본점수 + 근속점수 + 가족점수

① 73만 원

② 78만 원

③ 83만 원

④ 88만 원

18. 경영관리본부의 사원 19명과 S 상무는 야유회를 갔다. 본부장인 S 상무는 다음과 같은 〈규칙〉에 의해 탈락되지 않고 남는 직원들에게 선물을 주기로 하였다. 다음 중 본부장의 선물을 받게 되는 직원들이 가진 번호가 아닌 것은?

규칙

- 1단계 : 19명의 직원이 2부터 20까지의 숫자가 적힌 종이를 무작위로 한 장씩 나누어 갖는다.
- 2단계 : 첫 번째 수인 2를 '시작 수'로 한다.
- 3단계 : '시작 수'보다 큰 수 중 '시작 수'의 배수에 해당하는 숫자를 가진 직원들을 모두 탈락시킨다.
- 4단계 : '시작 수'보다 큰 숫자를 가진 직원들이 있으면 그 직원들이 가진 수 중 가장 작은 수를 다음 '시작 수'로 하고 3단계로 간다. 이를 반복해 '시작 수'보다 큰 수 중 '시작 수'의 배수를 가진 직원이 없으면 종료한다.

① 2

② 5

③ 11

④ 18

19. 다음 그래프는 제조사별 국내 자동차 판매 실적에 대한 20X7, 20X8년의 통계치를 나타낸 것이다. 20X7년의 총 판매량은 140만 대이고, 20X8년의 총 판매량은 145만 대라고 한다. 20X7년 대비 20X8년에 판매 점유율이 감소한 제조사의 경우, 전년 대비 20X8년의 판매량은 총 몇 대 감소하였는가?

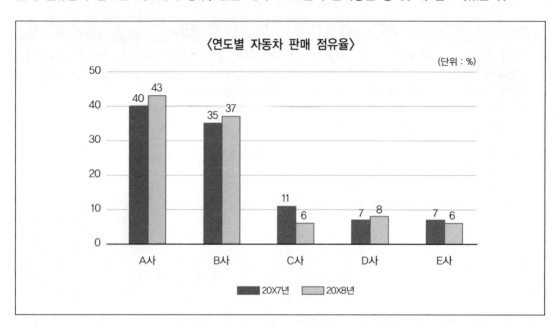

① 7.0만 대   ② 7.4만 대
③ 7.8만 대   ④ 8.2만 대

20. 다음은 영업팀의 지역(담당자)별 매출 비율을 나타낸 그래프이다. 이에 대한 설명으로 옳은 것을 〈보기〉에서 모두 고르면?

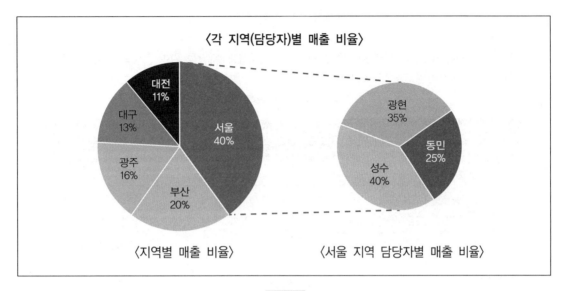

〈각 지역(담당자)별 매출 비율〉

〈지역별 매출 비율〉 〈서울 지역 담당자별 매출 비율〉

보기

ㄱ. 전체 매출 중 광현이가 차지하는 비중은 13% 미만이다.
ㄴ. 전체 매출 중 동민이가 차지하는 비중은 10% 이상이다.
ㄷ. 전체 매출 중 광현이와 동민이가 차지하는 비중은 대구와 대전의 매출 비중의 합보다 작다.
ㄹ. 전체 매출 중 성수가 차지하는 비중은 대구가 차지하는 비중보다 많다.

① ㄱ, ㄴ ② ㄱ, ㄷ
③ ㄴ, ㄷ ④ ㄴ, ㄹ

[21 ~ 22] 다음 자료를 읽고 이어지는 질문에 답하시오.

〈자활사업 주요 내용〉

1. 자활근로사업

자활근로사업은 국민기초생활 보장법에 의한 저소득층에게 자활을 위한 근로의 기회를 제공하여 자활기반을 조성하는 사업을 말한다.

〈자활근로 유형〉

구분		사업비 지출한도	사업규모 (전체 자활근로 참여인원의)	시행방법
근로유지형		5% 이하	20% 미만	시·군·구, 직접시행
업그레이드형	사회 서비스형	20% 이하	80% 이상	민간위탁, 직접시행
	인턴·도우미형	10% 이하		직접시행, 민간위탁
	시장진입형	30% 이하		민간위탁(직접시행 가능)

2. 자활기업

자활기업은 2인 이상의 수급자 또는 저소득층이 상호 협력하여, 조합 또는 공동사업자의 형태로 탈빈곤을 위한 자활사업을 운영하는 업체를 말한다. 국민기초생활 보장법 개정에 따라 2012년 8월 2일부터 '자활공동체'를 '자활기업(공동체)'으로 명칭을 변경하고, 설립요건을 2인 이상의 사업자에서 1인 이상의 사업자로 완화하였다. 자활기업의 유형은 자활기업, 광역자활기업, 전국자활기업으로 구분된다.

3. 희망리본사업

희망리본사업은 저소득층의 취·창업 지원을 위하여 개인별 일대일 맞춤형 서비스를 제공하고, 사업성과에 따라 참여기관에 성과예산을 지원하는 사업이다. 여기서 개인별 일대일 맞춤형 서비스라 함은 참여자에 대한 사례관리 및 근로의욕 증진을 위한 서비스, 일할 여건 조성을 위한 보건복지서비스(양육·간병·사회적응 등), 자활을 위한 직업훈련·일자리 연계 등을 의미한다.

21. 윗글에 대한 설명으로 옳지 않은 것은?

① 자활근로사업은 국민기초생활 보장법을 기반으로 한다.
② 저소득층 혹은 다수의 수급자들이 자활사업을 운영할 수 있다.
③ 2010년부터 저소득층이었던 철수는 2011년에 단독으로 자활공동체를 설립했다.
④ 자활을 위한 직업훈련, 근로의욕 증진을 위한 서비스는 희망리본사업에 포함된다.

22. 자활근로 유형 중 시장진입형의 사업비 지출한도는?

① 5% 이하   ② 10% 이하
③ 20% 이하   ④ 30% 이하

23. A ~ E 사원은 올여름 휴가 계획에 대해 다음과 같이 말했다. 한 명을 제외하고 모두 진실을 말했다고 할 때, 다음 중 거짓말을 한 사원은?

A 사원 : 나는 올해 여름에 E 사원 바로 다음으로 휴가를 가는군.
B 사원 : 이번 여름에는 내가 마지막으로 휴가를 가는구나.
C 사원 : 나는 올여름 휴가를 D 사원보다 늦게 가겠네.
D 사원 : 나는 올여름 휴가를 B 사원, C 사원보다 늦게 가겠구나.
E 사원 : 올해 여름에는 내가 가장 먼저 휴가를 가네.

① A 사원   ② B 사원
③ C 사원   ④ D 사원

24. 다음 ㉠ ~ ㉥은 부산교통공사에서 발생 가능한 문제점들이다. 이들을 문제의 성격에 따라 세 가지 유형으로 적절히 분류한 것은?

> ㉠ 차량처 오 대리는 최근 신호제어기의 잦은 고장 때문에 주말에도 마음 편히 쉴 수가 없다.
> ㉡ 영업처 직원들은 시민들의 도시철도 이용률 저하의 원인으로 역사 화장실이 문제인 것을 발견하고 다음 달부터는 이용률을 정상 수준으로 회복시켜야 한다는 과제를 안게 되었다.
> ㉢ 전략사업실 최 과장은 지난달 계약한 프로젝트가 갑자기 취소되는 황당한 상황을 겪었다.
> ㉣ 올해 부산교통공사는 수익성을 대폭 개선하기 위해 예정된 해외사업과 역세권 개발 사업에서 가시적인 성과를 반드시 이끌어 내야 한다.
> ㉤ 내년부터는 노조와의 원활한 협상을 통해 파업률 제로라는 목표를 달성하여야 한다.
> ㉥ 타 도시와의 비교 평가에서 부산 지역 도시철도의 장애인 편의시설이 취약한 것으로 나타났다.

① ㉠, ㉢ / ㉡, ㉥ / ㉣, ㉤
② ㉠, ㉡ / ㉢, ㉣ / ㉤, ㉥
③ ㉠, ㉣ / ㉢, ㉥ / ㉡, ㉤
④ ㉠, ㉤ / ㉡, ㉢ / ㉣, ㉥

25. 다음 글을 토대로 적절하게 추론한 것은?

> 인사팀 오 대리는 잔업을 마친 후 업무를 위해 참고한 서류 파일을 서류꽂이에 다시 꽂아 두었다. 근태기록 파일, 출장보고서 파일, 경비집행 내역서 파일을 좌측부터 차례로 꽂은 다음, 인사기록 파일을 출장보고서 파일보다 좌측에, 퇴직금 정산 파일을 인사기록 파일보다 우측에 꽂아 두었다.

① 어느 파일이 맨 우측에 있는지 알 수 없다.
② 근태기록 파일이 맨 우측에 있다.
③ 출장보고서 파일이 맨 우측에 있다.
④ 경비집행 내역서 파일이 맨 우측에 있다.

26. ○○식당에는 4인용 테이블이 5개 있다. 〈조건〉에 따를 때, 대기 손님을 전부 받은 시점에서 테이블을 정리한 횟수는 몇 번인가?

조건

대기번호	인원(명)
1	3
2	6
3	8
4	6
5	5
6	7

- 대기번호 순서대로 입장해야 한다.
- 동시에 들어온 팀은 동시에 떠난다.
- 손님들이 떠나면 테이블을 한 번 정리한다.
- 서로 다른 팀끼리 같이 앉을 수 없다.
- 테이블 수용 인원을 초과할 경우 남은 인원을 수용하는 만큼의 테이블을 사용해야 한다.

① 2번   ② 3번
③ 4번   ④ 5번

27. 영업팀 사원 12명의 출근하는 방법에 대한 〈정보〉가 모두 참일 때, 〈보기〉 중 항상 참인 추론은?

정보

- 사원들은 각자 대중교통, 자가용, 도보 중 한 가지 방법으로 출근을 한다.
- 자가용으로 출근하는 사람은 1명 이상이다.
- 도보로 출근하는 사람이 자가용으로 출근하는 사람보다 많다.
- 대중교통을 이용하는 사람이 도보로 출근하는 사람보다 많다.

보기

A : 도보로 출근하는 사람이 2명이라면, 자가용으로 출근하는 사람은 1명이다.
B : 자가용으로 출근하는 사람이 3명이라면, 대중교통으로 출근하는 사람은 6명이다.
C : 대중교통으로 출근하는 사람이 6명이라면, 자가용으로 출근하는 사람은 2명이다.

① A   ② B
③ A, C   ④ B, C

[28 ~ 29] 다음 부산도시철도의 전동차 주요사양표를 보고 이어지는 질문에 답하시오.

구분		1호선 (신평 ~ 노포)	2호선 (장산 ~ 양산)	3호선 (수영 ~ 대저)	4호선 (미남 ~ 안평)
차종		통근형 직류전동차 (1인 승무)	통근형 직류전동차 (1인 승무)	통근형 직류전동차 (1인 승무)	고무차륜형 경량 전철(무인운전)
보유 수량		360량(8×45편성)	336량(6×56편성)	80량(4×20편성)	102량(6×17편성)
최고 속도		100km/h	100km/h	100km/h	60km/h
표정 속도		32.5km/h	33km/h	33km/h	30km/h
차체 크기	길이	17,500mm	17,500mm	17,500mm	9,140mm
	폭	2,750mm	2,750mm	2,750mm	2,400mm
	높이	3,670mm	3,640mm	3,600mm	3,500mm
출입문 수		6개(편측 3개소)	8개(편측 4개소)	8개(편측 4개소)	4개(편측 2개소)
차체 재질		스테인리스 (STS304)	스테인리스 (STS304)	스테인리스 (STS301L)	알루미늄 (AL6005A)
정원	선두차	113명(좌석 48명, 입석 65명)	113명(좌석 39명, 입석 74명)	113명(좌석 39명, 입석 74명)	52명(좌석 18명, 입석 34명)
	중간차	124명(좌석 56명, 입석 68명)	124명(좌석 48명, 입석 76명)	124명(좌석 48명, 입석 76명)	M1 · 4 : 52명(좌석 22명, 입석 30명) M2 · 3 : 54명(좌석 24명, 입석 30명)
	1개 편성	970명 1,508명(입석 200%)	722명 1,174명(입석 200%)	474명 774명(입석 200%)	316명 504명(입석 200%)
차중	TC	24.5t	29.6t	28.7t	MC1, 2 : 12.3t
	M1	35.2t	32.4t	30.4t	M1 : 11.7t, M2 : 11.1t
	M2	33.5t	31.3t	–	M3 : 11.6t, M4 : 11.4t
	T	–	24.6t	–	–
속도제어방식		전기자 CHOPPER 제어	VVVF INVERTER 제어	VVVF INVERTER 제어	VVVF INVERTER 제어

28. 다음 중 주요사양표의 내용을 바탕으로 바르게 추론한 것은?

① "1량의 길이와 폭, 차체 재질은 1 ~ 3호선이 모두 같군."
② "4호선은 다른 호선 차량보다 엄청 가벼우면서 중간차의 정원은 오히려 더 많은걸."
③ "1호선이 최고 속도도 가장 빠르고 차량 편성 수도 가장 많구나."
④ "1호선은 2, 3호선에 비해 출입문 간의 간격이 좀 넓겠구나."

29. 주요사양표를 바탕으로 1편성 전동차의 그림을 1 ~ 4호선 순서에 맞게 바르게 나열한 것은?

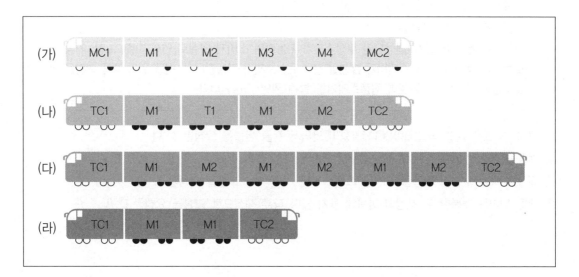

① (나) - (다) - (라) - (가)
② (다) - (나) - (라) - (가)
③ (다) - (나) - (가) - (라)
④ (가) - (나) - (라) - (다)

30. 다음 〈상품 교환 및 환불 규정〉에 따를 때 반품이 가능한 사례는?

〈상품 교환 및 환불 규정〉

1. 상품의 교환 및 환불은 구매일로부터 2주일 이내 구매 매장에 한하여 가능합니다. 카드로 결제한 경우 사용한 카드와 영수증을 지참하여 방문하시면 구매 내역 확인 후 정상 상품에 한해 동일 상품 또는 동일 가격대 상품으로 교환 가능합니다.

2. 선물 받으신 상품은 환불이 불가하며, 교환은 구매일로부터 10일 이내 전국 매장에서 가능합니다. 단, 교환증을 지참하여 방문해야 정상인 상품에 한해 동일 상품으로 교환이 가능합니다.

   * 액세서리 및 캔들 워머는 상품 특성상 현장에서 이상 유무를 확인 후 구입하시기 바랍니다.

3. 아래에 해당하는 경우 교환 및 환불이 불가합니다.
   - 소비자의 고의, 과실로 인해 상품이 파손, 훼손된 경우
   - 상품 구매 후 개봉 및 내·외부 포장 파손 시
   - 상품 사용 후 고객 변심으로 인한 교환 요청
   - 상품의 구조, 기능을 개조 또는 변조하여 문제가 발생된 경우
   - 천재지변에 의해 발생한 피해

   캔들 워머는 구매일로부터 1년간 무상수리가 가능하며 소비자 과실로 인한 파손, 고장, 기능 개조 또는 변조 등으로 인해 수리비가 발생할 경우 유상수리가 가능합니다. 캔들 워머 정품 확인은 박스 윗부분에 부착된 캔들 워머 정품스티커를 통해 확인 가능합니다.

---

① 구매 후 초를 켜고 향을 맡으니 발향이 달라서 캔들 환불을 요청한 A 씨
② 캔들을 선물 받고 2주 뒤에 교환증을 지참하여 다른 향의 캔들로 교환을 요청한 B 씨
③ 집 근처에서 구입한 캔들을 포장된 그대로 다른 매장에서 교환을 요청한 C 씨
④ 캔들 워머를 개봉한 뒤 색상이 마음에 들지 않아 다른 색상으로 교환을 요청한 D 씨

31. 다음 〈보기〉에서 설명하는 자원관리 과정으로 옳은 것은?

자원을 적절하게 관리하기 위해서는 기본적으로 아래와 같은 4단계의 자원관리 과정을 거친다.

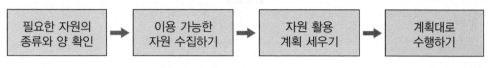

> **보기**
>
> 업무를 추진하는 데 어떤 자원이 필요하며, 또 얼마만큼 필요한지를 파악하는 단계이다. 자원의 종류는 크게 시간, 예산, 물적·인적자원으로 나누어지지만 실제 업무 수행에서는 이보다 더 구체적으로 나눌 필요가 있다. 구체적으로 어떤 활동을 할 것이며, 그 활동에 어느 정도의 시간, 돈, 물적·인적자원이 필요한지를 파악한다.

① 필요한 자원의 종류와 양 확인　　　　② 이용 가능한 자원 수집하기

③ 자원 활용 계획 세우기　　　　　　　④ 계획대로 수행하기

32. (주)○○기업의 김 대표는 다음 프로젝트에 참가한 스타트업 대표를 대상으로 ㉠을 이루기 위한 원칙을 제시하였다. 다음 중 ㉠에 대한 설명으로 적절하지 않은 것은?

> (주)○○기업은 오는 2일 오후 2시부터 ◇◇킨텍스에서 개최되는 제1회 국제 철강 및 비철금속산업전에서 '대강살기 프로젝트' ㉠공정개선 및 소재결함 사례 세미나를 개최한다. 대강살기는 '대한민국에서 강소기업으로 살아남기'의 앞 글자를 따서 만든 말이다. 기술력을 갖춘 지역 스타트업과 중소기업을 강소기업으로 육성하고 경쟁력을 끌어올리기 위해 기술개발과 마케팅 교육을 지원하는 프로젝트라고 할 수 있다.
>
> 이번 세미나는 '철강 부품의 손상 사례로 본 파손 원인과 대책', '용접 튜브 제품의 불량 분석 사례' 등의 주제로 진행된다.
>
> － 출처 : 철강금속신문 －

① 운반량의 감소를 위해서는 절삭 여유의 감축, 스크랩의 프레스 등이 필요하다.

② 제품 설계 변경 등을 통하여 최종 공정에 가치를 가져다주지 않는 공정을 줄인다.

③ 제품, 설비, 작업 내용의 최적화를 위해서는 각 공정의 작업 내용에 대한 절차를 강화한다.

④ 기준 일정을 만들어 일정 관리의 정밀도를 향상하거나 재고 관리의 정밀도 향상 등을 통하여 정체의 양, 횟수, 시간을 감소한다.

33. 워크숍을 가기 위해 담당자 K 사원이 예산안을 정리하고 있다. 〈보기〉의 예산 내역 중 간접비용에 해당하는 항목을 모두 고르면?

> 보기
>
> ㉠ 숙박비   ㉡ 행사비
> ㉢ 사무비품비   ㉣ 식비
> ㉤ 버스 대절 비용   ㉥ 여행자 보험료

① ㉠, ㉣   ② ㉡, ㉤
③ ㉢, ㉥   ④ ㉢, ㉤

34. ○○기업 회계팀 김 사원은 외상에 관한 자사의 7월 거래 내역을 반영하여 다음 외상 매출금 총계정원장을 적으려고 한다. ㉠에 기록할 차월 이월액은 얼마인가?

> • 7월 5일 △△상사의 외상 매출금 잔액은 3,000,000원이다.
> • 7월 10일 △△상사에 자사 제품 1,700,000원을 외상으로 판매하였다.
> • 7월 17일 △△상사에 판매한 외상 대금 가운데 1,100,000원을 현금으로 회수하였다.

총계정원장	
외상 매출금	
7월 5일 전월 이월 3,000,000원	
	7월 31일 차월 이월 (㉠)

① 3,600,000원   ② 3,700,000원
③ 4,100,000원   ④ 4,700,000원

35. 신재생에너지 관련 업무를 담당하고 있는 K 사원은 최근 환경을 중요시하는 정부 시책에 따라 많은 업무를 처리해야 하는 상황이다. 자신이 해야 할 일들을 주어진 시간 안에 효과적으로 처리하기 위해 스티븐 코비(Stephen R. Covey)의 시간관리 매트릭스와 업무 평가 및 처리 기준을 바탕으로 업무 순서를 정하고자 할 때, A 사원이 처리할 업무 순서는?

업무 리스트

업무 내용	중요한 정도	긴급한 정도
A. 담당 프로젝트 예산 계획 초안 작성	5점	1점
B. 타 부서 담당자와 업무 조정	2점	4점
C. 신재생에너지 산업통계 조사 및 분석	3점	3점
D. 신재생에너지 정부 정책 확인	4점	3점
E. 공사 홈페이지 「국민참여실」 관리	4점	4점

업무 평가 및 처리 기준

✓ 중요함과 긴급함은 그 정도에 따라 1 ~ 5점으로 점수를 부여하여 평가함.

구분	평가 기준
1 ~ 3점	중요하지 않음 또는 긴급하지 않음
4 ~ 5점	중요함 또는 긴급함

✓ 시간관리 매트릭스 상에서 같은 영역에 속하는 업무들은 그 총점이 높은 순으로 우선 처리함.
✓ A 사원은 모든 업무를 반드시 수행해야 하며, 자신이 직접 처리해야 함.

① E→A→D→B→C

② E→A→D→C→B

③ E→B→A→D→C

④ E→D→A→B→C

1회 기출예상문제 / 2회 기출예상문제 / 3회 기출예상문제 / 4회 기출예상문제 / 5회 기출예상문제 / 6회 기출예상문제 / 인성검사 / 면접가이드

36. 다음은 ○○기업의 국가직무능력표준(NCS) 기반 채용 공고의 일부이다. 채용 직무와 관련된 설명으로 적절한 것을 모두 고르면?

〈○○기업 직원 채용 공고〉

우리 회사는 국가직무능력표준(NCS)을 기반으로 아래의 능력을 갖춘 전문 인력을 모집하고자 합니다.

1. 채용 인원 : ○○명
2. 채용 직무 관련 NCS 체계

대분류	02. 경영, 회계, 사무	중분류	01. 기획사무
소분류	03. 마케팅	세분류	01. 마케팅전략 기획
능력 관리		마케팅 시장 환경 분석	

ㄱ. 제품 수명 주기를 관리한다.
ㄴ. 사업 확장을 위한 자본 조달 계획을 수립한다.
ㄷ. 시장을 객관적으로 분석할 수 있는 통찰력이 필요하다.
ㄹ. 제품 생산에 필요한 자원의 조달, 투입, 통제 계획을 수립한다.

---

① ㄱ, ㄴ
② ㄱ, ㄷ
③ ㄴ, ㄷ
④ ㄷ, ㄹ

37. 자재 보관 업무를 담당하고 있는 김 사원이 자재 보관을 위한 창고 레이아웃(Layout)을 설정할 때 지켜야 할 기본 원칙으로 적절하지 않은 것은?

① 자재의 취급 횟수를 감소시켜야 한다.
② 물품, 운반기기 및 사람의 역행 교차는 피하여야 한다.
③ 통로, 운반기기 등의 흐름 방향은 직진성에 중점을 둔다.
④ 여분의 공간을 충분히 확보하기 위해서 배수 관계를 고려한다.

38. K 기업은 직원들의 회사 복지 차원에서 직원 휴게실에 전자피아노 3대를 배치하기로 하였다. 다음 〈대화〉에 따라 조건에 적합한 모델은 무엇인가?

〈전자피아노 모델〉

모델명	센서	동시발음 수	음색 수	블루투스	건반	가격(원)
CB-340	2	128	120	○	목건반	450,000
ZL-810	2	256	250	○	플라스틱	1,200,000
SS-110	1	64	60	○	플라스틱	350,000
AE-400	1	88	98	×	목건반	550,000

대화

김 사원 : 전자피아노를 3대 구입하고 싶습니다.

상담원 : 피아노를 연주하는 사람은 누구인가요?

김 사원 : 회사 휴게실에 전자피아노를 설치하려고 합니다. 회사 직원들이기 때문에 능숙한 사람들은 적습니다.

상담원 : 보통 전공자들은 동시발음 수와 음색 수를 중요하게 여기는데, 숫자가 높을수록 좋은 음질을 가지고 있습니다. 전공자들이 아니라면 100 이하의 동시발음 수와 음색 수면 충분합니다. 가격은 어느 정도로 생각하시고 계신가요?

김 사원 : 총 구매액 300만 원 이하로 구매하길 원합니다. 또 블루투스로 연결할 수 있는 피아노였으면 좋겠군요. 센서의 차이는 무엇인가요?

상담원 : 센서는 한 건반을 연달아 칠 때 반응하는 속도를 뜻합니다. 3센서가 가장 좋지만 비전공자에게는 크게 상관이 없습니다. 건반 종류도 비전공자에게는 큰 차이가 없기 때문에 플라스틱 건반으로 구매하시는 것이 효율적입니다.

김 사원 : 알겠습니다. 비전공자들에게 적합한 모델로 구매하는 것이 좋겠네요.

① CB-340

② ZL-810

③ SS-110

④ AE-400

[39 ~ 40] 다음 지하철 노선 안내 자료를 보고 이어지는 질문에 답하시오.

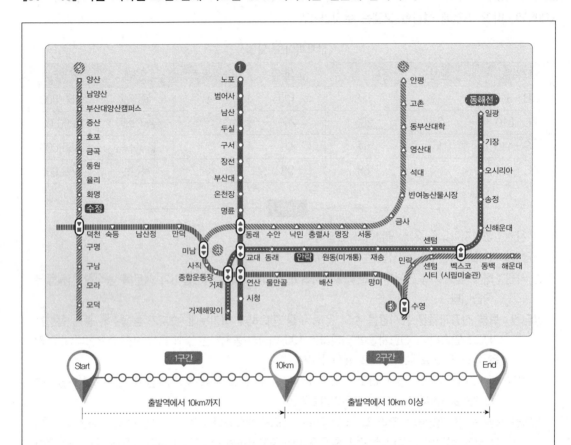

(단위 : 원)

구분	교통카드			종이 승차권		
	어른	청소년	어린이	어른	청소년	다자녀가정, 어린이
1구간	1,300	1,050	650	1,400	1,150	700
2구간	1,500	1,200	750	1,600	1,300	800

* 역간 거리는 2km, 환승역과 환승역의 전과 후 역간 거리는 2.5km
* 역간 이동 시간은 2분, 환승역과 환승역의 전과 후 역간 이동 시간은 2분 20초
* 환승에 필요한 시간은 7분

39. 다음 중 2호선 수정역에서 동해선 안락역까지 이동하는 경우에 대한 설명으로 올바르지 않은 것은?

① 최단거리 이동 경로는 수정 ~ 덕천 ~ 미남 ~ 동래 ~ 교대 ~ 안락이다.

② 출발하여 미남역까지의 이동은 18분이 소요되며 거리상 2구간 요금이 발생한다.

③ 최단거리로 이동하는 경로가 최소시간으로 이동하는 방법이다.

④ 최단거리로 이동하였을 경우 소요 시간은 48분이다.

40. 엄마, 아빠, 청소년 딸 1명, 어린이 아들 1명이 함께 남산정역에서 출발하여 아빠는 배산역, 나머지 가족들은 종합운동장역에서 내렸다. 네 가족의 총 운임은 얼마인가? (단, 부모는 교통카드, 자녀들은 종이 승차권을 소지하였다)

① 4,200원   ② 4,350원
③ 4,600원   ④ 4,650원

1회 기출예상문제

2회 기출예상문제

3회 기출예상문제

4회 기출예상문제

5회 기출예상문제

6회 기출예상문제

인성검사

면접가이드

41. 경영전략의 대표 유형으로 차별화, 원가 우위, 집중화 전략을 꼽을 수 있다. 다음 〈보기〉에 제시된 내용 중 차별화 전략의 특징으로 보기 어려운 것을 모두 고르면?

> **보기**
>
> ㉠ 브랜드 강화를 위한 광고비용이 증가할 수 있다.
> ㉡ 견고한 유통망은 제품 차별화와 관계가 없다.
> ㉢ 차별화로 인한 규모의 경제 활용에 제약이 있을 수 있다.
> ㉣ 신규기업 진입에 대한 효과적인 억제가 어렵다.
> ㉤ 제품에 대한 소비자의 선호체계가 확연히 구분될 경우 효과적인 차별화가 가능하다.

① ㉠, ㉡   ② ㉡, ㉣
③ ㉡, ㉢   ④ ㉣, ㉤

42. 1970년대 초 보스턴 컨설팅 그룹에 의해 개발되어 기업의 경영전략 수립의 기본적인 분석도구로 활용되고 있는 사업 포트폴리오 분석기법인 BCG 매트릭스(BCG Matrix)에 대한 설명으로 옳지 않은 것은?

① 성장－점유율 매트릭스라고도 불리며 사업을 시장점유율과 성장성을 기준으로 분석한다.

② 상대적 시장점유율과 시장성장률을 축으로 물음표 사업, 스타 사업, 캐시카우 사업, 도그 사업의 네 개의 영역으로 구분한다.

③ 물음표 사업은 상대적으로 낮은 시장점유율과 높은 시장성장률을 가진 사업으로, 기업의 행동에 따라서는 향후 스타 사업이 되거나 도그 사업으로 전락할 수 있는 위치에 있다.

④ 캐시카우 사업은 성공사업으로서 수익성과 성장성이 크므로 지속적인 투자가 필요하며, 스타 사업은 주된 수익 창출원으로서 다른 사업에 필요한 자금의 원천사업이 된다.

43. 다음 자료에서 (가)에 들어갈 조직화의 원칙은?

조직화는 특정한 목표를 위해 두 사람 이상이 협동하여 일을 수행하는 집합체를 만들어 가는 과정으로, 일의 분할, 부문화, 책임과 권한의 부여, 조정의 4단계로 나누어지며 각 단계별로 원칙을 적용하여 구성한다.

〈조직화의 단계〉

일(업무)의 분할	• 조직 목표 달성을 위해 전체적인 업무 활동을 논리적 · 체계적으로 분류하여 업무를 세분한다. • 전문화의 원칙 : 구성원의 전문적 지식 및 기술에 따라 관련 업무끼리 묶어 전문적으로 업무를 수행하도록 한다.

⇩

부문화	• 일의 분화를 통해서 세분화된 업무를 수행하기 위하여 부서를 조직한다. • (가) : 업무를 수행할 때 필요한 일을 중심으로 부서를 조직화하여야 한다.

⇩

책임과 권한의 부여	• 구성원들의 업무 수행에 필요한 책임과 권한을 부여한다.

⇩

조정	• 업무 수행 과정에서 발생하는 부서 간 갈등과 충돌을 원활하게 조정한다.

① 조정의 원칙

② 기능화의 원칙

③ 권한위양의 원칙

④ 감독 한계의 원칙

44. 다음은 (주)○○기업의 발전과정이다. (주)○○기업의 2010년대 경영자에 대한 설명으로 적절한 것은?

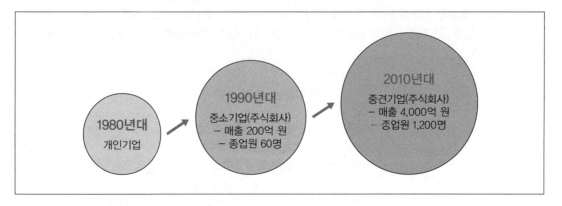

① 기업 출자자인 동시에 경영을 맡고 있다.
② 기업경영상 발생하는 위험을 직접 부담한다.
③ 주주들로부터 경영권을 위탁받아 기업을 경영한다.
④ 소유와 경영을 포함하여 기업성장에 필요한 혁신활동을 개인적 책임하에 수행한다.

45. 다음 글에 나타난 매장의 목적은 무엇인가?

  이 매장은 고객이 최첨단 제품을 직접 사용해 볼 수 있으며, 제품이 마음에 들면 구매할 수도 있다. 매장 천장에는 카메라가 설치되어 있어서 시선을 계측하는 아이트래킹이나 영상 분석 등의 기술을 통해 여러 각도에서 이용자의 움직임과 제품을 만지는 손의 움직임 등을 분석하여 '흥미를 느끼고', '용도를 이해하고', '실제로 집어 들어 시험해 본' 고객의 수를 집계한다.
  일반적인 의류 매장이라면 옷을 사려고 상품을 둘러보고 있는 고객에게 점원이 다가와 상품을 추천할 것이다. 그러나 해당 매장의 점원은 먼저 고객에게 말을 거는 일이 거의 없다. 적극적으로 상품을 추천하지도 않는다. 제조사의 주된 목적이 제품을 판매해서 이익을 얻는 것보다 고객의 자연스러운 질문, 구매 의향, 사지 않는 이유 등의 정보를 얻는 것이기 때문이다.

① 영업이익률 증가   ② 고객과의 신뢰관계 형성
③ 긍정적인 이미지   ④ 제품에 대한 반응 정보

46. 다음은 ○○기업 조직 분화에 대한 조직도이다. 해당 조직도에 대한 설명으로 옳지 않은 것은?

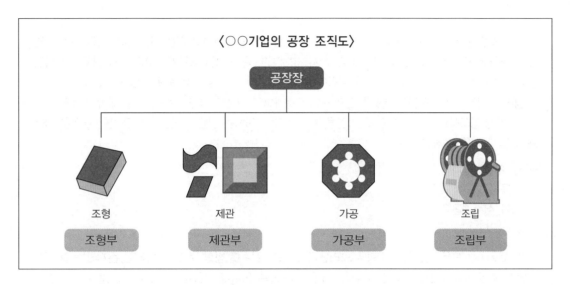

① 상품이나 제품을 조립하는 일련의 업무 순서를 중심으로 조직을 분화한 것이다.

② 다양한 제품을 판매하는 대규모 기업에 적합하며 분권화된 의사결정이 가능하다.

③ 각 참여 부문에서 자신들이 가장 잘할 수 있는 분야에 집중하기 때문에 각자가 해당 분야에서 경쟁력을 유지할 수 있다.

④ 고객의 이중적인 요구에 대응하도록 조정 가능하며, 여러 제품 라인에 인적 자원을 유연하게 공유하고 불안정한 환경에서 복잡한 의사 결정에 대응이 가능하다.

47. 다음 글에서 강조하는 조직 내 의사표현의 예시로 적절하지 않은 것은?

심리적 안정감은 인간관계의 위험으로부터 근무 환경이 안전하다고 믿는 마음이다. 어떤 의견을 말해도 무시당하지 않고 질책당하거나 징계 받지 않는다면, 즉 구성원 모두가 심리적 안정감을 느낀다면 동료들의 눈치 따윈 보지 않고 자기 생각이나 질문, 우려 사항을 자유롭게 말할 수 있다.

심리적 안정감은 구성원이 서로를 신뢰하고 존중하며 자기 생각을 솔직하게 나눌 때야 비로소 생긴다. 이러한 심리적으로 안전한 근무 여건을 만드는 데 기여하는 간단하지만 아주 강력한 효력을 지닌 표현 몇 가지를 소개해본다.

– "잘 모르겠습니다."
– "도움이 필요해요."
– "제가 실수했군요."
– "죄송합니다."

이 표현들은 모두 자신의 취약함을 드러낸다. 스스로 실수를 범할 수 있는 나약한 존재라는 걸 인정하면서 주변 동료들에게 비슷한 생각과 태도를 취하도록 여지를 제공할 수 있다. 스스로 가면을 벗어 다른 사람도 그렇게 하도록 돕는 방법이다. 이 같은 표현은 비록 완전한 수준은 아닐지라도 심리적 안정감을 느끼고 있듯이 행동하는 걸 의미한다. 때로는 대인관계 위험을 줄이기 위해 어느 정도 그 위험을 감수해야 하는 것과 같은 이치다.

① 미안합니다. 제가 오해하고 있었습니다.

② 기한을 착각했습니다. 다음부터는 기한을 정확하게 확인하겠습니다.

③ 다음부터는 이런 실수를 범하지 않으셨으면 좋겠습니다.

④ 말씀하신 원리가 잘 이해되지 않는데 다시 설명해 주십시오.

[48 ~ 50] 다음 조직구조의 결정 요인 및 유형에 대한 지문을 읽고 이어지는 질문에 답하시오.

[지문 A]

조직은 조직의 목표를 달성하기 위해 다양하고 전문적인 활동을 선택하고, 직위를 통해 개인에게 책임을 위임하고, 의사결정을 통해 조직 내외의 상호작용이 이루어진다.

조직구조(Organizational Structure)란 조직 구성원들의 상호관계, 즉 조직 내에서의 권력관계, 지위ㆍ계층 관계, 조직 구성원들의 역할 배분, 조정의 양태, 조직 구성원들의 활동에 관한 관리체계 등을 통틀어 일컫는 말이다. 조직구조의 설계를 결정하는 결정적인 요인은 전략, 규모, 기술, 그리고 환경이다.

조직구조는 의사소통의 집중 정도, 명령 계통, 최고경영자의 통제, 그리고 규칙과 규제의 정도에 따라 관료제 조직, 기능적 조직, 사업부 조직, 매트릭스 조직, 프로젝트 조직, 네트워크 조직 등의 다양한 유형으로 구분할 수 있다.

---

48. 다음 중 [지문 A]의 '조직구조의 결정 요인'에 대한 설명으로 옳은 것은?

① 전략은 조직이 투입요소를 산출물로 전환시키는 지식, 기계, 절차 등을 의미한다.

② 규모는 조직구조를 결정하는 조직의 크기를 의미하며 일반적으로 조직 구성원의 수로 결정된다.

③ 기술은 조직의 활동과 성과에 영향을 미치는 요인으로, 조직이 직접 통제할 수 없거나 거의 통제하기 힘들다.

④ 환경은 조직의 목적을 달성하기 위해 수립한 계획으로, 조직이 직면하고 있는 문제와 기회를 분석하여 조직의 효과성을 유지하기 위한 주요 방침이다.

49. 다음 [지문 B]에서 ○○시가 추진하는 조직구조 유형은?

[지문 B]

　　○○시는 각 부서장에서 인사제청권과 조직운영권 등의 권한을 주는 대신 연말 실적에 따라 인센티브와 패널티를 부여하는 '실국장책임경영제(SEMI-CEO 책임경영제)' 도입을 추진하고 있다고 밝혔다. 이는 이□□ ○○시장이 취임 이후 간부회의 및 월례조회 석상에서 밝힌 "각 부서가 해야 할 업무는 부서에 돌려줄 것이고 주요 현안 처리결과를 평가에 반영시킬 것"이라는 책임행정체계 구축론에서 비롯된 후속 조치로 풀이된다.

　　이에 따라 ○○시는 이달 말까지 책임경영제 대상 부서 및 권한 범위를 확정하고 제도 도입을 위한 전문가 자문 등을 거쳐 세부 실행안을 마련할 계획이다. 각 부서가 설정한 목표를 정량 평가, 정량+정성 평가, 정량+정성+현장 평가 방식으로 평가하여 평가의 공정성과 객관성을 확보할 방침이다. 특히 시민 만족도 설문조사와 시민평가단 등 외부 평가 기능을 확대하고 목표의 적정성, 기여도, 달성도 등을 평가 기준에 포함시켜 합리적인 평가 기준도 마련하고, 목표 대비 이행성과를 분기별로 체크한 뒤 점검내역과 평가결과를 매 분기 마지막 달에 공개하는 평가관리시스템도 갖출 예정이다.

　　○○시는 올 책임경영제 평과 결과를 내년도 정기인사와 성과상여금 지급 기준에 반영시키고, 내년부터 책임경영제 대상 부서를 확대하여 조직운영권과 인사제청권 외에도 예산집행자율권을 부여하는 방안도 검토할 계획이다.

　　○○시 관계자는 "책임경영제는 각 부서장에 권한과 책임을 부여해 성과와 일 중심의 조직을 만드는 것으로 혁신 모델로 정착될 수 있도록 추진에 질서를 기해 나갈 방침"이라고 밝혔다.

① 기능적 조직　　　　　　　　　　② 네트워크 조직

③ 사업부 조직　　　　　　　　　　④ 관료제 조직

50. 다음 중 [지문 C]에서 설명하는 매트릭스 조직의 강점이 아닌 것은?

[지문 C]

    매트릭스 조직은 부서와 기능 간의 수평적인 연결이 매우 높은 조직구조로, 한 사람이 두 명의 상급자의 지시를 받고 보고를 하게 된다.

    이상적인 매트릭스 조직은 구조상 다음과 같은 특성을 지닌다. 첫째, 두 개 이상의 권한계통이 중첩되는 이중 권한 구조를 가지고 있다. 둘째, 목표달성을 위해서 내부에 과업지향적인 작업집단들을 운영한다. 셋째, 조직 내의 과업집단은 다양한 기능을 가진 작업자들로 구성되어 있는데, 이들은 조직 내 기능별 부문에서 차출된 인력이다. 넷째, 조직 내의 기능별 부문에서는 해당 기능 내 인력개발 등 본연의 업무를 계속 수행한다.

    매트릭스 조직의 일반적인 구조는 다음과 같다.

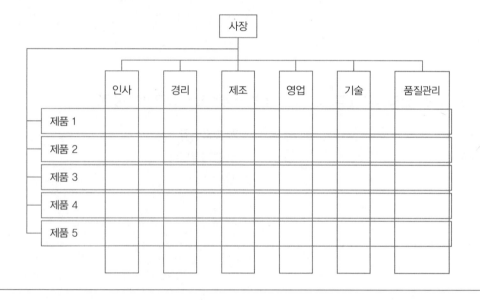

① 기술의 전문성과 제품라인의 혁신이라는 두 가지 측면을 모두 만족시킬 수 있다.

② 전통적인 명령일원화의 원칙을 벗어나 관리자와 구성원 간의 신속하고 원활한 의사소통이 가능하다.

③ 조직 내 인력 배치 및 관리가 유연해 기업 외부의 신규인력을 충원할 필요성이 감소된다.

④ 조직이 내부 자원을 각 제품라인에 효율적으로 사용할 수 있으며, 외부 환경의 변화에 신속히 대응할 수 있다.

1회 기출예상문제

2회 기출예상문제

3회 기출예상문제

4회 기출예상문제

5회 기출예상문제

6회 기출예상문제

인성검사

면접가이드

2 일반상식_51~100

51. 고인돌이 많이 만들어졌던 시대에 대한 설명으로 옳은 것은?

① 사냥감의 번성을 비는 주술적 의미의 조각품이 만들어지기 시작하였다.
② 추수용 도구로 반달돌칼을 사용하였다.
③ 대표적인 유적지로는 서울 암사동 유적지가 있다.
④ 대표적인 토기로는 빗살무늬 토기가 있다.

52. 다음 중 율령반포, 태학설립, 불교수용 등의 업적을 남긴 고구려의 왕은?

① 고국천왕   ② 고국원왕
③ 소수림왕   ④ 광개토대왕

53. 6세기경 신라가 한강 유역을 차지한 이후 동북아시아의 정세로 옳지 않은 것은?

① 신라는 중국과 직접 교류할 수 있게 되었다.
② 고구려와 백제의 협공에 신라는 왜와 연합하였다.
③ 고구려는 돌궐과 연합하여 수에 대항하고자 하였다.
④ 남북 세력과 동서 세력이 대립하는 정세가 형성되었다.

54. 다음은 훈요 10조의 내용 중 일부이다. 이와 관계있는 태조의 정책은?

> • 서경을 중시할 것.
> • 거란은 짐승과 같은 나라이므로 그들의 의관 제도를 따르지 말 것.

① 북진 정책   ② 숭불 정책
③ 민생 안정책   ④ 민족 융합 정책

55. 다음에서 설명하는 무신 정권의 정치 기구는?

> 최씨 무신 정권의 최고 권력 기구로서 인재의 천거, 조세의 징수, 감찰, 재판 등 국정 전반에 대해 광범위한 권한을 가졌다.

① 정방   ② 중방
③ 교정도감   ④ 삼별초

56. 다음 중 조선 태종이 실시한 정책으로 옳은 것은?

① 전민변정도감을 설치하여 억울한 노비를 해방시켰다.
② 전랑과 3사의 언관직에 사림을 중용하였다.
③ 농민을 통제하기 위해 호패법을 실시하였다.
④ 홍문관을 설치하여 집현전을 계승하였다.

57. 다음과 같은 정책을 추진한 인물은?

- 소격서 폐지
- 위훈 삭제
- 방납의 폐단 시정

① 정도전   ② 신숙주
③ 한명회   ④ 조광조

58. 다음 중 물산 장려 운동에 대한 설명으로 옳은 것은?

① 평양에서 시작되었다.
② 여성들이 운동을 주도하였다.
③ 1930년대에 일어난 전국적인 운동이었다.
④ 회사령 반포를 배경으로 전개되었다.

59. 다음과 같은 활동을 전개한 종교는?

- 제2의 3.1운동을 계획하였다.
- '개벽', '어린이' 등의 잡지를 간행하였다.

① 천주교   ② 대종교
③ 원불교   ④ 천도교

60. 빈칸에 들어갈 내용으로 적절한 것은?

> 6.25 전쟁이 일어나자, 유엔(UN) 안전 보장 이사회가 열려 유엔군이 한반도에 파병되었다. 국군과 유엔군은 북한군의 진격을 낙동강 전선에서 저지하고, 9월 15일에 (   )을/를 통해 전세를 역전하여 서울을 수복하였다.

① 1.4 후퇴
③ 흥남 철수 작전
② 인천 상륙 작전
⑤ 애치슨 선언 발표

61. 다음 중 전두환 정권의 등장 과정에서 일어난 사건이 아닌 것은?

① 5 · 18 민주화 운동
③ 5 · 16 군사정변
② 12 · 12 사태
④ 5 · 17 비상계엄 전국 확대

62. 구석기 시대에서 신석기 시대로 바뀌면서 나타난 변화가 아닌 것은?

① 평등 사회 → 계급 사회
② 뗀석기 사용 → 간석기 사용
③ 동굴, 바위 그늘, 막집 거주 → 움집 거주
④ 사냥, 채집, 물고기 잡이 → 농경, 목축 시작

63. 다음과 같이 주장한 고려시대의 정치세력에 대한 설명으로 옳은 것은?

> "개경은 지덕이 쇠하였으므로 서경으로 서울을 옮기자. 금에 대한 사대외교는 굴욕적이므로 금국을 정벌하자."

① 유교정치사상을 기본이념으로 채택했다.
② 보수적인 집단으로 신라 계승의식이 강하였다.
③ 현실안정을 추구하는 실리 위주의 대외정책을 펼쳤다.
④ 풍수지리설과 결부된 전통사상을 중시하였다.

64. 다음 설명에 해당하는 역사적 사건은?

> 임진왜란 이후 집권한 광해군과 북인 정권이 실시한 외교 정책은 서인들의 반발을 가져왔고, 이로 인해 서인들이 주도한 반정으로 광해군이 물러나고 인조가 왕으로 추대되었다.

① 중종반정   ② 인조반정
③ 강조의 정변   ④ 단종 폐위 사건

65. 다음과 같은 주장을 펼친 인물의 활동으로 옳은 것은?

> 나는 통일된 조국을 건설하려다 3·8도선을 베고 쓰러질지언정 일신의 구차한 안일을 취하여 단독 정부를 세우는 데 협력하지 않겠다.

① 남북 협상 추진   ② 신탁 통치안의 지지
③ 5·10 총선거에 참여   ④ 한국 문제를 유엔에 상정

66. 다음 중 밑줄 친 단어의 쓰임이 올바른 것은?

① 며칠 집에 안 들어올 예정이니 문을 꼭 <u>잠궈라</u>.

② 큰일을 <u>치뤘더니</u> 이곳저곳 몸이 성한 데가 없다.

③ 종이 치자 아이들은 <u>거칠은</u> 벌판으로 달려 나갔다.

④ 라면이 <u>불으면</u> 별로 맛이 없다.

67. 다음 설명하는 현상에 대한 예로 적절하지 않은 것은?

> 어간의 끝음절 '하'의 'ㅏ'가 줄고 'ㅎ'이 다음 음절의 첫소리와 어울려 거센소리로 될 적에는 거센소리로 적는다. 다만, 어간의 끝음절 '하'가 아주 줄 적에는 준 대로 적는다.

① 간편케   ② 연구토록

③ 넉넉치   ④ 생각건데

68. 다음 빈칸에 공통적으로 들어갈 문법적 요소로 적절한 것은?

> 우리말은 (   )이 발달한 언어이다. 영어로는 인사를 할 때 한참 어른께도, 한참 어린아이에게도 똑같이 'Hi'라고 인사할 수 있지만 국어에서는 상대에 따라 '안녕하세요', '안녕' 등 다른 방식으로 인사해야 한다. 아주 오랜 옛날부터 우리 선조들은 (   )을 사용해 왔다. 말은 시간이 지나면서 변하기 마련이다. 우리 사회에서는 갈수록 청자 중심의 (   ) 사용이 주를 이루게 될 것이다.

① 경어법   ② 주체 높임법

③ 객체 높임법   ④ 상대 높임법

1회 기출예상문제 | 2회 기출예상문제 | 3회 기출예상문제 | 4회 기출예상문제 | 5회 기출예상문제 | 6회 기출예상문제 | 인성검사 | 면접가이드

69. 다음 밑줄 친 부분의 띄어쓰기가 잘못된 것은?

① <u>김∨주원∨박사</u>는 열심히 <u>노력한∨만큼</u> 큰 상을 받게 되었다.

② 이곳에서 주문할 물품의 개수는 <u>스물∨내지∨서른</u> 정도입니다.

③ 꽃잎이 <u>한잎∨두잎</u> 강물에 <u>떠내려가∨버렸다</u>.

④ <u>부장∨겸∨대외협력실장</u>을 맡고 계신 <u>황∨부장님</u>을 모셨다.

70. 다음 중 표준어에 해당하지 않는 것은?

① 간질이다   ② 걷어부치다

③ 뭉크러지다   ④ 얽히고설키다

71. 다음 빈칸에 공통적으로 들어갈 문학 갈래는?

> (   )는 고려 후기에 발생하여 조선 선조 때까지 약 350년간 지속된 장형의 교술시가로, 연이 나누어지고 여음이 있는 속악가사의 형식을 따라 만든 사대부들의 노래이다. 지금까지 발견된 작품은 고려 후기의 작품이 3편, 조선시대의 작품이 23편으로 모두 26편이며, 최초의 작품은 고려 고종 때 지어진 「한림별곡(翰林別曲)」이다. (   )는 한글이 창제되기 이전에 한문을 주요 표현수단으로 한 우리말 문학으로 중세 후기를 여는 교술시라는 자신의 역할을 충실히 이행하고 사라진 문학 갈래라고 할 수 있다.

① 시조   ② 악장

③ 가사   ④ 경기체가

72. 다음 밑줄 친 부분의 한자어로 올바른 것은?

우리가 병문안을 갔을 때는 이미 그의 얼굴에 <u>사색</u>이 깃들고 있었다.

① 四色   ② 死色

③ 思索   ④ 辭色

73. 단어에 대한 발음이 잘못된 것은?

① 부엌이[부어키]   ② 삶에[살 : 메]

③ 불장난[불짱난]   ④ 여덟을[여덜블]

74. 다음 밑줄 친 단어를 바르게 고친 것은?

① 많은 사람들로 인해 시장이 마치 <u>도떼기시장</u>(→ 돗데기시장)처럼 왁자지껄하였다.

② <u>세 살박이</u>(→ 세 살배기) 아기가 우유를 마시고 난 뒤 트림을 하였다.

③ 청소년기 아이들을 심하게 야단치면 <u>비뚜로</u>(→ 비뚜루) 나가기 십상이다.

④ 그는 근무 시간 전후의 <u>자투리</u>(→ 짜투리) 시간을 효과적으로 이용한다.

75. 다음 밑줄 친 부분이 〈보기〉에서 설명하는 품사로 쓰인 것은?

보기

- 접사가 붙어서 형성되는 것으로 서술성이 없다.
- 품사는 명사로 분류되며, 관형어의 수식을 받는다.

① 계곡에서 <u>수영하기</u>에는 날씨가 너무 좋지 않다.
② 한겨울에 베란다에 젤리를 내놓았더니 젤리가 <u>얾</u>.
③ 나는 풍경화를 <u>그리기</u> 위해 화첩과 화구를 챙겨 나왔다.
④ 재호와 수빈이의 첫 번째 <u>만남</u>을 나는 흥미진진하게 관찰했다.

76. 다음 중 절약을 이야기하는 속담이 아닌 것은?

① 단단한 땅에 물이 괸다.   ② 열에 한 술 밥
③ 소같이 벌어서 쥐같이 먹어라.   ④ 강물도 쓰면 준다.

77. 공통으로 연상되는 단어는?

소설, 대설, 혹한, 세한

① 나이   ② 절기
③ 겨울   ④ 농사

78. 다음 단어의 표기가 적절하지 않은 것은?

① Havana - 아바나
② Container - 콘테이너
③ Chingiz Khan - 칭기즈 칸
④ Bach - 바흐

79. 다음 단어 관계에 근거할 때 빈칸에 들어갈 단어는?

'계산기-계산'의 관계는 '피아노-(　　)'의 관계와 같다.

① 건반
② 악기
③ 음악
④ 연주

80. 다음 중 밑줄 친 단어의 의미와 가장 유사한 것은?

그는 생판 남인 아이를 데려다 거두고 닦달질해 제 식구로 만들었다고 한다.

① 수습(收拾)하고
② 양육(養育)하고
③ 정리(整理)하고
④ 훈육(訓育)하고

81. 다음 중 〈보기〉에서 설명하고 있는 것은?

> **보기**
>
> 　중앙은행이 각종 정책수단을 이용하여 통화량을 변화시킴으로써 물가안정, 완전고용(실업감소), 국제수지 균형 등을 달성하려는 경제정책

① 조세정책(Tax Policy)　　　　　　　② 금융정책(Financial Policy)
③ 구조정책(Structural Change)　　　　④ 세출정책(Expenditure Policy)

82. 생산자물가지수와 소비자물가지수의 작성에 대한 설명으로 옳지 않은 것은?

① 생산자물가지수와 소비자물가지수는 모두 한국은행에서 작성한다.
② 생산자물가지수의 대상품목이 소비자물가지수의 조사대상품목보다 훨씬 많다.
③ 한 품목이 두 물가지수에 동일하게 포함되더라도 두 지수에서의 가중치는 서로 다르다.
④ 생산물가지수는 시장동향에 이용되고, 소비자물가지수는 생계비 변동을 파악하는 데 이용된다.

83. 과점기업들 간의 담합이 성공적으로 이루어질 수 있는 경우는?

① 담합의 내용이 복잡할 때
② 담합위반 시 보복가능성이 높을 때
③ 산업 내에 과점기업의 수가 많을 때
④ 고도의 생산물분화(제품차별화)가 있을 때

84. 환율이 하락하는 요인으로 적절하지 않은 것은?

① 내국인의 해외투자가 증가한다.
② 우리나라의 신용등급이 상승한다.
③ 국내 경제가 높은 성장률을 기록한다.
④ 수출액이 증가한다.

85. 다음 내용에서 설명하는 것은?

> 처음의 소득 증가가 소비재의 수요를 증가시켜 계속적으로 관련 기업체의 신규투자를 유발, 결국 증가된 소득보다 몇 배의 투자를 가능하게 하는 현상

① 외부경제
② 톱니효과
③ 소비자잉여
④ 가속도원리

86. 다음 내용에서 설명하는 것은?

> 가격변동이 심한 수입품에 대하여 일정한 안정 가격대를 설정해 놓고 상황에 따라 관세를 다르게 하여 해당 제품의 가격을 조정하는 제도이다. 즉, 해당 제품의 가격이 정해놓은 기준을 웃돌면 관세를 내리고, 기준보다 낮으면 관세를 높이는 방식이다. 이는 국내 산업 보호와 수요자의 이익 보장을 목적으로 한다.

① 상계관세
② 계절관세
③ 긴급관세
④ 슬라이딩관세

87. 다음과 같이 신문·잡지의 기사 중 특히 우수한 기사 또는 특수 기사 등에 대해 직접 기고자가 서명하는 것을 무엇이라 하는가?

> ### Forbes Earnings Preview: New York Times Company
>
> By Narrative Science
>
> + Comment Now   + Follow Comments
>
> Share prices of **New York Times Company's (NYT)** stock have fallen 23% during the last three months and closed at $6.20 on April 16, 2012. On Thursday, April 19, 2012 **New York Times Company (NYT)** can help stop the slide when it reports its first quarter results.

① Scoop
② Local edition
③ By-line
④ Headline

88. 선물 가격의 급등 또는 급락 상태가 1분 이상 지속될 때, 주식시장의 매매 전체를 5분간 정지시키는 제도는 무엇인가?

① Circuit Breakers   ② Side Car

③ Junk Bond   ④ CoCo Bond

89. 한 나라의 화폐 가치를 하향 조정하거나 새로운 단위로 호칭을 변경하는 조치를 의미하는 용어는?

① 슬럼프플레이션   ② 더블딥

③ 리디노미네이션   ④ 서킷브레이커

90. 저탄소 녹색성장 에너지를 주로 사용하고 사람, 자연, 환경, 문화가 어우러진 도시는?

① 에코 시티(Eco city)   ② 유 시티(U-city)

③ 브레인 시티(Brain city)   ④ 아쿠아 시티(Aqua city)

91. 다음 중 경제활동인구에 속하지 않는 사람은?

① 가족경영농장에서 일하는 사람

② 노동쟁의로 인하여 일하고 있지 않는 사람

③ 대학을 졸업하고 취업준비를 하고 있는 사람

④ 대학원 졸업을 위하여 졸업논문을 준비하고 있는 사람

92. 초범인 성폭력범을 대상으로 일정 시간 동안의 교육을 이수하면 보호처분이나 벌금형 등의 형사처벌을 면제해주고, 전과기록도 남지 않게 해주는 제도는 무엇인가?

① 특별사면
② 메건법
③ 존 스쿨 제도
④ 성매매 특별법

93. 다음 중 저소득층 아이들에게 복지와 교육의 혜택을 나누기 위한 취지의 운동은?

① 에코드라이브 운동
② 3R 운동
③ 위스타트 운동
④ 그린업그레이드 운동

94. 실종됐거나 납치가 의심되는 아동의 얼굴과 신원을 도로의 전광판, 방송, 휴대전화 등을 통해 공개하여 신고와 제보를 독려하는 시스템은 무엇인가?

① 앰버경보시스템
② 홀드업경보시스템
③ 적색경보시스템
④ 조기경보시스템

95. 매장에 고가의 물건과 중간 가격의 물건, 아주 저렴한 물건을 나란히 진열해 놓고 소비자들이 중간 가격의 물건을 선택하도록 유도하는 판촉기법은 무엇인가?

① 약탈 가격
② 골디락스 가격
③ 심리적 가격
④ 적응 가격

www.gosinet.co.kr gosinet

1회 기출예상문제

2회 기출예상문제

3회 기출예상문제

4회 기출예상문제

5회 기출예상문제

6회 기출예상문제

인성검사

면접가이드

96. 다음 중 경제 활동을 하지 않는 고령자가 소유한 주택을 담보로 사망할 때까지 노후 생활 자금을 연금 형태로 받는 것을 무엇이라 하는가?

① 역모기지론   ② 오픈엔드 모기지론

③ 모기지론   ④ 서브프라임 모기지론

97. 다음 그림과 같이 자사의 제품에 차별화된 아이디어와 이미지를 담기 위해 유명 아티스트를 참여시켜 공동으로 작업하는 것을 일컫는 문화·예술 용어는?

① 아방가르드   ② 팝 아트

③ 콜라보레이션   ④ 플레비사이트

98. 다음 〈보기〉와 관련된 용어는?

보기

루게릭 병에 대한 관심 환기와 기부 독려를 목적으로 2014년부터 SNS를 중심으로 확산된 캠페인으로, 캠페인의 참가자는 루게릭 병(ALS) 협회에 기부하는 것과 얼음물을 뒤집어 쓸 것 둘 중 하나를 선택하고, 이 캠페인에 도전할 참가자 세 명을 지목하는 방식으로 진행한다.

① 해비타트 운동
② 플래시 몹
③ 아이스 버킷 챌린지
④ 바나나 스케일

99. 다음에서 설명하는 거주 문화의 명칭은?

한 집에서 침실인 개인 방을 제외한 거실과 화장실 등의 공간을 하우스 메이트와 공유하면서 생활하는 거주 방식으로, 공과금을 공동거주자와 나누어 내는 등 거주비용이 낮다는 점을 앞세워 청년층의 서울시 주거난의 대책으로 제시되고 있다.

① 코지 홈
② 셰어하우스
③ 유니테 다비타시옹
④ 게이티드 커뮤니티

100. 다음의 가곡을 작곡한 오스트리아의 작곡가는?

〈송어(Die Forelle)〉, 〈마왕(Erlkönig)〉
가곡집 〈겨울 나그네(Winterreise)〉 중 〈보리수(Der Linderbaum)〉

① 안토니오 살리에리
② 빌헬름 리하르트 바그너
③ 프란츠 페터 슈베르트
④ 루트비히 판 베토벤

인성검사란? 개개인이 가지고 있는 사고와 태도 및 행동 특성을 정형화된 검사를 통해 측정하여 해당 직무에 적합한 인재인지를 파악하는 검사를 말한다.

2
파트

인성검사

01 인성검사의 이해

1 인성검사, 왜 필요한가?

　　채용기업은 지원자가 '직무적합성'을 지닌 사람인지를 인성검사와 NCS기반 필기시험을 통해 판단한다. 인성검사에서 말하는 인성(人性)이란 그 사람의 성품, 즉 각 개인이 가지는 사고와 태도 및 행동 특성을 의미한다. 인성은 사람의 생김새처럼 사람마다 다르기 때문에 몇 가지 유형으로 분류하고 이에 맞추어 판단한다는 것 자체가 억지스럽고 어불성설일지 모른다. 그럼에도 불구하고 기업들의 입장에서는 입사를 희망하는 사람이 어떤 성품을 가졌는지 정보가 필요하다. 그래야 해당 기업의 인재상에 적합하고 담당할 업무에 적격한 인재를 채용할 수 있기 때문이다.

　　지원자의 성격이 외향적인지 아니면 내향적인지, 어떤 직무와 어울리는지, 조직에서 다른 사람과 원만하게 생활할 수 있는지, 업무 수행 중 문제가 생겼을 때 어떻게 대처하고 해결할 수 있는지에 대한 전반적인 개성은 자기소개서를 통해서나 면접을 통해서도 어느 정도 파악할 수 있다. 그러나 이것들만으로 인성을 충분히 파악할 수 없기 때문에 객관화되고 정형화된 인성검사로 지원자의 성격을 판단하고 있다.

　　채용기업은 필기시험을 높은 점수로 통과한 지원자라 하더라도 해당 기업과 거리가 있는 성품을 가졌다면 탈락시키게 된다. 일반적으로 필기시험 통과자 중 인성검사로 탈락하는 비율이 10% 내외가 된다고 알려져 있다. 물론 인성검사를 탈락하였다 하더라도 특별히 인성에 문제가 있는 사람이 아니라면 절망할 필요는 없다. 자신을 되돌아보고 다음 기회를 대비하면 되기 때문이다. 탈락한 기업이 원하는 인재상이 아니었다면 맞는 기업을 찾으면 되고, 경쟁자가 많았기 때문이라면 자신을 다듬어 경쟁력을 높이면 될 것이다.

2 인성검사의 특징

　　우리나라 대다수의 채용기업은 인재개발 및 인적자원을 연구하는 한국행동과학연구소(KIRBS), 에스에이치알(SHR), 한국사회적성개발원(KSAD), 한국인재개발진흥원(KPDI) 등 전문기관에 인성검사를 의뢰하고 있다.

　　이 기관들의 인성검사 개발 목적은 비슷하지만 기관마다 검사 유형이나 평가 척도는 약간의 차이가 있다. 또 지원하는 기업이 어느 기관에서 개발한 검사지로 인성검사를 시행하는지는 사전에 알 수 없다. 그렇지만 공통으로 적용하는 척도와 기준에 따라 구성된 여러 형태의 인성검사지로 사전 테스트를 해 보고 자신의 인성이 어떻게 평가되는가를 미리 알아보는 것은 가능하다.

　　인성검사는 필기시험 당일 직무능력평가와 함께 실시하는 경우와 직무능력평가 합격자에 한하여 면접과 함께 실시하는 경우가 있다. 인성검사의 문항은 100문항 내외에서부터 최대 500문항까지 다양하다. 인성검사에 주어지는 시간은 문항 수에 비례하여 30 ~ 100분 정도가 된다.

　　문항 자체는 단순한 질문으로 어려울 것은 없지만 제시된 상황에서 본인의 행동을 정하는 것이 쉽지만은 않다. 문항 수가 많을 경우 이에 비례하여 시간도 길게 주어지지만 단순하고 유사하며 반복되는 질문에 방심하여 집중하지 못하고 실수하는 경우가 있으므로 컨디션 관리와 집중력 유지에 노력하여야 한다. 특히 같거나 유사한 물음에 다른 답을 하는 경우가 가장 위험하다.

3 인성검사 척도 및 구성

❶ 미네소타 다면적 인성검사(MMPI)

MMPI(Minnesota Multiphasic Personality Inventory)는 1943년 미국 미네소타 대학교수인 해서웨이와 매킨리가 개발한 대표적인 자기 보고형 성향 검사로서 오늘날 가장 대표적으로 사용되는 객관적 심리검사 중 하나이다. MMPI는 약 550여 개의 문항으로 구성되며 각 문항을 읽고 '예(YES)' 또는 '아니오(NO)'로 대답하게 되어 있다.

MMPI는 4개의 타당도 척도와 10개의 임상척도로 구분된다. 500개가 넘는 문항들 중 중복되는 문항들이 포함되어 있는데 내용이 똑같은 문항도 10문항 이상 포함되어 있다. 이 반복 문항들은 응시자가 얼마나 일관성 있게 검사에 임했는지를 판단하는 지표로 사용된다.

구분	척도명	약자	주요 내용
타당도 척도 (바른 태도로 임했는지, 신뢰할 수 있는 결론인지 등을 판단)	무응답 척도 (Can not say)	?	응답하지 않은 문항과 복수로 답한 문항들의 총합으로 빠진 문항을 최소한으로 줄이는 것이 중요하다.
	허구 척도 (Lie)	L	자신을 좋은 사람으로 보이게 하려고 고의적으로 정직하지 못한 답을 판단하는 척도이다. 허구 척도가 높으면 장점까지 인정받지 못하는 결과가 발생한다.
	신뢰 척도 (Frequency)	F	검사 문항에 빗나간 답을 한 경향을 평가하는 척도로 정상적인 집단의 10% 이하의 응답을 기준으로 일반적인 경향과 다른 정도를 측정한다.
	교정 척도 (Defensiveness)	K	정신적 장애가 있음에도 다른 척도에서 정상적인 면을 보이는 사람을 구별하는 척도로 허구 척도보다 높은 고차원으로 거짓 응답을 하는 경향이 나타난다.
임상척도 (정상적 행동과 그렇지 않은 행동의 종류를 구분하는 척도로, 척도마다 다른 기준으로 점수가 매겨짐)	건강염려증 (Hypochondriasis)	Hs	신체에 대한 지나친 집착이나 신경질적 혹은 병적 불안을 측정하는 척도로 이러한 건강염려증이 타인에게 어떤 영향을 미치는지도 측정한다.
	우울증 (Depression)	D	슬픔·비관 정도를 측정하는 척도로 타인과의 관계 또는 본인 상태에 대한 주관적 감정을 나타낸다.
	히스테리 (Hysteria)	Hy	갈등을 부정하는 정도를 측정하는 척도로 신체 증상을 호소하는 경우와 적대감을 부인하며 우회적인 방식으로 드러내는 경우 등이 있다.
	반사회성 (Psychopathic Deviate)	Pd	가정 및 사회에 대한 불신과 불만을 측정하는 척도로 비도덕적 혹은 반사회적 성향 등을 판단한다.
	남성-여성특성 (Masculinity-Feminity)	Mf	남녀가 보이는 흥미와 취향, 적극성과 수동성 등을 측정하는 척도로 성에 따른 유연한 사고와 융통성 등을 평가한다.

편집증 (Paranoia)	Pa	과대 망상, 피해 망상, 의심 등 편집증에 대한 정도를 측정하는 척도로 열등감, 비사교적 행동, 타인에 대한 불만과 같은 내용을 질문한다.
강박증 (Psychasthenia)	Pt	과대 근심, 강박관념, 죄책감, 공포, 불안감, 정리정돈 등을 측정하는 척도로 만성 불안 등을 나타낸다.
정신분열증 (Schizophrenia)	Sc	정신적 혼란을 측정하는 척도로 자폐적 성향이나 타인과의 감정 교류, 충동 억제불능, 성적 관심, 사회적 고립 등을 평가한다.
경조증 (Hypomania)	Ma	정신적 에너지를 측정하는 척도로 생각의 다양성 및 과장성, 행동의 불안정성, 흥분성 등을 나타낸다.
사회적 내향성 (Social introversion)	Si	대인관계 기피, 사회적 접촉 회피, 비사회성 등의 요인을 측정하는 척도로 외향성 및 내향성을 구분한다.

❷ 캘리포니아 성격검사(CPI)

CPI(California Psychological Inventory)는 캘리포니아 대학의 연구팀이 개발한 성검사로 MMPI와 함께 세계에서 가장 널리 사용되고 있는 인성검사 툴이다. CPI는 다양한 인성 요인을 통해 지원자가 답변한 응답 왜곡 가능성, 조직 역량 등을 측정한다. MMPI가 주로 정서적 측면을 진단하는 특징을 보인다면, CPI는 정상적인 사람의 심리적 특성을 주로 진단한다.

CPI는 약 480개 문항으로 구성되어 있으며 다음과 같은 18개의 척도로 구분된다.

구분	척도명	주요 내용
제1군 척도 (대인관계 적절성 측정)	지배성(Do)	리더십, 통솔력, 대인관계에서의 주도권을 측정한다.
	지위능력성(Cs)	내부에 잠재되어 있는 내적 포부, 자기 확신 등을 측정한다.
	사교성(Sy)	참여 기질이 활달한 사람과 그렇지 않은 사람을 구분한다.
	사회적 자발성(Sp)	사회 안에서의 안정감, 자발성, 사교성 등을 측정한다.
	자기 수용성(Sa)	개인적 가치관, 자기 확신, 자기 수용력 등을 측정한다.
	행복감(Wb)	생활의 만족감, 행복감을 측정하며 긍정적인 사람으로 보이고자 거짓 응답하는 사람을 구분하는 용도로도 사용된다.
제2군 척도 (성격과 사회화, 책임감 측정)	책임감(Re)	법과 질서에 대한 양심, 책임감, 신뢰성 등을 측정한다.
	사회성(So)	가치 내면화 정도, 사회 이탈 행동 가능성 등을 측정한다.
	자기 통제성(Sc)	자기조절, 자기통제의 적절성, 충동 억제력 등을 측정한다.
	관용성(To)	사회적 신념, 편견과 고정관념 등에 대한 태도를 측정한다.
	호감성(Gi)	타인이 자신을 어떻게 보는지에 대한 민감도를 측정하며, 좋은 사람으로 보이고자 거짓 응답하는 사람을 구분한다.
	임의성(Cm)	사회에 보수적 태도를 보이고 생각 없이 적당히 응답한 사람을 판단하는 척도로 사용된다.

제3군 척도 (인지적, 학업적 특성 측정)	순응적 성취(Ac)	성취동기, 내면의 인식, 조직 내 성취 욕구 등을 측정한다.
	독립적 성취(Ai)	독립적 사고, 창의성, 자기실현을 위한 능력 등을 측정한다.
	지적 효율성(Le)	지적 능률, 지능과 연관이 있는 성격 특성 등을 측정한다.
제4군 척도 (제1~3군과 무관한 척도의 혼합)	심리적 예민성(Py)	타인의 감정 및 경험에 대해 공감하는 정도를 측정한다.
	융통성(Fx)	개인적 사고와 사회적 행동에 대한 유연성을 측정한다.
	여향성(Fe)	남녀 비교에 따른 흥미의 남향성 및 여향성을 측정한다.

❸ SHL 직업성격검사(OPQ)

OPQ(Occupational Personality Questionnaire)는 세계적으로 많은 외국 기업에서 널리 사용하는 CEB사의 SHL 직무능력검사에 포함된 직업성격검사이다. 4개의 질문이 한 세트로 되어 있고 총 68세트 정도 출제되고 있다. 4개의 질문 안에서 '자기에게 가장 잘 맞는 것'과 '자기에게 가장 맞지 않는 것'을 1개씩 골라 '예', '아니오'로 체크하는 방식이다. 단순하게 모든 척도가 높다고 좋은 것은 아니며, 척도가 낮은 편이 좋은 경우도 있다.

기업에 따라 척도의 평가 기준은 다르다. 희망하는 기업의 특성을 연구하고, 채용 기준을 예측하는 것이 중요하다.

척도	내용	질문 예
설득력	사람을 설득하는 것을 좋아하는 경향	- 새로운 것을 사람에게 권하는 것을 잘한다. - 교섭하는 것에 걱정이 없다. - 기획하고 판매하는 것에 자신이 있다.
지도력	사람을 지도하는 것을 좋아하는 경향	- 사람을 다루는 것을 잘한다. - 팀을 아우르는 것을 잘한다. - 사람에게 지시하는 것을 잘한다.
독자성	다른 사람의 영향을 받지 않고, 스스로 생각해서 행동하는 것을 좋아하는 경향	- 모든 것을 자신의 생각대로 하는 편이다. - 주변의 평가는 신경 쓰지 않는다. - 유혹에 강한 편이다.
외향성	외향적이고 사교적인 경향	- 다른 사람의 주목을 끄는 것을 좋아한다. - 사람들이 모인 곳에서 중심이 되는 편이다. - 담소를 나눌 때 주변을 즐겁게 해 준다.
우호성	친구가 많고, 대세의 사람이 되는 것을 좋아하는 경향	- 친구와 함께 있는 것을 좋아한다. - 무엇이라도 얘기할 수 있는 친구가 많다. - 친구와 함께 무언가를 하는 것이 많다.
사회성	세상 물정에 밝고 사람 앞에서도 낯을 가리지 않는 성격	- 자신감이 있고 유쾌하게 발표할 수 있다. - 공적인 곳에서 인사하는 것을 잘한다. - 사람들 앞에서 발표하는 것이 어렵지 않다.

겸손성	사람에 대해서 겸손하게 행동하고 누구라도 똑같이 사귀는 경향	- 자신의 성과를 그다지 내세우지 않는다. - 절제를 잘하는 편이다. - 사회적인 지위에 무관심하다.
협의성	사람들에게 의견을 물으면서 일을 진행하는 경향	- 사람들의 의견을 구하며 일하는 편이다. - 타인의 의견을 묻고 일을 진행시킨다. - 친구와 상담해서 계획을 세운다.
돌봄	측은해 하는 마음이 있고, 사람을 돌봐 주는 것을 좋아하는 경향	- 개인적인 상담에 친절하게 답해 준다. - 다른 사람의 상담을 진행하는 경우가 많다. - 후배의 어려움을 돌보는 것을 좋아한다.
구체적인 사물에 대한 관심	물건을 고치거나 만드는 것을 좋아하는 경향	- 고장 난 물건을 수리하는 것이 재미있다. - 상태가 안 좋은 기계도 잘 사용한다. - 말하기보다는 행동하기를 좋아한다.
데이터에 대한 관심	데이터를 정리해서 생각하는 것을 좋아하는 경향	- 통계 등의 데이터를 분석하는 것을 좋아한다. - 표를 만들거나 정리하는 것을 좋아한다. - 숫자를 다루는 것을 좋아한다.
미적가치에 대한 관심	미적인 것이나 예술적인 것을 좋아하는 경향	- 디자인에 관심이 있다. - 미술이나 음악을 좋아한다. - 미적인 감각에 자신이 있다.
인간에 대한 관심	사람의 행동에 동기나 배경을 분석하는 것을 좋아하는 경향	- 다른 사람을 분석하는 편이다. - 타인의 행동을 보면 동기를 알 수 있다. - 다른 사람의 행동을 잘 관찰한다.
정통성	이미 있는 가치관을 소중히 여기고, 익숙한 방법으로 사물을 대하는 것을 좋아하는 경향	- 실적이 보장되는 확실한 방법을 취한다. - 낡은 가치관을 존중하는 편이다. - 보수적인 편이다.
변화 지향	변화를 추구하고, 변화를 받아들이는 것을 좋아하는 경향	- 새로운 것을 하는 것을 좋아한다. - 해외여행을 좋아한다. - 경험이 없더라도 시도해 보는 것을 좋아한다.
개념성	지식에 대한 욕구가 있고, 논리적으로 생각하는 것을 좋아하는 경향	- 개념적인 사고가 가능하다. - 분석적인 사고를 좋아한다. - 순서를 만들고 단계에 따라 생각한다.
창조성	새로운 분야에 대한 공부를 하는 것을 좋아하는 경향	- 새로운 것을 추구한다. - 독창성이 있다. - 신선한 아이디어를 낸다.
계획성	앞을 생각해서 사물을 예상하고, 계획적으로 실행하는 것을 좋아하는 경향	- 과거를 돌이켜보며 계획을 세운다. - 앞날을 예상하며 행동한다. - 실수를 돌아보며 대책을 강구하는 편이다.

치밀함	정확한 순서를 세워 진행하는 것을 좋아하는 경향	- 사소한 실수는 거의 하지 않는다. - 정확하게 요구되는 것을 좋아한다. - 사소한 것에도 주의하는 편이다.
꼼꼼함	어떤 일이든 마지막까지 꼼꼼하게 마무리 짓는 경향	- 맡은 일을 마지막까지 해결한다. - 마감 시한은 반드시 지킨다. - 시작한 일은 중간에 그만두지 않는다.
여유	평소에 릴랙스하고, 스트레스에 잘 대처하는 경향	- 감정의 회복이 빠르다. - 분별없이 함부로 행동하지 않는다. - 스트레스에 잘 대처한다.
근심·걱정	어떤 일이 잘 진행되지 않으면 불안을 느끼고, 중요한 일을 앞두면 긴장하는 경향	- 예정대로 잘되지 않으면 근심·걱정이 많다. - 신경 쓰이는 일이 있으면 불안하다. - 중요한 만남 전에는 기분이 편하지 않다.
호방함	사람들이 자신을 어떻게 생각하는지를 신경 쓰지 않는 경향	- 사람들이 자신을 어떻게 생각하는지 그다지 신경 쓰지 않는다. - 상처받아도 동요하지 않고 아무렇지 않은 태도를 취한다. - 사람들의 비판에 크게 영향받지 않는다.
억제력	감정을 표현하지 않는 경향	- 쉽게 감정적으로 되지 않는다. - 분노를 억누른다. - 격분하지 않는다.
낙관적	사물을 낙관적으로 보는 경향	- 낙관적으로 생각하고 일을 진행시킨다. - 문제가 일어나도 낙관적으로 생각한다.
비판적	비판적으로 사물을 생각하고, 이론·문장 등의 오류에 신경 쓰는 경향	- 이론의 모순을 찾아낸다. - 계획이 갖춰지지 않은 것이 신경 쓰인다. - 누구도 신경 쓰지 않는 오류를 찾아낸다.
행동력	운동을 좋아하고, 민첩하게 행동하는 경향	- 동작이 날렵하다. - 여가를 활동적으로 보낸다. - 몸을 움직이는 것을 좋아한다.
경쟁성	지는 것을 싫어하는 경향	- 승부를 겨루게 되면 지는 것을 싫어한다. - 상대를 이기는 것을 좋아한다. - 싸워 보지 않고 포기하는 것을 싫어한다.
출세 지향	출세하는 것을 중요하게 생각하고, 야심적인 목표를 향해 노력하는 경향	- 출세 지향적인 성격이다. - 곤란한 목표도 달성할 수 있다. - 실력으로 평가받는 사회가 좋다.
결단력	빠르게 판단하는 경향	- 답을 빠르게 찾아낸다. - 문제에 대한 빠른 상황 파악이 가능하다. - 위험을 감수하고도 결단을 내리는 편이다.

🎧 4 인성검사 합격 전략

❶ 포장하지 않은 솔직한 답변

"다른 사람을 험담한 적이 한 번도 없다.", "물건을 훔치고 싶다고 생각해 본 적이 없다."

이 질문에 당신은 '그렇다', '아니다' 중 무엇을 선택할 것인가? 채용기업이 인성검사를 실시하는 가장 큰 이유는 '이 사람이 어떤 성향을 가진 사람인가'를 효율적으로 파악하기 위해서이다.

인성검사는 도덕적 가치가 빼어나게 높은 사람을 판별하려는 것도 아니고, 성인군자를 가려내기 위함도 아니다. 인간의 보편적 성향과 상식적 사고를 고려할 때, 도덕적 질문에 지나치게 겸손한 답변을 체크하면 오히려 솔직하지 못한 것으로 간주되거나 인성을 제대로 판단하지 못해 무효 처리가 되기도 한다. 자신의 성격을 포장하여 작위적인 답변을 하지 않도록 솔직하게 임하는 것이 예기치 않은 결과를 피하는 첫 번째 전략이 된다.

❷ 필터링 함정을 피하고 일관성 유지

앞서 강조한 솔직함은 일관성과 연결된다. 인성검사를 구성하는 많은 척도는 여러 형태의 문장 속에 동일한 요소를 적용해 반복되기도 한다. 예컨대 '나는 매우 활동적인 사람이다'와 '나는 운동을 매우 좋아한다'라는 질문에 '그렇다'고 체크한 사람이 '휴일에는 집에서 조용히 쉬며 독서하는 것이 좋다'에도 '그렇다'고 체크한다면 일관성이 없다고 평가될 수 있다.

그러나 일관성 있는 답변에만 매달리면 '이 사람이 같은 답변만 체크하기 위해 이 부분만 신경 썼구나'하는 필터링 함정에 빠질 수도 있다. 비슷하게 보이는 문장이 무조건 같은 내용이라고 판단하여 똑같이 답하는 것도 주의해야 한다. 일관성보다 중요한 것은 솔직함이다. 솔직함이 전제되지 않은 일관성은 허위 척도 필터링에서 드러나게 되어 있다. 유사한 질문의 응답이 터무니없이 다르거나 양극단에 치우치지 않는 정도라면 약간의 차이는 크게 문제되지 않는다. 중요한 것은 솔직함과 일관성이 하나의 연장선에 있다는 점을 명심하자.

❸ 지원한 직무와 연관성을 고려

다양한 분야의 많은 계열사와 큰 조직을 통솔하는 대기업은 여러 사람이 조직적으로 움직이는 만큼 각 직무에 걸맞은 능력을 갖춘 인재가 필요하다. 그래서 기업은 매년 신규채용으로 입사한 신입사원들의 젊은 패기와 참신한 능력을 성장 동력으로 활용한다.

기업은 사교성 있고 활달한 사람만을 원하지 않는다. 해당 직군과 직무에 따라 필요로 하는 사원의 능력과 개성이 다르기 때문에, 지원자가 희망하는 계열사나 부서의 직무가 무엇인지 제대로 파악하여 자신의 성향과 맞는지에 대한 고민은 반드시 필요하다. 같은 질문이라도 기업이 원하는 인재상이나 부서의 직무에 따라 판단 척도가 달라질 수 있다.

❹ 평상심 유지와 컨디션 관리

역시 솔직함과 연결된 내용이다. 한 질문에 오래 고민하고 신경 쓰면 불필요한 생각이 개입될 소지가 크다. 이는 직관을 떠나 이성적 판단에 따라 포장할 위험이 높아진다는 뜻이기도 하다. 긴 시간 생각하지 말고 자신의 평상시 생각과 감정대로 답하는 것이 중요하며, 가능한 건너뛰지 말고 모든 질문에 답하도록 한다. 300 ~ 400 개 정도 문항을 출제하는 기업이 많기 때문에, 끝까지 집중하여 임하는 것이 중요하다.

특히 적성검사와 같은 날 실시하는 경우, 적성검사를 마친 후 연이어 보기 때문에 신체적·정신적으로 피로한 상태에서 자세가 흐트러질 수도 있다. 따라서 컨디션을 유지하면서 문항당 7 ~ 10초 이상 쓰지 않도록 하고, 문항 수가 많을 때는 답안지에 바로바로 표기하자.

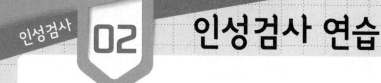

1 부산교통검사 인성검사의 대표 출제유형

부산교통공사의 인성검사는 필기시험 합격자에 한해 온라인으로 진행된다. 부산교통공사는 자신들이 추구하는 인재상인 '1. 미래의 환경변화에 대처하는 도전을 추구하는 진취적인 창조인', '2. 주인의식으로 공사와 자신의 미래를 준비하고 발전시키는 애사인', '3. 긍지와 자부심을 갖고 최고를 추구하는 전문인'과 같은 지원자를 찾기 위해 가치관과 태도를 측정한다.

인성검사의 질문 내용은 지원자의 사고와 태도 · 행동 특성 등을 알 수 있는 단순한 유사 질문이 반복되고, 특별하게 정해진 답은 없는 유형이다. 하지만 지원자 개인의 특성이 반복되는 질문들이 거짓말 척도 등을 통해 판단되므로 일관성을 가지고 솔직하게 답하는 것이 매우 중요하다.

2 '예' 또는 '아니오' 선택형

구성된 검사지에 해당된다고 생각하면 '예', 해당되지 않는다면 '아니오'를 골라 기입하는 유형이다. 응답의 종류가 두 가지뿐이기 때문에 5점 척도 혹은 6점 척도 유형으로 실시하는 기업에 비해 시간이 오래 걸리지는 않지만 같은 문항이 여러 번 반복될 가능성이 있는 만큼 일관성을 유지할 수 있도록 유의한다. 다만 회사 인재상에만 초점을 맞추면 자칫 신뢰도가 하락하여 탈락할 수 있으므로 솔직하게 답할 수 있도록 한다.

인성검사 Tip

1. 직관적으로 솔직하게 답한다.
2. 모든 문제를 신중하게 풀도록 한다.
3. 비교적 일관성을 유지할 수 있도록 한다.
4. 평소의 경험과 선호도를 자연스럽게 답한다.
5. 각 문항에 너무 골똘히 생각하거나 고민하지 않는다.
6. 지원한 분야와 나의 성격의 연관성을 미리 생각하고 분석해 본다.

🚌 3 모의 연습

※ 인성검사는 지원자 개인의 사고와 태도·행동 특성, 직업윤리, 대인관계능력 등 인성 전반과 유사 질문의 반복을 통한 거짓말 척도 등으로 인재상과의 적합성을 판단하는 것으로, 특별하게 정해진 답이 없는 유형입니다.

[01~100] 질문에 해당된다고 생각하면 Yes, 해당되지 않는다면 No를 골라 기입(마크)해 주십시오. 건너뛰지 말고 모두 응답해 주십시오.

번호	질문	예 / 아니오	
		Yes	No
1	교통 법규를 위반했을 때 눈감아 줄만한 사람은 사귀어 둘 만하다.	Ⓨ	Ⓝ
2	지루할 때면 스릴 있는 일을 일으키고 싶어진다.	Ⓨ	Ⓝ
3	남의 물건을 함부로 다루는 사람에게는 내 물건을 빌려주고 싶지 않다.	Ⓨ	Ⓝ
4	나는 항상 진실만을 말하지는 않는다.	Ⓨ	Ⓝ
5	이따금 천박한 농담을 듣고 웃는다.	Ⓨ	Ⓝ
6	다른 사람들로부터 주목받기를 좋아한다.	Ⓨ	Ⓝ
7	많은 사람들 앞에서 이야기하는 것을 싫어한다.	Ⓨ	Ⓝ
8	어떤 사람들은 동정을 얻기 위하여 그들의 고통을 과장한다.	Ⓨ	Ⓝ
9	정직한 사람이 성공하기란 불가능하다.	Ⓨ	Ⓝ
10	나의 말이나 행동에 누군가 상처를 받는다면, 그건 상대방이 여린 탓이다.	Ⓨ	Ⓝ
11	화가 나서 물건을 파손한 적이 있다.	Ⓨ	Ⓝ
12	기회만 주어진다면, 나는 훌륭한 지도자가 될 것이다.	Ⓨ	Ⓝ
13	나는 예민하다는 말을 자주 듣는다.	Ⓨ	Ⓝ
14	한 가지 일에 정신을 집중하기가 힘들다.	Ⓨ	Ⓝ
15	모임에서 취할 때까지 술을 마시는 것을 못마땅하게 여긴다.	Ⓨ	Ⓝ
16	아무도 나를 이해하지 못하는 것 같다.	Ⓨ	Ⓝ
17	돈 내기를 하면 경기나 게임이 더 즐겁다.	Ⓨ	Ⓝ
18	나는 사람들을 강화시키는 재능을 타고났다.	Ⓨ	Ⓝ
19	수단과 방법을 가리지 않고 목표를 달성하고 싶다.	Ⓨ	Ⓝ

20	낯선 사람들을 만나면 무슨 이야기를 해야 할지 몰라 어려움을 겪는다.	Ⓨ	Ⓝ
21	곤경을 모면하기 위해 꾀병을 부린 적이 있다.	Ⓨ	Ⓝ
22	학교 선생님들은 대개 나를 공정하고 솔직하게 대해 주었다.	Ⓨ	Ⓝ
23	자동차 정비사의 일을 좋아할 것 같다.	Ⓨ	Ⓝ
24	무인감시카메라는 운전자의 눈에 잘 띄도록 표시해야 한다.	Ⓨ	Ⓝ
25	합창부에 가입하고 싶다.	Ⓨ	Ⓝ
26	사람들은 대개 성 문제를 지나치게 걱정한다.	Ⓨ	Ⓝ
27	다른 사람의 슬픔에 대해 공감하는 척할 때가 많다.	Ⓨ	Ⓝ
28	결정을 내리기 전에 다양한 관점에서 신중하게 생각한다.	Ⓨ	Ⓝ
29	체면 차릴 만큼은 일한다.	Ⓨ	Ⓝ
30	남녀가 함께 있으면 남자는 대개 그 여자의 섹스에 관련된 것을 생각한다.	Ⓨ	Ⓝ
31	주인이 없어 보이는 물건은 가져도 된다.	Ⓨ	Ⓝ
32	스릴을 느끼기 위해 위험한 일을 한 적이 있다.	Ⓨ	Ⓝ
33	현재 직면한 국제 문제에 대한 해결 방법을 알고 있다.	Ⓨ	Ⓝ
34	나는 기분이 쉽게 변한다.	Ⓨ	Ⓝ
35	현기증이 난 적이 전혀 없다.	Ⓨ	Ⓝ
36	내 피부 감각은 유난히 예민하다.	Ⓨ	Ⓝ
37	엄격한 규율과 규칙에 따라 일하기가 어렵다.	Ⓨ	Ⓝ
38	남이 나에게 친절을 베풀면 대개 숨겨진 이유가 무엇인지를 생각해본다.	Ⓨ	Ⓝ
39	학교에서 무엇을 배울 때 느린 편이었다.	Ⓨ	Ⓝ
40	우리 가족은 항상 가깝게 지낸다.	Ⓨ	Ⓝ
41	나는 자주 무력감을 느낀다.	Ⓨ	Ⓝ
42	영화에서 사람을 죽이는 장면을 보면 짜릿하다.	Ⓨ	Ⓝ
43	불을 보면 매혹된다.	Ⓨ	Ⓝ
44	소변을 보거나 참는 데 별 어려움을 겪은 적이 없다.	Ⓨ	Ⓝ
45	인생 목표 중 하나는 어머니가 자랑스러워할 무엇인가를 해내는 것이다.	Ⓨ	Ⓝ
46	과연 행복한 사람이 있을지 의문이다.	Ⓨ	Ⓝ
47	때때로 나의 업적을 자랑하고 싶어진다.	Ⓨ	Ⓝ

1회 기출예상문제

2회 기출예상문제

3회 기출예상문제

4회 기출예상문제

5회 기출예상문제

6회 기출예상문제

인성검사

면접가이드

48	일단 화가 나면 냉정을 잃는다.	Ⓨ	Ⓝ
49	거액을 사기 칠 수 있을 정도로 똑똑한 사람이라면, 그 돈을 가져도 좋다.	Ⓨ	Ⓝ
50	선거 때 잘 알지 못하는 사람에게 투표한 적이 있다.	Ⓨ	Ⓝ
51	사교적인 모임에 나가는 것을 싫어한다.	Ⓨ	Ⓝ
52	지나치게 생각해서 기회를 놓치는 편이다.	Ⓨ	Ⓝ
53	활발한 사람으로 통한다.	Ⓨ	Ⓝ
54	꾸준히 하는 일이 적성에 맞는다.	Ⓨ	Ⓝ
55	돌다리도 두드려 보고 건넌다.	Ⓨ	Ⓝ
56	지는 것을 싫어하는 편이다.	Ⓨ	Ⓝ
57	적극적으로 행동하는 타입이다.	Ⓨ	Ⓝ
58	이웃에서 나는 소리가 신경 쓰인다.	Ⓨ	Ⓝ
59	나도 모르게 끙끙 앓고 고민하는 편이다.	Ⓨ	Ⓝ
60	비교적 금방 마음이 바뀌는 편이다.	Ⓨ	Ⓝ
61	휴식시간 정도는 혼자 있고 싶다.	Ⓨ	Ⓝ
62	자신만만한 영업맨 타입이다.	Ⓨ	Ⓝ
63	잘 흥분하는 편이라고 생각한다.	Ⓨ	Ⓝ
64	한 번도 거짓말을 한 적이 없다.	Ⓨ	Ⓝ
65	밤길에는 뒤에서 걸어오는 사람이 신경 쓰인다.	Ⓨ	Ⓝ
66	실패하면 내 책임이라고 생각한다.	Ⓨ	Ⓝ
67	남의 의견에 좌우되어서 쉽게 의견이 바뀐다.	Ⓨ	Ⓝ
68	개성적인 편이라고 생각한다.	Ⓨ	Ⓝ
69	나는 항상 활기차게 일하는 사람이다.	Ⓨ	Ⓝ
70	다양한 문화를 인정하는 것은 중요하다.	Ⓨ	Ⓝ
71	인상이 좋다는 말을 자주 듣는다.	Ⓨ	Ⓝ
72	나와 다른 관점이 있다는 것을 인정한다.	Ⓨ	Ⓝ
73	일에 우선순위를 잘 파악하여 행동하는 편이다.	Ⓨ	Ⓝ
74	사무실에서 조사하는 것보다 현장에서 파악하는 것을 선호한다.	Ⓨ	Ⓝ
75	약속 장소에 가기 위한 가장 빠른 교통수단을 미리 알아보고 출발한다.	Ⓨ	Ⓝ

76	친절하다는 말을 종종 듣는다.	Ⓨ	Ⓝ
77	팀으로 일하는 것이 좋다.	Ⓨ	Ⓝ
78	돈 관리를 잘하는 편이어서 적자가 나는 법이 없다.	Ⓨ	Ⓝ
79	내 감정이나 행동의 근본적인 이유를 찾기 위해서 노력한다.	Ⓨ	Ⓝ
80	호기심이 풍부한 편이다.	Ⓨ	Ⓝ
81	나는 좀 어려운 과제도 내가 할 수 있다는 긍정적인 생각을 많이 한다.	Ⓨ	Ⓝ
82	절대 새치기는 하지 않는다.	Ⓨ	Ⓝ
83	일단 일을 맡게 되면 책임지고 해낸다.	Ⓨ	Ⓝ
84	나는 신뢰감을 주는 편이다.	Ⓨ	Ⓝ
85	자료를 찾는 시간에 사람을 만나 물어보는 방식이 더 잘 맞는다.	Ⓨ	Ⓝ
86	새로운 일을 직접 기획해보고 기획안을 만드는 것을 좋아한다.	Ⓨ	Ⓝ
87	상냥하다는 말을 많이 듣는다.	Ⓨ	Ⓝ
88	무책임한 사람을 보면 짜증이 난다.	Ⓨ	Ⓝ
89	나는 항상 솔직하고 정직하다.	Ⓨ	Ⓝ
90	권위적인 방식으로 나를 대하면 반항한다.	Ⓨ	Ⓝ
91	안정적인 직장보다 창의적인 직장을 원한다.	Ⓨ	Ⓝ
92	쉽게 화가 난다.	Ⓨ	Ⓝ
93	냉철한 사고력이 요구되는 일이 편하다.	Ⓨ	Ⓝ
94	계획을 세울 때 세부일정까지 구체적으로 짜는 편이다.	Ⓨ	Ⓝ
95	주로 남의 의견을 듣는 편이다.	Ⓨ	Ⓝ
96	업무를 통한 정보 교환을 중심으로 상호작용이 활발한 조직을 좋아한다.	Ⓨ	Ⓝ
97	안정감보다 아슬아슬한 스릴이 더 좋다.	Ⓨ	Ⓝ
98	게임에 내기를 걸지 않으면 승부욕이 생기지 않는다.	Ⓨ	Ⓝ
99	나는 참 괜찮은 사람이다.	Ⓨ	Ⓝ
100	내가 왜 이러는지 모를 때가 자주 있다.	Ⓨ	Ⓝ

1회 기출예상문제
2회 기출예상문제
3회 기출예상문제
4회 기출예상문제
5회 기출예상문제
6회 기출예상문제
인성검사
면접가이드

면접이란? 지원자가 보유한 직무 관련 능력 및 직무적합도와 더불어 인품, 언행 등을 직접 만나 평가하는 것을 말한다.

NCS 면접의 이해

※ 능력중심 채용에서는 타당도가 높은 구조화 면접을 적용한다.

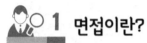 **1 면접이란?**

　　일을 하는 데 필요한 능력(직무역량, 직무지식, 인재상 등)을 지원자가 보유하고 있는지를 다양한 면접기법을 활용하여 확인하는 절차이다. 자신의 환경, 성취, 관심사, 경험 등에 대해 이야기하여 본인이 적합하다는 것을 보여 줄 기회를 제공하고, 면접관은 평가에 필요한 정보를 수집하고 평가하는 것이다.

- 지원자의 태도, 적성, 능력에 대한 정보를 심층적으로 파악하기 위한 선발 방법
- 선발의 최종 의사결정에 주로 사용되는 선발 방법
- 전 세계적으로 선발에서 가장 많이 사용되는 핵심적이고 중요한 방법

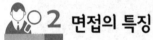 **2 면접의 특징**

서류전형이나 인적성검사에서 드러나지 않는 것들을 볼 수 있는 기회를 제공한다.

- 직무수행과 관련된 다양한 지원자 행동에 대한 관찰이 가능하다.
- 면접관이 알고자 하는 정보를 심층적으로 파악할 수 있다.
- 서류상의 미비한 사항과 의심스러운 부분을 확인할 수 있다.
- 커뮤니케이션, 대인관계행동 등 행동·언어적 정보도 얻을 수 있다.

 3 면접의 평가요소

❶ 인재적합도

　　해당 기관이나 기업별 인재상에 대한 인성 평가

❷ 조직적합도

　　조직에 대한 이해와 관련 상황에 대한 평가

❸ 직무적합도

　　직무에 대한 지식과 기술, 태도에 대한 평가

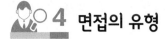

4 면접의 유형

구조화된 정도에 따른 분류

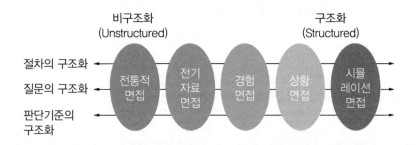

❶ 구조화 면접(Structured Interview)

사전에 계획을 세워 질문의 내용과 방법, 지원자의 답변 유형에 따른 추가 질문과 그에 대한 평가역량이 정해져 있는 면접 방식(표준화 면접)

- 표준화된 질문이나 평가요소가 면접 전 확정되며, 지원자는 편성된 조나 면접관에 영향을 받지 않고 동일한 질문과 시간을 부여받을 수 있음.
- 조직 또는 직무별로 주요하게 도출된 역량을 기반으로 평가요소가 구성되어, 조직 또는 직무에서 필요한 역량을 가진 지원자를 선발할 수 있음.
- 표준화된 형식을 사용하는 특성 때문에 비구조화 면접에 비해 신뢰성과 타당성, 객관성이 높음.

❷ 비구조화 면접(Unstructured Interview)

면접 계획을 세울 때 면접 목적만 명시하고 내용이나 방법은 면접관에게 전적으로 일임하는 방식(비표준화 면접)

- 표준화된 질문이나 평가요소 없이 면접이 진행되며, 편성된 조나 면접관에 따라 지원자에게 주어지는 질문이나 시간이 다름.
- 면접관의 주관적인 판단에 따라 평가가 이루어져 평가 오류가 빈번히 일어남.
- 상황 대처나 언변이 뛰어난 지원자에게 유리한 면접이 될 수 있음.

1회 기출예상문제 | 2회 기출예상문제 | 3회 기출예상문제 | 4회 기출예상문제 | 5회 기출예상문제 | 6회 기출예상문제 | 인성검사 | 면접가이드

NCS 구조화 면접 기법

※ 능력중심 채용에서는 타당도가 높은 구조화 면접을 적용한다.

 1 경험면접(Behavioral Event Interview)

면접 프로세스

안내	지원자는 입실 후, 면접관을 통해 인사말과 면접에 대한 간단한 안내를 받음.

질문	지원자는 면접관에게 평가요소(직업기초능력, 직무수행능력 등)와 관련된 주요 질문을 받게 되며, 질문에서 의도하는 평가요소를 고려하여 응답할 수 있도록 함.

세부질문	• 지원자가 응답한 내용을 토대로 해당 평가기준들을 충족시키는지 파악하기 위한 세부질문이 이루어짐. • 구체적인 행동·생각 등에 대해 응답할수록 높은 점수를 얻을 수 있음.

- **방식**

 해당 역량의 발휘가 요구되는 일반적인 상황을 제시하고, 그러한 상황에서 어떻게 행동했었는지(과거경험)를 이야기하도록 함.

- **판단기준**

 해당 역량의 수준, 경험 자체의 구체성, 진실성 등

- **특징**

 추상적인 생각이나 의견 제시가 아닌 과거 경험 및 행동 중심의 질의가 이루어지므로 지원자는 사전에 본인의 과거 경험 및 사례를 정리하여 면접에 대비할 수 있음.

- **예시**

지원분야		지원자		면접관		(인)
경영자원관리 조직이 보유한 인적자원을 효율적으로 활용하여, 조직 내 유·무형 자산 및 재무자원을 효율적으로 관리한다.						
주질문						
A. 어떤 과제를 처리할 때 기존에 팀이 사용했던 방식의 문제점을 찾아내 이를 보완하여 과제를 더욱 효율적으로 처리했던 경험에 대해 이야기해 주시기 바랍니다.						
세부질문						
[상황 및 과제] 사례와 관련해 당시 상황에 대해 이야기해 주시기 바랍니다. [역할] 당시 지원자께서 맡았던 역할은 무엇이었습니까? [행동] 사례와 관련해 구성원들의 설득을 이끌어 내기 위해 어떤 노력을 하였습니까? [결과] 결과는 어땠습니까?						

기대행동	평점
업무진행에 있어 한정된 자원을 효율적으로 활용한다.	① － ② － ③ － ④ － ⑤
구성원들의 능력과 성향을 파악해 효율적으로 업무를 배분한다.	① － ② － ③ － ④ － ⑤
효과적 인적/물적 자원관리를 통해 맡은 일을 무리 없이 잘 마무리한다.	① － ② － ③ － ④ － ⑤

척도해설

1 : 행동증거가 거의 드러나지 않음	2 : 행동증거가 미약하게 드러남	3 : 행동증거가 어느 정도 드러남	4 : 행동증거가 명확하게 드러남	5 : 뛰어난 수준의 행동증거가 드러남
관찰기록 : 총평 :				

※ 실제 적용되는 평가지는 기업/기관마다 다름.

2 상황면접(Situational Interview)

면접 프로세스

안내 ⟶ 지원자는 입실 후, 면접관을 통해 인사말과 면접에 대한 간단한 안내를 받음.

⬇

질문 ⟶ ・지원자는 상황질문지를 검토하거나 면접관을 통해 상황 및 질문을 제공받음.
・면접관의 질문이나 질문지의 의도를 파악하여 응답할 수 있도록 함.

⬇

세부질문 ⟶ ・지원자가 응답한 내용을 토대로 해당 평가기준들을 충족시키는지 파악하기 위한 세부질문이 이루어짐.
・구체적인 행동·생각 등에 대해 응답할수록 높은 점수를 얻을 수 있음.

・방식
직무 수행 시 접할 수 있는 상황들을 제시하고, 그러한 상황에서 어떻게 행동할 것인지(행동의도)를 이야기하도록 함.

・판단기준
해당 상황에 맞는 해당 역량의 구체적 행동지표

・특징
지원자의 가치관, 태도, 사고방식 등의 요소를 평가하는 데 용이함.

• 예시

지원분야		지원자		면접관	(인)

유관부서협업
타 부서의 업무협조요청 등에 적극적으로 협력하고 갈등 상황이 발생하지 않도록 이해관계를 조율하며 관련 부서의 협업을 효과적으로 이끌어 낸다.

주질문
당신은 생산관리팀의 팀원으로, 2개월 뒤에 제품 A를 출시하기 위해 생산팀의 생산 계획을 수립한 상황입니다. 그러나 원가가 곧 실적으로 이어지는 구매팀에서는 최대한 원가를 줄여 전반적 단가를 낮추려고 원가절감을 위한 제안을 하였으나, 연구개발팀에서는 구매팀이 제안한 방식으로 제품을 생산할 경우 대부분이 구매팀의 실적으로 산정될 것이므로 제대로 확인도 해보지 않은 채 적합하지 않은 방식이라고 판단하고 있습니다. 당신은 어떻게 하겠습니까?

세부질문
[상황 및 과제] 이 상황의 핵심적인 이슈는 무엇이라고 생각합니까?
[역할] 당신의 역할을 더 잘 수행하기 위해서는 어떤 점을 고려해야 하겠습니까? 왜 그렇게 생각합니까?
[행동] 당면한 과제를 해결하기 위해서 구체적으로 어떤 조치를 취하겠습니까? 그 이유는 무엇입니까?
[결과] 그 결과는 어떻게 될 것이라고 생각합니까? 그 이유는 무엇입니까?

척도해설

1 : 행동증거가 거의 드러나지 않음	2 : 행동증거가 미약하게 드러남	3 : 행동증거가 어느 정도 드러남	4 : 행동증거가 명확하게 드러남	5 : 뛰어난 수준의 행동증거가 드러남
관찰기록 :				
총평 :				

※ 실제 적용되는 평가지는 기업/기관마다 다름.

🔍3 발표면접(Presentation)

면접 프로세스

안내
• 입실 후 지원자는 면접관으로부터 인사말과 발표면접에 대해 간략히 안내받음.
• 면접 전 지원자는 과제 검토 및 발표 준비시간을 가짐.

⌄

발표
• 지원자들이 과제 주제와 관련하여 정해진 시간 동안 발표를 실시함.
• 면접관은 발표내용 중 평가요소와 관련해 나타난 가점 및 감점요소들을 평가하게 됨.

⌄

질문응답
• 발표 종료 후 면접관은 정해진 시간 동안 지원자의 발표내용과 관련해 구체적인 내용을 확인하기 위한 질문을 함.
• 지원자는 면접관의 질문의도를 정확히 파악하여 적절히 응답할 수 있도록 함.
• 응답 시 명확하고 자신있게 전달할 수 있도록 함.

- 방식

  지원자가 특정 주제와 관련된 자료(신문기사, 그래프 등)를 검토하고, 그에 대한 자신의 생각을 면접관 앞에서 발표하며, 추가 질의응답이 이루어짐.

- 판단기준

  지원자의 사고력, 논리력, 문제해결능력 등

- 특징

  과제를 부여한 후, 지원자들이 과제를 수행하는 과정과 결과를 관찰·평가함. 과제수행의 결과뿐 아니라 과제수행 과정에서의 행동을 모두 평가함.

4 토론면접(Group Discussion)

면접 프로세스

안내
- 입실 후, 지원자들은 면접관으로부터 토론 면접의 전반적인 과정에 대해 안내받음.
- 지원자는 정해진 자리에 착석함.

토론
- 지원자들이 과제 주제와 관련하여 정해진 시간 동안 토론을 실시함(시간은 기관별 상이).
- 지원자들은 면접 전 과제 검토 및 토론 준비시간을 가짐.
- 토론이 진행되는 동안, 지원자들은 다른 토론자들의 발언을 경청하여 적절히 본인의 의사를 전달할 수 있도록 함. 더불어 적극적인 태도로 토론면접에 임하는 것도 중요함.

**마무리
(5분 이내)**
- 면접 종료 전, 지원자들은 토론을 통해 도출한 결론에 대해 첨언하고 적절히 마무리 지음.
- 본인의 의견을 전달하는 것과 동시에 다른 토론자를 배려하는 모습도 중요함.

- 방식

  상호갈등적 요소를 가진 과제 또는 공통의 과제를 해결하는 내용의 토론 과제(신문기사, 그래프 등)를 제시하고, 그 과정에서의 개인 간의 상호작용 행동을 관찰함.

- 판단기준

  팀워크, 갈등 조정, 의사소통능력 등

- 특징

  면접에서 최종안을 도출하는 것도 중요하나 주장의 옳고 그름이 아닌 결론을 도출하는 과정과 말하는 자세 등도 중요함.

5 역할연기면접(Role Play Interview)

- 방식
  기업 내 발생 가능한 상황에서 부딪히게 되는 문제와 역할을 가상적으로 설정하여 특정 역할을 맡은 사람과 상호작용하고 문제를 해결해 나가도록 함.
- 판단기준
  대처능력, 대인관계능력, 의사소통능력 등
- 특징
  실제 상황과 유사한 가상 상황에서 지원자의 성격이나 대처 행동 등을 관찰할 수 있음.

 6 집단면접(Group Activity)

- 방식
  지원자들이 팀(집단)으로 협력하여 정해진 시간 안에 활동 또는 게임을 하며 면접관들은 지원자들의 행동을 관찰함.
- 판단기준
  대인관계능력, 팀워크, 창의성 등
- 특징
  기존 면접보다 오랜 시간 관찰을 하여 지원자들의 평소 습관이나 행동들을 관찰하려는 데 목적이 있음.

면접가이드 **03**

1회 기출예상문제

2회 기출예상문제

3회 기출예상문제

4회 기출예상문제

5회 기출예상문제

6회 기출예상문제

인성검사

면접가이드

면접 최신 기출 주제

 부산교통공사의 면접

> 부산교통공사의 면접은 토의면접과 인성면접으로 이루어진다. 토의면접은 5 ~ 6명으로 구성된 지원자들이 약 10 ~ 15분의 시간동안 특정 주제를 가지고 토의한 뒤 결론을 도출하는 형식의 면접이다. 인성면접은 약 40분 동안 회사 상식 또는 전공에 대해 묻거나 자기소개서를 기반으로 인성과 조직적합도를 평가하는 형식의 면접이다.

 ## 1 2020년 상반기 면접 실제 기출 주제

❶ 토의 면접

1. (운영직) 60 ~ 65세 정년 연장에 대해 어떻게 생각하는가?
2. (건축직) 남북 철도연결에 대해서 고려해야 할 사항에 대해 토의하라.
3. (건축직) 지진 필로터주조의 장단점과 특징 및 개선사항에 대해 토의하라.
4. (통신직) KT 화재사고에 대한 설명 후, 도시철도의 화재예방 및 조치사항에 대해 토의하라.
5. (운전직) 우리나라에 살고 있는 외국인 노인들에게 무임승차를 확대하는 안에 대해 찬성 또는 반대 의견을 제시하시오.
6. (전기직) 사회적 약자 배려를 위한 현재 시설과 앞으로 발전될 수 있는 부분을 이야기해 보시오.
7. (전기직) 공기업 직원으로서 청렴도를 향상시킬 수 있는 의견을 제시하시오.
8. (기계직) 안전발판의 효과와 문제점, 해결방안을 제시하시오.
9. (토목직) 지하철 1호선 노후화에 대한 해결방안을 제시하시오.

❷ 인성 면접

1. 좋은 직장이란 무엇이라고 생각하는가?
2. 거짓말을 해 본 적 있는가?
3. 공과 사 중 중요한 것은?
4. 직장 내 따돌림을 당한다면 어떻게 할 것인가?
5. 공권력이 왜 중요하다고 생각하는가?
6. (경력이 없을 경우) 경력이 없는데 어떻게 적응할 것인가?
7. (경력이 있을 경우) 이직 이유는 무엇인가? 중간관리자로서의 고충은 무엇이었나?
8. 1분 자기소개 및 지원 동기
9. 자신의 단점은?
10. ItE–R에 대해서 말해보라.

11. 임피던스에 대해 말해보라.

12. 원치 않는 부서에 간다면 어떻게 할 것인가?

13. KT 화재에 대해 어떻게 생각하는가?

14. 탈선사고에 대한 대책

15. 연약지반이란?

16. 철근 SS400의 의미는?

17. 부산 지하철 사용 시 불편했거나 개선할 점을 건축적인 요소에 빗대어 말해보라.

18. 자기가 남보다 이것만은 최고라고 생각하는 것은?

19. 본인이 대하기 껄끄럽다고 생각하는 사람 유형은? 그에 대한 대처는?

20. 매뉴얼과 유연성 중 중요하다고 생각하는 것은 무엇인가?

21. 부산 지하철 이용 시 불편했던 사항과 자신만의 독창적인 해결방법은?

22. 가장 친한 친구가 누구이며, 얼마나 오래 알고 지냈고 연락은 얼마나 자주 하는가?

23. 안전운행을 제외하고, 기관사가 중요하게 생각하는 마음에는 무엇이 있는가?

24. 남에게 도움을 준 경험과 피해를 준 경험

25. 기관사의 매력은 무엇이라고 생각하는가?

26. 취업 준비기간은 얼마나 되었는가?

27. 본인의 강점은 무엇이라 생각하는가?

28. 원칙과 융통성 중 무엇이 더 중요한가?

29. 신뢰를 주는 자신만의 방법이 있다면?

30. 변전소의 누설전류에 대해 설명하시오.

31. 접지에 대해 설명하시오.

32. 전차선로는 어떻게 구성되어 있는가?

33. 활선 점검 시 어떤 장비를 이용해야 하는가?

34. 전기직무와 관련한 문제해결 경험에 대해 말하고, 이를 토대로 당사에서 기대할 수 있는 것은 무엇인가?

35. 부산교통공사가 한국전력공사에 내는 연간 전기요금이 얼마라고 생각하는가? 요금을 절감할 수 있는 본인만의 방안은?

36. 1호선이 많이 노후화되어 있는데 어떻게 관리할 것인가?

37. 우리 회사에서 감전사고가 얼마나 일어나는지 알고 있나?

38. 전기 정비 등의 업무를 할 때 본인의 과실로 신체적인 피해를 입었다면 어떻게 사후처리를 할 것인가?

39. 부산교통공사의 나쁜 이미지는?

40. 부산 지하철의 불편함은?

41. 적자 해결방안에 대한 본인의 의견은?

42. 나를 가장 잘 표현할 수 있는 한 단어는?

43. 본인만의 스트레스 해소법이 있다면?

44. 이전 회사에 다니면서 부당함을 느껴본 적이 있는가?

45. 시민들이 가장 관심 있어 하고 뉴스에 많이 나오는 이슈는 무엇이며, 기계직으로서 알아야 할 이슈는 무엇인가?

46. 미세먼지를 저감시키는 부산교통공사의 설비에 대해 아는 대로 말해보라.

47. 기계직으로서 생각할 때, 대형사고로 이어질 수 있는 사고는? 그 설비는?

48. 미세먼지 필터 종류에 대해 말해보라.

49. 아르바이트나 본인이 해왔던 일 중 가장 오랜 기간 해 온 일은 무엇인가?

50. 입사하게 된다면 어떤 직원이 되고 싶은가?

51. 토의 면접 때 발언을 하나씩 하던데, 발언에 대해 상사와 충돌이 생긴다면 어떻게 할 것인가?

52. 부산교통공사의 적자가 심각한데 공익과 사익 중 어떤 부분이 우선시되어야 하는가?

53. 인건비 문제로 본인에게 희망퇴직을 권고한다면?

54. 직무경험을 쌓을 수 있는 현장이 아닌 본사에 배치를 받게 된다면 어떻게 할 것인가?

55. 한국사 자격증이 직무에 어떤 도움을 줄 수 있는가?

56. 단면력에 대해 아는 대로 말해보라.

57. 평형방정식에 대해 말해보라.

58. 법선응력에 대해 알고 있는가?

59. 터널 구조물이란?

60. 박스구조물 지하수 때문에 부상당한 적이 있다. 이를 해결할 수 있는 공법은?

61. 4차 산업혁명을 신호직무에 적용할 수 있다면?

62. 마지막으로 하고 싶은 말

2 역대 면접 실제 기출 주제

❶ 토의 면접

1. 저출산 및 출산 기피 현상에 대한 견해와 인구증가 방안에 대해 토의하시오.

2. IoT나 빅데이터를 기반으로 도시철도에 활용하는 방안에 대해 토의하시오.

3. 교통약자를 위한 현재 시설 현황과 개선 방향에 대해 토의하시오.

4. 고무 안전발판 효과와 문제점 및 개선 방향에 대해 토의하시오.

5. 무임승차로 인한 적자폭이 증대되었다. 노인층 유료화 및 정년 연장에 대하여 토의하시오.

❷ 인성면접

1. 관광객 유치를 위해 무엇을 할 수 있을까?

2. 20대에서 지하철 불만이 가장 많이 나오는 이유가 무엇이라고 생각하나?

3. 역사 내 쓰레기를 주워본 적 있는가?

4. 대외활동 또는 전 직장에서 받은 스트레스를 어떻게 해소했는가?

5. 사람을 두 분류로 분류하는 나만의 기준은?

6. 부산교통공사의 개선점은 무엇이라고 생각하나?

7. 자신을 사물로 표현한다면?

8. 서울지하철과 부산지하철의 차이점

9. 부산교통공사를 생각하면 떠오르는 이미지는?

10. 부산교통공사 경영가치 5-up 중 중요하다고 생각하는 3가지를 꼽고, 1 ~ 3순위를 매겨 그에 대한 이유를 설명하시오.

11. 부산교통공사 노조에 대한 개인의 견해

12. 변류기에 대해 설명하시오.

13. 사이리스터 정류와 다이오드 정류의 차이점

14. 부산교통공사의 에너지 절약 방법

15. 1 ~ 3호선과 4호선의 차이점에 대해 말해보라.

16. 직무와 관련한 자격증이 있는가?

17. 옆 사람 칭찬을 해보라.

18. 옆 경쟁자보다 내가 뽑혀야 하는 이유는?

18. 펌프의 작동 원리

19. 연차가 쌓여 매너리즘이 찾아온다면?

20. 부산교통공사가 아닌 다른 교통공사에 지원한 적이 있는가?

21. 직장 생활 중 상사나 동료가 부정행위를 한 것을 발견한다면?

22. 마지막으로 하고 싶은 말

부산교통공사

기출예상문제_연습용

감독관
확인란

성명표기란

수험번호

(주민등록 앞자리 생년제외) 월일

수험생 유의사항

※ 답안은 반드시 컴퓨터용 수성사인펜으로 보기와 같이 바르게 표기해야 합니다.
 〈보기〉① ② ❹ ⑤

※ 성명표기란 위 칸에는 성명을 한글로 쓰고 아래 칸에는 성명을 정확하게 ● 표기하십시오.
 (단, 성과 이름은 붙여 씁니다)

※ 수험번호 표기란에는 아라비아 숫자로 쓰고 아래 칸에는 숫자와 일치하게 ● 표기하십시오.

※ 출생월일은 반드시 본인 주민등록번호의 생년을 제외한 월 두 자리, 일 두 자리를 표기하십시오.
 오. (예) 1994년 1월 12일 → 0112

직업기초능력평가 / 일반상식

문번	답란	문번	답란	문번	답란	문번	답란
1	① ② ③ ④	26	① ② ③ ④	51	① ② ③ ④	76	① ② ③ ④
2	① ② ③ ④	27	① ② ③ ④	52	① ② ③ ④	77	① ② ③ ④
3	① ② ③ ④	28	① ② ③ ④	53	① ② ③ ④	78	① ② ③ ④
4	① ② ③ ④	29	① ② ③ ④	54	① ② ③ ④	79	① ② ③ ④
5	① ② ③ ④	30	① ② ③ ④	55	① ② ③ ④	80	① ② ③ ④
6	① ② ③ ④	31	① ② ③ ④	56	① ② ③ ④	81	① ② ③ ④
7	① ② ③ ④	32	① ② ③ ④	57	① ② ③ ④	82	① ② ③ ④
8	① ② ③ ④	33	① ② ③ ④	58	① ② ③ ④	83	① ② ③ ④
9	① ② ③ ④	34	① ② ③ ④	59	① ② ③ ④	84	① ② ③ ④
10	① ② ③ ④	35	① ② ③ ④	60	① ② ③ ④	85	① ② ③ ④
11	① ② ③ ④	36	① ② ③ ④	61	① ② ③ ④	86	① ② ③ ④
12	① ② ③ ④	37	① ② ③ ④	62	① ② ③ ④	87	① ② ③ ④
13	① ② ③ ④	38	① ② ③ ④	63	① ② ③ ④	88	① ② ③ ④
14	① ② ③ ④	39	① ② ③ ④	64	① ② ③ ④	89	① ② ③ ④
15	① ② ③ ④	40	① ② ③ ④	65	① ② ③ ④	90	① ② ③ ④
16	① ② ③ ④	41	① ② ③ ④	66	① ② ③ ④	91	① ② ③ ④
17	① ② ③ ④	42	① ② ③ ④	67	① ② ③ ④	92	① ② ③ ④
18	① ② ③ ④	43	① ② ③ ④	68	① ② ③ ④	93	① ② ③ ④
19	① ② ③ ④	44	① ② ③ ④	69	① ② ③ ④	94	① ② ③ ④
20	① ② ③ ④	45	① ② ③ ④	70	① ② ③ ④	95	① ② ③ ④
21	① ② ③ ④	46	① ② ③ ④	71	① ② ③ ④	96	① ② ③ ④
22	① ② ③ ④	47	① ② ③ ④	72	① ② ③ ④	97	① ② ③ ④
23	① ② ③ ④	48	① ② ③ ④	73	① ② ③ ④	98	① ② ③ ④
24	① ② ③ ④	49	① ② ③ ④	74	① ② ③ ④	99	① ② ③ ④
25	① ② ③ ④	50	① ② ③ ④	75	① ② ③ ④	100	① ② ③ ④

잘라서 활용하세요.

부산교통공사

기출예상문제_연습용

감독관 확인란

문번	답란	문번	답란	문번	답란	문번	답란
1	① ② ③ ④	26	① ② ③ ④	51	① ② ③ ④	76	① ② ③ ④
2	① ② ③ ④	27	① ② ③ ④	52	① ② ③ ④	77	① ② ③ ④
3	① ② ③ ④	28	① ② ③ ④	53	① ② ③ ④	78	① ② ③ ④
4	① ② ③ ④	29	① ② ③ ④	54	① ② ③ ④	79	① ② ③ ④
5	① ② ③ ④	30	① ② ③ ④	55	① ② ③ ④	80	① ② ③ ④
6	① ② ③ ④	31	① ② ③ ④	56	① ② ③ ④	81	① ② ③ ④
7	① ② ③ ④	32	① ② ③ ④	57	① ② ③ ④	82	① ② ③ ④
8	① ② ③ ④	33	① ② ③ ④	58	① ② ③ ④	83	① ② ③ ④
9	① ② ③ ④	34	① ② ③ ④	59	① ② ③ ④	84	① ② ③ ④
10	① ② ③ ④	35	① ② ③ ④	60	① ② ③ ④	85	① ② ③ ④
11	① ② ③ ④	36	① ② ③ ④	61	① ② ③ ④	86	① ② ③ ④
12	① ② ③ ④	37	① ② ③ ④	62	① ② ③ ④	87	① ② ③ ④
13	① ② ③ ④	38	① ② ③ ④	63	① ② ③ ④	88	① ② ③ ④
14	① ② ③ ④	39	① ② ③ ④	64	① ② ③ ④	89	① ② ③ ④
15	① ② ③ ④	40	① ② ③ ④	65	① ② ③ ④	90	① ② ③ ④
16	① ② ③ ④	41	① ② ③ ④	66	① ② ③ ④	91	① ② ③ ④
17	① ② ③ ④	42	① ② ③ ④	67	① ② ③ ④	92	① ② ③ ④
18	① ② ③ ④	43	① ② ③ ④	68	① ② ③ ④	93	① ② ③ ④
19	① ② ③ ④	44	① ② ③ ④	69	① ② ③ ④	94	① ② ③ ④
20	① ② ③ ④	45	① ② ③ ④	70	① ② ③ ④	95	① ② ③ ④
21	① ② ③ ④	46	① ② ③ ④	71	① ② ③ ④	96	① ② ③ ④
22	① ② ③ ④	47	① ② ③ ④	72	① ② ③ ④	97	① ② ③ ④
23	① ② ③ ④	48	① ② ③ ④	73	① ② ③ ④	98	① ② ③ ④
24	① ② ③ ④	49	① ② ③ ④	74	① ② ③ ④	99	① ② ③ ④
25	① ② ③ ④	50	① ② ③ ④	75	① ② ③ ④	100	① ② ③ ④

직업기초능력평가 (문번 1~50)

일반상식 (문번 51~100)

성명표기란

수험번호

⓪ ① ② ③ ④ ⑤ ⑥ ⑦ ⑧ ⑨

주민등록 앞자리 생년제외) 월일

⓪ ① ② ③ ④ ⑤ ⑥ ⑦ ⑧ ⑨

수험생 유의사항

※ 답안은 반드시 컴퓨터용 수성사인펜으로 보기와 같이 바르게 표기해야 합니다.
　〈보기〉 ① ② ③ ❹ ⑤

※ 성명표기란 위 칸에는 성명을 한글로 쓰고 아래 칸에는 성명을 정확하게 ● 표기하십시오.
　(단, 성과 이름은 붙여 씁니다)

※ 수험번호 표시란에는 아라비아 숫자로 쓰고 아래 칸에는 숫자와 일치하게 ● 표기하십시오.

※ 출생월일은 반드시 본인 주민등록번호의 생년을 제외한 월 두 자리, 일 두 자리를 표기하십시오.
　(예) 1994년 1월 12일 → 0112

고용보건복지_NCS

SOC_NCS

금융_NCS

저마다의 일생에는,

특히 그 일생이 동터 오르는 여명기에는

모든 것을 결정짓는 한 순간이 있다.

그 순간을 다시 찾아내는 것은 어렵다.

그것은 다른 수많은 순간들의 퇴적 속에

깊이 묻혀있다.

- 장 그르니에, 섬 LES ILES

고시넷 NCS 2021

기출예상 실전모의고사 문제집

부산 { 부산시 공공기관 통합 필기시험 }

교통공사

2쇄

직업기초능력평가
50문항/50분_6회분 수록

직렬별 전공
50문항/50분_6회분 수록

■ 1.의사소통 2.수리 3.문제해결 4.자원관리 5.조직이해
　각10문항(50문항/50분), 4지선다형, 난이도_상40%, 중40%, 하20%

■ 운영직_1.국어[30%/15문항] 2.한국사[30%/15문항]
　　　　　3.시사경제문화[40%/20문항]_4지선다형

정답과 해설

gosinet
(주)고시넷

모듈형, 피셋형, 피듈형이 뭐야?

피듈형 초록이 통합 기본서

핵심이론 & 대표 유형

워크북 핵심 이론
교과서 밖 유형

- NCS 직업기초능력평가 정복-

NCS
직업기초능력평가

고시넷 NCS 2021

기출예상 문제집 실전모의고사

부산 {부산시 공공기관 통합 필기시험}
교통공사

2쇄

직업기초능력평가
50문항/50분_6회분 수록

직렬별 전공
50문항/50분_6회분 수록

■ 1.의사소통 2.수리 3.문제해결 4.자원관리 5.조직이해
   각10문항(50문항/50분), 4지선다형, 난이도_상40%, 중40%, 하20%

■ 운영직_1.국어[30%/15문항] 2.한국사[30%/15문항]
   3.시사경제문화[40%/20문항]_4지선다형

정답과 해설

gosinet
(주)고시넷

정답과 해설

1회 기출예상문제
문제 24쪽

01	④	02	④	03	②	04	④	05	④
06	④	07	①	08	②	09	①	10	④
11	③	12	④	13	③	14	①	15	④
16	②	17	④	18	①	19	②	20	④
21	④	22	④	23	③	24	④	25	①
26	④	27	①	28	①	29	③	30	③
31	②	32	④	33	④	34	④	35	①
36	④	37	④	38	④	39	①	40	④
41	③	42	①	43	④	44	①	45	②
46	①	47	③	48	③	49	④	50	③
51	④	52	①	53	③	54	①	55	③
56	②	57	④	58	④	59	②	60	①
61	③	62	①	63	②	64	①	65	④
66	③	67	②	68	③	69	④	70	④
71	②	72	④	73	③	74	④	75	①
76	③	77	④	78	②	79	①	80	③
81	②	82	②	83	③	84	①	85	④
86	③	87	④	88	②	89	④	90	①
91	③	92	③	93	②	94	③	95	①
96	③	97	②	98	①	99	③	100	③

1 NCS 직업기초능력평가

01 문서작성능력 문맥에 맞게 문단 배열하기

|정답| ④

|해설| 우선 (나)에서 Z세대의 특징으로 화두를 던지며 글의 중심소재인 '하이퍼텍스트'를 언급한다. 이어 (가)에서는 '하이퍼텍스트'에 대해 정의하며 구체적으로 설명하고 있다. 다음으로 (라)가 이어져 하이퍼텍스트와 일반적인 문서의 차이를 제시하고 있으며, 마지막으로 (다)에서는 하이퍼텍스트가 등장함에 따라 생길 변화에 대해 설명하고 있다. 따라서 글의 순서는 (나)-(가)-(라)-(다)가 적절하다.

02 문서이해능력 세부 내용 이해하기

|정답| ④

|해설| (라)에서 정보의 시작과 끝이 없어 정보의 크기를 무한대로 확장할 수 있다고 하였으므로 확장성이 제한되어 있다는 설명은 적절하지 않다.

|오답풀이|
①, ② (다)에서 좋은 정보를 선별하고 이를 올바르게 연결하는 개인의 능력이 중요하게 부각될 것이라고 하였으므로 적절하다.

③ 책은 선형적 내러티브의 서사 구조를 갖는 반면 하이퍼텍스트는 비선형적 구조의 텍스트를 가져 정보에 접근하는 속도가 매우 빠르다고 하였으므로 적절하다.

03 문서이해능력 음운 변동 현상 이해하기

|정답| ②

|해설| ㉠ '꽃'은 [꼳]으로 발음되므로 종성 'ㅊ'이 대표음 'ㄷ'으로 교체되었음을 알 수 있다.

㉡ '먹히다'는 [머키다]로 발음되므로 '먹-'의 종성 'ㄱ'과 'ㅎ'이 축약되어 'ㅋ'이 되었음을 알 수 있다.

㉢ '놓이다'는 [노이다]로 발음되므로 'ㅎ'이 탈락했음을 알 수 있다.

㉣ '솜이불'은 [솜니불]로 발음되므로 'ㄴ'이 첨가되었음을 알 수 있다.

04 문서작성능력 공문서 작성하기

|정답| ④

|해설| 공문서의 발신명의를 표시할 때, 행정기관 장의 권한인 경우에는 해당 행정기관 장의 명의로 발신해야 한다.

|오답풀이|
① 제시된 문서는 행정기관 상호 간 또는 대외적으로 공무상 작성하는 문서로 정해진 형식에 맞게 작성해야 한다.

② 공문서 작성 시 꼭 들어가야 할 내용만 간결하게 서술해야 한다.

③ 연·월·일의 글자를 생략하여 작성할 때는 그 자리에 온점을 찍어 표시한다.

1회 기출예상문제

2회 기출예상문제

3회 기출예상문제

4회 기출예상문제

5회 기출예상문제

6회 기출예상문제

05 문서작성능력 맞춤법에 맞게 쓰기

| 정답 | ④

| 해설 | '묘사되다'는 '어떤 대상이나 사물, 현상 따위가 언어로 서술되거나 그림으로 그려져 표현되다'의 의미를 가지는 동사로 '묘사되+어'로 활용될 때는 '묘사돼'로 축약해 쓸 수 있다.

| 오답풀이 |

① 우주에 존재하는 모든 물체. 항성, 행성, 위성, 혜성, 성단, 성운, 성간 물질, 인공위성 따위를 통틀어 뜻하는 단어는 '천체'로 써야 한다.

② 황금과 같이 광택이 나는 누런빛을 뜻하는 단어는 '금빛'으로 써야 한다.

③ 산의 비탈이 끝나는 아랫부분을 뜻하는 단어는 '산기슭'으로 써야 한다.

06 의사소통능력 언어의 기능 이해하기

| 정답 | ④

| 해설 | '책 소개서'는 문자언어로 작성한 것이고 읽은 책에 대한 느낌을 적은 내용이므로, 산출기능을 보이고 있다.

07 의사소통능력 의사소통 유형 파악하기

| 정답 | ①

| 해설 | 자신의 행태에 대한 반응을 지속적으로 물어봄으로써 자신에게 초점을 두게 하는 유형은 '자기노출형'이다. 이 유형은 피드백의 제공이 낮지만 타인에 대한 개방성은 높다.

| 오답풀이 |

② 자기실현형은 자신에 대한 적정한 정보를 제공하고 피드백을 물어봄과 동시에 건설적이고 방어적이지 않은 방식으로 피드백을 제공하는 것으로, 피드백의 제공과 타인에 대한 개방성이 높은 형태이고 가장 바람직한 형태라고 할 수 있다.

③ 자기거부형은 자기 자신을 고립시키고 타인과의 관계를 회피하려고 하는 유형이다.

④ 자기보호형은 타인에 대한 평가적인 논평을 하고자 할 때 사용하는 것으로 타인에 대한 자기의 의견, 태도와 감정만을 타인과 공유하려고 한다.

08 문서작성능력 외래어 표기하기

| 정답 | ②

| 해설 | (A)에는 어말 또는 자음 앞의 비음을 모두 받침으로 적은 예시가 들어가야 한다. 따라서 ②가 가장 적절하다.

09 경청능력 듣기 유형 파악하기

| 정답 | ①

| 해설 | (가) 절벽형은 상대방의 말을 전혀 들으려고 하지 않는 유형이다. 대화를 거부하거나 아예 귀를 닫아 버리는 경우가 이에 해당한다.

(나) 쇠귀형은 듣기는 하지만 전혀 말귀를 알아듣지 못하는 유형으로, 상대방의 말을 듣기는 하지만 이해하지 못하거나 이해하려고 하지 않는 경우가 이에 해당한다.

(다) 건성형은 주의를 기울이지 않고 대충 듣는 유형으로, 겉으로는 듣는 척을 하지만 속으로는 다른 생각을 하는 경우, 자기가 할 말을 생각하느라 건성으로 듣는 경우가 이에 해당한다.

(라) 매복형은 주의를 기울여 듣지만 이해하고자 듣는 것이 아니라 허점이 보이면 반격하기 위해서 듣는 유형으로, 토론이나 논쟁 석상에서 흔히 보이는 경우가 이에 해당한다.

(마) 직역형은 상대방의 말을 듣기는 하지만 말에 담겨 있는 뜻을 헤아리지 못하고 겉으로 드러난 메시지만 문자 그대로 받아들이는 유형이다.

10 문서작성능력 자료를 활용하여 글 작성하기

| 정답 | ④

| 해설 | 제시된 자료에는 인터넷의 순기능과 역기능이 모두 드러나 있으므로, 순기능은 배제시키고 역기능만을 근거로 해 인터넷 사용 금지를 주장하는 것은 적절하지 않다.

| 오답풀이 |

① 인터넷의 순기능인 '다양한 정보의 습득'을 통해서 주장할 수 있다.

② 인터넷의 역기능 중 '개인 정보 유출'을 근거로 들어 강조할 수 있다.

③ '욕설, 비방, 허위 사실 유포'라는 역기능을 근거로 해 강조할 수 있다.

11 도표분석능력 자료의 수치 분석하기

|정답| ③

|해설| 우선 각 기관별 전체 채용인원을 구하면 다음과 같다.

(단위 : 명)

구분	신입직		경력직		합계
	사무직	기술직	사무직	기술직	
A 기관	92	80	45	70	287
B 기관	77	124	131	166	498
C 기관	236	360	26	107	729
D 기관	302	529	89	73	993
E 기관	168	91	69	84	412

D 기관 전체 채용인원에서 경력직 채용인원이 차지하는 비중은 $\frac{89+73}{993} \times 100 ≒ 16.3(\%)$로 16%를 초과한다.

|오답풀이|

① 각 기관별 전체 채용인원에서 사무직 채용인원이 차지하는 비중은 다음과 같다.

- A 기관 : $\frac{92+45}{287} \times 100 ≒ 47.7(\%)$

- B 기관 : $\frac{77+131}{498} \times 100 ≒ 41.8(\%)$

- C 기관 : $\frac{236+26}{729} \times 100 ≒ 35.9(\%)$

- D 기관 : $\frac{302+89}{993} \times 100 ≒ 39.4(\%)$

- E 기관 : $\frac{168+69}{412} \times 100 ≒ 57.5(\%)$

따라서 E 기관이 가장 높다.

② 5개 공공기관의 전체 채용인원은 287+498+729+993+412=2,919(명)으로, C 기관 채용인원이 차지하는 비중은 $\frac{729}{2,919} \times 100 ≒ 25(\%)$이다.

④ 각 기관별 전체 채용인원에서 신입직 채용인원이 차지하는 비중은 다음과 같다.

- A 기관 : $\frac{92+80}{287} \times 100 ≒ 59.9(\%)$

- B 기관 : $\frac{77+124}{498} \times 100 ≒ 40.4(\%)$

- C 기관 : $\frac{236+360}{729} \times 100 ≒ 81.8(\%)$

- D 기관 : $\frac{302+529}{993} \times 100 ≒ 83.7(\%)$

- E 기관 : $\frac{168+91}{412} \times 100 ≒ 62.9(\%)$

따라서 50% 미만인 공공기관은 B 기관뿐이다.

12 도표분석능력 영화 순위표 분석하기

|정답| ④

|해설| '오퍼나지'와 '동감'의 스크린당 관객 수는 다음과 같다.

- 오퍼나지 : $\frac{491,532}{1,081} ≒ 454.70(명)$

- 동감 : $\frac{464,015}{837} ≒ 554.38(명)$

따라서 스크린당 관객 수는 동감이 오퍼나지보다 많다.

|오답풀이|

① CJ가 배급한 영화는 신세계, 비커밍제인, 오퍼나지 3개로 가장 많다.

② 5월 6일에 만 12세와 만 13세가 함께 볼 수 있는 영화는 위대한 쇼맨, 패왕별희, 비커밍제인, 언더워터로 4편이다.

③ 신세계의 관객 수는 4,808,821로 언더워터의 관객 수보다 $\frac{4,808,821}{393,524} ≒ 12(배)$ 더 많다.

13 기초연산능력 거리 계산하기

|정답| ③

|해설| 첫 번째, 세 번째, 다섯 번째 조건을 그림에 표시하면 다음과 같다.

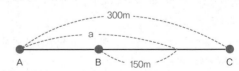

$\overline{AB} = a-150$, $\overline{BC} = 450-a$

네 번째 조건을 그림에 표시하면 다음과 같다.

www.gosinet.co.kr gosi**net**

1회 기출예상문제

2회 기출예상문제

3회 기출예상문제

4회 기출예상문제

5회 기출예상문제

6회 기출예상문제

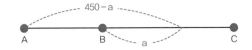

$\overline{AB} = 450 - 2a$

따라서 다음과 같은 식이 성립한다.

$\overline{AB} = a - 150 = 450 - 2a$

$3a = 600$

$\therefore \ a = 200 \text{(m)}$

14 기초연산능력 수열 활용하기

|정답| ①

|해설| 각 주머니에 들어가는 카드의 숫자는 다음과 같다.

첫 번째 주머니	두 번째 주머니	세 번째 주머니	네 번째 주머니	다섯 번째 주머니	⋯
1	2, 3	4, 5, 6	7, 8, 9, 10	11, 12, 13, 14, 15	⋯

각 주머니에 들어가는 카드의 숫자 중 가장 작은 숫자만 나열해 보면 계차수열을 이루고 있음을 알 수 있다.

$$1 \xrightarrow{+1} 2 \xrightarrow{+2} 4 \xrightarrow{+3} 7 \xrightarrow{+4} 11$$
$$\underset{+1}{} \quad \underset{+1}{} \quad \underset{+1}{} \quad \underset{+1}{}$$

따라서 n번째 주머니에 들어가는 카드의 숫자 중 가장 작은 숫자를 a_n이라 하면 $a_n = 1 + \sum_{k=1}^{n-1} k = 1 + \dfrac{n(n-1)}{2}$ 이다.

$a_{45} = 1 + \dfrac{45 \times 44}{2} = 991$이므로 1,000이 적힌 카드가 들어 있는 주머니에는 991부터 1,000까지 10장의 카드가 들어가게 된다.

15 도표분석능력 자료의 수치 분석하기

|정답| ④

|해설| 배송 점수에 50%의 가산점을 부여할 때, 각 온라인쇼핑몰의 총점은 다음과 같다.

• A : $90 + (86 \times 1.5) + 93 + 80 = 392$(점)

• B : $92 + (90 \times 1.5) + 85 + 86 = 398$(점)

• C : $94 + (80 \times 1.5) + 91 + 85 = 390$(점)

따라서 B−C−A였던 순위가 B−A−C로 변동한다.

|오답풀이|

① 각 온라인쇼핑몰의 모든 항목을 더한 총점은 다음과 같다.

• A : $90 + 86 + 93 + 80 = 349$(점)

• B : $92 + 90 + 85 + 86 = 353$(점)

• C : $94 + 80 + 91 + 85 = 350$(점)

따라서 모든 항목의 총점이 가장 높은 온라인쇼핑몰은 B이다.

② 각 온라인쇼핑몰의 배송과 불만처리 응대 점수의 합은 다음과 같다.

• A : $86 + 93 = 179$(점)

• B : $90 + 85 = 175$(점)

• C : $80 + 91 = 171$(점)

따라서 배송과 불만처리 응대에 큰 비중을 두는 소비자라면 온라인쇼핑몰 A를 선택할 확률이 높다.

③ 품질 점수에 50%의 가산점을 부여할 때, 각 온라인쇼핑몰의 총점은 다음과 같다.

• A : $(90 \times 1.5) + 86 + 93 + 80 = 394$(점)

• B : $(92 \times 1.5) + 90 + 85 + 86 = 399$(점)

• C : $(94 \times 1.5) + 80 + 91 + 85 = 397$(점)

따라서 총점이 가장 높은 온라인쇼핑몰은 B이다.

16 도표분석능력 자료의 수치 분석하기

|정답| ②

|해설| ㄷ. 20X9년 프랑스의 인구가 6,500만 명이라면 사망자는 $65,000,000 \times \dfrac{9}{1,000} = 585,000$(명)이다.

|오답풀이|

ㄱ. 유럽 5개 국가에 대한 자료만 제시되어 있으므로 유럽에서 기대수명이 가장 낮은 국가가 그리스인지는 알 수 없다.

ㄴ. 독일은 영국보다 인구 만 명당 의사 수가 많지만 조사망률이 더 높다.

17 기초통계능력 확률 계산하기

|정답| ④

|해설| F_1에 두 개, F_2에 네 개의 완두가 있으므로 각각의 대에서 한 개씩을 골라 교배시킬 때 주름진 완두(rr)가

나오는 경우는 Rr-Rr(1가지), Rr-Rr(1가지), Rr-rr(2가지)로 잡종 1대의 개체는 똑같으므로 총 4×2=8(가지)이다. 이때 잡종 2대의 개체가 주름진 완두(rr)인 경우는 Rr-rr 2가지이며, 마찬가지로 잡종 1대의 개체는 똑같으므로 총 2×2=4(가지)이다. 따라서 확률은 $\frac{1}{2}$이다.

18 도표분석능력 자료를 바탕으로 수치 계산하기

| 정답 | ①

| 해설 | 엔진 종류별 압축비는 다음과 같다.

- 직렬 6기통 : $\frac{125+16}{16}$ ≒ 8.8
- V형 6기통 : $\frac{250+20}{20}$ = 13.5
- 직렬 4기통 : $\frac{250+15}{15}$ ≒ 17.7
- 수평대향 6기통 : $\frac{300+18}{18}$ ≒ 17.7
- V형 8기통 : $\frac{375+15}{15}$ = 26

따라서 압축비가 가장 큰 엔진은 V형 8기통, 가장 작은 엔진은 직렬 6기통이다.

19 도표분석능력 자료를 바탕으로 수치 계산하기

| 정답 | ②

| 해설 | 답을 기입한 문항 수와 정답을 맞힌 문항 수를 각각 $a \sim d$, $a' \sim d'$의 미지수로 설정하고, 정확도와 점수를 나타내면 다음과 같다.

구분	답을 기입한 문항 수	정답을 맞힌 문항 수	정확도	점수
A	a	a'	$\frac{a'}{a}\times100=65$	$a'-(a-a')$ $=2a'-a=12$
B	b	b'	$\frac{b'}{b}\times100=77.8$	$b'-(b-b')$ $=2b'-b=10$
C	c	c'	$\frac{c'}{c}\times100=62.5$	$c'-(c-c')$ $=2c'-c=8$
D	d	d'	$\frac{d'}{d}\times100=66.7$	$d'-(d-d')$ $=2d'-d=8$

정확도와 점수를 바탕으로 연립방정식을 세워 풀면 다음과 같다.

- A

$\frac{a'}{a}\times100=65$　　　$\frac{a'}{a}=0.65$ ·················· ㉠

$2a'-a=12$　　　$a'=\frac{1}{2}a+6$ ·················· ㉡

㉡을 ㉠에 대입하면,

$\frac{1}{2}+\frac{6}{a}=0.65$　　　$\frac{6}{a}=0.15$

∴ $a=40$

따라서 답을 기입하지 않은 문항은 50-40=10(문항)이다. B~D도 A와 같은 방식으로 계산하면 답을 기입하지 않은 문항은 순서대로 32문항, 18문항, 26문항이다. 따라서 답을 가장 많이 기입하지 않은 사람은 B이다.

20 도표분석능력 항목 나열하기

| 정답 | ④

| 해설 | A : 매달 감소세와 증가세를 번갈아 나타내고 있다. 따라서 수송기계부품이다.

B : 3월에 유일하게 감소세를 나타내고 있다. 따라서 제1차 금속이다.

C : 2월부터 3월까지의 그래프가 가장 큰 기울기를 나타내고 있다. 따라서 전기기계부품이다.

D : 증가세를 보이다 5월에 다시 감소세를 나타내고 있다. 따라서 일반기계부품이다.

21 문제처리능력 TRIZ 문제해결 과정 이해하기

| 정답 | ④

| 해설 | TRIZ 문제해결의 과정을 표로 정리하면 다음과 같다.

단계	1. 문제파악	2. 문제 정보 찾기	3. 문제 원인 정의	4. 해결안 도출	5. 해결안 적용
설명	문제 요소 파악 및 성공 기준 설정	문제의 공식화 및 시스템 분석	문제의 명확화	자원 분석 및 모순정의, 해결안 도출	해결안 검증 및 적용

www.gosinet.co.kr gosinet

1회 기출예상문제
2회 기출예상문제
3회 기출예상문제
4회 기출예상문제
5회 기출예상문제
6회 기출예상문제

세부단계	문제 요소 파악 및 성공 기준	나. 문제 관련 내용 찾기	원하지 않는 현상 규정	해결 자원 분석	해결안 검증
	문제 발생 배경	마. 문제의 공식화		이상적 해결안 정의	
	기술적 제한 및 규제 조건	가. 시스템 분석		물리 모순 정의	해결안 적용
	변경 가능 영역	라. 문제 검증 및 자체 제거	문제 명확화	해결안 도출 및 선정	
		다. 현장 시스템의 정상적인 가능도		해결안 명확화	
사용 도구	• 체크 시트 • 관리 그래프 • 파레토도 • 막대 그래프 • 플로우 차트	• 순서도 • 4W • 9-Windows • 가능도	• 원인결과 사슬 분석 • 가능 상호 작용 분석 • Why-why 분석 • 문제 명확화 - 문제 영역 /문제 시간 - 순서도 - 시스템 그림	• 자원 리스트 자원 분석 매트릭스 • 모순 도식표 • 해결안 명 확화 - 기술검색 - 물질장 /표준해 - 분리의 원리 - 40 발명 원리 - 작은 사람 모델	• 2차 해결안 도출 - 문제 영역 /시간 - 자원분석 - 이상적 해결안 - 기술/물리 모순 - 40 발명 원리 • PDCA

따라서 (가)에 들어갈 순서로는 '나—마—가—라—다'가 가장 적절하다.

22 문제처리능력 TRIZ 문제해결 과정 이해하기

|정답| ④

|해설| 21의 해설을 참고하면 (나)에 들어갈 사용도구는 왜왜(Why-why) 분석이 가장 적절하다.

23 문제처리능력 사용설명서 이해하기

|정답| ③

|해설| 먼지가 많은 곳이 회전하면서 집중적으로 청소를 하고 있는 것이므로 다른 곳으로 옮기는 것은 적절하지 않다.

24 사고력 창의력 훈련 4단계 이해하기

|정답| ④

|해설| 잠복기에서는 이전에 훈련한 것을 집중기에 활용하기 위해 산책, 운동, 휴식 등으로 긴장을 완화하는 것이 좋다.

보충 플러스+

창의력 훈련 과정은 다음 4단계와 같다.
• 준비기(Preparation)
 - '내 질문이 과연 옳은가?'라는 물음으로 자신의 질문을 재정립해 본다.
 - 문제와 어려운 과제를 인식하는 힘을 기른다.
 - 문제를 냉소적인 방법으로 개선하기보다는 도전자 정신을 가지고 주어진 환경의 제한점을 겸허하게 받아들인다.
 - 신중하고 체계적으로 주어진 정보를 고찰한다.
 - 정보가 가지고 있는 불완전한 점이 무엇인지 파악하며, 그것을 보완할 수 있는 방법에 관하여 구체적으로 질문해 본다.
 - 정보를 쫓아내기 위하여 탐구하고 새로운 기술을 습득하고 확인하는 습관을 가진다.
• 발생기(Generation)
 - 자신의 아이디어가 물 흐르듯 자연스럽게 진행되도록 여러 가지 방법을 활용한다.
 - 각 개념과 개념 간의 위계 체계를 그리는 개념 지도를 만들어 보거나 브레인스토밍 방식을 활용해 본다.
 - 수수께끼 형태의 문제를 탐구하고 실험하면서 답을 구해 본다.
 - 아이디어 지도와 같은 창의적 문제 해결 전략을 시도해 본다.
 - '고정관념이나 상식에서 벗어나는 아이디어들을 생각해 내기' 등을 통해 말도 안 되는 여러 가지 아이디어들을 제안한다.
• 잠복기(Incubation)
 능동적 사고를 돕기 위하여 산책, 가벼운 운동, 휴식으로 긴장을 푸는 것이 필수적이다.
• 검증기(Verification)
 - 한정된 정보로 완벽히 예측하지 못할지라도 가능한 결과를 만들어 본다.
 - 기발함, 실용성, 호소력 등의 기준을 가지고 자신의 아이디어를 평가해 본다.

25 문제처리능력 성공한 사람들의 7가지 습관 이해하기

|정답| ①

|해설| 스티븐 코비는 성공한 사람들의 7가지 공통 습관으로 다음을 말했다.

1. 자신의 삶을 주도하라.
2. 끝을 생각하며 시작하라.
3. 소중한 것을 먼저 하라.
4. 윈-윈을 생각하라.
5. 먼저 이해하고 다음에 이해시켜라.

6. 시너지 효과를 내라.

7. 끊임없이 쇄신하라.

따라서 (가)에 들어갈 내용은 '자신의 삶을 주도하라'가 적절하다.

26 사고력 해외파견 국가 추론하기

| 정답 | ③

| 해설 | 각 국가를 1지망으로 신청한 직원들을 먼저 배치한다. 러시아의 경우 필요 인원은 1명이지만 지원자가 4명이므로 이 중 인사평가 성적이 가장 높은 직원이 배치된다.

영국	F
스페인	C, E
러시아	A

영국은 1명만 더 배치될 수 있는데 2지망으로 영국을 신청한 D와 G 중 인사평가 성적이 더 높은 G가 배치된다. 2지망으로 스페인을 신청한 B와 1, 2지망 신청 국가에 배치되지 못한 D는 스페인으로 배치된다.

27 사고력 조건에 따라 추론하기

| 정답 | ①

| 해설 | 조건 (1)로 ④, ②, ④, ③는 짝수임을 알 수 있다. 조건 (2)에 따라 ④는 5, 7, 9 중 하나이며, 조건 (3), (4)에 따라 ④<③<④이므로 ④는 5, ③는 7, ④는 9이다.
조건 (5) ②+④=④+③는 ②+9=5+7이므로 ②는 3이다.

②=3	④	④=9
②	④=1	④
④=5	④	③=7

조건 (7)에 따라 ④는 3과 9보다 작은 짝수이므로 2이다.
조건 (6) ④+④=④+④는 2+④=④+④이므로 ④는 8, ④와 ④는 4 또는 6이다. 이때 조건 (8)에서 ④는 3과 5보다 크다고 했으므로 6이다.
정리하면 다음과 같다.

②=3	④=2	④=9
④=6	④=1	④=4
④=5	④=8	③=7

따라서 옳은 것은 A이다.

28 사고력 진위 추론하기

| 정답 | ①

| 해설 | 갑의 진술 중 갑이 찬성한 것이 진실이고 을이 기권한 것이 거짓이라면, 을의 진술에서 을이 기권한 것이 거짓, 병이 찬성한 것이 진실이 된다. 이 경우 병의 진술에서 병이 기권한 것이 거짓이 되고 을이 기권한 것이 진실이 되어야 하는데 이는 앞의 진술들과 모순이 된다. 따라서 갑, 을, 병의 진술에서 을이 기권한 것이 진실이 되고 다른 진술은 거짓이 된다. 정과 무의 진술에 따라 정리하면 다음의 두 가지 경우가 발생한다.

1) 무가 반대한 것이 진실인 경우

구분	첫 번째 진술	두 번째 진술	의견
갑	나는 찬성하였다.	을은 기권하였다.	기권
	거짓	진실	
을	나는 기권하였다.	병은 찬성하였다.	기권
	진실	거짓	
병	나는 기권하였다.	을은 기권하였다.	반대
	거짓	진실	
정	나는 찬성하였다.	무는 반대하였다.	?
	거짓	진실	
무	나는 반대하였다.	갑은 반대하였다.	반대
	진실	거짓	

2) 무가 반대한 것이 거짓인 경우

구분	첫 번째 진술	두 번째 진술	의견
갑	나는 찬성하였다.	을은 기권하였다.	반대
	거짓	진실	
을	나는 기권하였다.	병은 찬성하였다.	기권
	진실	거짓	
병	나는 기권하였다.	을은 기권하였다.	반대
	거짓	진실	
정	나는 찬성하였다.	무는 반대하였다.	찬성
	진실	거짓	
무	나는 반대하였다.	갑은 반대하였다.	?
	거짓	진실	

29 사고력 조건을 바탕으로 추론하기

|정답| ③

|해설| B, C, F는 각각 서로 다른 맛 사탕을 뽑았으므로 딸기맛, 포도맛, 사과맛 사탕 한 개씩을 뽑은 것이 되며, 이때 A와 D는 같은 사탕을 뽑아야 하는데 두 개를 뽑을 수 있는 사탕은 딸기맛 뿐이므로 A와 D는 딸기맛을 뽑았다. 이에 따라 E는 포도맛을 뽑은 것이 된다.

(ㄱ) E는 포도맛을 뽑아 5점을 얻었으므로 10점을 얻지 못했다.

(ㄷ) E와 F가 같은 색의 사탕을 뽑았다면 B와 C는 각각 딸기맛과 사과맛을 뽑은 것이 되므로 두 사람 점수의 합은 11이다.

(ㄹ) E는 포도맛을 뽑았으므로 1점을 얻을 수 없다.

|오답풀이|

(ㄴ) A와 D가 뽑은 사탕은 모두 딸기맛이므로 점수의 합은 2이다.

(ㅁ) C가 뽑은 사탕이 딸기맛이면 F가 뽑은 사탕은 사과맛 또는 포도맛이다.

30 문제처리능력 자료 이해하기

|정답| ③

|해설| '운영시간'에 따르면 스마트오더가 가능한 시간은 07시부터 22시까지이므로 22시 30분에는 이용할 수 없다.

31 물적자원관리능력 ERP 프로그램 이해하기

|정답| ②

|해설| ERP(전사적 자원관리)는 인사, 재무, 생산 등 기업의 전 부문에 걸쳐 독립적으로 운영되던 각종 관리시스템의 경영자원을 하나의 통합 시스템으로 재구축함으로써 생산성을 극대화하는 경영혁신기법을 의미한다. ERP 기법은 구축 후에는 비용을 절감할 수 있다는 장점이 있지만 초기 도입 시 구축하는 비용이 많이 든다는 단점이 있다.

보충 플러스+

전사적 자원관리(ERP ; Enterprise Resource Planning)
• 기업 내 생산, 물류, 재무, 회계, 영업, 구매, 재고 등 경영 활동을 통합적으로 관리하는 프로그램으로, 기업에서 발생하는 정보를 통합적으로 실시간 공유할 수 있는 전사적 통합시스템이다.

• 기업의 원활한 재고관리를 위하여 제안된 MRP에서 시작되어 생산관리부문의 MRPⅡ를 거쳐 회계나 인사 등 조직이나 기업 간의 모든 업무영역을 대상으로 하는 시스템으로 발전했다.
• 재고를 줄이고 업무수행 사이클을 단축시키며, 비용을 절감함으로써 기업이나 조직의 전반적인 운영 향상을 목적으로 한다.
• 시간적, 공간적 한계를 초월하여 실시간으로 어느 곳에서든지 즉각적인 소통이 가능하다.

32 인적자원관리능력 인사관리 전략 이해하기

|정답| ④

|해설| 직능급은 개인의 직무수행능력을 중심으로 기본급을 산정하는 체계이고, 연공급은 개인의 연령, 근속연수 등 인적 요인에 따라 기본급을 산정하는 체계이다. 기능적 유연성을 촉진하기 위해서는 일률적인 보상보다는 능력 및 성과와 연계된 보상이 효율적이므로 '직능급에서 연공급으로의 임금구조의 전환'은 옳지 않다.

보충 플러스+

인사관리의 유연화 전략 유형
1. 수량적 유연화

고용형태의 유연화	비정규직 고용, 탄력적인 정리해고 등을 통하여 필요한 고용량과 실제 고용량을 같게 하는 전략
근무형태의 유연화	재택근무제, 플렉스타임제, 모빌오피스, 집중 근무시간제 등 근무시간 및 장소의 유연화로 인력수요에 탄력적 대처
작업의 외부화	핵심업무가 아닌 부분에 대해 근로자파견, 도급, 하청 등 외부 인력을 이용

2. 기능적 유연화

유연적 기능	생산방식의 변화에 따라 근로자의 기능다양성, 직무유동성의 증대를 목적으로 하는 전략
유연적 보수	성과급, 직능급 등 유연한 보수를 통해 근로자의 모티베이션을 향상시키는 전략

3. 기업의 전략적 선택

핵심인력	다기능화와 유연적 보수를 중심으로 경영환경의 변화에 적극적으로 대응할 수 있는 기능적 유연성 추구
비핵심 인력	수량적 유연성을 통해 노동수요의 변화에 따라 고용량을 탄력적 조절

33 예산관리능력 자료를 바탕으로 비용 계산하기

|정답| ④

|해설| ㄷ. 배터리 결함이 있는 K 전자 스마트폰이 A 공장에서 생산되었을 가능성은 0.6×0.04=0.024이고, B 공장에서 생산되었을 가능성은 0.4×0.06=0.024이므로 동일하다.

ㄹ. B 공장에서 생산한 스마트폰 중 결함이 있는 스마트폰은 6%에 해당하므로 이를 제조하는 비용 또한 총 제조비용의 6%에 해당한다.

|오답풀이|

ㄱ. A 공장에서 스마트폰 10,000대를 생산할 때 대당 고정비는 1(억 원)÷10,000(대)=10,000(원)이므로 대당 제조비용은 대당 변동비+대당 고정비용=10,000+10,000=20,000(원)이다.

ㄴ. K 전자 스마트폰에 결함이 있을 확률은 0.6×0.04+0.4×0.06=0.024+0.024=0.048, 즉 4.8%이므로 5% 미만이다.

보충 플러스+

고정비와 변동비
• 고정비 : 제작, 생산량의 증감과는 무관하게 늘 일정 금액이 발생하는 비용(임금, 임차료, 보험료, 공통 설비의 감가상각비 등)

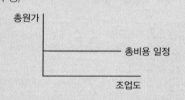

• 변동비 : 제품의 생산량 증감에 따라 원가가 증감하는 비용(직접재료비)

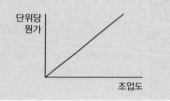

34 예산관리능력 지출액 계산하기

|정답| ④

|해설| 지역별 1인당 교통카드 지출액을 계산하면 다음과 같다.

• A 지역 : 602,640,000(만 원)÷972(만 명)=620,000(원)
• B 지역 : 194,370,000(만 원)÷341(만 명)=570,000(원)
• C 지역 : 162,250,000(만 원)÷295(만 명)=550,000(원)
• D 지역 : 157,300,000(만 원)÷242(만 명)=650,000(원)

따라서 D 지역의 1인당 교통카드 지출액이 가장 많다.

35 자원관리능력 장소 선정하기

|정답| ①

|해설| 지역별로 총 점수를 계산하면 다음과 같다(거리+시설 사용료+직원선호도+부대시설).

• 영월 : 2+3+3+0=8(점)
• 대천 : 4+3+2+2=11(점)
• 담양 : 3+3+2+1=9(점)
• 통영 : 1+5+3+1=10(점)
• 동해 : 3+2+3+3=11(점)

대천과 동해의 점수가 동일하므로 거리 점수가 더 높은 대천이 워크숍 장소로 선정된다.

36 시간관리능력 시간관리의 효과 알기

|정답| ③

|해설| 기업의 관점에서 효율적인 시간관리를 통해 기대할 수 있는 효과는 생산성 향상, 시장 점유율 증가, 이익률 제고, 위험요인 감소 등이 있다. 시간을 효율적으로 관리하는 일이 노사 관계에 직접적인 영향을 끼친다고 볼 수는 없다.

37 물적자원관리능력 투입비용 파악하기

|정답| ②

|해설| 자동화 설비 도입 후 정량의 투입비용은 1,800원이지만 불량률이 20%이므로 평가에서의 투입비용은 $1,800+(1,800 \times \frac{20}{100})=2,160$(원)으로 평가 점수는 B+이다.

1회 기출예상문제

2회 기출예상문제

3회 기출예상문제

4회 기출예상문제

5회 기출예상문제

6회 기출예상문제

38 물적자원관리능력 설비 변경 후 투입비용 파악하기

| 정답 | ③

| 해설 | 자동화 설비 도입 전 1단위 생산 시 총 투입비용은 $800+2,400+4,200+3,800+1,600+3,200+2,000+8,000+3,200+800=30,000$(원)이고 자동화 설비 도입 후 총 투입비용은 $400+2,400+3,000+1,800+1,200+3,200+2,000+6,400+3,200+400=24,000$(원)이다.

따라서 자동화 설비 도입 후 총 투입비용은 $\dfrac{30,000-24,000}{30,000}\times100=20(\%)$ 감소하였다.

39 예산관리능력 최저 단가의 공급처 구하기

| 정답 | ①

| 해설 | 주어진 조건을 종합하면 다음과 같다.

A 공장	$(3,500+25+400)\times1,000+100,000$ $=4,025,000$(원)
B 공장	$(2,000+50+300)\times1,000+120,000$ $=2,470,000$(원)
C 공장	$(3,000+50+200)\times1,000+80,000$ $=3,330,000$(원)
D 공장	$(3,000+50+200)\times1,000+140,000$ $=3,390,000$(원)
E 공장	$(2,000+50+300)\times1,000+150,000$ $=2,500,000$(원)

따라서 B 공장의 납품가가 가장 저렴하다.

40 시간관리능력 가장 경쟁력 있는 공급처 구하기

| 정답 | ④

| 해설 | 발주일이 3월 26일이면 4월 5일이 행사일이므로 4일까지 납품받아야 한다. 발주일을 감안하여 9 ~ 10일의 작업일수가 필요하다. 작업일수를 감안하면 납기가 가능한 공장은 A, C, E 공장이며 이 중 가장 경쟁력 있는 납품가를 제시하는 공장은 E 공장이다.

41 체제이해능력 조직구조 특징 이해하기

| 정답 | ③

| 해설 | (A)는 기능적 조직구조 형태이고, (B)는 사업부제 조직구조 형태이다.

사업부제 조직구조는 급변하는 환경에 효율적으로 대응하고 제품, 지역, 고객별 차이에 신속하게 적응하기 위해 사업별로 분권화된 의사결정이 가능한 조직구조의 형태로, 대규모 조직에 유리하다. 각 기능 부서들이 동일한 전략적 목표를 가지는 사업부 내에 소속되기 때문에 각 사업부 내의 기능 부서들 간의 조정이 용이하지만, 각 기능 부서들이 여러 사업부로 분산 배치되므로 경영관리의 중복이 초래되어 관리 비용이 증대된다는 단점이 있다.

42 경영이해능력 경영환경 이해하기

| 정답 | ①

| 해설 | 경영환경에 따른 요소들은 다음과 같다.

• 외부 환경(시장환경)
  - 간접 환경(일반환경) : 경제적, 기술적, 정치·법률적, 사회·문화적 환경
  - 직접 환경(과업환경) : 소비자, 공급자, 경쟁자, 지역사회, 금융기관, 정부 등
• 내부 환경(조직환경) : 주주, 경영자, 종업원, 조직문화 등

43 체제이해능력 환경에 따른 조직설계 이해하기

| 정답 | ④

| 해설 |

		환경의 복잡성	
		단순	복잡
환경의 동태성	안정적	낮은 불확실성 1. 기계적 조직 2. 소수의 변경조직 3. 아주 낮은 차별화 (아주 적은 통합방법) 4. 생산지향적	다소 낮은 불확실성 1. 기계적 조직 2. 다수의 변경조직 3. 낮은 차별화 (적은 통합방법) 4. 약간의 계획
	동태적	다소 높은 불확실성 1. 유기적 조직 2. 소수의 변경조직 3. 높은 차별화 (많은 통합방법) 4. 계획지향적	높은 불확실성 1. 유기적 조직 2. 다수의 변경조직 3. 아주 높은 차별화 (아주 많은 통합방법) 4. 포괄적 계획, 예측

44 조직이해능력 조직설계의 핵심요소 파악하기

| 정답 | ①

| 해설 | 공식화는 조직내부가 얼마나 문서화되었는가를 의미하는 척도이다. 도요타의 문서화된 절차(업무처리방법의 표준화)의 선순환으로 수만 개의 사내 규정, 명확한 업무구성표, 체계적인 문서관리를 통해 도요타의 성공사례가 공식화에 의한 것임을 알 수 있다.

45 조직이해능력 조직 관리 관련 법률 이해하기

| 정답 | ②

| 해설 | ㉠ 생산성이 다소 떨어지더라도 최소한의 임금은 지급하는 것이므로 최저임금법의 취지와 유사하다.
㉡ 밑줄 친 내용의 취지는 건축주에게 강력한 책임을 물어 노동자를 보호하는 것이다. 따라서 재해 예방과 근로자의 복지를 증진하여 근로자 보호에 이바지하는 것을 목적으로 하는 산업재해보상보험법과 유사하다.

46 경영이해능력 경영 전략 파악하기

| 정답 | ①

| 해설 | 이케아는 낮은 가격을 유지하기 위해 가구를 가능한 작고 납작하게 포장하는 방식으로 운송비와 노동비를 줄여 원가우위를 획득하고 있다. 또한 다른 가구업체와 다른 육각렌치 전략과 카탈로그 전략을 통해 고객들에게 조립의 경험을 제공하고, 카탈로그를 통한 마케팅 수단을 활용하는 방식으로 다른 기업과의 차별성을 추구하고 있다.

47 조직이해능력 조직 운영 이해하기

| 정답 | ③

| 해설 | 급변하는 행정환경에 대응하기 위해 내부적으로 조직을 분석 및 진단하여 기능과 인력을 재배치하고 성과평가 강화, 행정기관 정비 등을 진행하여 경쟁력 있는 조직이 되고자 한다는 것을 알 수 있다.

48 조직이해능력 자료 이해하기

| 정답 | ④

| 해설 | 조직 및 정원 관리를 위해 감사를 계획하고 있으나 외부의 전문 감사기관에 의뢰하는 것인지는 알 수 없다.

| 오답풀이 |
① '효율적인 조직관리 3.'에서 조직 분석·진단을 통해 기능·인력 재배치를 추진한다고 나와 있다.
② '규칙을 준수하는 조직운영 1.'을 보면 하위항목을 통해 준수해야 할 조직관리 원칙과 규칙을 구체적으로 기술하고 있음을 알 수 있다.
③ '추진방향'을 보면 행정수요에 다양하고 탄력 있게 대응할 수 있는 조직을 설계하고자 하므로 협업조직은 변화되는 요구에 즉시 대응할 수 있도록 편성될 가능성이 높다.

49 경영이해능력 성과평가 체제 이해하기

| 정답 | ④

| 해설 | 업적평가는 직무수행 달성, 즉 설정된 업무 목표의 달성도를 중심으로 평가하는 방식이다.

| 오답풀이 |
① 역량평가는 구성원이 우수한 성과를 달성하게 하는 행동적 특성을 사전에 정의하고 이를 기준으로 구성원의 역량을 측정하는 것으로, 역량평가의 기준이 되는 행동 요소들은 구성원들이 업무성과를 달성하기 위해 필요한 행동의 지침 역할을 한다.
② 업적평가는 직무수행의 달성도를 측정하는 것이므로 직무수행의 단기적 결과에 초점을 맞추게 된다.
③ 역량평가는 구성원들이 가진 역량을 측정하는 것으로, 여기에는 구성원들의 미래의 업무성과 달성 가능성에 대한 예측이 반영된다.

50 경영이해능력 경영자의 핵심능력 파악하기

| 정답 | ②

| 해설 | 글쓴이는 경영자의 작은 실수 하나가 파멸을 부를 수 있기 때문에 그런 실수를 좀처럼 하지 않는 자질을 갖추어야 한다고 하였다. 따라서 경영자는 의사결정을 할 때에 실수를 줄이는 자질을 갖추어야 한다.

2 일반상식

51

|정답| ④

|해설| 10월에 개최되는 '동맹'은 고구려의 제천행사이다. 동맹에서 고구려는 전 부족이 한자리에 모여 국정을 의논하고 시조인 주몽신, 즉 동명신과 생모 하백녀를 위한 제사를 지냈다.

한편 제사와 정치가 완전히 분리되지 않았던 마한을 중심으로 한 삼한 사회에서는 제사를 매우 중요하게 여겨 소도라는 별읍을 두었다. 따라서 ④는 고구려가 아닌 삼한에 대한 설명이다.

|오답풀이|

① 고구려의 지배 계층은 집집마다 부경이라는 창고를 두고 피정복민으로부터 획득한 공물과 곡식을 저장하였다.

② 고구려에는 여성의 집에 서옥을 짓고 사위가 될 남성을 머무르게 하는 '서옥제'라는 혼인 제도가 있었다.

③ 고구려의 장례 문화는 많은 부장품을 넣고 그 속에 후장을 하여 돌을 피라미드식으로 쌓아 올린 돌무지무덤을 사용했다. 고구려는 장례를 성대하게 지내어 많은 재물을 소비하였다.

52

|정답| ①

|해설| 문신월과법(995)은 고려시대 문신들에게 매월 시부를 지어 바치게 한 제도로 고려시대 성종때 처음 제정되었다.

|오답풀이|

② 현종은 주현의 인구수에 따라 향리의 수를 정하면서 향리의 공복도 규격화하여 공복제를 확대(1018)하였다.

③ 팔관회는 본래 불교 신자들이 만 하루 동안 지켜야 할 8가지 규범인 팔관을 실천하는 불교 행사로, 삼국 시대부터 시작되었지만 고려 시대에 이르러 매년 정기적으로 개최되는 국가 행사로 바뀌었다. 연등회는 음력 정월 대보름에 거리 곳곳에 연등을 거는 행사였다. 이 두 행사는 고려 성종 때 최승로의 건의로 잠시 폐지되었다가, 현종이 왕위에 오르며 다시 부활하였다.

④ 현화사는 북한 황해북도 장풍군에 있었던 고려 전기의 사찰로, 현종이 설립(1018)하였다.

53

|정답| ③

|해설| 4군 6진은 조선 세종 때 여진족을 물리치고 개척한 지역으로, 이는 여진족에 대한 강경책이었다. 또한 의정부 서사제는 조선 초기 국가 통치제제의 하나로 육조의 업무를 의정부를 거쳐 국왕에게 올라가게 한 제도로, 태종 (1414) 때 육조직계제로 변하였다가 세종(1436)에 의해 다시 채택되었다.

|오답풀이|

① 오가작통법은 조선 시대 유민을 방지하기 위해 세조가 실시한 것으로, 5가구를 1통으로 묶어 서로 도망가는 것을 감시한 제도이다.

② 계유정난(1453)은 수양대군이 왕위를 빼앗기 위해 일으킨 사건으로, 이 사건으로 왕이 된 수양대군은 세조이다.

④ 직전법(1466)은 조선 시대에 현직 관리들에게 토지를 지급하기 위하여 제정한 제도로, 세도가 과전법을 고쳐 제정한 것이다.

54

|정답| ①

|해설| 5군영은 조선 후기 서울과 외곽지역을 방어하기 위해 편제된 5개의 군영을 총칭하는 말이다. 그중 금위영 (1682)은 숙종이 조직한 것으로, 수도인 한성을 경비하고 국왕을 숙위하는 업무를 도맡았다.

|오답풀이|

② 훈련도감(1593) 선조 때 조직된 것으로, 삼수병을 양성하였다.

③ 어영청(1623)은 인조 때 조직된 것으로, 북벌 계획을 담당하였고 기병으로 조직되었다.

④ 총융청(1624)은 인조 때 조직된 것으로, 경기 일대를 수비하였다.

55

|정답| ③

|해설| 전환국은 조선 후기인 1883년(고종 20)에 설치된 상설 조폐 기간이다. 전환국의 설립은 조선사회에 근대적

화폐제도를 도입하는 데 선구적 역할을 하였지만, 1904년 일본인 재정고문 메가타 다네타로에 의해 폐지되었다.

| 오답풀이 |

① 박문국은 조선 후기인 1883년(고종 20)에 설치된 신문·잡지 등의 편찬과 인쇄를 맡아보던 출판기관이다.

② 기기창은 조선 후기인 1883년(고종 20)에 무기제조관서로 설치된 기기국에 부속된 공장이다.

④ 광인사는 1880년대 초 서울에서 설립되었던 출판사 겸 인쇄소이다. 일명 광인국이라고도 하며, 정부가 개화정책을 추진할 때 이익을 꾀하는 것을 목적으로 여러 명이 합자하여 설립하였다.

56

| 정답 | ②

| 해설 | 한국통사는 박은식이 지은 한국 최근세사에 대한 역사서이다. 한국통사는 국권상실의 과정을 직접 목격하고, 독립운동에 참여한 필자가 투철한 민족주의 사관에 입각해 통사로서의 뚜렷한 목적의식을 가지고 서술한 점, 우리나라 근대사를 가장 먼저 종합적으로 서술했다는 점에서 높이 평가된다.

| 오답풀이 |

① 조선상고사는 신채호가 우리나라의 상고시대 역사를 서술한 책이다. 그는 이 책을 통해 과거의 사대주의적 이념에 입각하여 한국사를 서술한 유학자들과 당시 근대적인 역사학을 한다던 식민주의 사가들을 비판하고 있다.

③ 조선사연구초는 신채호가 쓴 6편의 논문을 묶은 책으로, 이 책에 실린 6편의 논문은 주로 한국고대사에 관련된 것이다.

④ 한·미 50년사는 문일평이 편찬한 책이다.

57

| 정답 | ④

| 해설 | 다음 사건들에 대한 설명은 다음과 같다.

• 6·29 민주화 선언은 1987년 6월 29일에 당시 민주정의당의 대통령 후보였던 노태우가 국민들의 직선제 개헌 요구를 받아들여 발표한 특별 선언이다.

• 유신 헌법은 1972년 10월 17일에 선포된 유신 체제하에서 동년 11월 21일 국민투표로 확정된 헌법이다.

• 12·12사태는 1979년 12월 12일, 전두환·노태우 등이 주동하고 군부내 사조직인 하나회가 중심이 되어 신군부 세력이 일으킨 군사반란이다.

• 서울올림픽은 1988년 9월에 개최되었다. 우리나라는 이 대회를 계기로 국제 사회에서 위상이 높아졌으나, 준비 과정에서 도시 빈민들이 소외되거나 생활의 터전을 잃는 등의 부작용도 있었다.

따라서 시기적으로 먼저 일어난 사건부터 순서대로 나열하면 유신 헌법 제정 → 12·12 사태 → 6·29 민주화 선언 → 서울올림픽 개최이다.

58

| 정답 | ④

| 해설 | 공민왕은 원나라의 간섭에서 벗어나기 위해 반원 자주 개혁을 시작했다. 변발과 호복 등의 몽골식 생활 풍습을 금지하고 정동행성을 없앴으며, 쌍성총관부를 폐지하여 원나라가 가지고 있던 철령 이북의 땅을 되찾았다.

| 오답풀이 |

① 고려 광종은 왕권을 위협하는 문벌귀족을 견제하기 위해 과거 제도를 시행해 왕권을 강화하였다.

② 고려 정종은 거란의 침입을 대비하기 위해 예비군인 광군을 조직하였고 불교의 중흥에 힘썼다.

③ 고려 경종은 관리, 공신, 관청, 기타 신분 등에 토지를 지급하는 종합적인 토지 제도인 전시과를 제정하였다.

59

| 정답 | ②

| 해설 | 산미증식계획은 일본자본주의의 존립에 필수적인 저임금 유지를 위한 미가정책·식량대책이자 조선을 식량 공급기지로 만들고자 했던 식민지 농업정책으로, 1920년에 시행되었다.

| 오답풀이 |

①, ③, ④ 모두 1910년대 무단 통치 시기에 있었던 사건들로, 이 당시 일본은 우리나라를 강압적이고 비인도적으로 식민 지배하였다.

60

|정답| ①

|해설| 광혜원은 조선 고종 22년(1885)에 일반 백성의 병을 치료하기 위하여 설치한 한국 최초의 근대식 병원이다. 지금의 서울 재동에 미국인 선교사의 주관 아래 세웠으며, 같은 해에 제중원으로 이름을 고쳤다.

|오답풀이|

② 평식원은 대학 제국 때에 궁내부에 속하여 자, 말, 저울 따위를 만들고 검사하는 일을 맡아보던 관청이다.

③ 전환국은 구한말에 탁지아문 또는 탁지부에 속하여 화폐의 주조를 맡아보던 관청이다.

④ 기기창은 조선 후기에 기기국에 속하여 신식 무기를 만들던 공장이다.

61

|정답| ③

|해설| 동예를 통합하고 동부여를 정벌하여 고구려의 영토를 확장한 정복 군주는 광개토대왕이다.

|오답풀이|

① 소수림왕은 중앙에 최초의 교육 기관이자, 중국으로부터 받아들인 유교 정치 이념을 가르치는 국립 대학인 태학을 세웠다.

② 소수림왕은 국가 통치와 사회 질서 유지를 위해 나라에 율령을 반포하였다.

④ 소수림왕은 불교를 공인하여 고구려인들을 하나로 만들고, 그 힘을 기반으로 고구려를 더욱 강한 나라로 만들고자 하였다.

62

|정답| ①

|해설| 발해의 선왕은 남과 북으로 정벌활동을 벌였는데, 이 결과 고구려의 옛 영토를 회복하였고 흑수말갈 등의 말갈부족을 복속시키기도 하였다. 또한 5경 15부 62주라는 발해의 행정 통치 체제를 완성하였다. 이렇게 전성기를 맞이한 선왕 대의 발해는 '해동성국'의 칭호를 받았다.

고구려의 옛 영토를 회복하고 영토를 확장하여 중당나라를 상대로 전쟁을 일으켜 북만주 일대를 장악하고 당의 산동 지방을 공격했던 발해의 왕은 무왕이다.

63

|정답| ②

|해설| 고려 말기에 등장한 신흥무인세력은 홍건적과 왜구를 격퇴하는 과정에서 성장한 세력들로, 개혁적 성향을 지니고 있어 신진사대부와 함께 손을 잡고 조선 건국의 주역이 되었다. 따라서 신흥무인세력에 대한 설명은 ㉠, ㉮이 적절하다.

|오답풀이|

㉡, ㉢ 신진사대부에 대한 설명이다.

㉣ 무신정변 때의 무신에 대한 설명이다.

㉤ 권문세족에 대한 설명이다.

64

|정답| ①

|해설| 대한자강회는 1906년 4월 장지연, 윤효정, 심의성, 윤치호 등 20여 명이 조직한 애국계몽단체로, 1905년 5월에 조직된 헌정연구회를 확대, 개편한 것이다. 목적은 국민의 교육을 고양하고 식산을 증진하여 부국강병을 이룬 뒤 독립의 기초를 마련하는 데 있었다.

|오답풀이|

② 신민회는 1907년에 안창호가 양기탁, 이동녕, 이갑 등과 함께 국권 회복을 목적으로 조직한 항일 비밀 결사 단체이다.

③ 보안회는 대한 제국 광무 8년(1904)에 원세성을 중심으로 하여 결성한 항일 단체이다. 활발한 운동을 전개하였으나 친일 단체인 유신회의 방해로 없어졌다.

④ 일진회는 광무 8년(1904)에 일제의 대한 제국 강점을 도와준 친일 정치 단체이다. 1905년에 일제가 을사조약을 강요할 때에 앞장을 섰다.

65

| 정답 | ④

| 해설 | 〈보기〉의 사건에 대한 설명은 다음과 같다.

- 4·13 호헌 조치는 1987년 4월 13일 제5공화국 대통령 전두환이 국민들의 민주화 요구를 거부하고, 일체의 개헌 논의를 중단시킨 조치이다.
- 이한열 최루탄 사망 사건은 1987년 6월 9일, 연세대학교 정문 앞에서 대 정부 시위를 벌이던 1천 여 명의 학생 중, 경영학과 2학년 이한열이 경찰이 쏜 최루탄에 맞아 사망한 사건이다.
- 6·26 평화대행진은 1987년 6월 26일 국민운동본부의 제창에 의해 개최된 국민평화대행진으로, 전두환 정권에게 결정적인 타격을 입히고 한국민들의 민주화 열기를 세계 만방에 알리는 계기가 되었다.
- 6·29 민주화선언은 1987년 6월 29일 대통령 후보였던 노태우 민주정의당 대표위원이 당시 국민들의 민주화와 직선제 개헌요구를 받아들여 발표한 시국 수습을 위한 특별선언이다.

따라서 모든 사건들은 1987년 6월 10일을 기점으로 일어난 6월 민주항쟁과 관련이 있다. 6월 민주항쟁은 1979년 12·12사태로 정권을 잡은 전두환 군사정권의 장기집권을 저지하기 위해 일어난 범국민적 민주화 운동으로, 국민들은 대통령 직선제와 민주화를 요구하였다.

| 오답풀이 |

①, ②, ③ 모두 1960년 4월 19일 학생과 시민이 중심이 되어 일으킨 반독재 민주주의 운동인 4·19 혁명과 관련이 있는 설명이다. 이 사건은 이승만 대통령의 하야로 이어졌다.

66

| 정답 | ③

| 해설 | '납세의'는 '의무'를 꾸며주는 관형어이고 '-의'는 관형격 조사에 해당한다.

67

| 정답 | ②

| 해설 | '전기(傳奇)소설'은 근대 소설이 수립되기 이전, 중국 및 우리나라의 산문문학에서 유행했던 서사 장르의 하나로

'기이한 것을 기록한다'는 의미에서 만들어진 것이다. 따라서 현실적으로 믿기 어려운 괴기하고 신기한 내용들이 중점적으로 표현된다.

68

| 정답 | ④

| 해설 | 발음을 매끄럽게 하여 듣는 사람에게 유창하고 쾌미한 청각적 효과를 주는 음질을 말하는 것으로 이러한 현상을 활음조라고 한다. 이 현상은 인접한 음운이나 떨어져 있는 음운들 사이에서 일어나는 특수한 소리의 변화를 설명해 주며 동화(同化)나 이화(異化)의 요인으로 작용한다. 국어에서는 활음조의 효과를 나타내기 위하여 주로 'ㄹ'음을 많이 사용한다.

69

| 정답 | ④

| 해설 | '아무'는 대명사로 어떤 사람을 특별히 정하지 않고 이르는 인칭대명사이다. 흔히 부정의 뜻을 가진 서술어와 호응하나 '나', '라도'와 같은 조사와 함께 쓰일 때는 긍정의 뜻을 가진 서술어와 호응하기도 한다. 나머지 선택지의 밑줄 친 부분의 품사는 모두 부사이다.

70

| 정답 | ④

| 해설 | '잃고'를 발음할 때에는 '잃-'의 겹자음 중 'ㅎ'이 연음되면서 'ㄱ'과 축약되어 'ㅋ'이 되므로 [일코]로 발음해야 한다.

71

| 정답 | ②

| 해설 | '-ㄹ수록'은 앞 절 일의 어떤 정도가 그렇게 더하여 가는 것이, 뒤 절 일의 어떤 정도가 더하거나 덜하게 되는 조건이 됨을 나타내는 연결어미이므로 붙여 써야 한다.

1회 기출예상문제

2회 기출예상문제

3회 기출예상문제

4회 기출예상문제

5회 기출예상문제

6회 기출예상문제

| 오답풀이 |

① '-치고'는 '그 전체가 예외 없이'의 뜻을 나타내는 보조사이므로 앞 단어와 붙여 쓴다.

③ '안 되다'의 '안'은 부사 '아니'의 준말이므로 띄어 써야 한다.

④ '안되다'는 '근심이나 병 따위로 얼굴이 많이 상하다'는 뜻의 형용사로 붙여 쓴다.

보충 플러스+

동사와 형용사의 차이점

구분	동사	형용사
현재 시제(-는/-ㄴ다)	○	×
명령형, 청유형	○	×
-고 있다/-고 싶다	○	×
목적 어미 '-러'	○	×
의도 어미 '-려'	○	×

72

| 정답 | ④

| 해설 | '며칠'은 '그달의 몇째 되는 날'을 뜻하는 단어로 표준어이다.

| 오답풀이 |

① 도와지는 도화지로 써야한다.

② 재털이는 재떨이로 써야한다.

③ 사둔은 사돈으로 써야한다.

73

| 정답 | ②

| 해설 | 부정(不定)은 '일정하지 아니함'을 뜻하는 단어로 제시된 문장에서 쓰인 부정의 한자어이다.

| 오답풀이 |

① 부정(不正)은 올바르지 아니하거나 옳지 못함을 뜻한다.

③ 부정(否定)은 그렇지 아니하다고 단정하거나 옳지 아니하다고 반대함을 뜻한다.

④ 부정(不庭)은 지방 관아의 신하가 임금을 뵈러 오지 아니하거나 그 신하를 뜻한다.

74

| 정답 | ④

| 해설 | ①, ②, ③의 품사는 동사이고, ④의 품사는 형용사이다.

75

| 정답 | ①

| 해설 | '밟-'은 자음 앞에서 [밥]으로 발음한다. 따라서 밟지[밥 : 찌]로 발음해야 한다.

76

| 정답 | ③

| 해설 | '소매깃'은 틀린 표기이며, '소맷귀'가 바른 표기이다.

| 오답풀이 |

① 뇌졸중 : 뇌에 혈액 공급이 제대로 되지 않아 손발의 마비, 언어 장애, 호흡 곤란 따위를 일으키는 증상

② 치고받다 : 서로 말로 다투거나 실제로 때리면서 싸움.

④ 야트막하다 : 조금 얕은 듯함.

77

| 정답 | ④

| 해설 | 제시된 단어의 뜻은 다음과 같다.

• 묘사(描寫) : 어떤 대상이나 사물, 현상 따위를 언어로 서술하거나 그림을 그려서 표현함.

  모사(模寫) : 사물을 형체 그대로 그림. 또는 그런 그림

• 참조(參照) : 참고로 비교하고 대조하여 봄.

  참고(參考) : 살펴서 도움이 될 만한 재료로 삼음.

78

| 정답 | ②

| 해설 | 일정한 목표를 달성하기 위하여 일시적으로 팀을 이루어 함께 작업하는 일을 뜻하는 collaboration[kəlæbə'reɪʃn]은 컬래버레이션으로 표기하는 것이 옳다.

79

| 정답 | ①

| 해설 | 할아버지의 남자 형제를 종조라 하므로 큰할아버지는 백종조(伯從祖)이다.

80

| 정답 | ③

| 해설 | 고양잇과의 포유류를 나타내는 말인 범은 고유어이며 한자어는 호랑이(虎狼이)이다.

| 오답풀이 |

① 귤(橘)

② 포도(葡萄)

④ 장미(薔薇)

81

| 정답 | ②

| 해설 | 카니발라이제이션(cannibalization)은 동족살인을 뜻하는 카니발리즘(cannibalism)에서 비롯된 용어로, 자기잠식 또는 자기시장잠식이라는 의미를 가진다. 이는 한 기업에서 새로 출시하는 상품으로 인해 그 기업에서 기존에 판매하던 다른 상품의 판매량이나 수익, 시장점유율이 감소하는 현상을 가리킨다.

| 오답풀이 |

① 디노미네이션(denomination) : 기본적으로 화폐 가치는 그대로 두고 화폐 액면 단위를 100분의 1 혹은 10분의 1 등으로 낮추는 것을 말한다.

③ 젠트리피케이션(gentrification) : 낙후된 구도심 지역이 활성화되어 중산층 이상의 계층이 유입됨으로써 기존의 저소득층 원주민을 대체하는 현상을 가리킨다.

④ 하이퍼인플레이션(hyper inflation) : 물가상승이 통제를 벗어난 상태로 수백 퍼센트의 인플레이션율을 기록하는 상황을 말한다.

82

| 정답 | ②

| 해설 | 두 나라 사이에 협정을 맺어 일정 기간 서로 수출을 균등하게 하여 무역차이를 영으로 만들고, 결세자금이 필요 없도록 하는 무역을 구상무역방식이라 부른다. 에스크로(escrow)는 구상무역방식의 방법 중 하나로, 먼저 수입한 측이 그 대금을 외환은행에 적립하고, 후에 수입하는 측이 그 계정금액으로 결제에 충당하는 방식이다.

| 오답풀이 |

① 백투백(back to back) : 구상무역방식 중 하나로, 거래하는 양자가 동시에 신용장을 개설하는 방식이다.

③ 바이백(buy−back) : 구상무역방식과는 다르게, 플랜트를 수출해서 그 제품을 수입하는 것과 같이 수출입상품 간에 관련성이 있는 물물교환을 뜻한다.

④ 토머스 : 구상무역방식 중 하나로, 일방이 수입신용장을 발부하는 것에 대하여 상대방은 일정 기간 내에 수입한다는 보증장을 발부하는 방식이다.

83

| 정답 | ①

| 해설 | 어떤 기업의 주식이 증권시장에서 공식적으로 거래되기 위해서는 우선 상장을 거쳐야 하는데, 기업이 주식을 상장하는 방법 중 가장 많이 사용되는 방법이 IPO이다. IPO는 'Initial Public Offering'의 약자로, 기업공개라고 하며 외부 투자자가 공개적으로 주식을 살 수 있도록 기업이 자사의 주식과 경영 내역을 시장에 공개하는 것을 뜻한다.

| 오답풀이 |

② CIB(Corporate&Investment Banking) : 일반 상업은행(Commercial Bank)과 투자은행(Investment Bank)을 합친 개념으로, 기업금융과 IB업무를 연계하는 업무를 일컫는다.

③ PF : 사업주로부터 분리된 프로젝트에 자금을 조달하는 것으로, 자금 제공자들은 프로젝트의 현금흐름을 우선

www.gosinet.co.kr **gosi**net

1회 기출예상문제

2회 기출예상문제

3회 기출예상문제

4회 기출예상문제

5회 기출예상문제

6회 기출예상문제

고려해 대출을 결정하고 프로젝트에 투자한 원금과 그에 대한 수익을 돌려받는 자금구조를 의미한다.

④ ROI(Return On Investment) : 투자수익률을 말하며 이는 가장 널리 사용되는 경영성과 측정기준 중 하나로, 기업의 순이익을 투자액으로 나누어 구한다.

84

| 정답 | ①

| 해설 | CI(Corporate Identity)는 기업의 이미지를 통합하는 작업을 가리키며 CIP(Corporate Identity Program)라고도 한다. CI는 정보화시대로 바뀌면서 기업의 정체성 표현뿐 아니라 적극적인 마케팅 활동 및 경영환경을 개선하여 나가는 데 꼭 필요한 작업으로 인식되고 있다.

| 오답풀이 |

② IR(Investor Relations) : 주식시장에서 기업의 우량성을 확보해 나가기 위해서 투자자들만을 대상으로 기업의 경영활동 및 각종 정보를 제공하고자 할 때 작성하는 양식이다.

③ NDR(Non-Deal Roadshow) : 기업설명회 또는 투자설명회를 뜻하는 용어로, 보통 기업투자를 유치하기 위한 목적으로 열리지만, 거래를 수반하지 않는 순수한 목적으로 열리는 경우도 있다.

④ PFV(Project Financing Vehicle) : 부동산 개발 사업을 효율적으로 추진하기 위해 설립하는 서류형태로 존재하는 명목 회사로, 프로젝트금융투자회사라고도 한다.

85

| 정답 | ③

| 해설 | 앰부시 마케팅(Ambush Marketing)은 '매복'을 뜻하는 앰부시(Ambush)에서 파생된 말로, 스포츠 이벤트에서 공식적인 후원업체가 아니면서도 광고 문구 등을 통해 올림픽과 관련이 있는 업체라는 인상을 주어 고객의 시선을 끌어 모으는 판촉전략을 뜻한다.

| 오답풀이 |

① 바이럴 마케팅(Viral Marketing) : 네티즌들이 이메일이나 다른 전파 가능한 매체를 통해 자발적으로 어떤 기업이나 기업의 제품을 홍보할 수 있도록 제작하여 널리

퍼지는 마케팅 기법으로, 컴퓨터 바이러스처럼 확산된다고 해서 이러한 이름이 붙었다.

② 니치 마케팅(Niche Marketing) : '틈새시장'이라는 뜻을 가진 말로, 시장의 빈틈을 공략하는 새로운 상품을 시장에 내놓음으로써 다른 특별한 제품 없이도 시장을 유지시켜 가는 판매전략을 말한다.

④ 다이렉트 마케팅(Direct Marketing) : 기업과 고객 간의 쌍방향적 의사소통을 지향하는 마케팅 기법으로, 고객과의 관계를 단속적인 거래관계가 아닌 지속적인 커뮤니케이션 관계로 파악한다는 특징을 가진다.

86

| 정답 | ③

| 해설 | 5I의 법칙이란 광고 카피 제작 시 카피라이팅 룰 중 하나이다. 광고는 멋진 아이디어(Idea)에서 시작하며, 직접적인 임팩트(Immediate Impact)라는 관점에서 제작되어야 하고, 메시지는 계속 흥미(Incessant Interest)를 가지고 읽도록 구성되어야 하며, 예상고객에게 필요한 정보(Information)가 충분히 그리고 정확하게 제시되어야 하고, 충동(Impulsion)을 불러일으키는 힘을 갖추고 있어야 한다는 것을 의미한다.

87

| 정답 | ②

| 해설 | 퍼스트 펭귄(The First Penguin)은 선구자 또는 도전자의 의미로 사용되는 관용어로, 남극 펭귄들이 사냥하기 위해 바다로 뛰어드는 것을 두려워하지만 펭귄 한 마리가 먼저 용기를 내 뛰어들면 무리가 따라서 바다로 들어간다는 데에서 유래되었다. 즉, 용기를 가지고 도전해 조직에 큰 영향을 주는 구성원을 일컫는 말이다.

| 오답풀이 |

① 회색 코뿔소(Gray Rhino) : 지속적인 경고로 충분히 예상할 수 있었지만 쉽게 간과하는 위험 요인을 말한다.

③ 핑크 엘리펀트(Pink Elephant) : 술에 취한 상태에서 보이는 헛것을 의미하는 관용구이다.

④ 블랙 스완(Black Swan) : 도저히 일어날 것 같지 않은 일이 일어나는 상황을 의미한다.

88

| 정답 | ④

| 해설 | 그린 러시란 대마초가 합법화된 캐나다와 미국 일부 지역의 대마초 관련 주식 등으로 자금 혹은 사람이 몰려드는 현상을 일컫는 신조어이다.

89

| 정답 | ④

| 해설 | 폴리시드 맨은 아동학대 근절을 위해 호주에서 시작되어 남성이 다섯 손가락 가운데 한 손가락에만 매니큐어를 바르는 캠페인을 의미한다. YGAP의 대표 엘리엇 코스텔로가 캄보디아에서 알게 된 테아(Thea)라는 소녀가 자신과 헤어지는 날 손가락에 매니큐어를 발라준 일을 계기로 캠페인이 시작되었다. 또한 전 세계 18세 미만 청소년 5명 중 1명이 신체적, 성적인 폭행을 당하고 있다는 의미로 다섯 손가락 중 한 손가락에만 매니큐어를 바른다.

90

| 정답 | ①

| 해설 | 애빌린의 역설은 구성원들이 집단의 의견에 반대하는 것을 잘못이라고 생각하기 때문에 한 집단의 결정이 모두 원하지 않는 방향으로 이루어지는 역설적인 상황을 뜻한다.

91

| 정답 | ③

| 해설 | 밀라인 레이트는 신문광고의 매체가치를 발행부수와 비용의 양면에서 경제적으로 평가할 때 이용되는 척도로, 신문광고요금의 이론적 비교단위이다.

92

| 정답 | ③

| 해설 | 환매(還買)는 매도인이 매매계약과 동시에 일정한 대금과 함께 매매계약의 대상을 매수인에게 되파는 일종의 매매해제권을 지급받는 것으로, 매도인은 매매대금과 환매대금을 반환하면서 목적물을 매수인에게 되팔 수 있다.

| 오답풀이 |

② 양도담보 : 물건의 소유권을 이전하는 양도의 형식에 의한 물적 담보를 의미한다.

④ 매도담보 : 매매의 형식에 의한 물적 담보로, 채무자가 매도인이 되어 목적물을 채권자에게 매도하면서 대금을 받으면서 일정 기간 뒤에 대금을 반환하면 목적물을 다시 받고, 그러지 못하면 목적물이 채권자에게 귀속되는 것으로, 환매의 일종으로 구분되나 일반적인 환매와 달리 목적물이 가등기담보법 등 담보에 관한 특별법의 적용을 받는다.

93

| 정답 | ②

| 해설 | 뮤지컬 〈맘마미아!(Mamma Mia!)〉는 캐서린 존슨이 아바(ABBA)의 노래를 바탕으로 쓴 뮤지컬로 아바의 멤버인 베니 앤더슨과 비에른 울바에우스가 뮤지컬 제작에 직접 참여하였고, 2008년에는 이를 바탕으로 한 동명의 영화로도 제작되었다.

| 오답풀이 |

① 〈미스 사이공(Miss Saigon)〉 : 푸치니의 오페라 〈나비부인(Madama Butterfly)〉를 모티브로 하고 베트남 전쟁을 배경으로 한 뮤지컬로 1989년 초연되었다.

③ 〈사운드 오브 뮤직(The Sound of Music)〉 : 마리아 폰 트라프의 자서전 〈트라프 가문의 가수들 이야기〉를 원작으로 한 뮤지컬 작품으로, 1959년 초연되었고 1965년에는 동명의 영화로 제작되었다.

④ 〈레 미제라블(Les Misérables)〉 : 빅토르 위고의 소설로, 이를 바탕으로 19세기 프랑스 혁명을 배경으로 한 뮤지컬이 제작되어 1980년 초연되었다.

94

| 정답 | ③

| 해설 | 대취타(大吹打)는 삼국시대에서부터 있었던 것으로 추정되는 왕의 행차나 군대의 행진 또는 개선에서 연주된

www.gosinet.co.kr gosinet

1회 기출예상문제

2회 기출예상문제

3회 기출예상문제

4회 기출예상문제

5회 기출예상문제

6회 기출예상문제

관악기와 타악기 중심의 음악으로, '무령지곡(武寧之曲)'이라고도 한다. 대취타는 현재 '피리정악 및 대취타'라는 명칭으로 국가무형문화재 제46호에 지정되어 있다.

95

|정답| ①

|해설| 합명회사는 회사의 대표권과 업무집행권을 가지고 회사 채무에 대한 연대책임을 지는 2인 이상의 무한책임사원으로만 구성되는 회사로, 주로 가족이나 친척들 간의 소규모 공동사업의 형태로 설립된다.

96

|정답| ③

|해설| 1842년 난징 조약을 통해 영국의 식민지가 된 홍콩은 통해 1898년부터 99년간 영국의 지배를 받은 후 1984년의 홍콩 반환 협정을 통해 1997년 7월 1일 중국에 이양되었다.

97

|정답| ②

|해설| 스크래치(Scratch)는 MIT 미디어랩의 라이프롱 킨더가든 그룹(LKG ; Lifelong Kindergarten Group)이 제작한 어린이 교육용 프로그래밍 도구이다.

98

|정답| ①

|해설| 프란츠 요제프 하이든(Franz Joseph Haydn, 1732~1809)은 오스트리아의 작곡가로, 「군대」, 「놀람」, 「아침」, 「고별」 등 106곡의 교향곡과 「천지창조」, 「사계」 등의 오라토리오를 작곡하였으며 '교향곡의 아버지'로 불린다.

99

|정답| ③

|해설| 중개무역이란 간접무역의 한 형태로, 수출국과 수입국의 중간에 제3국의 상인이 개입하여 이루어지는 무역방식이다. 제3국의 무역업자는 수수료를 목적으로 서로 다른 국가에 있는 수출입자간의 거래를 중개하여 양자가 직접 계약을 체결한 후 거래를 이행하도록 알선한다.

|오답풀이|

① 바터무역 : 특정 상품의 교환을 통한 두 나라의 무역을 뜻한다.

② 구상무역 : 두 나라 사이에 협정을 맺어 일정 기간 서로 수출을 균등하게 하여 무역차액을 영(零)으로 만들고 결제자금이 필요 없게 하는 무역을 뜻한다.

④ 위탁가공무역 : 한 나라의 업체가 다른 나라 업체에 원자재를 제공, 생산을 위임하고 생산된 제품을 다시 들여오거나 제3국에 수출하는 무역거래형태이다.

100

|정답| ③

|해설| 긴급 수입 제한 조치는 특정 물품의 수입이 급증해 수입국의 국내 산업이 피해를 입거나 또는 피해를 입을 우려가 있을 경우, 해당 품목의 수입을 임시적으로 제한하거나 관세인상을 통해 수입품에 대해 긴급 수입 제한 조치를 할 수 있는 제도이다. 이 경우 수입에 따른 피해의 정도는 심각한 수준이어야 한다.

|오답풀이|

① 반덤핑 : 특정 상품이 국내 가격보다 낮은 가격으로 수입되어 관련 산업이 피해를 당할 경우 수입국 정부가 높은 관세를 부과하여 수입을 규제하는 조치이다.

② 회색 지대 조치 : 세이프가드는 무차별적으로 적용해야 하며 보상 의무와 보복 가능성이 있어 이에 따른 대안으로 국내로의 수입이 급증한 국가에만 선별적으로 발동하는 수입 제한 조치이다.

④ 특별 긴급관세 제도 : 농산물의 시장 개방으로 인한 급격한 수입 증가를 막기 위해 추가관세를 부과하는 방식으로 WTO 협정에서 허용된 농업 보호장치이다.

2회 기출예상문제
문제 76쪽

01	①	02	④	03	④	04	④	05	③
06	①	07	④	08	②	09	③	10	②
11	②	12	④	13	④	14	④	15	③
16	③	17	④	18	①	19	④	20	③
21	②	22	④	23	②	24	②	25	④
26	④	27	①	28	④	29	④	30	④
31	②	32	④	33	①	34	①	35	③
36	③	37	④	38	④	39	④	40	②
41	③	42	④	43	④	44	②	45	③
46	③	47	①	48	①	49	③	50	④
51	③	52	②	53	①	54	③	55	④
56	④	57	①	58	③	59	④	60	③
61	①	62	②	63	④	64	③	65	④
66	①	67	④	68	③	69	①	70	②
71	④	72	③	73	②	74	①	75	②
76	③	77	②	78	①	79	③	80	④
81	①	82	④	83	④	84	①	85	③
86	②	87	③	88	①	89	④	90	②
91	③	92	③	93	②	94	①	95	④
96	①	97	①	98	②	99	①	100	②

1 NCS 직업기초능력평가

01 의사표현능력 맞장구의 기능 이해하기
|정답| ①

|해설| ⓐ는 서 대리의 생일을 깜빡한 것에 대한 놀라움을 표현하는 맞장구이며, ⓓ는 상대방의 말에 동의의 표현을 나타내는 맞장구이다.

02 문서작성능력 단어를 한자로 표기하기
|정답| ④

|해설| (나) '교통(交通)'과 '교부(交付)'의 '교'는 같은 한자이며 둘 중 어디에도 '矯'는 쓰이지 않는다.

(다) '운영(運營)'과 '운임(運賃)'에서의 '운'은 공통적으로 '運'을 사용하며, '暉'은 쓰이지 않는다.

(바) '목적(目的)'과 '적용(適用)'의 '적'은 각각 '的'과 '適'이다.

|오답풀이|

(가) '약관(約款)'과 '계약(契約)'의 '약'은 같은 한자를 사용한다.

(라) '도시(都市)'와 '표시(標示)'의 '시'는 서로 다른 한자를 사용하며 '施'는 두 단어 모두 사용하지 않는다.

(마) '권리(權利)'와 '승차권(乘車券)'의 '권'은 서로 다른 한자를 사용한다.

03 문서작성능력 표현기법 파악하기
|정답| ④

|해설| (가) 제시된 기법들은 모두 문장의 형태나 단어의 형태 등에 변화를 주어 나타내고자 하는 의미를 강조하는 표현 기법의 종류이다. 따라서 음성언어에 따른 수사법의 종류로 볼 수 없다.

(다) '별을 흘릴수록, 나는 채워진다'는 앞 문장과 뒷 문장이 서로 모순되는 역설법의 예시로 적절하다.

(마) ⓐ는 돈호법에 대한 설명이다.

|오답풀이|

(나) '여자가 하우젠을 꿈꾸면…'으로 뒷 문장을 생략하고 있으므로 생략법에 해당한다.

(라) '세상에서 가장 맛있는 밥'은 '세상에서 가장'이라는 표현으로 과장하고 있으므로 과장법에 해당한다.

04 문서이해능력 글의 내용을 바탕으로 추론하기
|정답| ④

|해설| 단체 승차권은 20인 이상의 1단체가 1매를 구매하는 것이므로 15인의 단체는 단체 승차권을 구매할 수 없다.

|오답풀이|

① 보호자 동반에 대한 규정은 알 수 없다.

② 매주 월요일은 프로그램을 운영하지 않지만 그 이유가 임진왜란 역사관 휴관 때문인지는 알 수 없다.

③ 1회 탐방 소요시간은 알 수 없다.

05 문서작성능력 문장 배열하기

| 정답 | ③

| 해설 | (가)의 앞부분은 우리가 익히 알고 있는 우렁각시 이야기에 대해 설명하고 있다. '여기까지가 누구라도 다 잘 알고 있다고 생각하는 우렁각시 이야기다'로 문단이 끝났으므로 일단 '하지만'이라는 역접 접속사로 화제를 전환하는 ⑥가 온다. 이어 모두가 보편적으로 알고 있는 줄거리를 제시하는 ⑩가 이어진 다음, 중요한 것은 그 다음의 이야기임을 화두로 제시하는 ⑥가 오는 것이 적절하다. 다음으로는 '그 다음의 이야기'에 대해 전제하는 ⑧, ⑤가 이어지고 마지막으로 그 이유에 대해 설명하는 ⓒ가 온다.
따라서 문장의 순서는 ⑥－⑩－⑥－⑧－⑤－ⓒ가 적절하다.

06 문서작성능력 문단 배열하기

| 정답 | ①

| 해설 | 먼저 악어에게 물린 사례를 들어 '악어의 법칙'에 대해 설명하고 있는 (가)가 오고, 이를 일상생활에 대입해 포기할 줄 아는 것이 '악어의 법칙'의 요점임을 다시 설명한 (라)가 이어진다. 그러나 '악어의 법칙'과는 달리 포기는 곧 끝이라는 생각에 포기를 두려워하는 사람이 많이 있음을 언급한 (다)가 다음에 오고, 포기는 무조건 끝이 아닌 더 많은 것을 얻기 위한 길이기도 함을 얘기하고 있는 (나)가 마지막에 온다. 따라서 적절한 순서는 (가)－(라)－(다)－(나)이다.

07 문서이해능력 세부 내용 이해하기

| 정답 | ④

| 해설 | 제시된 글은 무작정 포기를 많이 하는 사람이 현명한 것이 아니라 어쩔 수 없는 결정적인 순간에 과감하게 포기할 줄 아는 사람이 지혜롭다는 점을 설명하고 있다.

08 문서이해능력 음운 동화 이해하기

| 정답 | ②

| 해설 | 국민[궁민]은 역행 동화, 건강[건ː강]은 동화가 일어나지 않았으며, 석류[성뉴]는 상호 동화이다.

| 오답풀이 |
① 종로[종노], 신래[실래], 섭리[섭니]
③ 칼날[칼랄], 손난로[손날로], 독립[동닙]
④ 강릉[강능], 권력[궐력], 막론[망논]
⑤ 공권력[공꿘녁], 편리[펼리], 협력[혐녁]

09 문서작성능력 올바른 맞춤법 쓰기

| 정답 | ③

| 해설 | '사람만이'의 '만'은 다른 것으로부터 제한하여 어느 것을 한정함을 나타내는 보조사로 앞말과 붙여 쓴다.

| 오답풀이 |
① '췌장암', ② '끊으려다', ④ '번번이'가 맞는 표기이다.

10 문서작성능력 외래어 표기법 이해하기

| 정답 | ②

| 해설 | whistle[hwisl]의 [hw]는 한 음절로 붙여 뒷모음과 함께 '휘'로 적고, twist[twist]의 [w]는 자음 뒤에 있으므로 두 음절로 갈라 '트위'로 적는다.

| 오답풀이 |
① yank[jæŋk]는 (C)에 해당한다.
③ battalion[bətæljən]은 (C)에 해당한다.
④ witch[witʃ]는 (A)에 해당한다.

11 기초연산능력 연산규칙 찾기

| 정답 | ②

| 해설 | 주어진 연산 a★b=c는 b+c가 a의 배수라는 규칙을 가진다.
2★3=9 → (3+9)÷2=6
3★2=7 → (2+7)÷3=3
5★4=26 → (4+26)÷5=6
4★5=19 → (5+19)÷4=6
따라서 7★9=61일 때, (9+61)÷7=10으로 주어진 규칙을 만족한다.

12 기초통계능력 평균을 활용하여 인원 수 구하기

|정답| ④

|해설| 8.0점 이상을 받은 팀원의 수를 x, 8.0점 미만을 받은 팀원의 수를 y라 하면,

$x+y=100$ ·· ㉠

$\dfrac{8.5\times x+7.7\times y}{100}=8.3$ ·················· ㉡

㉡을 정리하면,

$8.5x+7.7y=830$ ································· ㉢

㉠×8.5-㉢을 하면,

$0.8y=20 \qquad y=25$

따라서 8.0점 이상을 받은 팀원의 수와 8.0점 미만을 받은 팀원의 수의 차이는 $75-25=50$(명)이다.

13 기초연산능력 정답을 맞힌 직원 수 구하기

|정답| ②

|해설| 직원들의 평가 점수의 총합계가 596점이므로 7점을 받은 직원 수는

$\dfrac{596-(2\times 8+3\times 12+5\times 18+8\times 20+10\times 14)}{7}$

$=22$(명)이다.

문제마다 배점이 다르기 때문에 각각의 총점이 나올 수 있는 경우는 다음과 같다.

문제 \ 총점	1번(2점)	2번(3점)	3번(5점)
2점	○		
3점		○	
5점	○	○	
			○
7점	○		○
8점		○	○
10점	○	○	○

총점이 5점이 되는 경우는 i) 1, 2번 문제를 맞히거나, ii) 3번 문제를 맞을 경우이다. 2번 문제의 정답을 맞힌 직원이 54명이므로 i)은 8명, ii)는 10명이다.

따라서 A는 $8+8+22+14=52$(명), B는 $10+22+20+14=66$(명)이 되어, 그 차이는 $66-52=14$(명)이 된다.

14 도표분석능력 자료를 바탕으로 수치 계산하기

|정답| ③

|해설| 5개 도시의 통합미세먼지지수를 구하면 다음과 같다.

- 서울 : $(86-70+63)+(3\times 10+60)=169$
- 부산 : $(77-70+63)+(2\times 22)=114$
- 광주 : $(0.9\times 43)+(2\times 27)=92.7$
- 인천 : $(0.9\times 63)+(2\times 23)=102.7$
- 대전 : $(0.9\times 52)+(3\times 8+60)=130.8$

따라서 통합미세먼지지수가 90 이상 ~ 120 미만으로 '보통' 단계인 도시는 부산, 광주, 인천 총 3곳이다.

15 기초통계능력 확률 계산하기

|정답| ③

|해설| 2018년에 $[B^-]$등급인 투자자가 2020년에 $[B^-]$등급 이상이 되는 경우와 그 확률은 다음과 같다.

구분	2018년	2019년	2020년
등급	B^-	A^+	
		A^-	A^+ 또는 A^- 또는 B^+ 또는 B^-
		B^+	
		B^-	
		C	

- $B^- \rightarrow A^+ \rightarrow A^+$ 또는 A^- 또는 B^+ 또는 B^-
  $0.05\times(0.3+0.2+0.2+0.2)=0.045$
- $B^- \rightarrow A^- \rightarrow A^+$ 또는 A^- 또는 B^+ 또는 B^-
  $0.1\times(0.2+0.3+0.3+0.1)=0.09$
- $B^- \rightarrow B^+ \rightarrow A^+$ 또는 A^- 또는 B^+ 또는 B^-
  $0.4\times(0.1+0.2+0.3+0.2)=0.32$
- $B^- \rightarrow B^- \rightarrow A^+$ 또는 A^- 또는 B^+ 또는 B^-
  $0.25\times(0.05+0.1+0.4+0.25)=0.2$
- $B^- \rightarrow C \rightarrow A^+$ 또는 A^- 또는 B^+ 또는 B^-
  $0.2\times(0.0+0.05+0.1+0.15)=0.06$

따라서 2018년에 $[B^-]$등급인 투자자가 2020년에 $[B^-]$ 등급 이상이 될 확률은 $0.045+0.09+0.32+0.2+0.06=0.715$이다.

www.gosinet.co.kr

gosinet

1회 기출예상문제
2회 기출예상문제
3회 기출예상문제
4회 기출예상문제
5회 기출예상문제
6회 기출예상문제

16 기초연산능력 규칙 찾아 암호 나타내기

|정답| ③

|해설| 1이 있는 자리를 왼쪽에서부터 차례대로 순서를 매겨 숫자로 표기하는 규칙을 가진다. 예를 들어 '1001'에서 1은 왼쪽에서부터 1, 4번째에 있으므로 '14'가 된다. 이와 같은 방식으로 '10011001'을 암호로 나타내면 '1458'이 된다.

17 도표분석능력 자료의 수치 분석하기

|정답| ④

|해설| ㄴ. 각 기관별 채용인원에서 신입직 인원이 차지하는 비율을 구하면 다음과 같다.

• A 기관 : $\frac{45+40}{22+35+45+40} \times 100 ≒ 59.9(\%)$

• B 기관 : $\frac{37+63}{65+84+37+63} \times 100 ≒ 40.2(\%)$

• C 기관 : $\frac{116+184}{12+52+116+184} \times 100 ≒ 82.4(\%)$

• D 기관 : $\frac{155+264}{43+37+155+264} \times 100 ≒ 84.0(\%)$

• E 기관 : $\frac{86+47}{31+44+86+47} \times 100 ≒ 63.9(\%)$

따라서 50%를 초과하는 공공기관은 A, C, D, E 기관으로 총 4개이다.

ㄷ. 5개의 공공기관 전체 채용인원은 1,462명, D 기관의 채용인원은 499명으로 5개의 공공기관 전체 채용인원에서 D 기관의 채용인원 비중은 $\frac{499}{1,462} \times 100 ≒ 34.1$ (%)이다.

|오답풀이|

ㄱ. 각 기관별 채용인원에서 행정직이 차지하는 비율을 구하면 다음과 같다.

• A 기관 : $\frac{22+45}{22+35+45+40} \times 100 ≒ 47.2(\%)$

• B 기관 : $\frac{65+37}{65+84+37+63} \times 100 ≒ 41.0(\%)$

• C 기관 : $\frac{12+116}{12+52+116+184} \times 100 ≒ 35.2(\%)$

• D 기관 : $\frac{43+155}{43+37+155+264} \times 100 ≒ 39.7(\%)$

• E 기관 : $\frac{31+86}{31+44+86+47} \times 100 ≒ 56.3(\%)$

따라서 E 기관이 가장 높다.

18 기초연산능력 안타와 홈런 개수 구하기

|정답| ①

|해설| 3아웃으로 공수가 교대되고, 아웃의 경우 1점이 감점되기 때문에 매 회마다 3점이 감점된다. 청팀과 홍팀의 감점(아웃)을 제외한 점수와 각각의 점수가 나올 수 있는 경우는 다음과 같다.

• 청팀

구분	1회	2회	3회	4회	5회
점수	5점	7점	5점	4점	2점
3아웃	−3점	−3점	−3점	−3점	−3점
감점을 제외한 점수	8점	10점	8점	7점	5점
홈런과 안타의 개수	안타 4개	홈런 2개 또는 안타 5개	안타 4개	홈런 1개 안타 1개	홈런 1개

청팀 선수들의 총 타석수는 $4 \times 4 + 3 \times 5 = 31$(타석)이고, 5회까지 총 15명이 아웃되므로 16번의 타석에서 안타 또는 홈런이 나왔음을 알 수 있다. 따라서 2회에는 안타 5개를 친 것이 된다.

∴ 안타 $4+5+4+1=14$(개), 홈런 $1+1=2$(개)

• 홍팀

구분	1회	2회	3회	4회	5회
점수	3점	6점	8점	7점	4점
3아웃	−3점	−3점	−3점	−3점	−3점
감점을 제외한 점수	6점	9점	11점	10점	7점
홈런과 안타의 개수	안타 3개	홈런 1개 안타 2개	홈런 1개 안타 3개	홈런 2개 또는 안타 5개	홈런 1개 안타 1개

홍팀 선수들의 총 타석수는 $4 \times 2 + 3 \times 7 = 29$(타석)이고, 5회까지 총 15명이 아웃되므로 14번의 타석에서 안타 또는

홈런이 나왔음을 알 수 있다. 따라서 4회에는 홈런 2개를 친 것이 된다.

∴ 안타 3+2+3+1=9(개), 홈런 1+1+2+1=5(개)

따라서 안타를 더 많이 친 팀은 청팀이고, 그 팀의 홈런 개수는 2개이다.

19 도표분석능력 자료의 수치 분석하기

|정답| ④

|해설| 표의 빈칸에 들어갈 숫자를 구하면 다음과 같다.

〈연도별 만족도〉
(단위 : 점)

구분		20X7년 고객만족도(A)	20X8년 고객만족도(B)	증감 (B-A)
종합만족도		84.34	88.60	4.26(↑)
차원별 만족도	서비스 환경	82.41	86.44	4.03
	서비스 과정	84.30	87.21	2.91
	서비스 결과	85.20	89.42	4.22
	사회적 만족	85.76	90.38	4.62
	전반적 만족	83.48	88.53	5.05

〈20X8년 차선별 만족도〉
(단위 : 점)

구분		경기선	전라선	강원선	경남선
종합만족도 (차원별 만족도 항목의 평균)		87.742	88.394	90.588	87.732
차원별 만족도	서비스 환경	86.70	85.38	86.95	88.33
	서비스 과정	86.77	87.04	88.45	87.71
	서비스 결과	88.71	89.24	91.89	89.17
	사회적 만족	89.24	91.08	93.30	88.17
	전반적 만족	87.29	89.23	92.35	85.28

ㄹ. 〈20X8년 차선별 만족도〉에 따르면 강원선은 서비스 과정, 서비스 결과, 사회적 만족, 전반적 만족 총 4개 부분에서 최고 점수를 받았고, 경기선은 서비스 과정, 서비스 결과 총 2개 부분에서 최저 점수를 받았다.

ㅁ. 〈20X8년 차선별 만족도〉에 따르면 종합만족도가 90점을 넘는 노선은 강원선 1개이다.

|오답풀이|

ㄱ. 〈연도별 만족도〉에 따르면 20X8년 고객만족도가 가장 높은 항목은 90.38점을 받은 사회적 만족이며, 가장 낮은 항목은 86.44점을 받은 서비스 환경이다. 따라서 그 차이는 90.38-86.44=3.94(점)이다.

ㄴ. 〈연도별 만족도〉에 따르면 종합만족도 증감보다 더 큰 증감을 보인 항목은 사회적 만족, 전반적 만족 총 2개이다.

ㄷ. 〈20X8년 차선별 만족도〉에 따르면 서비스 환경 차원에서 경남선이 가장 높은 점수(88.33)를 받았으며, 전라선이 가장 낮은 점수(85.38)를 받았다.

20 도표분석능력 자료 해석하기

|정답| ③

|해설| 노르웨이와 한국을 비교해 보면 한국이 노르웨이보다 아빠전속 육아휴직 기간이 5배 이상 길지만 노르웨이의 소득대체율이 더 높은 것을 알 수 있다. 따라서 육아휴직 기간이 길수록 소득대체율이 높은 것은 아니다.

|오답풀이|

① 육아휴직 사용자 중 남성의 비중이 가장 큰 국가는 아이슬란드로 45.6%이고, 가장 작은 국가는 일본으로 2.3%이다. 두 국가의 차이는 45.6-2.3=43.3(%p)이다.

② 아이슬란드 남성의 육아휴직 사용 비중은 45.6%로 가장 높지만 아빠전속 육아휴직 기간은 13주로 일본, 포르투갈, 한국 등에 비해 짧다.

④ 일본의 아빠전속 육아휴직 기간은 52주로 포르투갈의 17.3주보다 3배 이상 길다.

21 사고력 조건을 활용하여 추론하기

|정답| ②

|해설| 주어진 〈조건〉을 표로 정리하면 다음과 같다.

	이탈리아	미국	일본	중국
민경	○	○		
은희		○	○	
화영			○	○
주은	○		○	

따라서 가고 싶어 하는 나라가 겹치지 않는 사람은 민경과 화영이다.

22 사고력 다중인지이론 이해하기

|정답| ④

|해설| 제시된 사례에서 등장하는 아이는 색이나 형태, 구조 등을 이해하는 능력이 뛰어나 시각 자료를 통한 교육법이 적합함을 알 수 있다. 이는 공간지각능력과 관련이 있다. 공간지각능력은 3차원의 범위나 위치를 감각을 통해 파악하는 능력으로 다섯 가지 감각 중 시각의 영향을 가장 많이 받는 지각능력이다.

23 사고력 창의적 사고를 위한 전략 파악하기

|정답| ②

|해설| ㉠ 학생들에게 도달해야 할 목표점을 설정해 주는 것은 Project에 해당한다.

㉡ 학생에게 어려운 과제를 끈기 있게 하고자 하는 감정을 불러일으키는 것은 Passion에 해당한다.

㉢ 아이들에게 동료와 함께 일할 수 있게 해 주는 것은 Peers에 해당한다.

㉣ 아이들이 실패를 놀이처럼 생각하는 것은 Play에 해당한다.

따라서 Pride는 ㉠ ~ ㉣에 해당하지 않는다.

24 문제처리능력 적절한 지침 추가하기

|정답| ②

|해설| 지침번호 1, 3, 4에 의해 8개의 과제는 (A, C), (B, D, E), (F), (G), (H)로 5개의 팀에게 부여된다. 또한 지침번호 1과 2에 의해 우정팀이 4개, 나머지 팀이 3개씩 과제를 수행하게 된다. 따라서 과제 A, C는 사랑팀, B, D, E는 희망팀이 맡게 된다. 지침번호 5에 의해 과제 H는 소망팀 또는 끈기팀에서 맡게 되므로 ② 지침이 추가된다면, 과제 F는 우정팀, 과제 G는 소망팀, 과제 H는 끈기팀이 맡는 것으로 명확해진다.

25 문제처리능력 오셀로 게임의 규칙 활용하기

|정답| ④

|해설|

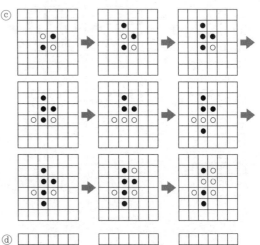

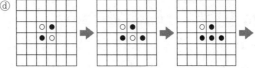

1회 기출예상문제 2회 기출예상문제 3회 기출예상문제 4회 기출예상문제 5회 기출예상문제 6회 기출예상문제

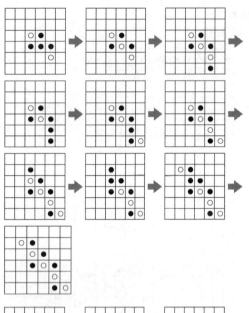

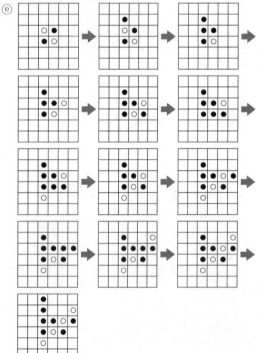

아니므로 기획본부에서 근무하는 사람은 이 씨, 건설본부에서 근무하는 사람은 김 씨임을 알 수 있다. 이를 토대로 1, 4번째 조건을 적용하면 다음과 같은 결과를 얻을 수 있다.

구분	기획본부(이 씨)	경영본부(박 씨)	건설본부(김 씨)
은별	×	○	×
민상	×	×	○
우주	○	×	×

따라서 우주의 성은 이 씨이고, 근무부서는 기획본부이다.

27 사고력 **여섯 색깔 사고모자 기법 활용하기**

| 정답 | ①

| 해설 | '빨간모자'는 '직감, 감정, 정서'를 나타내는 부분이므로 '기말고사가 다음 주라서 너무 힘들어요.'라며 기말고사에 대한 자신의 감정을 나타내는 ①이 빨간모자에 적절한 내용이다.

28 사고력 **문제유형 이해하기**

| 정답 | ④

| 해설 | 탐색형 문제는 현재의 상황을 개선하거나 효율을 높이기 위한 문제를 의미하며 눈에 보이지 않는 문제를 말한다. 이러한 문제는 방치하면 뒤에 큰 손실이 따르거나 결국 해결할 수 없는 문제로 나타나게 된다. 따라서 "ⓓ 그대로 두면 문제가 영원히 나타나지 않는다."는 설명은 탐색형 문제의 설명으로 적절하지 않다.

26 사고력 **조건을 바탕으로 결론 추론하기**

| 정답 | ③

| 해설 | 2, 3번째 조건에 따르면 경영본부에서 근무하는 사람은 박 씨이고, 기획본부에서 근무하는 사람은 김 씨가

29 사고력 **사고력의 종류 이해하기**

| 정답 | ③

| 해설 | 논리적인 사고는 적절한 근거를 바탕으로 상대방을 설득할 수 있는 능력에 필요한 사고력이며, 비판적인 사고는 무엇을 선택하고 판단하여 결정을 내릴 때 필요한 사고력이다.

30 문제처리능력 열차별 조건 파악하기

|정답| ④

|해설| LED 행선안내 표시기, LCD 광고 및 행선안내 화면, 통로문이 없는 광폭 연결 차량 등의 설비는 4호선 전동차에 모두 해당된다.

31 시간관리능력 시간의 특징 파악하기

|정답| ②

|해설| A와 E의 말이 옳다. 시간은 누구에게나 동일하게 주어지는 자원이며 빌리거나 저축할 수 없다. 그러나 어떻게 사용하느냐에 따라 그 가치가 달라질 수 있으며 시점에 따라 밀도가 달라질 수 있다.

32 시간관리능력 자원의 낭비요인 파악하기

|정답| ④

|해설| 〈조건〉을 바탕으로 김 대리의 하루 일과 중 자원의 낭비요인을 정리하면 다음과 같다.

ⓐ : 시간 낭비요인
ⓑ : 예산 낭비요인
ⓒ : 예산 낭비요인
ⓓ : 예산 낭비요인
ⓔ : 시간 낭비요인

33 물적자원관리능력 활동 유형 파악하기

|정답| ①

|해설| 뱃치수준활동은 제품의 한 묶음이 처리 또는 가공될 때마다 수행되는 활동이며, 생산된 제품의 숫자가 아니라 생산된 묶음의 숫자에 비례한다. 구매주문활동, 재료수령활동, 선적활동, 품질검사활동(표본검사) 등이 있다.
나머지 〈보기〉에 있는 내용은 다음과 같은 활동에 해당된다.
• 기계작업준비활동 : 단위수준활동
• 공정관리비 : 설비수준활동
• 제품설계활동 : 제품수준활동

34 인적자원관리능력 일중독증 파악하기

|정답| ①

|해설| 일중독(workaholic)은 알코올이나 약물중독처럼 일에서 벗어나면 극심한 불안을 느끼며, 업무 시간 외에도 계속해서 일을 하는 것을 의미한다. A는 '일중독은 경쟁에서의 승리, 목표나 사명에 대한 동일시, 해고 또는 경제적 어려움에 대한 두려움 등 외재적 요인에 의해 강화되는 경우가 대부분'이라고 하였는데, 목표나 사명에 대한 동일시, 경제적 어려움에 대한 두려움도 내재적 동기요인으로 볼 수 있으므로 이는 잘못된 설명임을 알 수 있다. 또한 E의 이야기와 달리 일중독은 한번 중독에 빠지면 극복하기가 쉽지 않고 우리 사회에서는 이러한 일중독을 독려하는 분위기가 존재하기 때문에 본인과 타인 모두 알아채기 쉽지 않다. 따라서 A, E의 설명은 잘못되었다.

35 예산관리능력 금액 계산하기

|정답| ③

|해설| 제품 A, B, C의 노동시간 비는 1.5 : 1 : 1.5이다. 노동시간을 기준으로 제조간접원가를 배부하면 제품 A, C는 3,750만 원, 제품 B는 2,500만 원이 된다. 따라서 제품 B의 당기총제조원가는 3,000+5,000+2,500=10,500(만 원)이다.

36 물적자원관리능력 물품의 효과적인 관리법 이해하기

|정답| ③

|해설| 효과적인 물적자원관리 과정은 다음과 같다.

구분	내용
사용 물품과 보관 물품의 구분	물품을 정리하고 보관하고자 할 때, 해당 물품을 앞으로 계속 사용할 것인지, 그렇지 않은지를 구분
동일 및 유사 물품의 분류	보관한 물품을 다시 활용하기 위해 보다 쉽고 빠르게 찾을 수 있도록 동일성의 원칙과 유사성의 원칙 적용
물품의 특성에 맞는 보관 장소 선정	해당 물품을 적절하게 보관할 수 있는 장소 선정

C : 유사성의 원칙은 유사품을 근처 가까운 장소에 보관한다는 것이다.

F : 물품을 적절하게 보관할 수 있는 장소를 선정하는 것이 중요하다.

37 [시간관리능력] 프로젝트 기간 단축하기

| 정답 | ④

| 해설 | [과정 1]이 종료된 직후에 3억 원을 확보하였기 때문에 [과정 1] 이후에 이 비용 내에서 기간을 단축해야 한다.

[과정 2]-[과정 4]-[과정 6]-[과정 7]로 진행할 경우, 3억 원 내에서 최대 9주를 단축할 수 있다(과정 2, 4, 6에서 기간 단축).

[과정 2]-[과정 5]-[과정 7]로 진행할 경우, 3억 원 내에서 최대 6주를 단축할 수 있다(과정 2, 7에서 기간 단축).

[과정 3]-[과정 4]-[과정 6]-[과정 7]로 진행할 경우, 3억 원 내에서 최대 10주를 단축할 수 있다(과정 3, 4, 6, 7에서 기간 단축).

[과정 3]-[과정 5]-[과정 7]로 진행할 경우, 3억 원 내에서 최대 4주를 단축할 수 있다(과정 3, 7에서 기간 단축).

따라서 최대 10주를 단축할 수 있다.

38 [물적자원관리능력] 작업량 구하기

| 정답 | ④

| 해설 | 정상인 자동차 180대를 출고한다고 할 때 최종 검수 전까지 생산된 자동차 수량을 x라고 하면,

$$x - \frac{10}{100}x = 180(대) \quad x = 200(대)$$

1차 검수 전까지 생산된 자동차 수량을 y라고 하면,

$$y - \frac{20}{100}y = 200(대) \quad y = 250(대)$$

따라서 정상인 자동차 180대를 출고하려면 250대를 기준으로 작업을 시작해야 한다.

39 [예산관리능력] 비용 변화량 구하기

| 정답 | ④

| 해설 | 업무 혁신 전 자동차 1대를 생산하는 총 비용은 75+55+10+30+40+10+5=225(만 원)이고, 업무 혁신 후 자동차 1대를 생산하는 총 비용은 50+55+10+20+15+5+5=160(만 원)이다. 따라서 업무 혁신 후 자동차 1대를 생산하는 총비용은 혁신 전에 비해 65만 원 감소하였다.

40 [예산관리능력] 생산비용 감소율 구하기

| 정답 | ②

| 해설 | $\frac{10-5}{10} \times 100 = 50(\%) \quad \therefore$ 최종 검수-C

| 오답풀이 |

① $\frac{75-50}{75} \times 100 = 33.3333 \cdots (\%)$

③ $\frac{30-20}{30} \times 100 = 33.3333 \cdots (\%)$

④ $\frac{40-15}{40} \times 100 = 62.5(\%)$

41 [경영이해능력] 경영의 전략 이해하기

| 정답 | ③

| 해설 | 버거킹과 맥도날드는 서로의 경쟁에만 치중하느라 가장 중요한 고객만족을 간과하고 말았다. 변화하는 고객의 요구와 만족의 조건을 파악하는 데에 소홀했던 점이 실패의 가장 큰 이유이다.

42 [체제이해능력] 승진제도의 유형 파악하기

| 정답 | ④

| 해설 | 대용승진이란 승진 정체 현상에 따른 사기저하를 방지하기 위한 제도이다. 직무내용이나 권한의 실질적인 변화가 없는 형식적인 승진이다.

| 오답풀이 |

① 직급승진 : 한 직급에 있는 종업원이 상위 직급으로 이동하는 것을 의미한다. 승진 정체 현상이 발생될 우려가 있다.

② 자격승진 : 종업원이 갖추고 있는 직무수행능력을 기준으로 승진시키는 제도이다.

③ OC 승진 : 승진대상에 비해 직위가 부족한 경우 조직변화를 통해 구성원의 활동영역을 확대하여 승진시키는 제도이다.

43 체제이해능력 조직문화 이해하기

|정답| ④

|해설| 디즈니는 고객에게 최상의 만족감을 제공하기 위해 고객의 '경험'을 최우선 가치로 여긴다고 하였고 병원에서도 환자들은 질병이 치료된 방식이 아니라 한 인간으로서 자신이 돌보아진 방식을 가지고 판단한다고 하였으므로 사람에 대한 배려가 중요하다는 것을 나타내고 있다.

44 경영이해능력 조직의 상황에 맞는 경영전략 파악하기

|정답| ②

|해설| 팀원들은 조직의 현재 상황에 대해 정확히 파악하지 못하였다. 브레인스토밍을 하기 이전에 ○○은행의 재정 상태나 현 상황 등에 대한 정보가 있었더라면 요건을 충족하는 적절한 아이디어를 도출해 낼 수 있었을 것이다.

|오답풀이|

③ 조직에 대한 정보와 이해가 없던 것이지 관련 지식을 가지고 있지 못했다고는 볼 수 없다.

45 체제이해능력 조직구조의 특징 이해하기

|정답| ③

|해설| 수직적 조직구조에서 수평적 조직구조로 개편을 통해서 조직원은 책임감을 공유하고 의사결정에 참여할 수 있으며 조직의 목적에 기여할 수 있는 기회가 제공된다. 의사결정단계를 수직적 구조보다 최소화하여 신속한 의사결정을 할 수 있으며 고객의 요구나 상황의 변화에 빠르게 대응할 수 있다.

46 체제이해능력 조직의 업무 분담체계 이해하기

|정답| ③

|해설| 업무를 '교육활동, 교육활동 관련 업무, 교육행정 업무, 기타 업무' 네 가지로 나누는 원칙을 택하였다. 이는 계급과 상관없이 업무의 성격별로 나눈 것이기 때문에 조직을 수직적으로 구분한 것이라는 설명은 적절하지 않다.

47 경영이해능력 원가우위 전략 이해하기

|정답| ①

|해설| 원가우위 전략은 타사보다 낮은 원가를 설정하여 가격 경쟁에서 우위를 확보하려는 것이다. 'ㄱ'과 같이 브랜드의 선호도와 인지도를 내세우는 전략은 차별화 전략에 해당한다.

48 조직이해능력 순환 조직 이해하기

|정답| ①

|해설| 제시된 글에서 볼 수 있는 순환 조직은 화롯불을 빙빙 돌고, 원탁에 둥글게 앉아있는 듯 원형으로 순환하는 조직이다. 따라서 가장 적절한 것은 의사결정위원회를 원탁에 배치한 조직이다.

|오답풀이|

② 산업혁명이 일어났을 때 기업들은 교회와 군대를 참고하여 조직하였다고 제시되어 있을 뿐 순환 조직의 특징과는 관련이 없다.

③ 목표를 설정하고 그 목표로 나아가기 위해 발전하는 조직이 순환 조직이라는 설명은 제시되지 않았다.

④ 순환 조직이 빠른 의사속도로 의사를 결정하고 그 결과에 대한 피드백을 유연하게 접수하는 조직이란 설명은 언급되지 않았다.

49 경영이해능력 조직성장 이해하기

|정답| ③

|해설| 제시된 글은 단순히 수익만을 위한 회사가 아닌 자신의 열정을 추구하고 행복을 찾을 수 있는 회사를 원하는 사람들에 대해 언급하고 있다. 따라서 '행복을 찾을 수 있는 회사'를 조직성장을 위한 키워드로 볼 수 있다.

1회 기출예상문제
2회 기출예상문제
3회 기출예상문제
4회 기출예상문제
5회 기출예상문제
6회 기출예상문제

50 체제이해능력 팔로워십 이해하기

|정답| ④

|해설| 아돌프 아이히만은 이스라엘의 재판정에서 자신은 "오직 국가의 명령을 따랐다"고 주장하고 있다. 그는 독립적이고 비판적인 사고는 부족하지만 자신에게 주어진 역할을 수행하는 '순응형 팔로워'로 볼 수 있다.

2 일반상식

51

|정답| ③

|해설| 세형동검은 후기 청동기 시대부터 초기 철기 시대에 사용했던 청동으로 만든 무기이다. 비파형 동검에 비해 폭이 좁고 가늘기 때문에 세형동검이라고 부른다.

52

|정답| ②

|해설| 지문의 이것은 책화에 대한 설명이다. 동예에서 공동체 지역의 경계를 침범한 측에게 부과하던 벌칙이다.

|오답풀이|

① 족외혼 : 결혼은 같은 씨족이 아닌 다른 씨족과 해야 하는 혼인 제도를 의미한다.

③ 우제점법 : 부여시대의 점법으로, 소의 발굽 모양을 보고 국가의 중대한 일을 예견했다.

④ 골장제 : 옥저의 장례 풍속으로 시체를 가매장하였다가 나중에 뼈만 간추려 만들어 놓은 곽에 넣는 장례 풍습이다. 가족공동묘이므로 여러 시체의 뼈를 모두 하나의 곽에 넣었다.

53

|정답| ①

|해설| 고구려의 제20대 왕은 장수왕이다. 고구려 역사상 가장 넓은 영토를 다스리며 전성기를 이끌었다. 광활한 만주 지방의 영토를 개척한 광개토대왕에 이어 남하정책으로 한반도 중부 지방까지 영토를 확장했다.

54

|정답| ③

|해설| 망이 · 망소의 난은 1176년 충남 공주 명학소에서 일어난 천민들의 신분 해방 운동으로 무신 집권기에 공주의 천민 집단인 명학소에서 망이 · 망소이 형제가 신분 해방을 목적으로 난을 일으켰다. 고려 조정은 명학소를 현으로 승격시킴으로써 난을 진압하였다.

55

|정답| ④

|해설| 이차돈에 대한 설명으로, 신라 법흥왕 때 불교를 위해 목숨을 바친 순교자이다. 이차돈의 순교 이후 신라는 불교를 공식적으로 인정하게 되었다.

|오답풀이|

① 김유신 : 신라의 장군으로 삼국통일에 공을 세웠다.

② 이사부 : 신라 지증왕 13년에 지금의 독도인 우산국을 정복하였다.

③ 의상 : 신라시대 승려로 화엄의 교종을 확립하였다.

56

|정답| ④

|해설| 병자호란에 대한 내용이다. 조선 인조 때 청나라가 조선을 침입했던 난으로 남한산성에서 항전하였으나 결국 삼전도에서 굴복했다. 소현세자와 봉림대군, 척화파 신하들과 20만 명의 백성을 청에 인질로 보냈다.

57

|정답| ①

|해설| 성학십도는 퇴계 이황이 선조에게 올린 성리학의 주요개념을 10개의 그림으로 나타낸 상소문이다.

1회 기출예상문제

2회 기출예상문제

3회 기출예상문제

4회 기출예상문제

5회 기출예상문제

6회 기출예상문제

| 오답풀이 |
② 격몽요결 : 조선 선조 때 이이가 학문을 시작하는 이들을 가르치기 위해 편찬한 책이다.

③ 반계수록 : 조선 효종 때 편찬하기 시작하여 현종 때 완성한 책으로 유형원이 통치 제도에 관한 개혁안을 중심으로 저술한 책이다.

④ 목민심서 : 조선 순조 때 정약용이 고금의 여러 책에서 지방관의 사적을 가려 뽑아 치민에 대한 도리를 논술한 책으로 관리들의 폭정을 비판하였다.

58

| 정답 | ③

| 해설 | 운요호사건(1875) - 강화도조약(1876) - 을미사변 (1895) - 아관파천(1896) - 을사조약(1905)

59

| 정답 | ④

| 해설 | 노비안검법은 후삼국시대를 거치는 과정에서 억울하게 노비가 된 사람들을 다시 양인으로 풀어 주는 정책으로, 고려시대 광종이 국가재정의 확보와 귀족 세력에 대한 견제를 위해 실시한 정책이다.

| 오답풀이 |
① 성종은 유교 사상에 입각한 정치를 지향하며 숭유억불 정책을 노골화하여 왕권을 확립하였다.

② 최승로는 올바른 정치를 하기 위한 건의안인 시무 28조를 유교 정치에 바탕을 두고 작성해 성종에게 올렸으며, 성종은 이를 시행하여 정치적 개혁을 시도하였다.

③ 성종은 정치적으로 중요한 지역을 12곳 선정하여 그곳을 '목'이라 부르고 지방관을 파견하였다.

60

| 정답 | ②

| 해설 | 명종 3년에 흉년이 들어 명종은 응급 구제기관인 동·서진제장을 열어 백성을 구휼하고 상평창을 열어 빈민을 구제하고 전국의 도량형을 통일하였다.

| 오답풀이 |
① 일당전제화란 다양한 세력의 공존을 전제로 하였던 붕당 정치의 원칙을 파괴하고 오로지 하나의 붕당만이 조정의 권력을 독점하는 것으로, 숙종 때 시작되었다.

③ 환국은 조선 숙종 때의 정치적 상황으로, 급작스럽게 정권이 교체되는 국면을 의미한다. 숙종 때 환국은 총 3번 발생했는데 숙종은 이러한 환국을 조장하면서 왕권 강화를 도모하였다.

④ 대동법은 공물을 쌀로 통일하여 바치게 한 조선시대의 납세제도로, 숙종 때 전국적으로 실시되었다.

61

| 정답 | ①

| 해설 | 홍문관은 조선시대 언론 기관인 삼사(三司) 중 하나로, 궁중 내 문서 처리 및 관리와 더불어 국왕의 각종 자문에 응하는 업무를 맡았다.

| 오답풀이 |
② 춘추관은 조선시대에 시정을 기록하는 일을 맡아보던 관청이다.

③ 사헌부는 조선시대 삼사 중 하나로, 정사를 논의하고 풍속을 바로잡으며 관리의 비행을 조사하여 그 책임을 규탄하는 일을 맡아보던 관청이다.

④ 사간원은 조선시대 삼사 중 하나로, 임금에게 간(諫)하는 일을 맡아보던 관청이다.

62

| 정답 | ②

| 해설 | 「조선상고문화사」는 신채호가 우리나라 상고사에 관해 저술한 역사서로, 중국에 대한 문화사대를 극복하고 일제의 식민지 상황을 철폐하려는 자주적인 역사의식을 보여 주고 있다.

| 오답풀이 |
① 「지봉유설」은 1614년에 이수광이 편찬한 한국 최초의 백과사전적인 저술서이다.

③ 「도왜실기」는 1932년 12월 김구가 중국 상해에서 한인 애국단의 의열 활동에 관한 내용을 약술하고 정리한 책이다.

④「동양평화론」은 1910년 3월 안중근이 옥중에서 쓴 동양 평화 실현을 위한 미완성의 논책이다.

63

|정답| ③

|해설| 2000년에 개최된 1차 남북정상회담에 이은 2차 남북정상회담은 2007년 10월 당시 노무현 대통령과 김정일 위원장 간에 이루어졌다.

64

|정답| ③

|해설| 〈보기〉는 유신헌법에 대한 내용으로 1972년 10월 17일에 선포된 유신체제하에서 동년 11월 21일 국민투표로 확정된 헌법이다.
사사오입, 즉 반올림을 통해 헌법 개정안을 통과시킨 것은 이승만 정부 때의 일이다.

65

|정답| ④

|해설| 제시된 자료는 '황국신민서사'에 대한 내용이다. 황국신민서사는 1930년대 후반 민족말살통치 시기에 일제가 교학 진작과 국민정신 함양이라는 명목으로 조선인들에게 강제로 외우게 한 맹세이다.
홍범도가 함경도의 일본 경찰을 공격한 뒤 돌아온 사건이 발단이 되어 발발한 봉오동 전투는 1920년대의 일이다.
|오답풀이|
① 내선일체는 '내'가 가리키는 일본과 '선'이 가리키는 조선은 하나라는 의미로, 조선과 조선인은 더 이상 존재하지 않는다는 것을 강조하는 사상이었다.
② 일제는 중일 전쟁을 앞두고 대대적인 사상 통제를 위해 조선 사상범 보호 관찰령을 공포하였다.
③ 일제는 조선어 말살 정책을 펼치며 조선어로 말하는 것을 금지하고 조선어로 발행하던 모든 신문과 잡지 등을 폐간하였다.

66

|정답| ①

|해설| 整 가지런할 정
|오답풀이|
② 正 바를 정/정월 정
③ 情 뜻 정
④ 淨 깨끗할 정

67

|정답| ④

|해설| '희한하다'가 맞는 표현이다.
|오답풀이|
③ 가없다 : 끝이 없다.

68

|정답| ③

|해설| [전 : 화]가 표준 발음이다.

69

|정답| ①

|해설| 마뜩하다 : 제법 마음에 들 만하다.
|오답풀이|
② 슬겁다 : 슬기롭다. 마음이 너그럽고 제법 미덥다.
③ 부전부전하다 : 남의 사정은 돌보지 아니하고 자기가 하고 싶은 일에만 서두르는 데가 있다.
④ 몰강스럽다 : 인정이 없어 억세며 성질이 악착같고 모질다.

70

|정답| ②

|해설| 절차탁마(切磋琢磨)가 가장 적절하다. 칼로 다듬고 줄로 쓸며 망치로 쪼고 숫돌로 간다는 뜻으로 학문을 닦고 덕행을 수양하는 것을 비유하는 말이다.

| 오답풀이 |

① 연목구어(緣木求魚) : 나무에 올라가서 물고기를 구한다는 뜻으로 도저히 불가능한 일을 굳이 하려 함을 비유적으로 이르는 말이다.

③ 수구초심(首丘初心) : 여우가 죽을 때에 머리를 자기가 살던 굴 쪽으로 둔다는 뜻으로 고향을 그리워하는 마음을 이르는 말이다.

④ 천상첩지(淺嘗輒止) : 얕게 맛보고 곧바로 그만둔다는 말이다.

71

| 정답 | ④

| 해설 | 공통적으로 사용된 수사법은 환유법으로, 어떤 낱말을 직접 사용하기보다는 그 말과 밀접한 관계가 있어 쉽게 연상이 되는 말로 바꾸어 사용하는 수사법을 의미한다.

| 오답풀이 |

① 은유법 : 표현하는 대상을 다른 대상에 빗대어 표현하는 방법이다.

② 대구법 : 비슷하거나 동일한 문장 구조를 짝을 맞추어 늘어놓는 표현법이다.

③ 풍유법 : 본 뜻은 숨기고 비유하는 말만으로 숨겨진 뜻을 암시하는 표현 방법이다.

72

| 정답 | ③

| 해설 | 사력(沙礫/砂礫)이란 사람이 손에 쥘 수 있을 만한 정도의 크기를 가진 작은 돌이란 뜻으로 '자갈'을 의미한다.

73

| 정답 | ②

| 해설 | 풍자는 사회적 현상이나 현실을 과장, 왜곡하여 나타내는 방법을 말하며, 동정적 웃음을 유발하는 해학과는 차이가 있다. 풍자는 현실적인 권력이나 권위를 가진 주인공을 부정적으로 제시하고 그 부정적인 모습을 우스꽝스럽게 나타내어 현실의 권력을 뒤엎고 이상적 세계의 승리를 이끌어 낸다.

74

| 정답 | ①

| 해설 | '그를 만난 지도 꽤 오래되었다.'의 '-지'는 어떤 일이 있었던 때로부터 지금까지의 동안을 나타내는 뜻의 의존명사로 사용되었다.

| 오답풀이 |

② 서로 반대되는 사실을 대조적으로 나타내는 연결어미로 쓰였다.

③, ④ 어떤 사실을 긍정적으로 서술하거나 묻거나 명령하거나 제안하는 따위의 뜻을 나타내는 종결어미로 쓰였다.

75

| 정답 | ②

| 해설 | 두름은 조기나 고등어 등 생선을 세는 단위로, 한 두름은 생선을 10마리씩 2줄로 묶은 것을 말한다.

| 오답풀이 |

① 바늘을 세는 단위는 쌈으로, 한 쌈은 바늘 24개이다.

③ 한약을 세는 단위는 제로, 한 제는 탕약 20첩이다.

④ 달걀을 세는 단위는 꾸러미로, 한 꾸러미는 달걀 10개이다.

76

| 정답 | ③

| 해설 | '한눈'은 한꺼번에 또는 일시에 보는 시야를 말하므로 붙여 쓴다.

77

| 정답 | ③

| 해설 | 'ㄴ'은 'ㄹ'의 앞이나 뒤에서 [ㄹ]로 발음한다. 따라서 난로[날:로]로 발음해야 한다.

| 오답풀이 |

① 받침 'ㄱ, ㅂ' 뒤에 연결되는 'ㄹ'은 [ㄴ]으로 발음한다. 따라서 협력[협녁]이 되고 비음화에 따라 협력[혐녁]으로 발음해야 한다.

② 'ㄺ'은 어말 또는 자음 앞에서 'ㄱ'으로 발음한다. 따라서 읽는[극는]이 되고 비음화에 따라 읽는[긍는]으로 발음해야 한다.

④ 'ㄴ, ㄷ'이 양순음을 만나 동화된 것으로 양순음화는 비표준 발음이다. 따라서 문법[문뻡]으로 발음해야 한다.

78

| 정답 | ①

| 해설 | '매생이'가 바른 표기이다.

| 오답풀이 |

② 섞박지, ③ 창난젓, ④ 뭇국이 바른 표기이다.

79

| 정답 | ③

| 해설 | '입이 천 근 같다'는 표현은 입이 무겁다는 의미이다. 음식을 적게 먹거나 가려 먹는 버릇이 있는 것을 '입이 짧다'고 표현한다. 따라서 반찬 투정이 심한 지수는 입이 짧다고 표현하는 것이 옳다.

80

| 정답 | ④

| 해설 | 弦長은 '현장'으로 읽으며 비행기 날개의 좌우 길이를 뜻한다. 다른 선택지는 '현상'으로 읽는다.

81

| 정답 | ①

| 해설 | 백업에 대한 내용으로 데이터의 보전이나 사고에 대비하여 미리 자료를 복사하는 것이다.

| 오답풀이 |

② 포맷(Format) : 미리 정해진 자료의 배치 방식, 각 항목의 위치, 간격, 구두점, 행 등의 정보를 말한다.

③ 코딩(Coding) : 컴퓨터 프로그래밍의 다른 말로 컴퓨터 언어로 프로그램을 만드는 것이다.

④ 디버깅(Debugging) : 컴퓨터 프로그램의 잘못을 찾아내고 고치는 작업으로 일단 작성된 프로그램들이 정확한가를 조사하는 과정이다.

82

| 정답 | ④

| 해설 | 네덜란드의 화학자로 1995년 노벨화학상을 받은 크뤼천(Paul Crutzen)이 2000년에 처음 제안한 용어이다. 지질시대를 연대로 구분할 때 기(紀)를 더 세분한 단위인 세(世)를 현대에 적용한 것으로 시대순으로 따지면 신생대 제4기의 홍적세(洪積世)와 지질시대 최후의 시대이자 현세인 충적세(沖積世)에 이은 전혀 새로운 시대이다.

| 오답풀이 |

① 홍적세 : 신생대의 마지막 단계이며 오늘날과 같은 기후 상태와 대륙빙하가 발달하였던 시기가 교대로 나타나는 대단히 불안정한 기후로 특징되는 시기로, 흔히 '빙하시대(氷河時代)'라고 불린다.

② 홀로세 : 신생대 제4기 플라이스토세 다음으로 약 1만 년 전부터 현재까지의 기간을 말하며, 충적세 또는 현세라고도 불린다.

③ 충적세 : 1만 년 전에 시작되어 현재에 이르는 지질시대 최후의 시대이다.

83

| 정답 | ④

| 해설 | 어메니티(Amenity)는 쾌적한 감정을 표현하는 라틴어 '아모에니타스(amoenitas)' 또는 사랑한다는 의미의 라틴어 '아마레(amare)'에서 유래된 말로 인간이 문화적 · 역사적 가치를 지닌 환경과 접하면서 느끼는 쾌적함이나 쾌적함을 불러일으키는 장소를 말한다.

| 오답풀이 |

① 스프롤(Sprawl) : 도시의 급격한 발전과 지가의 앙등 등으로 도시 주변이 무질서하게 확대되는 현상을 말한다.

② 뉴에이지(New Age) : 기존 서구식 가치와 문화를 배척하고 종교, 의학, 철학, 천문학, 환경, 음악 등의 영역의 집적된 발전을 추구하는 신문화 운동이다.

③ 소프트 파워(Soft Power) : 정보과학이나 문화, 예술 등이 행사하는 영향력을 말한다.

84

| 정답 | ①

| 해설 | 〈국부론〉은 영국의 고전파 경제학의 시조인 애덤 스미스가 1776년에 발간한 주요 저서로 부의 원천은 노동이며, 부의 증진은 노동생산력의 개선으로 이루어진다고 주장했다.

85

| 정답 | ④

| 해설 | 탈리오 법칙(Lex talionis)은 탈리온이라고도 하며 흔히 '눈에는 눈, 이에는 이'라는 말로 표현되는데 피해자가 받은 피해 정도와 동일한 손해를 가해자에게 내리는 보복 법칙이다.

| 오답풀이 |

① 고센의 법칙(Gossen's laws) : H. H. 고센이 발표한 한계효용이론의 기본원리가 되는 법칙이다.

② 미란다 법칙(Miranda warning) : 경찰이나 검찰이 범죄용의자를 연행할 때 그 이유와 변호인의 도움을 받을 수 있는 권리, 진술을 거부할 수 있는 권리 등이 있음을 미리 알려야 한다는 원칙이다.

③ 무어의 법칙(Moore's law) : 인터넷 경제의 3원칙 가운데 하나로 마이크로칩의 밀도가 18개월마다 2배로 늘어난다는 법칙이다.

86

| 정답 | ②

| 해설 | O2O는 온라인(online)과 오프라인(offline)이 결합하는 현상을 의미하며, 최근에는 주로 전자상거래 혹은 마케팅 분야에서 온라인과 오프라인이 연결되는 현상을 말하는 데 사용된다.

| 오답풀이 |

① 크라우드 펀딩(Crowd funding) : 웹이나 모바일 네트워크 등을 통해 다수의 개인으로부터 자금을 모으는 행위를 말한다.

③ B2B(Business to Business) : 기업과 기업 사이에 이루어지는 전자상거래를 일컫는 경제용어이다.

④ 빅데이터(Big Data) : 정형·반정형·비정형 데이터세트의 집적물, 그리고 이로부터 경제적 가치를 추출 및 분석할 수 있는 기술이다.

87

| 정답 | ③

| 해설 | 넛크래커(Nut-Cracker)란 한국 경제가 선진국에 비해서는 기술과 품질 경쟁에서, 후발 개발도상국에 비해서는 가격 경쟁에서 밀리는 현상을 말한다.

| 오답풀이 |

① 소피아 부인 : 유로 캐리트레이드 자금을 기반으로 한 유럽계 자금을 지칭한다.

② 골디락스(Goldilocks) : 경제가 높은 성장을 이루고 있더라도 물가상승이 없는 상태를 일컫는다.

④ 메디치 효과(Medici effect) : 서로 다른 이질적인 분야를 접목하여 창조적·혁신적 아이디어를 창출해내는 기업 경영방식이다.

88

| 정답 | ①

| 해설 | 시나위는 무속음악에 뿌리를 둔 즉흥 기악합주곡 양식의 음악으로 가야금, 거문고, 해금, 아쟁 등의 악기들이 일정한 장단틀 안에서 즉흥적으로 자유롭게 연주하는 음악을 말한다.

| 오답풀이 |

② 산조 : 시나위 가락과 판소리 가락에서 발전한 가락을 장단의 틀에 맞추어 즉흥적으로 연주하는 기악 독주곡을 말한다.

③ 회례악 : 조선시대 궁중의 예연의식에서 연주하는 음악을 말한다.

④ 제례악 : 궁중에서 제사를 지낼 때 사용하던 음악을 말한다.

89

| 정답 | ④

| 해설 | 휴민트(HUMINT)란 활동하면서 정보를 수집하는 인적 정보를 말하며 사람(Human)과 정보(Intelligence)를 결합한 용어이다.

| 오답풀이 |

① 브레인 이니셔티브(Brain Initiative) : 미국 오바마 정부가 추진하는 대규모의 뇌 연구 프로젝트이다.

② 에셜론(Echelon) : UKUSA(신호 정보체계를 경유하는 정보의 수집을 목적으로 미국·영국이 주도하는 영어 생활권 국가의 연합) 회원국이 운영하는 전 세계 통신을 감청하는 정보감시망이다.

③ 테킨트(Technical Intelligence) : 기술 정보 또는 기술적으로 정보를 수집하는 행위를 뜻한다.

90

|정답| ②

|해설| 망종은 소만과 하지 사이의 절기로 24절기 중 아홉 번째에 해당한다.

91

|정답| ③

|해설| 플리바게닝(Plea Bargaining)에 대한 설명으로 유죄협상제 또는 사전형량조정제도라고도 한다. 피고가 유죄를 인정하거나 다른 사람에 대해 증언을 하는 대가로 검찰 측이 형을 낮추거나 가벼운 죄목으로 다루기로 거래하는 것이다.

|오답풀이|

① 크레덴다(Credenda) : 정치권력자가 권력을 피지배자에게 정당화·합리화시키는 행위로, 이성적 방법으로 피지배자에게 권력을 정당화시킨다.

② 스케이프고트(Scapegoat) : 정부가 가상의 적을 설정하여 국민의 불만을 다른 곳으로 돌려 증오나 반감을 해소시키는 정책 또는 그 대상을 말한다.

④ 로그롤링(Logrolling) : 정치세력들이 투표거래나 투표담합을 통해 상호지원을 하는 행위이다.

92

|정답| ③

|해설| 제99회 전국체육대회는 전라북도에서 개최되었다.

93

|정답| ②

|해설| 인터미션(Intermission)이란 연극, 영화, 공연 중간에 갖는 휴식시간을 말한다. 보통 러닝타임이 2시간 반에서 3시간이 넘는 뮤지컬은 1부가 끝나고 15~20분 정도의 인터미션을 갖는다.

|오답풀이|

① 커튼콜(curtain-call) : 공연이 끝난 후 출연진들이 관객의 박수에 답하여 다시 무대로 나오는 것을 지칭하는 용어이다.

③ 크랭크 인(crank in) : 영화촬영을 처음 시작하는 것을 뜻한다.

④ 트레일러(trailer) : 영화 예고편. 영화를 개봉하기 전에 광고를 통해 영화의 주요한 내용을 관객에게 알리기 위한 목적으로 제작하는 2분가량의 예고 영상물을 말한다.

94

|정답| ①

|해설| 부산국제영화제에 대한 설명이다. 2018년 부산국제영화제는 개막작으로 윤재호 감독의 〈뷰티풀 데이즈〉를, 폐막작으로 원화평 감독의 〈엽문외전〉을 선정했다.

95

|정답| ④

|해설| 아젠다 세팅(Agenda setting)에 대한 설명으로 우리말로는 의제설정이라고 한다. 매스미디어의 의제설정 기능이란 미디어가 뉴스나 시사 프로그램 등을 통해 중요하다고 보도하는 주제(미디어의제)가 공중에게도 중요한 주제(공중의제)로 되는 것을 말한다.

|오답풀이|

① 옐로 저널리즘(Yellow Journalism) : 인간의 불건전한 감정을 자극하는 범죄·괴기사건·성적 추문 등을 과대하게 취재·보도하는 신문의 경향이다.

② 엠바고(Embargo) : 일정 시점까지 보도금지를 뜻하는 매스컴 용어이다.

③ 경마 저널리즘(Horse race journalism) : 선거 보도 형태의 하나로 후보자의 득표 상황만을 집중 보도하는 것이다.

96

|정답| ①

|해설| 박항서는 베트남 축구 국가대표팀 감독이자 전(前) 대한민국 국가대표팀 수석코치이다. 럭키 금성에서 미드필더로 활약하며 리그 준우승을 이끌었으며, 은퇴 후 지도자로 활약하고 있다. 2002년 한일월드컵 당시 국가대표 수석코치로 한국의 4강 업적에 기여했으며, 2017년부터 약체로 평가되던 베트남 국가대표팀과 U-23 대표팀 감독을 맡아 2018 아시아 축구연맹 U-23 챔피언십에서 준우승의 쾌거를 이룩하면서 베트남의 국민 영웅으로 떠올랐다.

97

|정답| ①

|해설| 황금낙하산에 대한 내용으로 적대적인 기업의 인수합병을 막기 위해 경영진이 퇴직할 때 거액의 퇴직금을 지급하는 방법 등으로 회사 가치를 떨어뜨리는 전략이다.

|오답풀이|
② 메가머저 : 특정 산업 분야에서 세계적으로 강력한 경쟁력을 갖춘 기업들 사이에 이루어지는 초대형 합병이다.
③ 포이즌필 : 기업의 경영권 방어수단의 하나로, 적대적 M&A(기업인수 · 합병)나 경영권 침해 시도가 발생하는 경우에 기존 주주들에게 시가보다 훨씬 싼 가격에 지분을 매입할 수 있도록 미리 권리를 부여하는 제도이다.
④ 레버리지 매수 : 기업이 자금의 대부분을 차입하여 회사를 매수하는 인수합병 방식이다.

98

|정답| ②

|해설| 턴어라운드 경영(Turn around Management)이란 침체된 조직을 생동감 넘치는 조직으로 급속히 바꾸는 조직개혁을 말한다. 즉, 부실기업이 경영혁신을 통해 급격히 흑자로 돌아서도록 하는 경영방식을 의미한다.

|오답풀이|
① 전략적 제휴(Strategic alliance) : 기업 간 상호협력관계를 유지하여 다른 기업에 대하여 경쟁적 우위를 확보하려는 새로운 경영전략을 말한다.
③ 벤치마킹(Benchmarking) : 개인, 기업, 정부 등 다양한 경제주체가 자신의 성과를 제고하기 위해 참고할 만한 가치가 있는 대상이나 사례를 정하고, 그와의 비교분석을 통해 필요한 전략 또는 교훈을 찾아보려는 행위를 뜻한다.
④ 스마트워크(Smart work) : 사무실이 아니더라도 언제 어디서나 업무를 효율적으로 볼 수 있는 유연한 근무제를 말한다.

99

|정답| ①

|해설| ⓐ에 들어갈 알맞은 사람은 국무총리이며, 국무총리는 대통령의 명을 받아 행정 각부를 통괄하는 대통령의 제1위의 보좌기관이다.

100

|정답| ②

|해설| 아방가르드(Avant Garde)에 대한 설명으로 기존 예술에 대한 인식, 가치를 부정하고 새로운 예술의 개념을 추구하는 예술운동이다.

|오답풀이|
① 에스닉(Ethnic) : 민족 의상이 가지는 독특한 색이나 소재, 수공예적 디테일 등을 넣어 도시생활에서 활력을 찾고자 하는 것이다.
③ 엘레강스(Elegance) : 세련미, 품격을 중심으로 조화미를 이루며 상류 계층의 은근하고 섬세한 매력을 보여주는 것이다.
④ 데카당(décadent) : '퇴폐'와 '타락'을 뜻한다. 한 비평가가 19세기 후반의 프랑스 상징파의 극단적으로 세련된 기교, 탐미적 경향, 자학, 절망, 파멸, 향락의 태도를 비평하면서 제정 말기의 로마 퇴폐기를 인용한 데서 프랑스 상징파 및 세기말 문학을 데카당(décadent)이라고 지칭하였다.

3회 기출예상문제

문제 128쪽

01	④	02	②	03	④	04	②	05	④
06	②	07	①	08	①	09	④	10	④
11	④	12	③	13	④	14	①	15	③
16	④	17	②	18	④	19	④	20	③
21	②	22	④	23	④	24	①	25	④
26	④	27	②	28	④	29	③	30	④
31	④	32	①	33	④	34	③	35	②
36	④	37	①	38	①	39	①	40	②
41	②	42	②	43	④	44	②	45	②
46	②	47	②	48	④	49	③	50	③
51	①	52	③	53	②	54	②	55	②
56	②	57	③	58	①	59	④	60	①
61	②	62	②	63	②	64	④	65	②
66	②	67	④	68	①	69	②	70	④
71	③	72	④	73	④	74	①	75	③
76	③	77	②	78	①	79	②	80	③
81	④	82	②	83	②	84	①	85	③
86	②	87	②	88	③	89	③	90	③
91	①	92	②	93	③	94	②	95	④
96	③	97	②	98	①	99	③	100	④

1 NCS 직업기초능력평가

01 문서이해능력 글을 토대로 추론하기

| 정답 | ④

| 해설 | 제시된 사례를 보면 일본과 중국에서 자율주행을 적용한 로봇을 운용하고 있음을 알 수 있다.

| 오답풀이 |

① '코로나19에 의료진이 감염되는 사태를 막기 위해 이전에 시범적으로 운영되던 로봇 기술'을 통해 추론할 수 있다.

② '미생물에 대한 심층 지식, 자율 로봇 기술 및 자외선을 결합해 10~15분 이내에 실내 병원균을 제압할 수 있다.'를 통해 추론할 수 있다.

③ '파나소닉의 로봇 'AHR HOSPI'는 ~ 24시간 가동되며 자동 충전되는 이 로봇은 자율주행 시스템도 갖추고 있다.'를 통해 추론할 수 있다.

02 문서작성능력 문맥에 맞도록 문단 나열하기

| 정답 | ②

| 해설 | 먼저 (가)에서 일반적인 레이더의 작동 원리에 대해 설명하며 화두를 제시한다. 이어 (다)에서 일반적인 전투기와는 달리 레이더를 흡수할 수 있는 스텔스기의 특징에 대해 설명하며, (나)에서 이를 받아 각국의 스텔스기 활용 현황에 대해 소개하고 있다. 따라서 글의 순서는 (가)-(다)-(나)가 적절하다.

03 문서이해능력 내용 추론하기

| 정답 | ④

| 해설 | 〈보기〉는 물체에 빛이 흡수되면 열이 오르는 원리를 스텔스기 탐지에 이용할 수 있다고 했다. 즉, 윗글에서 스텔스기는 레이더 전파를 흡수한다고 제시되었기 때문에 스텔스기가 레이더 전파를 흡수하면 동체의 열이 미세하게 올라간다는 것을 추론할 수 있다.

04 문서작성능력 처방전 작성법 이해하기

| 정답 | ②

| 해설 | 처방전의 '환자가 요구하면 질병분류기호를 적지 않습니다.'를 통해 환자가 원한다면 약사는 해당 환자의 질병분류기호를 알 수 없음을 알 수 있다.

| 오답풀이 |

① '처방 의료인의 서명 또는 날인'을 기입하는 칸이 있는 것으로 보아 옳다.

③ '매 식(전, 간, 후) 시 분 복용'으로 용법을 작성하는 칸이 있는 것으로 보아 옳다.

④ '사용기간 내에 약국에 제출하여야 합니다.'로 보아 옳다.

05 문서작성능력 표준 발음법 이해하기

| 정답 | ④

| 해설 | 허허실실(虛虛實實)은 같은 한자가 겹쳐진 경우이므로 제26항에 따라 된소리로 발음하지 않는다. 따라서 [허허실실]이 올바른 발음이다.

06 문서작성능력 올바른 맞춤법 사용하기

| 정답 | ②

| 해설 | '역설'은 어떤 주의나 주장에 반대되는 이론이나 말을 의미한다. 따라서 공평한 교환을 촉진하기 위해서 형성되었지만 불공평한 교환이 가중될 수 있는 상황을 표현하기에 적절한 쓰임이다.

| 오답풀이 |

㉠ – 가중, ㉢ – 애매모호, ㉣ – 불로소득자

07 의사표현능력 언어의 특징 이해하기

| 정답 | ①

| 해설 | 음성언어는 사용되는 맥락에 대한 의존도가 높고, 문자언어는 사용되는 맥락에 대한 의존도가 낮다.

08 문서작성능력 외래어 표기법 이해하기

| 정답 | ①

| 해설 | 제2항에 따라 외래어의 1음운은 원칙적으로 1기호로 적는다. 'P'에 해당하는 기호는 'ㅍ'이므로 spy의 'p' 역시 'ㅍ'으로 적어야 한다. 또한 제4항에 따라 파열음 표기에는 된소리를 쓰지 않는 것을 원칙으로 하므로 'p'는 'ㅃ' 아닌 'ㅍ'로 적어야 한다. 따라서 'spy'에 대한 표기는 '스파이'가 적절하다.

| 오답풀이 |

② 제3항에 따라 적절한 표기이다.

③ 제4항에 따라 적절한 표기이다.

④ 제5항에 따라 적절한 표기이다.

09 문서이해능력 문맥에 가까운 단어 고르기

| 정답 | ④

| 해설 | 밑줄 친 '보다'는 '앞날을 헤아려 내다보다. 넓고 먼 곳을 멀리 바라보다'의 의미로 사용되었으므로 '전망하다'와 문맥적으로 가장 유사하다.

| 오답풀이 |

① 관찰하다 : 사물이나 현상을 주의하여 자세히 살펴보다.

② 예언하다 : 앞으로 다가올 일을 미리 알거나 짐작하여 말하다.

③ 간주하다 : 상태, 모양, 성질 따위가 그와 같다고 보거나 그렇다고 여기다.

10 문서작성능력 발음 규정 이해하기

| 정답 | ④

| 해설 | 제시된 발음을 바로잡으면 부엌이[부어키], 꽃이[꼬치], 무릎을[무르플]이다. 이는 홑받침이나 쌍받침이 모음으로 시작된 조사나 어미, 접미사와 결합되는 경우 제 음가대로 뒤 음절 첫소리로 옮겨 발음하는 어문 규범을 적용한 사례이므로 ④가 적절하다.

11 도표분석능력 자료의 수치 분석하기

| 정답 | ④

| 오답풀이 | 20X2 ~ 20X5년 신라면의 매출액과 농심을 제외한 타 제조원 매출액의 합을 정리하면 다음과 같다.

(단위 : 억 원)

구분	20X2	20X3	20X4	20X5
신라면 매출액	4,155	4,265	3,701	3,349
타 제조원 매출액 합	2,273	2,780	3,361	3,501

따라서 20X5년은 타 제조원 매출액의 합이 신라면 매출액보다 높으므로 ④는 옳지 않다.

| 오답풀이 |

① 20X2 ~ 20X7년의 농심 매출액과 타 제조원 매출액의 합을 정리하면 다음과 같다.

(단위 : 억 원)

구분	20X2	20X3	20X4	20X5	20X6	20X7
농심 매출액	9,132	9,594	8,581	7,592	7,203	7,599
타 제조원 매출액 합	2,273	2,780	3,361	3,501	4,853	4,481

20X2 ~ 20X7년 동안 농심의 매출액이 타 제조원의 매출액의 합보다 높다.

② 20X2 ~ 20X4년 동안 너구리의 매출액은 각각 1,281억 원, 1,366억 원, 1,279억 원이고, 진라면의 매출액은 각각 782억 원, 1,036억 원, 1,251억 원이다. 따라서 20X2 ~ 20X4년 동안 너구리가 진라면보다 매출액이 높았다.

③ 20X5년 라면 매출액 상위 10개 브랜드 중 오뚜기의 매출액은 1,354+244=1,598(억 원)이고, 삼양의 매출액은 798+654=1,452(억 원)이다. 따라서 오뚜기의 매출액이 삼양의 매출액보다 높다.

12 도표분석능력 **자료의 수치 분석하기**

|정답| ③

|해설| 벨기에 퍼스트 디비전 A에 진출한 일본 선수가 11명이므로, 특정 유럽 프로축구 리그에 10명 넘는 선수가 진출한 아시아권 국가는 있다.

|오답풀이|

① 프리미어리그는 외국인 비율이 제일 높은 유럽 프로축구 리그이다. 따라서 내국인 비율이 가장 낮다.

② 포르투갈 프리메이라리가는 포르투갈 내국인 선수의 비율이 38.5%이다. 해당 리그에 뛰고 있는 포르투갈 선수가 188명이기 때문에 리그 전체에 뛰고 있는 선수의 수는 $188 \times \dfrac{100}{38.5} ≒ 488$(명)이다. 이에 따라 외국인 선수의 인원은 $488 \times 0.615 ≒ 300$(명)이다. 브라질 선수의 인원이 150명이므로 포르투갈 프리메이라리가의 외국인 선수 중 브라질 선수의 비율은 약 50%이다.

④ 리그 앙에서는 아프리카권 국가 선수들의 인원수가 20+14+12=46(명) 이상이다. 따라서 브라질 선수의 인원수인 28명보다 많다.

13 기초연산능력 **날짜 계산하기**

|정답| ①

|해설| A 가게와 B 가게의 7 ~ 8월 영업 날짜를 달력에 나타내면 다음과 같다.

7월						
일	월	화	수	목	금	토
						1
2 A, B	3 A, B	4 A, B	5 A	6 A, B	7 B	8 B
9 A	10 A, B	11 A, B	12 A, B	13 A	14 B	15 B
16 A, B	17 A	18 A, B	19 A, B	20 A, B	21	22 B
23 A, B	24 A, B	25 A	26 A, B	27 A, B	28 B	29
30 A, B	31 A, B					

8월						
일	월	화	수	목	금	토
		1 A, B	2 A	3 A, B	4 B	5 B
6 A	7 A, B	8 A, B	9 A, B	10 A	11	12

7월 21일과 7월 29일은 A 가게와 B 가게 모두 영업을 하지 않는다. 따라서 동네에서 크림빵을 구매할 수 없는 날은 2일이다.

14 기초연산능력 **택시비 계산하기**

|정답| ①

|해설| • A−B(2km 기본요금+나머지 3km 요금) : 3,800+150×(3÷0.2)=6,050(원)

• 통행료 : 3,500원

• B−C(2km 기본요금+나머지 8km 요금) : 3,800+150×(8÷0.2)=9,800(원)

∴ 6,050+3,500+9,800=19,350(원)

15 도표분석능력 자료의 수치 분석하기

|정답| ③

|해설| ㄱ. • 2019년 미곡이 차지하는 재배면적 비율 :

$$\frac{799,344}{982,842} \times 100 ≒ 81(\%)$$

• 2020년 미곡이 차지하는 재배면적 비율 : $\frac{778,734}{961,792}$

$\times 100 ≒ 81(\%)$

따라서 2019년, 2020년 모두 미곡이 차지하는 재배면적이 전체의 80% 이상이다.

ㄴ. 맥류와 서류의 재배면적이 증가했고 두 작물 모두 생산량도 증가했다. 따라서 재배면적이 늘어난 작물은 생산량도 증가했다.

|오답풀이|

ㄷ. 2020년 두류의 생산량은 맥류보다 적다. 따라서 두류의 재배면적이 맥류보다 넓다고 해서 생산량이 더 많은 것은 아니다.

16 기초통계능력 확률 구하기

|정답| ④

|해설| 지불 가능한 금액이 나오는 경우는 1,000원, 600원, 550원일 때 가능하다.

1) 500원 2개가 나올 확률 : $\frac{2}{8} \times \frac{1}{7} = \frac{1}{28}$

2) 500원 1개, 100원 1개가 나올 확률 :

• 500원이 첫 번째로 나올 확률 : $\frac{2}{8} \times \frac{4}{7} = \frac{1}{7}$

• 100원이 첫 번째로 나올 확률 : $\frac{4}{8} \times \frac{2}{7} = \frac{1}{7}$

3) 500원 1개, 50원 1개가 나올 확률

• 500원이 첫 번째로 나올 확률 : $\frac{2}{8} \times \frac{2}{7} = \frac{1}{14}$

• 50원이 첫 번째로 나올 확률 : $\frac{2}{8} \times \frac{2}{7} = \frac{1}{14}$

따라서 지불 가능한 돈이 나올 확률은 $\frac{1}{28} + \frac{1}{7} + \frac{1}{7} + \frac{1}{14} + \frac{1}{14} = \frac{13}{28}$ 이다.

17 기초연산능력 운동에너지 구하기

|정답| ②

|해설| 물체별 운동에너지는 다음과 같다.

(가) : $\frac{1}{2} \times 10 \times 6^2 = 180(E)$

(나) : $\frac{1}{2} \times 8 \times 7^2 = 196(E)$

(다) : $\frac{1}{2} \times 6 \times 8^2 = 192(E)$

(라) : $\frac{1}{2} \times 12 \times 5^2 = 150(E)$

(마) : $\frac{1}{2} \times 15 \times 4^2 = 120(E)$

따라서 운동에너지가 가장 큰 물체는 (나)이고 가장 작은 물체는 (마)이다.

18 기초연산능력 인터넷 사용량 구하기

|정답| ④

|해설| 인터넷 사용량을 x분이라 하면 식은 다음과 같다.

$10,000 + 10x = 5,000 + 20x$

$20x - 10x = 10,000 - 5,000$

$\therefore x = 500(분)$

19 기초연산능력 학점 계산하기

|정답| ④

|해설| 철수, 진범, 세영, 영희, 동수의 점수는 각각 다음과 같다.

(단위 : 점)

이름	객관식 점수	주관식 점수	총점
철수	90-20=70	76	146
진범	99-14=85	68	153
세영	84-24=60	80	140
영희	105-10=95	56	151
동수	114-4=110	40	150

따라서 150점 이상을 받은 진범, 영희, 동수가 A 학점을 받는다.

20 도표분석능력 | 자료의 수치 분석하기

| 정답 | ③

| 해설 | 30 ~ 34세 남성과 여성의 경우 '재학 · 비취업'의 비중이 가장 낮으며, 15 ~ 19세 여성의 경우 '비재학 · 취업'의 비중이 가장 낮다.

| 오답풀이 |

① 20 ~ 24세에서 재학 · 비취업의 비중은 남성의 경우 41.6%, 여성의 경우 36.2%로 가장 큰 비중을 차지한다.

② 20 ~ 24세 여성의 비취업자 비중은 36.2+20.8= 57(%), 20 ~ 24세 남성의 비취업자 비중은 41.6+ 26.8=68.4(%)로 남성이 여성보다 11.4%p 더 높다.

④ 30 ~ 34세 남성 중 재학 중인 사람의 비중은 1.2+0.9 =2.1(%), 30 ~ 34세 여성 중 재학 중인 사람의 비중은 0.9+0.7=1.6(%)으로 남녀 모두 2.5% 미만이다.

21 사고력 | 참인 진술 파악하기

| 정답 | ②

| 해설 | 〈보기〉의 조건을 표로 나타내면 다음과 같다.

구분	책상	의자	서랍장
(가) 업체	A(×)		B(×)
(나) 업체	B(○)	C(○)	A(○)
(다) 업체	C(×)	C(×), D(○)	C(×), D(×)
(라) 업체			

(다) 업체의 서랍장은 C와 D 모두 선택하지 않았고, A는 (나) 업체의 서랍장을 선택하였으므로 (다)의 서랍장은 B가 선택해야 한다. 따라서 'B는 (다) 업체 서랍장을 선택하였다.'는 진술은 항상 참이다.

| 오답풀이 |

① A는 (가) 또는 (라)의 의자를 선택할 수 있으므로 항상 참인 진술이 아니다.

③ C는 (가) 또는 (라)의 서랍장을 선택할 수 있으므로 항상 참인 진술이 아니다.

④ (나)의 책상은 B, 의자는 C, 서랍장은 A가 선택하였으므로 D는 (나) 업체 집기를 선택하지 않았다.

22 문제처리능력 | 자료를 바탕으로 추론하기

| 정답 | ④

| 해설 | 위탁수하물이 20kg이라면 위탁수화물 추가 요금은 25,000+3,000×5=40,000(원)이다. 고속열차를 이용하면 기차역까지 갈 때 이용하는 대중교통 요금 포함 65,000 +1,000=66,000(원)이고, 비행기를 이용하면 공항까지 갈 때 이용하는 대중교통 요금 포함 28,000+1,000+ 40,000=69,000(원)이다. 따라서 고속열차를 이용하는 것이 비행기를 이용하는 것보다 비용이 저렴하다.

| 오답풀이 |

① 비행기를 이용한다면 2시간 30분 만에 B 지역에 갈 수 있다. 따라서 가장 빠른 시간 내에 B 지역으로 가고 싶으면 비행기를 이용하면 된다.

② 운임은 일반버스와 비행기가 28,000원으로 가장 저렴하다. 하지만 공항에 가기 위해서는 1,000원의 대중교통 요금이 필요하므로, 비행기를 이용하면 29,000원으로 B 지역에 갈 수 있다. 따라서 가장 저렴하게 B 지역으로 가고 싶으면 일반버스를 이용하면 된다.

③ B 지역까지 가는 데 일반열차는 4시간 40분이 걸리고 우등버스는 5시간 5분이 걸린다. 따라서 일반열차가 우등버스보다 B 지역에 빨리 도착한다.

23 사고력 | 진위 추론하기

| 정답 | ④

| 해설 | A ~ E가 범인인 경우로 나누어 성립되는 경우를 찾는다. 먼저 A가 범인인 경우, A의 말은 거짓이므로 B도 범인이 되어 성립하지 않는다. B가 범인인 경우, A의 말이 거짓이 되어 성립하지 않는다. C가 범인인 경우, E의 말이 거짓이 되어 성립하지 않는다. D가 범인인 경우 A, B, C, E의 말이 모두 참이 되므로 성립된다. 따라서 거짓을 말한 범인은 D이다.

24 사고력 | 조건을 바탕으로 추론하기

| 정답 | ①

| 해설 | C의 진술에 따라 C는 독일어, 일본어, 중국어를 구사할 수 있으며, A와 D의 진술에 따라 A, D는 스페인어를 구사할 수 있다. 다음으로 B의 진술에 따라 B는 일본어, 중

1회 기출예상문제

2회 기출예상문제

3회 기출예상문제

4회 기출예상문제

5회 기출예상문제

6회 기출예상문제

국어를 구사할 수 있다. 마지막으로 E의 진술에 따라 E는 B와 비교했을 때 C만 구사할 수 있는 언어를 구사할 수 있다고 하였으므로 E는 독일어만 구사할 수 있음을 알 수 있다. 이를 정리하면 다음과 같다.

구분	A	B	C	D	E
구사 가능한 언어	스페인어	일본어, 중국어	독일어, 일본어, 중국어	스페인어	독일어

25 문제처리능력 부모 양육 유형 이해하기

| 정답 | ④

| 해설 | 해당 부부는 자녀의 삶을 거의 통제하지 않고 자녀에 대한 애정이 적은 편이다. 따라서 무관심형 양육 유형에 해당한다.

26 문제처리능력 실험 방법 이해하기

| 정답 | ③

| 해설 | 실험준비물을 보면 황산나트륨으로 수산화나트륨을 대체할 수 있다고 적혀 있다. 이를 통해 황산나트륨도 증류수에 전류를 흐르게 함을 알 수 있다.

27 문제처리능력 포지션 배치하기

| 정답 | ②

| 해설 | 포인트가드를 먼저 채우므로 선수 별 평균 어시스트와 평균 스틸의 합을 구하면 다음과 같다.

구분	A	B	C	D	E
평균 어시스트와 평균 스틸의 합	4.6	5.4	11	11.4	7.4

평균 어시스트와 평균 스틸의 합은 D 선수가 가장 높으므로 포인트가드는 D 선수이다.

다음으로 센터를 채우는데, D 선수를 제외하고 신장이 제일 큰 선수는 A 선수이다. 따라서 센터는 A 선수이다.

다음으로 파워 포워드 선수를 채운다. B, C, E 선수 중에서 B 선수의 평균 리바운드가 가장 많으므로 파워 포워드는 B 선수이다.

다음으로 슈팅가드 선수를 채운다.

구분	A	B	C	D	E
야투 성공률과 3점 슛 성공률의 평균(%)	34	32	31	34	33

C와 E 중 야투 성공률과 3점 슛 성공률의 평균은 E 선수가 가장 높으므로 슈팅가드는 E 선수이다.

따라서 스몰 포워드는 C 선수이다.

28 사고력 게임판 규칙 이해하기

| 정답 | ④

| 해설 | 이미 기재된 수와 부등호를 바탕으로 게임판을 완성하면 다음과 같다.

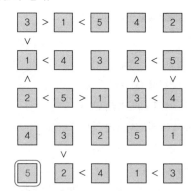

따라서 '?'에 들어갈 숫자는 5이다.

29 문제처리능력 설명서 이해하기

| 정답 | ③

| 해설 | 원료를 원료통에 넣을 때 원료통을 약간 기울여 주어야 한다.

| 오답풀이 |

① 커피머신은 수평이 맞지 않으면 소음이 생길 수 있다고 제시되어 있다.

② 컵 보관통에 컵을 넣을 때 5 ~ 10개씩 나누어 넣고, 넣은 후에는 컵이 정상 투출되는지 확인해야 한다.

④ 220V 전용 콘센트에 전원 플러그를 꽂고, 제품 옆면에 있는 전원 스위치를 켰는지 확인해야 한다.

30 문제처리능력 자료 이해하기

| 정답 | ④

| 해설 | '사회제도의 미흡'의 내용을 보면 현재 사회제도는 합법적 국내체류 여부가 한국인 배우자에게 의존하게 되어 있다고 하였다. 따라서 ④의 반응은 적절하지 않다.

31 자원관리능력 산업구조 분석하기

| 정답 | ④

| 해설 | ④는 전 국토에 통신 장비를 설치해야 하므로 진입장벽이 높고, 이를 철거하려면 많은 비용이 들기 때문에 철수장벽도 높다. 따라서 ㉠에 적절한 예시이다.

32 예산관리능력 비용 계산하기

| 정답 | ①

| 해설 | 공장별 제품 1개당 생산비용을 계산하면 다음과 같다.

(가) $5,213 \div 143 \fallingdotseq 36.5$(만 원)

(나) $6,241 \div 184 \fallingdotseq 33.9$(만 원)

(다) $12,484 \div 381 \fallingdotseq 32.8$(만 원)

(라) $9,667 \div 287 \fallingdotseq 33.7$(만 원)

(마) $8,258 \div 243 \fallingdotseq 34.0$(만 원)

따라서 제품 1개당 생산비용이 35만 원 이상인 공장은 (가)이다.

33 인적자원관리능력 합격자 선정하기

| 정답 | ④

| 해설 | 평가 비율을 토대로 합산한 점수는 다음과 같다.

(단위 : 점)

구분	A	B	C	D
서류평가	60×0.2=12	70×0.2=14	50×0.2=10	50×0.2=10
필기시험	80×0.3=24	60×0.3=18	70×0.3=21	90×0.3=27
실기시험	70×0.4=28	80×0.4=32	90×0.4=36	80×0.4=32
면접평가	50×0.1=5	60×0.1=6	60×0.1=6	50×0.1=5
합계	69	70	73	74

따라서 점수가 제일 높은 D가 합격자이다.

34 예산관리능력 금액 계산하기

| 정답 | ③

| 해설 | ㄱ. 출퇴근을 6,000번 하는 경우 구입 및 타이어 교체 비용은 A 자동차가 $2,000+(6,000 \div 20) \times 20=8,000$(만 원), B 자동차가 $2,400+(6,000 \div 80) \times 40=5,400$(만 원)이다. 따라서 B 자동차를 구입해야 한다.

ㄷ. 출퇴근을 9,000번 하는 경우 A 자동차 타이어의 교체 비용이 10만 원이면 총 비용은 $2,000+(9,000 \div 20) \times 10=6,500$(만 원), B 자동차의 비용은 $2,400+(9,000 \div 80) \times 40=6,900$(만 원)이므로 A 자동차를 구입해야 한다.

| 오답풀이 |

ㄴ. 출퇴근을 8,000번 하는 경우 A 자동차 비용은 $2,000+(8,000 \div 20) \times 20=10,000$(만 원), B 자동차 비용은 $2,400+(8,000 \div 80) \times 40=6,400$(만 원)이므로 B 자동차를 구입해야 한다.

35 자원관리능력 표적시장 선정 전략 이해하기

| 정답 | ②

| 해설 | '정확한 시장 세분화와 합리적인 표적시장 선택에 실패하면 수익성 보장이 어려움.'은 차별화 전략의 단점 (라)이다.

36 자원관리능력 복지 지원 이해하기

| 정답 | ④

| 해설 | (라)는 '초ㆍ중ㆍ고등학생 중 수업료 등이 필요하다고 인정되는 사람 학비 지원' 등의 내용이 들어가는 것이 적절하다.

37 인적자원관리능력 ERP 활용하기

| 정답 | ①

| 해설 | ERP(Enterprise Resource Planning, 전사적자원관리)란 기업 내 생산, 물류, 재무, 회계, 영업과 구매, 재고 등 경영 활동 프로세스들을 통합적으로 연계해 관리해 주며, 기업에서 발생하는 정보들을 서로 공유하고 새로운

정보의 생성과 빠른 의사결정을 도와주는 전사적자원관리
시스템 또는 전사적통합시스템을 말한다.

ERP는 '회사 등록→사업장 등록→부문 등록→부서 등록
→사원 등록→사용자 권한 설정' 순서로 입력한다.

38　물적자원관리능력　공간 활용하기

| 정답 | ①

| 해설 | 최대한 많은 박스를 정리하기 위해 작은 크기의 박
스부터 창고를 채워나가면 다음과 같다.

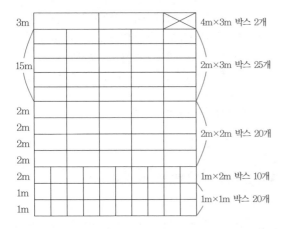

따라서 창고 안에 정리할 수 있는 박스는 최대 77개이다.

39　예산관리능력　직접비 · 간접비 이해하기

| 정답 | ①

| 해설 | 예산은 크게 직접비용(Direct Cost)과 간접비용
(Indirect Cost)으로 나눌 수 있다. 직접비용은 제품 또는
서비스를 창출하기 위해 직접 소비된 것으로 여겨지는 비
용을 말하며 재료비, 원료와 장비, 시설, 인건비 등이 해당
된다. 반면 간접비용은 과제를 수행하기 위해 소비된 비용
중에서 직접비용을 제외한 비용으로 생산에 직접 관련되지
않은 비용을 말한다. 간접비용의 경우 과제에 따라 매우 다
양하며, 과제가 수행되는 상황에 따라서도 다양하게 나타
날 수 있다. 간접비용의 예로는 보험료, 건물관리비, 광고
비, 통신비, 사무비품비, 각종 공과금 등이 있다.

따라서 ①의 광고비는 직접비용이 아닌 간접비용에 해당
한다.

www.gosinet.co.kr　gosinet

1회 기출예상문제

2회 기출예상문제

3회 기출예상문제

4회 기출예상문제

5회 기출예상문제

6회 기출예상문제

40　인적자원관리능력　인적자원관리의 원칙 이해하기

| 정답 | ②

| 해설 | 제시된 글은 직원들의 창의력을 계발할 수 있는 장을
제공한다는 내용이므로 창의력 계발의 원칙에 부합한다.

> **보충 플러스+**
>
> 인사관리 원칙
> • 적재적소 배치의 원칙
> • 공정 보상의 원칙
> • 공정 인사의 원칙
> • 종업원 안정의 원칙
> • 창의력 계발의 원칙
> • 단결의 원칙

41　경영이해능력　경영자의 특징 비교하기

| 정답 | ②

| 해설 | 전문경영자는 경영권만 갖고 있기 때문에 안정적 성
장을 추구하고 임기에 제한이 있다. 따라서 단기적 이익을
중시하고 장기적 전망은 고려하지 않을 가능성이 있다.

42　체제이해능력　조직구조 이해하기

| 정답 | ②

| 해설 | 문제의 조직도는 최고 경영자 아래 회사의 직접적인
사업 관련 업무를 수행하는 사업부 단위의 라인 조직(직계
조직)과 기획 · 총무 · 영업 등의 관리 업무를 수행하는 스
태프 조직(참모 조직)으로 구성되어 있는 라인−스태프 조
직(직계참모조직)에 해당한다.

라인−스태프 조직에서의 스태프 조직은 라인 조직의 장점
인 명령일원화의 원칙을 유지하면서도 동시에 의사결정자
의 독단적인 판단을 방지할 수 있는 참모의 기능을 수행하
고, 동시에 전문화된 라인 조직의 업무(특히 사무운영에 관
한 업무)를 보조하는 역할을 수행한다.

라인−스태프 조직은 라인 조직의 중간관리자들이 해당 라
인의 사무운영 업무까지 모두 수행하기 힘들 정도로 기업
의 규모가 큰 경우에 효과적인 조직 구성이다.

43 경영이해능력 제품 수명 주기 이해하기

| 정답 | ④

| 해설 | 제품의 수명 주기 단계별 마케팅 목표는 아래와 같다.

단계	도입기	성장기	성숙기	쇠퇴기
마케팅 목표	인지 및 사용(ㄹ)	시장점유율 확대(ㄴ)	점유율 방어(ㄷ)	비용 축소 (ㄱ)

44 경영이해능력 제품 수명 주기 이해하기

| 정답 | ②

| 해설 | 판매량과 이익이 급격히 증가하며 초기 수용층이 수용하는 단계인 성장기에 해당한다.

45 조직이해능력 조직의 특징 이해하기

| 정답 | ②

| 해설 | 제시된 표의 '상황 조건'을 확인하면 기계적 조직이 효과적인 상황이 있고, 유기적 조직이 효과적인 상황이 있으므로 특정 조직이 모든 부문에서 효과적이라고 할 수 없다.

46 경영이해능력 포지셔닝 전략의 절차 이해하기

| 정답 | ②

| 해설 | 포지셔닝 전략의 절차는 ㉠ 소비자 분석, ㉡ 경쟁자 확인, ㉢ 경쟁제품의 포지션 분석, ㉣ 자사제품의 포지션 개발, ㉤ 포지셔닝의 확인 및 리포지셔닝이다.

47 경영이해능력 SWOT 분석 이해하기

| 정답 | ②

| 해설 | '확고한 시장 지위'는 SWOT 분석의 강점(Strength)에 해당된다.

48 조직이해능력 회사의 형태 알기

| 정답 | ①

| 해설 | 1인 이상의 사원이 출자액에 한하여 책임을 지는 회사는 유한회사에 해당한다. 유한회사는 사원 전원의 책임이 간접적이고 유한하며, 출자금액을 한도로 책임을 질 뿐 회사 채권에 대하여 한도금액 이상의 책임은 지지 않는 유한책임 사원으로만 구성된다는 특징이 있다.

| 오답풀이 |

② 합자회사 : 1인 이상의 무한책임사원과 1인 이상의 유한책임사원으로 구성되는 복합적 조직의 회사

③ 합명회사 : 2인 이상의 무한책임사원으로 구성되며 무한책임사원은 회사에 대하여 출자의무를 가지고 회사채권자에 대하여 직접·연대하여 무한의 책임을 진다.

④ 주식회사 : 주식의 발행으로 설립된 회사로, 주주로 조직된 유한책임회사이다. 주주된 사원은 주식의 인수한도 내에서 출자의무를 부담하고 회사의 채무에 대해서 직접책임을 부담하지 않는다.

49 업무이해능력 업무의 개선 방법 이해하기

| 정답 | ③

| 해설 | 업무를 수행할 때는 현재 작업의 진행상황을 확인하여 예상보다 부진할 경우 개선방안을 수립하는 등의 대책을 마련해야 한다. 따라서 상황 점검을 중시하지 않고 빠른 완성만을 목표로 하자고 한 한 사원의 제안은 옳지 않다.

50 조직이해능력 조직이론 파악하기

| 정답 | ③

| 해설 | 거래비용이론은 탐색, 거래, 감시비용에 의해 외부적 거래보다는 내부적 거래가 더 효율적이며, 기업은 생산 활동에 있어 내부적 거래와 외부적 거래의 범위를 각각 어느 정도로 설정해야 가장 효율적일 것인가를 판단하고 이를 협상한다.

| 오답풀이 |

① 전략적 선택이론 : 조직의 구조는 관리자의 이해관계와 권력에 의해 결정되며, 환경은 이를 제약하는 제약요인으로 관리자에 의해 환경의 영향력이 조정될 수 있다고 본다.

② 조직군생태이론 : 조직의 구조는 조직이 마주하고 있는
　 환경에 적응하는 과정에서 결정되며 조직은 환경에 따
　 라 그 조직의 구조를 선택한다고 본다.
④ 대리인 이론 : 정보 비대칭 문제는 주인이 대리인을 완
　 벽히 감시할 수 없는 한계에서 발생하며, 이를 극복하기
　 위해 사외이사제도 등의 대리인을 감시하기 위한 추가
　 적인 제도를 마련하거나, 스톡옵션 등의 장치를 마련하
　 는 방법을 제시한다.

2 일반상식

51

| 정답 | ①

| 해설 | 제시된 유적지는 모두 구석기 시대의 유적지이다.
덧무늬 토기, 빗살무늬 토기는 신석기 시대의 유물이다.

| 오답풀이 |
② 구석기 시대는 소수의 사람들이 모여 평등한 무리 생활
　 을 했으며, 과일이나 식물 등을 채집하거나 수렵 등을
　 통해 생활했다.
③ 구석기 시대에는 집을 지을 만한 기술이나 도구 등이 없
　 었기 때문에 동굴이나 큰 바위 밑, 임시로 지은 움막에
　 서 생활하였다.
④ 구석기 시대에는 돌을 깨거나 떼어 만든 뗀석기, 주먹도
　 끼 등을 사용하였다.

52

| 정답 | ①

| 해설 | 〈보기〉에서 설명하는 국가는 부여이다. 부여에는
왕과 그 밑에 마가(馬加), 우가(牛加), 저가(豬加), 구가(狗
加)의 4가와 대사(大使) · 사자(使者) 등의 지배층, 그 밑에
하호(下戶)라는 피지배층이 있었다. 하호는 신분으로는 양
인이었지만 지배층의 지배를 받는 계층으로 생산과 군량을
운반하는 역할을 했다.

| 오답풀이 |
②, ③ 동예에 대한 설명이다.
④ 옥저에 대한 설명이다.

53

| 정답 | ②

| 해설 | 발해의 주민 대다수는 말갈인이지만 이들은 소수의
고구려 유민들로부터 지배를 받는 피지배 계층이었다.

54

| 정답 | ②

| 해설 | 고려 광종은 태조 때부터 이어진 호족의 세력을 견
제하고 왕권을 강화하기 위해 과거제도를 실시하였다.

| 오답풀이 |
①, ④ 고려 태조의 업적이다.
③ 고려 경종의 업적이다.

55

| 정답 | ②

| 해설 | 도병마사는 주로 국방 관련 문제를 논의하는 회의
기관이고, 중서문하성의 재신과 중추원의 추밀이 모여 법
과 제도를 정비한 곳은 식목도감이다.

56

| 정답 | ②

| 해설 | 훈구 세력에 대한 설명이다. 훈구 세력은 연산군 때
무오사화 · 갑자사화, 중종 때 기묘사화, 명종 때 을사사화
를 통해서 사림 세력을 몰아내고 실권을 장악하였다.

57

| 정답 | ③

| 해설 | 대동법은 지방의 특산물을 바치던 공물을 쌀(대동
미)로 통일하여 바치게 한 세금이다. 토지의 결수에 따라
1결당 12두씩 통일하여 부과하는 제도였으나 양반과 지주
들의 반대로 본격적으로 시작하는 데까지 100년이 걸렸다.

58

| 정답 | ①

| 해설 | 오랜 유배 생활 동안 정약용은 국가 경영에 관한 일체의 제도와 법규를 논한 「경세유표」와 백성을 다스리는 목민관에 관한 마음가짐과 태도 등에 대한 저술인 「목민심서」를 남겼고, 토지 불평등을 개선하고자 여전론과 정전론을 주장하였다. 또한 정조의 수원 화성 건축 당시 거중기를 고안하였다.

59

| 정답 | ④

| 해설 | 조선 혁명 선언을 활동 지침으로 삼고 무정부주의의 영향을 받은 단체로서 친일파 처단과 주요기관 파괴 활동을 한 단체는 의열단이다. 이봉창은 의열단이 아닌 한인애국단에서 활동한 인물이다.

60

| 정답 | ①

| 해설 | 1987년 6월에 시작된 6월 민주 항쟁은 박종철군 고문·살인 은폐 조작 및 민주헌법 쟁취를 위한 범국민 대회인 6·10 대회를 시작으로 대통령 직선제 개헌을 주장하였다. 그 결과 1984년 6월 29일 당시 여당(민정당) 후보 노태우의 직선제를 수용하는 6·29 선언으로 이어졌다.

61

| 정답 | ②

| 해설 | ㉠ 5·10 총선거 실시는 1948년 5월 10일에 제헌국회를 구성할 국회의원을 선출하기 위해 실시된 대한민국 최초의 민주적 선거이다.
ⓒ 장면 내각은 제2공화국의 별칭이며, 1960년 4·19 혁명으로 무너진 이승만 대통령의 자유당 정권의 뒤를 이어 1960년 8월 12일에 성립되었다.

ⓒ 인천상륙작전은 1950년 9월 15일 국제연합군이 맥아더 장군의 지휘 아래 인천에 상륙하여 6·25 전쟁의 전세를 뒤바꾼 군사 작전이다.
② 제3공화국은 1961년 5·16 군사정변에 의해 시작된 군정의 뒤를 이어 1963년 12월 17일에 대통령 박정희가 취임함으로써 출범된 한국의 3번째 공화헌정체제이다.
ⓜ 6월 민주항쟁은 1987년 6월 전두환 정권에 맞서 전국에서 일어난 일련의 민주화 운동을 지칭한다.
따라서 '㉠-ⓒ-ⓒ-②-ⓜ' 순이 적절하다.

62

| 정답 | ③

| 해설 | 6조 직계제는 조선 초기의 왕권 확립을 위해 태종이 실시한 정책이며, 그 이후 즉위한 세종은 의정부 서사제를 실시하였다. 이를 다시 6조 직계제로 방향을 바꾼 것은 세조의 업적이다.

| 오답풀이 |

①, ② 세종은 여진의 여러 부족들이 국경을 침범하며 조선 백성들을 괴롭히는 것에 맞서 최윤덕과 김종서를 보내 두만강, 압록강 유역의 여진족을 몰아내었다. 그런 다음 압록강 상류 지역에 4군, 두만강 하류 지역에 6진을 설치하여 남쪽의 백성을 이주시켜 살도록 하였다.
④ 조선통보는 조선 전기 세종 때 법화로 주조되고 유통된 주화로, 중앙집권적 지배체제를 정비하는 과정에서 도입되었다.

63

| 정답 | ②

| 해설 | 제시된 글에 나타난 백제의 왕은 근초고왕이다. 근초고왕은 한반도 남쪽의 나라들을 하나씩 멸망시키고 고구려와의 전쟁에서 승리하는 등 활발한 정복활동으로 백제 최대의 영토를 확보하였다. 또한 한반도에서 입지를 굳힌 뒤 해외로도 진출하여 여러 다른 나라와 교류하는 등 다방면에 걸친 업적으로 삼국 중 가장 먼저 전성기를 맞이하였다. 백제에 불교를 처음으로 공인했던 왕은 침류왕이다.

64

|정답| ④

|해설| ㄴ. 공음전은 전시과 제도의 일부로, 세습이 가능한 토지였으며 공신에게 지급되는 토지였다.

ㄷ. 전시과 제도의 핵심으로, 관리에게는 토지의 수조권을 지급하였다.

|오답풀이|

ㄱ. 전시과 제도는 고려 경종 때 처음으로 제정되었다.

ㄹ. 백성에게 지급되는 정전은 통일신라의 토지제도와 관련된 설명이다.

65

|정답| ④

|해설| 제시된 글의 '한반도의 비핵화에 관한 공동 선언'은 노태우 정부 시기에 한반도를 비핵화함으로써 핵전쟁의 위험을 제거하고 우리나라의 평화와 통일에 유리한 조건과 환경을 조성하며 아시아와 세계의 평화와 안전에 이바지하기 위하여 남북한이 1991년 12월 31일 공동으로 채택한 선언이다. 남북기본합의서는 1991년 12월 남한의 북한 사이에 합의된 남북관계의 기본적 사항들에 관한 문서이다.

|오답풀이|

① 제2차 남북정상회담은 2007년 10월 2일부터 4일까지 평양에서 열린 남한과 북한 최고 지도자들의 회담으로, 노무현 정부 때 개최되었다.

② 남북조절위원회는 「7·4 남북공동성명」의 합의사항들을 추진하고 남북관계를 개선, 발전시키며 통일문제를 해결할 목적으로 설립된 남북한 당국 간의 정치적 협의기구로, 박정희 정부 때 설립되었다.

③ 금강산 관광 사업은 현대아산에서 1998년부터 추진하고 있는 북한의 금강산 일대 관광 사업으로, 김대중 정부 때 시작되었다.

66

|정답| ②

|해설| '를(을)'은 목적격조사로 타동사의 목적어가 되게 하는 조사이다.

67

|정답| ④

|해설| 액자식 구조는 외부 이야기 안에 내부 이야기가 들어 있는 것으로 대개 외부 이야기에서 내부 이야기로 흘러가다가 내부 이야기가 끝나면 다시 외부 이야기로 흘러간다.

68

|정답| ①

|해설| 제시된 단어 모두 비음화 현상이 일어난 사례들이다. 비음화는 자음 동화의 한 종류로 파열음(ㅂ, ㄷ, ㄱ)이나 유음(ㄹ)이 비음을 만나 비음(ㄴ, ㅁ, ㅇ)으로 발음되는 현상을 말한다.

69

|정답| ②

|해설| 주어진 문장의 '있을 지'의 '-지'는 추측에 대한 막연한 의문이 있는 채로 그것을 뒤 절의 사실이나 판단과 관련시키는 데 쓰이는 연결 어미로, '있을지'와 같이 붙여 써야 한다.

|오답풀이|

① '-는(은)커녕'은 어떤 말의 부정을 강조하는 보조사로 앞말과 붙여 써야 한다.

③ 주어진 문장의 '밖에'는 '그것 말고는', '기꺼이 받아들이는' 등의 뜻을 나타내는 보조사로 앞말과 붙여 써야 한다.

④ 앞 절의 상황이 이미 이루어졌음을 나타내는 어미 '-ㄴ바'는 앞말과 붙여 써야 한다.

70

|정답| ④

|해설| '하나'에 조사 '를'이 붙을 수 있으므로 수사에 해당한다.

|오답풀이|

① 날짜와 시간의 이름은 명사에 해당한다.

② 조사가 붙을 수 없는 수관형사에 해당한다.

③ 차례를 나타내는 말이 사람을 지칭하고 있으므로 명사에 해당한다.

③ 유지(有旨)는 '승정원의 담당 승지를 통하여 전달되는 왕명서'를 뜻한다.

④ 유지(油脂)는 '동물 또는 식물에서 채취한 기름을 통틀어 이르는 말'을 뜻한다.

71

|정답| ③

|해설| '밟-'은 자음 앞에서는 [밥]으로 발음한다. 따라서 '밟는[밥 : 는 → 밤 : 는]'으로 발음해야 한다.

72

|정답| ④

|해설| '구레나룻'이 올바른 표기이다.

73

|정답| ④

|해설| '당(當)'은 수나 단위에 붙어 '마다'의 뜻인 경우에는 접미사이므로 붙여 써야 한다. 따라서 '한 개당 얼마를 내야 하나요?'가 적절하다.

|오답풀이|

①, ② '안되다'는 '되다'의 부정으로 쓰인 경우가 아니면 붙여 쓴다.

③ 한 단어로 굳어져 '잘되다'에 대응하는 새로운 뜻을 나타내는 경우이므로 붙여 써야 한다.

74

|정답| ①

|해설| 유지(遺志)는 '죽은 사람이 살아서 이루지 못하고 남긴 뜻'이라는 의미로 밑줄 친 부분의 한자어로 적절하다.

|오답풀이|

② 유지(維持)는 '어떤 상태나 상황을 그대로 보존하거나 변함없이 계속하여 지탱함'을 뜻한다.

75

|정답| ③

|해설| '겻불'은 '겨를 태우는 불로 불기운이 미미한 것'을 의미하며, 주어진 문장에는 '얼어 쬐는 불'이라는 뜻의 '곁불'이 들어가는 것이 적절하다.

|오답풀이|

① • 들리다 : 병이 걸리다, 귀신이나 넋 따위가 덮치다 등
   • 들르다 : 지나는 길에 잠깐 들어가 머무르다.

② • 겨누다 : 한 물체의 길이나 넓이 따위를 대중이 될 만한 다른 물체와 견주어 헤아리다.
   • 겨루다 : 서로 버티어 승부를 다투다.

④ • 그을다 : 햇볕이나 불, 연기 따위를 오래 쬐어 검게 되다.
   • 그슬다 : 불에 겉만 약간 타게 하다.

76

|정답| ③

|해설| 밑줄 친 단어는 과일 '배'를 말하고 있으므로 이와 관련된 한자는 배나무 이(梨)이다.

77

|정답| ②

|해설| 등장인물이 무대에 혼자 있을 때 감정과 생각 등을 표현하는 것을 독백이라 한다.

78

|정답| ①

|해설| 빈칸에 들어갈 가장 적절한 단어는 '모임이나 회의 따위의 자리에 참여함'을 의미하는 참석이다.

79

| 정답 | ①

| 해설 | 〈보기〉의 밑줄 친 '만들었다'는 노력이나 기술 따위를 들여 목적하는 사물을 이루다는 의미를 가지므로 가장 유사한 것은 ①이다.

| 오답풀이 |

②, ③ 새로운 상태를 이루어 냄의 의미로 쓰였다.

④ 규칙이나 법, 제도 따위를 정함의 의미로 쓰였다.

80

| 정답 | ③

| 해설 | '돈', '말', '발', '푼' 따위의 단위를 나타내는 말 앞에 쓰여, 그 수량이 셋임을 나타내는 말이므로 3이 적절하다.

81

| 정답 | ④

| 해설 | ROI(Return On Investment, 투자수익률)는 가장 널리 사용되는 경영성과 측정기준 중 하나로, 기업의 순이익을 투자액으로 나누어 구한다.

| 오답풀이 |

① NIM(Net Interest Margin) : 금융기관의 자산단위당 이익률로, 수익성 평가지표의 하나이다.

② KPI(Key Performance Indicator) : 핵심성과지표로 기업, 개인, 프로그램, 프로젝트, 특정 작업 등 추적하고자 하는 어떤 대상을 일정단위의 시간경과에 따른 성과를 기준으로 평가하는 것이다.

③ OKR(Objectives and Key Results) : 인텔에서 시작되어 구글을 거쳐 실리콘밸리 전체로 확대된 성과관리 기법으로, 조직적 차원에서 목표를 설정하고 결과를 추적할 수 있도록 해 주는 목표 설정 프레임워크다.

82

| 정답 | ③

| 해설 | 4C는 Communication(소통), Customer Value(고객 가치), Costs to Customer(가격 이상의 가치), Convenience

(서비스 전체에 접근 가능한 제품)을 의미한다. 따라서 'Consumer-to-Consumer'는 4C에 해당하지 않는다.

83

| 정답 | ②

| 해설 | 다크 넛지 마케팅은 메시지를 직접적으로 전달하지 않으면서도 의도한 방향으로 소비자의 비합리적인 구매를 유도하는 전략으로, 구독자들이 정기 결제를 해지하는 과정을 어렵게 만들어 서비스를 계속 유지하도록 하는 사례가 있다.

| 오답풀이 |

① 게릴라 마케팅 : 특정 기간, 특정 장소에서 불특정 다수의 고객을 대상으로 갑자기 이벤트를 벌이는 전략

③ 노이즈 마케팅 : 고의로 상품을 구설에 오르게 하여 이목을 집중시키는 전략

④ 데카르트 마케팅 : 'Tech(기술)'와 'Art(예술)'의 합성어로, 첨단기술 제품에 예술을 접목하거나 예술가와 협업하는 전략

84

| 정답 | ①

| 해설 | 몬티 홀 딜레마(Monty Hall dilemma)는 인간의 불합리를 증명하기 위해 몬티 홀 문제를 사용해서 '인간은 합리적이다'라는 전통경제학의 가정이 늘 옳지는 않다는 것을 증명하는 사례이다.

| 오답풀이 |

② 혁신가의 딜레마 : 시장을 선도하는 기술을 가진 기업이 더 이상 혁신을 이뤄내지 못하고 새로운 기술을 가진 후발 기업에 시장지배력을 잠식당하는 상황

③ 트롤리 딜레마(Trolley dilemma) : 브레이크가 고장 난 트롤리 상황에서 다수를 구하기 위해 소수를 희생할 수 있는지를 판단하게 하는 상황

④ 하인츠 딜레마(Heinz's dilemma) : 하인츠가 아픈 아내를 위해 약을 훔치는 일이 도덕적으로 올바른 일인가에 대한 물음으로, 도덕성 발달 수준을 확인하기 위한 문제

85

| 정답 | ③

| 해설 | 티핑 포인트(Tipping point)는 어떠한 현상이 서서히 진행되다가 작은 요인으로 인해 한순간 폭발하는 것을 말한다.

| 오답풀이 |

① 팜 파탈(Femme Fatale) : 프랑스어로 '치명적인 여인'을 뜻하며, 1940년대 필름 누아르 장르에 주로 사용되는 용어다.

② 보이지 않는 고릴라(Invisible Gorilla) : 한 사안에 몰두하다가 명백하게 존재하는 다른 사안을 놓쳐 버리는 현상이다.

④ 샤워실의 바보 : 미국의 경제학자인 밀턴 프리드먼이 제시한 개념으로, 정부의 성급한 경제정책이나 인위적인 시장 개입을 비판하는 것이다.

86

| 정답 | ②

| 해설 | 회색 코뿔소(Gray Rhino)는 지속적인 경고로 충분히 예상할 수 있었지만 쉽게 간과하는 위험 요인을 말한다. 코뿔소는 멀리서도 눈에 잘 띄며 진동으로 움직임을 느낄 수 있지만, 두려움으로 아무것도 하지 못하거나 일부러 무시하는 것을 비유한 말이다.

| 오답풀이 |

① 검은 코끼리 : 엄청난 결과를 초래할 사건이란 것을 누구나 알고 있지만, 모른 척하며 해결하지 않는 문제를 뜻하는 말

③ 유리절벽 : 기업이나 조직이 실패 가능성이 높은 상황에서 여성을 고위직에 파격 발탁한 뒤 일이 실패하면 책임을 물어 해고하는 현상

④ 대나무천장 : 미국 등 국제정치 및 사회에서 아시아 국적이나 아시아계 미국인의 고위직 상승을 막는 보이지 않는 장벽을 가리키는 말

87

| 정답 | ④

| 해설 | 젠트리피케이션(gentrification)이란 '젠트리(gentry, 신사계급)'에서 파생된 용어로, 낙후된 구도심 지역이 활성

화되어 중산층 이상의 계층이 유입됨으로써 기존의 저소득층 원주민을 대체하는 현상을 말한다.

| 오답풀이 |

① 아이언플레이션 : 철(iron)과 인플레이션(inflation)의 합성어로 철의 가격이 지속적으로 상승한다는 의미

② 팬플레이션 : 사회 전반에 걸쳐 부풀리기가 만연해지는 현상

③ 리디노미네이션 : 거래가격이 높아짐에 따라 발생하는 불편을 해결하기 위해 통화의 액면을 동일한 비율의 낮은 숫자로 변경하는 것

88

| 정답 | ③

| 해설 | 삶은 개구리 증후군은 끓는 물에 넣은 개구리는 바로 뛰쳐나와 살지만, 서서히 데워지는 찬물에 들어간 개구리는 직면할 위험을 인지하지 못해 죽게 된다는 뜻이다. 즉, 점진적으로 고조되는 위험을 미리 인지하지 못하거나 조기대응을 못해 화를 당하게 됨을 비유하는 말이다.

| 오답풀이 |

① 메기효과 : 막강한 경쟁자의 존재가 다른 경쟁자들의 잠재력을 끌어올리는 효과

② 펭귄효과 : 다른 사람이 상품을 사면 이를 따라 사는 구매 행태

④ 베어마켓 : 주가가 하락하는 약세장

89

| 정답 | ③

| 해설 | 퍼플잡은 일정한 시간 및 형식의 정형적인 형태를 벗어나 가정의 균형을 위해 탄력적으로 일하는 근무방식이다. 근무시간선택제, 재택근무제, 집중근무제, 시차출퇴근제 등의 다양한 형태가 있다.

| 오답풀이 |

① 그린북 : 기획재정부가 매월 1회 발행하는 국내외의 경기 흐름을 분석한 경제동향보고서

② 베이지북 : 미 연방제도이사회(FRB)가 연간 8차례 발표하는 미국경제동향 종합보고서

④ 블루칩 : 안정적인 이익을 창출하고 배당을 지급해온 수익성과 재무구조가 건전한 기업의 주식으로 대형 우량주

90

| 정답 | ③

| 해설 | 도로교통공단은 일반도로에서는 속도계에서 15를 뺀 수치의 m 정도를 앞 차와 유지하고, 시속 80km 이상 혹은 고속도로를 주행할 때에는 주행속도의 수치를 그대로 m로 나타낸 정도의 안전거리를 앞 차와 유지할 것을 권고하고 있다.

91

| 정답 | ①

| 해설 | 통화공급곡선이 좌측으로 이동한다는 것은 통화량이 축소된다는 것으로 법인세를 인상하면 통화량이 줄어든다. 기준 금리 인하, 국채매입, 지급준비율 축소는 통화량의 증가를 가져온다.

92

| 정답 | ②

| 해설 | 근원 물가지수는 경제상황에 따라 물가변동이 심한 품목을 제외하고 산출한 물가지수이다.

| 오답풀이 |

① 생활 물가지수 : 일상생활에서 소비자들이 자주 구입하는 물품과 기본생필품을 대상으로 작성된 소비자물가지수의 보조지표로 통계청에서 발표한다.

③ 생산자 물가지수 : 생산비 변동을 나타내는 지수로 국내에서 생산된 재화와 서비스의 가격수준이 얼마나 변화할 것인지 측정하는 지수이다. 한국은행에서 발표한다.

④ 소비자 물가지수 : 소비자가 구입하는 상품이나 서비스의 가격변동을 나타내는 지수로 통계청에서 발표한다.

93

| 정답 | ③

| 해설 | 어떤 확률변수가 무작위적으로 변동할 때 이러한 확률변수를 랜덤워크에 따른다고 하며, 통계적 설명에 따르면 어떤 확률변수가 서로 독립적이고 동일한 형태의 확률분포를 가지는 경우를 의미한다.

94

| 정답 | ②

| 해설 | 통화승수란 현금과 예금의 합인 통화량을 중앙은행이 공급하는 현금통화인 본원통화로 나눈 값을 말한다. 통화량은 현금통화+예금통화이고, 본원통화는 현금통화+지급준비금이다.

$$m = \frac{M}{H} \, (M : \text{통화량}, \ H : \text{본원통화})$$

$$m = \frac{(50+75)}{(50+25)} = \frac{5}{3}$$

95

| 정답 | ④

| 해설 | 채무자 또는 제3자가 점유를 이전하지 않고 채무의 담보로 제공한 부동산에 대해 자기채권의 우선변제를 받을 권리를 저당권이라고 한다(「민법」 제356조).

| 오답풀이 |

① 전세권 : 전세금을 지급한 사람이 남의 부동산을 점유하여 사용, 수익할 수 있는 권리를 말한다.

② 유치권 : 타인의 물건 또는 유가증권을 점유하는 자가 그 물건 또는 유가증권에 관하여 생긴 채권의 변제를 받을 때까지 그 물건을 유치(맡아 둠)할 수 있는 권리를 말한다.

③ 지역권 : 자기 땅의 이용 가치를 높이기 위하여 남의 땅을 일정한 방법으로 이용할 수 있는 권리를 말한다.

96

| 정답 | ③

| 해설 | 레드 스케어(Red Scare, 적색 공포)는 20세기 미국 내 공산주의의 확대에 따른 '미국적이지 않은(Un-American)' 공산주의와 무정부주의, 급진주의에 대한 사회적 공포 심리와 이에 비롯된 과격한 반공주의 사회 풍조를 의미하는 것으로, 미국의 정치인 조지프 매카시의 주장으로 1950년부터 3년 동안 미국 사회를 혼란에 빠뜨린 미국 내 공산주의자 색출 열풍인 매카시즘과 1940년대 말 미국 연예계 내 사상 의심과 반미활동조사위원회(HUAC)에서의 증언 거부를 이유로 발생한 대규모 해고 사태인 할리우드 블랙리스트가 대표적이다.

97

|정답| ②

|해설| 어포더블 하우징(Affordable Housing)은 미국에서 시행되고 있는 중저가형 주택 정책으로, 중간 소득층 이하를 대상으로 정부에서 염가로 지원하는 임대주택을 의미한다.

|오답풀이|

① 코하우징(Co-Housing) : 개인 주거시설과 거주자들이 함께 사용하는 공동식당, 마당, 세탁장 등의 공동시설로 구성되어 있는 공동체 주택이다.

③ 소셜 하우징(Social Housing) : 특정 관심사를 중점으로 모인 커뮤니티의 공동주택으로, 개인 주거시설과 해당 커뮤니티에 관한 공동시설로 구성되어 있다.

④ 스마트 하우징(Smart Housing) : 가정 내 주거편의시설에 있어 AI, 사물인터넷(IoT) 등의 첨단 기술이 반영된 주거공간을 의미한다.

98

|정답| ①

|해설| 뮤지컬 〈사운드 오브 뮤직(The Sound of Music)〉은 오스트리아 출신의 마리아 폰 트라프 남작부인의 자서전을 원작으로 제작된 뮤지컬로, 1965년 줄리 앤드루스를 주연으로 한 동명의 영화로 유명하다.

99

|정답| ③

|해설| 여민락(與民樂)은 조선 세종대에 창제된 무용 음악 '봉래의(鳳來儀)'에 포함된 음악으로, 임금의 거동 때 행악(行樂)으로 사용되었다. 한문으로 된 〈용비어천가〉의 일부를 가사로 한 노래를 불렀음이 전해지나, 음악이 전해지는 과정에서 가사가 탈락되어 현재는 합주곡으로 전해지고 있다.

100

|정답| ④

|해설| 노벨상은 1969년부터 경제학상이 추가되어 물리학, 화학, 생리의학, 경제학, 문학, 평화의 6개 부문에서 인류 문명의 발달에 공헌한 사람이나 단체를 선정하여 수여한다.

|오답풀이|

① 2000년에 김대중 전 대통령이 한국과 동아시아에서 민주주의와 인권, 북한과의 평화와 화해를 위해 노력한 공로를 인정받아 한국인 최초로 노벨평화상을 수상하였다.

② 1964년 노벨 문학상 수상자였던 장 폴 사르트르는 자신의 의지로 노벨상을 거부한 최초의 인물이다. 그는 노벨상의 평가를 인정할 수 없으며 문학적 우수성을 놓고 등급을 매기는 것이 잘못 되었다며 수상을 거부했다.

③ 수상식은 매년 노벨의 사망일인 12월 10일에 스톡홀름에서 거행되고, 평화상만 같은날 노르웨이의 오슬로에서 시상한다.

예로 들며 초기 치료를 다시 강조하는 (라)가 온다. 따라서 (가)-(나)-(다)-(라) 순서가 적절하다.

문제 176쪽

4회 기출예상문제

01	①	02	④	03	③	04	③	05	②
06	④	07	③	08	②	09	②	10	③
11	③	12	④	13	③	14	①	15	④
16	③	17	①	18	④	19	②	20	③
21	④	22	②	23	③	24	①	25	③
26	④	27	④	28	②	29	④	30	①
31	④	32	②	33	④	34	③	35	①
36	④	37	①	38	④	39	④	40	④
41	①	42	②	43	①	44	④	45	③
46	①	47	①	48	④	49	③	50	②
51	③	52	②	53	④	54	③	55	①
56	③	57	①	58	③	59	②	60	④
61	③	62	③	63	③	64	③	65	④
66	③	67	③	68	②	69	①	70	②
71	④	72	③	73	③	74	④	75	②
76	①	77	④	78	②	79	③	80	①
81	②	82	④	83	④	84	④	85	①
86	②	87	②	88	③	89	④	90	②
91	④	92	①	93	②	94	③	95	①
96	①	97	①	98	①	99	②	100	④

1 NCS 직업기초능력평가

01 문서작성능력 문단 나열하기

| 정답 | ①

| 해설 | (다), (라)는 앞에 문단이 있어야 내용이 성립하므로 맨 앞에 올 수 없다. (가)와 (나)를 비교해보면 (가)에서 초기-중기-말기로 이어지는 정신질환 문제에 대해 화두를 제시하고, (나)에서 이에 대해 자세히 설명하고 있으므로 (가)-(나) 순서가 된다. (나)의 마지막 문장을 보면 정신질환은 제때 적절한 치료를 받아야 회복률이 높음을 언급하고 있는데, (다)에서 초기 치료의 중요성에 대해 또 다른 전문가의 설명을 덧붙이고 있으므로 (나) 다음에는 (다)가 온다. 마지막으로 정신질환의 재발이나 동반 질환 위험을

02 문서이해능력 세부 내용 이해하기

| 정답 | ④

| 해설 | (다) 문단을 보면 정신질환은 초기 병변이 작을 때 약물 치료를 해야 빠르게 반응한다고 나와 있다.

03 문서작성능력 내용 수정하기

| 정답 | ③

| 해설 | 앞부분의 내용과 뒤에 이어지는 내용을 같은 맥락에서 전개하는 적절한 접속어에 해당하므로 ⓒ을 '그러므로'로 고칠 필요는 없다.

| 오답풀이 |

① 앞문장의 물음에 대해 답변하는 형식이 와야 하므로 ㉠을 '훈련을 통해서 얻을 수 있다고 대답했다.'로 고쳐야 한다.

② '습관'은 어떤 행위를 오랫동안 되풀이하는 과정에서 저절로 익혀진 행동 방식이며, '천성'은 선천적으로 타고난 성격이나 성품을 의미한다. '천성'은 후천적으로 얻어질 수는 없으나 제시된 글에 따르면 반복적인 연습에 의해 마치 '천성'이 되는 것처럼 이야기하고 있으므로 ⓒ을 '천성'으로 바꾸어야 한다.

④ 제시된 글은 좋은 성품을 얻는 방법에 대해 이야기하고 있으므로 ⓔ은 주제와는 무관한 문장이다. 따라서 글의 통일성이나 문맥의 흐름에 어긋나므로 삭제해야 한다.

04 문서작성능력 계약서 작성 방법 이해하기

| 정답 | ③

| 해설 | 임금은 월급뿐만 아니라 일급과 시급으로도 작성할 수 있다.

1회 기출예상문제 2회 기출예상문제 3회 기출예상문제 4회 기출예상문제 5회 기출예상문제 6회 기출예상문제

05 문서작성능력 올바른 맞춤법 이해하기

| 정답 | ②

| 해설 | ㉠ '융해'는 고체에 열을 가했을 때 액체로 되는 현상을 의미하므로 문맥상 적절한 쓰임이 아니다. 둘 이상의 요소가 합쳐져 서로 구별이 없게 하나로 만든다는 의미의 '융합'이 적절하다.

㉡ '스파게티'가 적절하다.

㉣ 문맥상 외래 것과 우리 것을 합친다는 의미의 단어가 들어가야 하므로 '동화'가 적절하다.

06 의사표현능력 언어적 · 비언어적 의사소통 이해하기

| 정답 | ④

| 해설 | 지식적인 정보를 전달하는 데 유용한 것은 언어적 의사소통(음성 언어)의 특징이다.

07 문서작성능력 외래어 표기법 파악하기

| 정답 | ③

| 해설 | setback[setbæk]은 '1.'에 따라 '셋백'이 적절한 표기이다.

08 의사표현능력 의사소통 유형 파악하기

| 정답 | ②

| 해설 | (가)는 비난형, (나)는 초이성형, (다)는 회유형, (라)는 산만형, (마)는 일치형에 해당한다.

09 문서이해능력 세부 내용 이해하기

| 정답 | ②

| 해설 | '응답자의 68%가 1개의 RPA 솔루션을 도입했고, 32%는 2개 이상의 RPA를 도입한 것으로 나타났다.'를 통해 RPA를 도입한 회사 중 2개 이상의 RPA를 도입한 회사는 절반도 되지 않음을 알 수 있다.

| 오답풀이 |

① '아시아태평양 및 호주, 뉴질랜드 지역 IT 담당자를 대

상으로 진행한 조사에 따르면 응답자의 68%가 1개의 RPA 솔루션을 도입'을 통해 RPA 솔루션은 오세아니아에도 진출했음을 알 수 있다.

③ 두 번째 문단의 마지막 문장을 통해 RPA의 도입으로 인한 업무 효율성의 향상은 은행에서 두드러졌다는 점을 알 수 있다.

④ '정부 정책에 따른 사회경제적인 변화 또한 RPA 도입을 가속화시키는 요인이다.'를 통해 외부 변화가 RPA 도입을 촉진시켰다는 점을 알 수 있다.

10 문서작성능력 자음동화 현상 이해하기

| 정답 | ③

| 해설 | 굳이[구지]는 구개음화에 대한 예시이다.

| 오답풀이 |

①, ④ 비음화에 대한 예시이다.

② 유음화에 대한 예시이다.

11 기초연산능력 횟수 계산하기

| 정답 | ③

| 해설 | 순서대로 게임을 진행하면 다음과 같다.

A	1	5	짝	짝	17	21	25	짝	짝짝	짝	41	45	짝
B	2	짝	10	14	18	22	짝	짝	짝	짝	42	짝	50
C	짝	7	11	15	짝	짝	27	짝	짝짝	짝	47		
D	4	8	12	짝	20	24	28	짝	짝짝	40	44	48	

따라서 A가 박수친 횟수는 7회이다.

12 도표분석능력 매출액 계산하기

| 정답 | ④

| 해설 | 오징어땅콩의 2020년 2 ~ 3분기 합계 매출은 13,721 +13,177=26,898(백만 원)이고 꼬북칩의 2020년 2 ~ 3분기 합계 매출은 14,010+12,106=26,116(백만 원)이다. 따라서 2020년 2 ~ 3분기 합계 매출은 오징어땅콩이 꼬북칩보다 높다.

| 오답풀이 |

① 포카칩의 매출은 2020년 3분기 때 18,020백만 원으로 제일 높았다.

③ 2020년 꼬깔콘의 총 매출은 22,365+22,579+23,164+21,293=89,401(백만 원)이고 2020년 허니버터칩의 총 매출은 11,439+10,368+9,401+10,381=41,589(백만 원)으로 2020년 꼬깔콘의 총 매출은 허니버터칩의 2배가 넘는다.

13 도표분석능력 비율 계산하기

| 정답 | ③

| 해설 | 20X3년 맥도날드와 버거킹 영업이익의 합은 62+88=150(억 원)이고, 롯데리아 영업이익의 35%는 423×0.35=148.05(억 원)이다. 따라서 20X3년 맥도날드와 버거킹 영업이익의 합은 롯데리아 영업이익의 35% 이상이다.

| 오답풀이 |

① 20X2년 롯데리아의 매출액은 5,584억 원이고 맥도날드와 버거킹의 매출액을 합한 금액은 1,259+1,757=3,016(억 원)이므로 롯데리아의 매출액이 더 높다.

② 20X2년 대비 20X3년의 매출액 증가율을 계산하면 다음과 같다.

구분	매출액 증가율
롯데리아	$\dfrac{6,192-5,584}{5,584}\times100 ≒ 10.9(\%)$
맥도날드	$\dfrac{1,269-1,259}{1,259}\times100 ≒ 0.8(\%)$
버거킹	$\dfrac{2,123-1,757}{1,757}\times100 ≒ 20.8(\%)$

따라서 20X2년 대비 20X3년 버거킹의 매출액 증가율은 20% 이상이다.

④ 20X2년 대비 20X3년 영업이익의 증가량을 구하면 롯데리아는 423-370=53(억 원), 맥도날드는 62-32=30(억 원), 버거킹은 88-39=49(억 원)이다. 따라서 20X2년 대비 20X3년 영업이익의 증가량은 롯데리아가 제일 크다.

14 기초연산능력 거리 계산하기

| 정답 | ①

| 해설 | B와 C 사이의 거리를 x km라 할 때 식을 세우면 다음과 같다.

$$\frac{300-x}{60}+\frac{x}{80}=\frac{17}{4}$$

$$\therefore \ x=180(km)$$

따라서 B와 C 사이의 거리는 180km이다.

15 도표분석능력 도서 대출권수 계산하기

| 정답 | ④

| 오답풀이 | 인문학 도서 대출권수에 2배의 가중치를 두고, 총 도서 대출권수를 계산하면 따라서 다음과 같다.

(단위 : 권)

학생＼도서분류	인문학	사회과학	자연과학	예술	합계
A	20	15	13	8	56
B	24	9	17	9	59
C	26	11	8	13	58
D	14	10	22	2	48

따라서 B가 제일 많이 대출한 학생이다.

| 오답풀이 |

② 인문학, 사회과학 분야의 도서 대출권수를 합하면 A는 25권, B는 21권, C는 24권, D는 17권이다. 따라서 2번째로 많이 대출한 학생은 C이다.

③

(단위 : 권)

학생＼도서분류	인문학	사회과학	자연과학	예술	합계
A	10	15	13	8	46
B	12	9	17	9	47
C	13	11	8	13	45
D	7	10	22	2	41

따라서 총 도서 대출권수가 제일 많은 학생은 B이다.

16 도표분석능력 자료의 수치 계산하기

| 정답 | ③

| 해설 | ㄱ. 중학교는 지역 규모에 상관없이 국공립학교가 사립학교보다 항상 많다.

ㄴ. 중소도시 고등학교에서 사립학교의 비율은 $\dfrac{306}{835}\times100 ≒ 36.6(\%)$이다.

| 오답풀이 |

ㄷ. 전체 고등학교의 수는 823+835+623+63=2,344
(개)이고 전체 중학교의 수는 1,004+972+1,089+
139=3,204(개)이다. 따라서 전체 고등학교와 전체
중학교 수의 차이는 3,204−2,344=860(개)로 1,000
이하이다.

17 도표분석능력 매출액 계산하기

| 정답 | ①

| 해설 | A ~ D 회사의 총 매출액은 다음과 같다.

(단위 : 백만 원)

구분	A	B	C	D
1분기	8	10	4	18
2분기	14	10	8	4
3분기	12	8	12	6
4분기	6	8	15	10
총 매출액	40	36	39	38

따라서 총 매출액이 제일 큰 회사는 A이고, 총 매출액이 제
일 작은 회사는 B이다.

18 기초연산능력 가격 계산하기

| 정답 | ③

| 해설 | 먼저 ○○음료를 저렴하게 구매하려면 A 마트에서
8병을 구매(2병은 무료)하고 C 마트에서 2병을 구매하면
된다. 이때 가격은 1,000×6+800×2=7,600(원)이 된다.
□□과자를 저렴하게 구매하려면 C 마트에서 8개 모두를
구매하는 것이 가장 저렴하다. 이때 가격은 1,200×8=
9,600(원)이 된다.

따라서 ○○음료 10병과 □□과자 8개를 제일 저렴하게 구
매할 경우, 총 가격은 7,600+9,600=17,200(원)이다.

19 기초통계능력 확률 계산하기

| 정답 | ②

| 해설 | B 또는 C가 1위를 할 경우로 나눠서 생각한다.

1) B가 1위, A가 2위일 경우

A : 1승 1패, B : 2승, C : 2패

B가 A를 이길 확률 : $\frac{3}{5}$, B가 C를 이길 확률 : $\frac{3}{5}$,

A가 C를 이길 확률 : $\frac{3}{10}$

∴ $\frac{3}{5} \times \frac{3}{5} \times \frac{3}{10} = \frac{27}{250}$

2) C가 1위, A가 2위일 경우

A : 1승 1패, B : 2패, C : 2승

C가 A를 이길 확률 : $\frac{7}{10}$, C가 B를 이길 확률 : $\frac{2}{5}$,

A가 B를 이길 확률 : $\frac{2}{5}$

∴ $\frac{7}{10} \times \frac{2}{5} \times \frac{2}{5} = \frac{28}{250}$

따라서 A가 2위로 차지할 확률은 $\frac{28}{250} + \frac{27}{250} = \frac{11}{50}$ 이다.

20 기초연산능력 비율을 활용하여 금액 계산하기

| 정답 | ③

| 해설 | 문체부 예산=정부예산× $\frac{\text{정부예산 대비 문체부예산비율}}{100}$
로 구할 수 있다. 20X1 ~ 20X7년의 문체부예산을 구하면
다음과 같다.

• 20X1년 : $292.8 \times \frac{1.08}{100} ≒ 3.16$(조 원)

• 20X2년 : $309.0 \times \frac{1.12}{100} ≒ 3.46$(조 원)

• 20X3년 : $325.4 \times \frac{1.14}{100} ≒ 3.71$(조 원)

• 20X4년 : $341.9 \times \frac{1.20}{100} ≒ 4.10$(조 원)

• 20X5년 : $355.8 \times \frac{1.24}{100} ≒ 4.41$(조 원)

• 20X6년 : $375.6 \times \frac{1.34}{100} ≒ 5.03$(조 원)

• 20X7년 : $386.3 \times \frac{1.42}{100} ≒ 5.49$(조 원)

따라서 문체부예산이 5조 원 이상인 해는 20X6년, 20X7
년으로 2개년도이다.

21 사고력 조건에 맞게 휴가 날짜 계획하기

|정답| ④

|해설| 남은 연차 날짜를 참고하여 1지망 휴가 날짜에 배정된 직원들은 다음과 같다.

휴가 날짜	(1) 9월 1~6일	(2) 9월 9~15일	(3) 9월 17~22일	(4) 9월 24~29일
필요 인원	2명	4명	1명	3명
직원	A, H	F	G	C, D, E

1지망에 배치되지 못한 직원 중 I 직원은 2지망으로 신청한 (2)번 날짜에 배치된다. B, J 직원은 2지망으로 신청한 날짜에 이미 필요 인원이 다 채워졌으므로 필요 인원을 채우지 못한 (2)번 날짜에 배치된다. 확정된 휴가 날짜를 정리하면 다음과 같다.

휴가 날짜	(1) 9월 1~6일	(2) 9월 9~15일	(3) 9월 17~22일	(4) 9월 24~29일
필요 인원	2명	4명	1명	3명
직원	A, H	B, F, I, J	G	C, D, E

22 사고력 진위 추론하기

|정답| ②

|해설| 각각의 진술을 거짓인 경우로 대입해 본다.

1) 철수가 거짓일 경우, 철수는 B 또는 C팀에 들어간 것이 되는데 이때 영희와 세영이가 각각 B팀과 C팀에 들어가 있으므로 모순이 된다.

2) 승한이가 거짓일 경우, 승한과 세영이가 C팀이 되는데 C팀은 1명을 충원했다고 하였으므로 모순이 된다.

3) 영희가 거짓일 경우, 영희는 A 또는 C팀에 들어간다. 나머지 참인 진술을 종합하면 철수는 A팀, 세영이가 C팀이므로 영희는 2명을 충원한 A팀에 들어간 것이 되고, 승한이는 B팀이 된다.

4) 세영이가 거짓일 경우, C팀에 들어간 사람이 한 명도 없게 되므로 모순이 된다.

따라서 거짓을 말한 사람은 영희이며, 이때 A팀에 들어간 사람은 철수와 영희이다.

23 사고력 규칙에 맞게 계산하기

|정답| ③

|해설| 규칙에 맞게 계산하면 다음과 같다.

$459 + (728 - 693) = 494$

24 사고력 조건에 따라 결과 추론하기

|정답| ①

|해설| 주어진 경기 결과를 토대로 표로 나타내면 다음과 같다.

구분	A와 대결	B와 대결	C와 대결	D와 대결	E와 대결	결과
A		×	×	○		
B	○		×		×	
C	○	○		○	○	4승
D	×		×			
E		○	×			

위 표에 따르면 A팀은 1승 2패, B팀은 1승 2패, C팀은 4승, D팀은 2패, E팀은 1승 1패를 한 상태이다. 마지막 조건에서 모든 팀은 승률이 다르다고 하였으므로 현재 승률이 같은 A팀과 B팀은 1승 3패 또는 2승 2패를 한 것이 된다.

1) A팀이 2승 2패, B팀이 1승 3패를 했을 경우

구분	A와 대결	B와 대결	C와 대결	D와 대결	E와 대결	결과
A		×	×	○	○	2승 2패
B	○		×	×	×	1승 3패
C	○	○		○	○	4승
D	×	○	×		× 또는 ○	1승 3패 또는 2승 2패
E	×	○	×	○ 또는 ×		2승 2패 또는 1승 3패

D와 E의 경기에서 어떤 결과가 나오더라도 A팀, B팀과 승률이 중복되므로 모순이 된다.

2) A팀이 1승 3패, B팀이 2승 2패를 했을 경우

구분	A와 대결	B와 대결	C와 대결	D와 대결	E와 대결	결과
A		×	×	○	×	1승 3패
B	○		×	○	×	2승 2패
C	○	○		○	○	4승
D	×	×	×		×	4패
E	○	○	×	○		3승 1패

E가 D와의 대결에서 승리할 경우 모든 팀의 승률이 다르게 되므로 주어진 조건에 부합한다.

따라서 4위를 한 팀은 1승 3패의 A팀이다.

---

25 문제처리능력 시험 유의사항 이해하기

| 정답 | ③

| 해설 | 전화를 걸 수 있는 시간은 (평일) 09 : 00 ~ 18 : 00, (토/일요일) 09 : 00 ~ 15 : 00로 정해져 있다.

---

26 문제처리능력 레시피 이해하기

| 정답 | ③

| 해설 | '요리 순서'의 (3)을 보면 대중적인 식감을 원한다면 8분, 부드러운 식감을 원한다면 10분 동안 삶아야 함을 알 수 있다.

---

27 문제처리능력 임상시험 이해하기

| 정답 | ④

| 해설 | 임상시험 2상에서 약 67% 정도의 약물이 떨어지고 약 33% 정도의 약물이 임상시험 3상으로 진행된다고 하였다.

| 오답풀이 |

① 임상시험은 1상, 2상, 3상으로 이루어진다.

② 임상시험 1상에서는 안전성을 평가하고 임상시험 2상에는 안전성과 효능 그리고 임상시험 3상에서는 효능을 평가한다. 따라서 효능을 평가하기에 앞서 안전성을 먼저 평가한다.

③ 사람에게 사용할 수 있는 최대용량과 부작용을 조사하는 과정은 임상시험 1상이다.

---

28 문제처리능력 임상시험 인원 파악하기

| 정답 | ②

| 해설 | '백신과 같이 효과를 보려면 자연적인 감염이 필요할 경우에는 수천 명까지 참여시켜야 한다'를 통해 4,000명이 보편적으로 적절한 인원임을 알 수 있다.

---

29 문제처리능력 채용될 지원자 파악하기

| 정답 | ④

| 해설 | 각 면접관의 선호에 따른 지원자 명단은 다음과 같다.

• 면접관 A : 대전에 거주하고 한식 분야 경력의 지원자

구분	분야	경력	나이	거주지
지원자 1	한식, 중식	2년	25	대전
지원자 6	한식, 일식	3년	35	대전
지원자 9	한식, 양식	13년	47	대전

• 면접관 B : 최소 경력 3년 이상의 지원자

구분	분야	경력	나이	거주지
지원자 6	한식, 일식	3년	35	대전
지원자 9	한식, 양식	13년	47	대전

• 면접관 C : 나이가 40세 이상인 지원자

구분	분야	경력	나이	거주지
지원자 9	한식, 양식	13년	47	대전

• 면접관 D : 두 가지 분야의 요리가 가능한 지원자

구분	분야	경력	나이	거주지
지원자 9	한식, 양식	13년	47	대전

따라서 지원자 9가 채용된다.

---

30 문제처리능력 면접관 추론하기

| 정답 | ①

| 해설 | 지원자 6은 나이가 35세이므로, 면접관 C는 참여하지 않았음을 알 수 있다. 따라서 면접관 A, B, D 중 두 명이 참가한 경우를 나누어 생각해 보면 다음과 같다.

• 면접관 A, B가 참가한 경우 – 대전에 거주하고 한식 분

야에 최소 3년 이상의 경력이 있는 지원자인 지원자 6,
지원자 9가 채용된다.

• 면접관 B, D가 참가한 경우 – 경력이 최소 3년 이상이며
두 가지 분야의 요리가 가능한 지원자인 지원자 5, 지원자
6, 지원자 9, 지원자 10이 채용된다.

• 면접관 A, D가 참가한 경우 – 대전에 거주하고 한식 분
야를 포함한 두 가지 분야의 요리가 가능하며 한식 분야
에 경력이 있는 지원자인 지원자 1, 지원자 6, 지원자 9가
채용된다.

따라서 면접관 A, B가 참가했음을 알 수 있다.

31 예산관리능력 통신사별 요금 계산하기

|정답| ④

|해설| 각 통신사별 요금을 계산하면 다음과 같다.

(단위 : 원)

통신사	기본 요금	데이터 요금	통화 요금	문자메시지 요금	총 요금
A	20,000	25×1,000 =25,000	40×150 =6,000	60×100 =6,000	57,000×0.8 =45,600
B	10,000	30×1,000 =30,000	20×150 =3,000	30×100 =3,000	46,000
C	12,000	25×1,000 =25,000	20×150 =3,000	50×100 =5,000	45,000
D	18,000	15×1,000 =15,000	60×150 =9,000	70×100 =7,000	49,000×0.9 =44,100

따라서 D 통신사의 요금이 가장 적게 청구된다.

32 인적자원관리능력 영입할 선수 고르기

|정답| ②

|해설| 각 선수별 총 점수 합은 다음과 같다.

구분	점수(점)
A	8+6+5=19
B	7+9+4=20
C	4+8+7=19
D	6+9+4=19
E	8+6+6=20

B와 E가 동점이지만 B의 미드필더 점수가 더 높으므로 B
를 영입한다.

33 예산관리능력 입장료 계산하기

|정답| ④

|해설| 각 박물관에 방문할 단체 입장객의 총 입장료를 계산
하면 다음과 같다.

박물관	1인당 입장료(원)	단체 입장객 인원(명)	총 입장료(원)
(가) 박물관	1,500	48	64,800
(나) 박물관	1,700	42	64,260
(다) 박물관	2,800	24	67,200
(라) 박물관	2,200	29	63,800

따라서 총 입장료가 제일 낮은 박물관은 (라) 박물관이다.

34 물적자원관리능력 제품수명주기 파악하기

|정답| ③

|해설| 제품수명주기에 따른 특징을 정리하면 다음과 같다.

구분	도입기	성장기	성숙기	쇠퇴기
매출	낮음	급속한 성장	매출 최대	감소
고객당 비용	높음	평균	낮음	낮음
경쟁수준	낮음	점차 증대	안정 후 감소	감소
마케팅 목표	제품인지, 비용창출	차별성 강조, 시장점유율 극대화	이익 극대화, 시장점유율 방어	비용절감, 상표가치 증진

따라서 (다)에 들어갈 설명은 '점차 증대'가 적절하다.

35 시간관리능력 시간관리 우선순위 파악하기

|정답| ①

|해설| 단합대회 준비 지시를 받을 당시 김자원 대리는 단
합대회 준비를 위한 시간이 꽤 남아 있고, 자신이 작년에
했던 일이라 신경 쓸 것이 없다는 생각으로, 이 업무에 대
해 '급하지도 중요하지도 않은 일(D)'이라 생각하였다.

36 물적자원관리능력 진입·철수 장벽 파악하기

| 정답 | ③

| 해설 | 진입·철수 장벽의 높이에 따른 사업의 특징을 정리하면 다음과 같다.

철수 장벽 진입 장벽	낮다	높다
낮다	안정적, 적은 이익	불안정, 적은 이익
높다	안정적, 큰 이익	불안정, 큰 이익

사업의 안정성과 이익성이 동시에 클 때 사업이 가장 매력적이라고 할 수 있으므로, 진입 장벽이 높고 철수 장벽이 낮은 C가 가장 매력적이다.

37 시간관리능력 업무 완료 최소시간 구하기

| 정답 | ①

| 해설 | 업무별 소요 시간과 동시 진행 시간에 따른 총 소요 시간을 계산하면 다음과 같다.
- A 업무와 B 업무 동시 진행 : 12+7+3=22(시간)
- A 업무와 C 업무 동시 진행 : 8+10+3=21(시간)
- A 업무와 D 업무 동시 진행 : 7+10+7=24(시간)

따라서 프로젝트를 완료하는 데 소요되는 최소 시간은 21시간이다.

38 예산관리능력 과업세부도 이해하기

| 정답 | ④

| 해설 | 과업세부도에서 예상비용과 함께 과업 내용을 함께 매치시키는 것은 어떤 항목에 대해서 얼마만큼의 비용이 소요되는지를 정확하게 파악하기 위해서이다.

39 예산관리능력 과업세부도 목적 파악하기

| 정답 | ③

| 해설 | 과업세부도란 과제 및 활동의 계획을 수립하는 데 있어서 가장 기본적인 수단으로 활용되는 그래프로, 과제에 필요한 활동과 과업을 비용과 매치시켜 놓음으로써 항목마다 소요되는 비용을 정확하게 파악해 전체 예산을 보다 정확하게 분배할 수 있게 된다.

40 물적자원관리능력 해외부동산펀드 자료 파악하기

| 정답 | ④

| 해설 | 해외 부동산펀드 지역 분포에서 미국 44.2%, 유럽 26.5%, 아시아 등 기타 29.3%로 가장 많은 비중을 차지하는 것은 미국이다.

| 오답풀이 |
① 해외 부동산펀드 투자 대상은 오피스가 53%로 절반 이상을 차지한다.
② 해외 부동산펀드 투자 대상을 명확히 알 수 없는 '기타 및 복수 대상 투자'는 24%로 약 4분의 1을 차지한다.
③ 해외 부동산펀드 투자 대상 가운데 주택은 2%로 5%인 창고물류센터보다 비중이 작다.

41 경영이해능력 경영전략 이해하기

| 정답 | ①

| 해설 | 원가 우위 전략은 원가 절감을 통해 해당 산업에서 우위를 점하는 전략으로, 소품종 대량 생산을 통해 단위 원가를 낮추거나 새로운 생산 기술을 개발해야 한다.

| 오답풀이 |
②, ③ 차별화 전략에 대한 설명이다.
④ 집중화 전략에 대한 설명이다.

42 경영이해능력 경영혁신 유형 파악하기

| 정답 | ②

| 해설 | 신년사 첫 번째 문단에서 "처음부터 다시 시작한다."는 각오로 임하겠다 하였으므로 어떤 결정에 앞서 출발점으로 되돌아가 처음부터 전면 재검토하는 제로베이스(Zero Base) 조직혁신 유형이라고 볼 수 있다.

| 오답풀이 |
① 벤치마킹(Bench Marking) : 자신의 성과를 제고하기 위해 참고할 만한 가치가 있는 대상이나 사례를 정하고, 그와의 비교 분석을 통해 필요한 전략 또는 교훈을 얻는 경영혁신전략이다.
③ 리스트럭처링(Restructuring) : 기존 사업 단위를 통폐합하거나 폐지하여 신규 사업에 진출할 가능성을 열거나 기업 전체의 경쟁력 제고를 위해 사업 단위 통합을 결정하는 경영혁신전략이다.

④ 다운사이징(Downsizing) : 기업의 업무나 조직의 규모 따위를 축소하는 경영혁신전략이다.

43 경영이해능력 경영자의 종류 이해하기

|정답| ①

|해설| 소유경영자와 전문경영자의 장단점을 정리하면 다음과 같다.

구분	소유경영자	전문경영자
장점	• 회사의 부가 자신의 부로 직결된다고 생각하므로 강력한 리더십을 가진다. • 기업가 정신을 가지고 경영혁신을 주도함에 있어 주도적인 역할을 하며, 외부환경변화에 적응력이 뛰어나다. • 도전정신이 강하고 미래를 내다보는 장기적인 안목을 가진다.	• 전문적인 능력과 합리적인 사고로 거대한 기업의 경영의 복잡성에 대해 효과적으로 대처할 수 있다. • 독단적인 의사결정보다는 이해관계자의 의견을 수렴하는 민주주의적 리더십을 가진다. • 조직의 통합을 이룩하여 안정적인 성장을 도모할 수 있다.
단점	• 카리스마적인 리더십을 가지고 있는 경우가 많아, 독단적인 의사결정이 이루어진다. • 소유자 자신의 능력을 과대평가하는 경우가 있다. • 부와 권력을 독점하며, 개인의 부와 기업의 부를 혼동하여 기업 자금을 자신의 개인적인 용도로 사용할 수 있다. • 가족 경영, 족벌 경영의 위험성이 있다.	• 임기가 제한되어 있어 자신의 임기 내에 가시적인 효과를 보여 주고자 미시적인 성과를 노린다. • 새로운 사업 진출에 있어서 기업보다는 개인의 안정성을 추구한다. • 대리인비용이 추가로 지불된다.

따라서 ①은 전문경영자의 특징에 해당한다.

44 경영이해능력 기업의 글로벌화 알기

|정답| ④

|해설| 기업의 글로벌화 과정을 5단계로 나누면 다음과 같다.

1. 내수지향 − 국제화가 진행되기 전의 단계로서, 국내시장에서 사업의 영위가 이뤄지는 단계(나)
2. 수출지향 − 해외시장의 중요성이 점차 부각되면서 국내시장에서 나아가 일부 해외시장에서의 판매를 시도하는 단계(가)

3. 현지시장 마케팅 − 기초적인 수출방식에서 나아가 마케팅 현지 법인 등을 통하여 현지의 마케팅 활동에 적극적으로 개입하는 단계(라)
4. 현지시장지향 생산 − 해당 국가에서의 마케팅 활동을 비롯하여 자체적인 생산시설까지 갖추는 단계(다)
5. 세계시장지향 − 세계각지의 복수의 생산시설 및 복수의 해외시장 간 유기적 연결 관계를 특징으로 하며, 글로벌화의 마지막 단계(마)

따라서 (나)−(가)−(라)−(다)−(마) 순이 적절하다.

45 경영이해능력 선·후발자 우위 파악하기

|정답| ③

|해설| '제품 규격 결정과 기술 표준 획득 용이'는 선발자 우위에 대한 설명이다.

46 체제이해능력 프로젝트 조직 파악하기

|정답| ①

|해설| ㄱ. 프로젝트 조직은 특정 프로젝트를 수행하기 위해 형성되는 동태적인 조직이다.

ㄴ. 특정 과업을 수행하기 위해 자원과 인력을 집중할 수 있다는 장점을 가진다.

|오답풀이|

ㄷ, ㄹ, ㅁ. 사업부제 조직에 대한 설명이다.

47 경영이해능력 마케팅 이해하기

|정답| ①

|해설| 디마케팅에 대한 설명이다.

|오답풀이|

② 유지적 마케팅 : 마케팅 활동의 효율성과 그러한 요인들의 변화 추세에 대하여 끊임없이 관심을 갖고 대처함으로써 완전수요의 상태를 유지하는 마케팅 방법이다.

③ 재마케팅 : 실제 수요를 부활시키기 위한 마케팅 방법이다.

④ 대항적 마케팅 : 제품에 대한 수요 자체가 장기적인 소비자 및 사회복지의 관점에서 불건전하거나 마케터에게 유익하지 않은 경우 약간의 수요라도 그 존재를 없애 버리는 마케팅 방법이다.

1회 기출예상문제

2회 기출예상문제

3회 기출예상문제

4회 기출예상문제

5회 기출예상문제

6회 기출예상문제

48 체제이해능력 조직의 목표 이해하기

|정답| ④

|해설| 가장 명확하고 실현 가능하며 구체적인 시간을 명시한 것은 ④이다.

|오답풀이|

①, ② 명확하고 구체적이지 않다.

③ 고객 인지도는 객관적으로 측정이 불가능하며 완성할 시간이 명시되어 있지 않다.

49 경영이해능력 부문화 이해하기

|정답| ④

|해설| (가)는 기능별 부문화, (나)는 프로세스별 부문화, (다)는 지역별 부문화, (라)는 제품별 부문화, (마)는 고객별 부문화이다.

50 업무이해능력 명함 전달 예절 이해하기

|정답| ②

|해설| ㄴ. 명함은 명함 지갑에서 꺼내어 전달하고, 항상 새 명함을 사용하도록 한다.

ㄷ. 만난 사람에 대한 정보는 명함에 기록하되, 상대방이 없을 때 하도록 한다.

|오답풀이|

ㄱ. 상사와 같이 있을 때에는 상사가 먼저 명함을 전달한 다음 자신의 명함을 건네는 것이 적절하다.

ㄹ. 받은 명함은 테이블 위에 올려놓고 자연스럽게 상대방과의 대화를 이어 간다.

2 일반상식

51

|정답| ③

|해설| 청동기 시대에는 사냥과 물고기 잡이, 채집도 여전히 이루어졌으나, 농경이 경제생활의 중심이 되면서 조, 기장, 수수 등 다양한 잡곡이 재배되었다. 한반도 남부에서는 벼농사를 시작하는 지역도 있었다.

52

|정답| ②

|해설| 관등과 관복의 제정은 백제 고이왕 때의 일이다. 고이왕 때 율령이 반포되어 통치체제가 확립되었으며, 왕권이 강화되었다.

53

|정답| ④

|해설| 통일 신라의 5소경은 지방의 균형 발전을 위해 설치된 것이며 통일 신라의 지방군은 10정이다.

54

|정답| ③

|해설| 고려시대의 백정은 국가에서 맡은 일정한 직역이 없는 양민을 의미하였다.

55

|정답| ①

|해설| 공민왕 때는 신진 사대부의 성장과 성리학의 수용과 더불어 대의명분과 정통의식을 강조하는 유교 사관이 대두되었는데 이를 반영한 것이 이제현의 『사략』이다.

56

|정답| ③

|해설| 집현전은 세종이 즉위한 직후 설립한 기관으로, 문신을 모아서 경연과 서연을 담당하게 하고, 유교정치의 실현을 위해 중국의 제도나 문화를 연구하는 학문 연구 기관이었다. 또한 훈민정음의 창제와 각종 역사서 편찬 작업을 실시하였다. 세종은 의정부서사제를 통해 국정을 운영했다.

57

|정답| ①

|해설| 덕대는 조선 후기에 나타난 직업의 모습으로, 광산의 소유자로부터 채굴권과 운영권을 얻어 광산을 경영하던 청부업자이다.

58

|정답| ③

|해설| 개성을 기반으로 활동한 상인은 송상이다. 송상은 송방(松房)이라는 지점을 통해 전국의 물건을 매점하고 타 지방의 상품을 판매하였다.

59

|정답| ②

|해설| 김홍집, 김윤식, 어윤중 등의 온건 개혁파는 청의 양무운동을 본받아 점진적인 개혁을 추진하였으나 김옥균, 서광범, 박영효 등은 청의 내정 간섭과 청에 의존하려는 정부를 강하게 비판하였다. 이에 이들은 1884년 개화정권을 수립하기 위해 우정국 낙성식을 계기로 무력 정변인 갑신정변을 일으켰다.

60

|정답| ④

|해설| 일제가 무단 통치를 시행했던 1910년대에는 태형령과 더불어 즉결 처분권으로 강압적인 통치정책을 시행하였다.

61

|정답| ③

|해설| 영조는 통치 기반을 마련하여 왕권을 강화하기 위해 우리 실정에 맞는 새로운 법전인 〈속대전〉을 편찬하였다.

|오답풀이|

①, ②, ④ 정조에 대한 설명이다.

62

|정답| ③

|해설| ㉠ 신미양요는 조선 고종 8년(1871)에 미국 군함이 강화도 해협에 침입한 사건이다. 대동강에서 불탄 제너럴셔먼호 사건에 대한 문책과 함께 조선과의 통상 조약을 맺고자 하였으나 격퇴되었다.

㉡ 오페르트 도굴 사건은 조선 고종 5년(1868)에 독일의 상인이던 오페르트가 흥선대원군의 아버지인 남연군의 묘를 도굴한 사건이다. 대원군은 이를 계기로 서양에 대한 경계를 더욱 강화했다.

㉢ 병인박해는 1866년에 1월에 시작된 천주교 최대 박해 사건으로, 흥선대원군은 러시아의 남하를 프랑스를 이용하여 견제하려고 했지만 프랑스가 이를 거절하자 천주교를 탄압하기 시작하였다.

㉣ 제너럴셔먼호 사건은 1866년 8월에 미국상선인 제너럴셔먼호가 대동강을 거슬러 올라와 평양에 이르러 통상을 요구하다 군민에게 불타버린 사건이다.

㉤ 병인양요는 1866년 9월에 흥선대원군의 천주교 탄압에 대한 보복으로 프랑스군이 강화도에 침입한 사건이다.

㉥ 척화비는 1871년에 흥선대원군이 양인을 배척하기 위해 경향 각지에 세웠던 석비이다.

따라서 사건이 일어난 순서는 ㉢-㉣-㉤-㉡-㉠-㉥이 적절하다.

63

|정답| ③

|해설| ㉠이 나타내고 있는 나라는 부여이다. 부여에는 부유한 호민과 그 아래에 있는 촌락의 일반민들인 하호가 존재했다. 이들은 평상시에는 대개 생산을 담당하여 생산물을 지배계급에게 공납하였고, 전시에는 군량을 부담하였지만 직접 전투에는 참여하지 않았다.

64

|정답| ③

|해설| 5세기 후반에는 금관가야에서 대가야로 주도권이 이동하였다. 이후 고령 지방의 대가야를 새로운 맹주로 하여 후기 가야 연맹을 이룩하였다.

65

|정답| ④

|해설| 동북 9성은 고려시대 윤관이 여진족을 토벌하고 이후의 침입을 막기 위해 쌓은 9개의 성으로, 1107년에 있었던 사건이다. 동북 9성을 축조한 뒤 여진족은 고려에 조공을 약속하며 동북 9성의 반환을 요청하였고, 고려는 이를 수락하였다.

|오답풀이|

① 1198년 만적이 중심이 되어 일으키려다 미수에 그친 노비해방운동이다. 천민 계층의 주도로 이루어진 최초의 조직적인 신분 해방 운동이었으며, 이후 천민이나 농민들의 사회적 지위 개선을 목표로 일어난 봉기에 큰 영향을 주었다.

② 팔만대장경은 1236년부터 1251년까지 16년에 거쳐 완성한 대장경으로, 부처의 힘으로 외적을 물리치기 위해 제작되었다. 경판의 수가 8만 1258판에 이른다.

③ 1177년 7월에 고려 명종 때 신분제의 타파를 목적으로 충청도 지역에서 일어난 농민과 소민들의 봉기이다. 공주 명학소를 중심으로 하여 일어났으므로 '공주 명학소의 난'이라고 불리기도 한다.

66

|정답| ③

|해설| 정의(正義)는 '진리에 맞는 올바른 도리'라는 의미로 밑줄 친 부분의 한자어로 적절하다.

|오답풀이|

① 정의(定議)는 '죄를 의논하여 정함'을 뜻한다.

② 정의(定義)는 '어떤 말이나 사물의 뜻을 명백히 밝혀 규정함. 또는 그 뜻'을 의미한다.

④ 정의(正意)는 '바른 뜻. 또는 올바른 생각'을 의미한다.

67

|정답| ③

|해설| 제시된 단어들은 모두 호전작용이 일어난 사례들이다. 호전작용은 끝소리가 'ㄹ'인 말과 다른 말이 어울릴 때 'ㄹ' 소리가 'ㄷ' 소리로 나는 것은 'ㄷ' 소리로 적는 현상을 말한다.

68

|정답| ②

|해설| 값있는[가빈는]으로 발음해야 한다.

69

|정답| ①

|해설| '-그려'는 문장 끝에서 느낌이나 강조를 나타내는 문장 종결 보조사로 앞말과 붙여 써야 한다. 따라서 '그 집 사정이 참 딱하데그려.'로 쓰는 것이 적절하다.

|오답풀이|

② '-ㄹ뿐더러'는 어떤 일이 그것만으로 그치지 않고 나아가 다른 일이 더 있음을 나타내는 연결 어미로 앞말과 붙여 써야 한다.

③ '-ㄹ걸'은 구어체로 혼잣말에 쓰여, 그렇게 했으면 좋았을 것이나 하지 않은 어떤 일에 대해 가벼운 뉘우침이나 아쉬움을 나타내는 종결 어미로 앞말과 붙여 써야 한다.

④ '협조한다는 데'의 '데'는 '곳, 장소, 일, 경우' 등을 나타내는 의존명사로 앞말과 띄어 써야 한다.

70

|정답| ②

|해설| 쉼표에 대한 설명이다. 쉼표는 제시된 설명 외에도 짝을 지어 구별할 때, 부르거나 대답하는 말 뒤에, 도치문에서 도치된 어구들 사이 등에도 쓰인다.

71

|정답| ④

|해설| 모두 본용언과 연결되어 문법적 의미를 보충하는 역할을 하는 보조 용언에 해당한다. 보조 용언은 보조 동사와 보조 형용사로 구별되는데 ①, ②, ③ 보조 동사, ④는 보조 형용사에 해당한다.

72

| 정답 | ③

| 해설 | '멋쩍다'는 하는 짓이나 모양이 격에 어울리지 않음을 뜻하는 말이다.

| 오답풀이 |

① '땡추'가 올바른 표기이다.

② '되뇌다'가 올바른 표기이다.

④ '모자라다'가 올바른 표기이다.

73

| 정답 | ③

| 해설 | 단위를 나타내는 명사는 띄어 써야 하므로 '열 살'이라고 쓰는 것이 적절하다.

| 오답풀이 |

① '지내는지'의 '-ㄴ지'는 막연한 의문이 있는 채로 그것을 뒤 절의 사실이나 판단과 관련시키는 데 쓰는 연결 어미로 앞말과 붙여 써야 한다.

② '다치기밖에'의 '밖에'는 '그것 말고는', '그것 이외에는' 등의 뜻을 나타내는 보조사로 앞말과 붙여 써야 한다.

④ '실시되는바'의 '-ㄴ바'는 뒤 절에서 어떤 사실을 말하기 위하여 그 사실이 있게 된 것과 관련된 상황을 제시할 때 쓰이는 연결 어미로 앞말과 붙여 써야 한다.

74

| 정답 | ④

| 해설 | 문맥상 '머리카락이나 몸의 털 따위가 빠지다'는 의미이므로 '벗어진'이 들어가는 것이 적절하다.

| 오답풀이 |

① • 따다 : 감정이나 기운 따위를 나타내다
• 띄다 : '뜨이다' 또는 '띄우다'의 준말

② • 돋우다 : '돋다'의 사동사
• 돋구다 : 안경의 도수 따위를 더 높게 하다

③ • 두껍다 : 층을 이루는 사물의 높이나 집단의 규모가 보통의 정도보다 크다.
• 두텁다 : 신의, 믿음, 관계, 인정 따위가 굳고 깊다.

75

| 정답 | ②

| 해설 | 객관적 상관물에 대한 설명이다.

| 오답풀이 |

① 낯설게 하기 : 친숙하고 일상적인 사물이나 관념을 낯설게 하여 새로운 느낌이 들도록 하는 방법이다.

③ 몽타주 : 독립될 수 있는 심상들을 결합하여 전체적으로 하나의 통일된 주제를 이루도록 하는 구성 방법을 말한다.

④ 파노라마 : 대단히 넓은 물리적 배경이나 장시간에 걸친 사건들을 단일한 구절로 선택하고 압축하여 요약하는 서술 기법이다.

76

| 정답 | ①

| 해설 | 날을 세는 단어의 순서는 다음과 같다.

하루-이틀-(사흘)-(나흘)-닷새-엿새-이레-(여드레)-(아흐레)-열흘

77

| 정답 | ④

| 해설 | 만추가경(晩秋佳景)은 늦가을의 아름다운 경치를 말하는 사자성어이다.

| 오답풀이 |

① 문경지우(刎頸之友) : 생사를 같이 하여 목이 떨어져도 두려워하지 않을 만큼 친한 사귐.

② 빈천지교(貧賤之交) : 내가 가난하고 천할 때 나를 친구로 대해 준 벗은 내가 부귀를 누리게 된 뒤에도 잊으면 안 됨.

③ 백아절현(伯牙絕絃) : 백아가 거문고 줄을 끊어 버렸다는 뜻으로, 자기(自己)를 알아주는 절친(切親)한 벗, 즉 지기지우(知己之友)의 죽음을 슬퍼함을 이르는 말

78

|정답| ②

|해설| 형태소는 뜻을 가지고 있는 가장 작은 단위를 말한다. 단어가 더 작은 단위로 쪼개진다고 해도 쪼갰을 때 의미가 없어지거나 쪼개기 전의 의미와 관련되는 의미가 없어지면 안 된다. 따라서 선택지 중 '책가방'은 '책'과 '가방'이 형태소가 된다.

79

|정답| ③

|해설| '이기죽거리다'의 준말은 '이죽거리다'이다.

80

|정답| ①

|해설| 제시된 속담에서 공통적으로 시사하고 있는 것은 어리석음이다.

81

|정답| ②

|해설| 파파게노 효과(Papageno effect)는 자살과 관련한 언론보도를 자제하고, 신중한 보도를 함으로써 자살을 예방할 수 있는 효과를 말한다.

|오답풀이|

① 악의 평범성 : 나치의 유대인 학살은 명령에 순응한 평범한 사람들에 의해 자행되었음을 말하는 개념

③ 베르테르 효과 : 평소 존경하거나 선망하던 인물이 자살할 경우, 그 인물과 자신을 동일시해서 자살을 시도하는 현상

④ 가스라이팅 : 거부, 반박, 전환, 경시, 망각, 부인 등 타인의 심리나 상황을 교묘하게 조작해 현실감과 판단력을 잃게 만들어 타인을 통제하는 것

82

|정답| ④

|해설| 체리피커(Cherry Picker)는 신포도 대신 체리만 골라먹는 사람이라는 뜻으로, 기업의 상품이나 서비스를 구매하지 않으면서 자신의 실속만 차리는 소비자를 말한다. 예를 들어 신용카드 회사의 특별한 서비스 혜택만 누리고 카드는 사용하지 않는 고객 등이 있다.

|오답풀이|

① 레몬마켓 : 시고 맛없는 레몬만 있는 시장처럼 쓸모없고 저급한 재화나 서비스만 유통되는 시장

② 피치마켓 : 가격 대비 고품질의 상품이나 서비스가 거래되는 시장

③ 딤섬본드 : 해외 기업들이 홍콩에서 발행하는 위안화 표시 채권

83

|정답| ④

|해설| 핑크 타이드(Pink Tide)는 1990년대 말 저소득층 지원을 표방한 베네수엘라의 우고 차베스 대통령을 필두로 남미에서 발생한 온건 사회주의 정권의 확대를 '분홍색 물결'로 비유한 용어이다.

|오답풀이|

① 블루 문(Blue Moon) : 양력 날짜 표기와 달의 위상변화 주기의 차이로 양력 날짜로 한 달에 두 번 보름달이 뜰 때의 두 번째 보름달을 의미한다.

② 그린 워시(Greenwash) : 친환경적 제품을 선호하는 소비자층을 대상으로 제품의 친환경적 이미지를 내세우는 그린 마케팅(Green Marketing)을 이용해 환경에 악영향을 끼치는 제품을 친환경적인 이미지로 허위 포장시키는 것을 의미한다.

③ 퍼플오션(Purple Ocean) : 기존 시장(레드 오션)과 경쟁자가 없는 시장(블루 오션)의 요소를 모두 가진 제3의 시장으로, 기존 사업에서 발상의 전환으로 새로운 가치를 창출하여 만들어진 시장을 의미한다.

84

| 정답 | ④

| 해설 | 스트레스 테스트는 금융 분야에서 일어날 가능성이 있는 시나리오를 가정하여 금융시스템이 받게 되는 잠재적 손실을 측정하고 재무건전성을 평가하는 것이다.

| 오답풀이 |

① 유동성 커버리지 측정은 은행들이 외화가 부족한 스트레스 상황하에서도 얼마나 유동성을 확보할 수 있는지를 나타낸다.

85

| 정답 | ①

| 해설 | 효율적 시장가설(Efficient Market Hypothesis)은 자본시장의 가격이 이용가능한 정보를 충분히 즉각적으로 반영하고 있다는 가설이다.

| 오답풀이 |

② 구매력평가설(Purchasing Power Parity) : 국가 간의 통화의 교환비율은 장기적으로는 각국 통화의 상대적 구매력을 반영한 수준으로 결정된다는 이론이다.

③ 리스크 프리미엄(Risk Premium) : 위험을 감수한 대가로 지불되는 보상을 말한다.

④ 피셔가설(Fischer Hypothesis) : 합리적인 경제주체들이 인플레이션율을 반영하여 명목이자율을 정하기 때문에 장기적으로 실질이자율은 안정적이라고 본다.

86

| 정답 | ②

| 해설 | 국제통화기금(International Monetary Funds)은 세계무역의 안정된 확대를 통하여 가맹국들의 고용증대, 소득증가, 생산자원개발에 기여하는 것을 궁극적인 목적으로 한다. 외환시세 안정, 외환제한 철폐, 자금공여 등의 활동을 한다.

| 오답풀이 |

① 국제결제은행(Bank of International Settlements) : 국제금융 안정을 목적으로 각 나라 중앙은행의 관계를 조율하는 국제 협력기구이다.

③ 소비자금융보호국(Consumer Financial Protection Bureau) : 소비자에 대한 금융상품서비스의 권유하거나 제공하는 행위의 규제를 목적으로 설립된 미국의 연방정부기관이다.

④ 금융안정감시위원회(Financial Stability Oversight Council) : 국가의 금융당국 및 국제기준설정 기구들의 업무를 국제적 수준에서 협력하고 효과적인 규제와 감독 그리고 다른 금융영역정책을 개발하고 증진시키기 위해 설립된 미국의 연방정부조직이다.

87

| 정답 | ②

| 해설 | 디노미네이션이란 화폐 표기의 숫자가 커짐에 따라 발생하는 경제적 불편을 해소하기 위해 화폐 가치는 그대로 두고 화폐 액면 단위를 100분의 1 혹은 10분의 1 등으로 낮추는 것이다.

| 오답풀이 |

① 에코플레이션(Ecoflation) : 기업에 대한 정부의 환경기준 강화에 따른 비용 상승을 가격 상승의 형태로 소비자에게 전가시키면서 발생하는 물가 상승 현상을 의미한다.

③ 애그플레이션(Agflation) : 농산물 가격 상승이 일반 물가의 상승을 야기하는 현상을 의미한다.

④ 스크루플레이션(Screwflacion) : 경기가 회복되는 과정에서 중산층의 임금이 오르지 않은 상태에서 물가 상승이 겹쳐 중산층의 소비가 줄어들어 경기회복이 지체되는 현상을 의미한다.

88

| 정답 | ③

| 해설 | 구상무역이란 두 나라 사이에 협정을 맺어 일정 기간 서로 수출을 균등하게 하여 무역차액을 영(零)으로 만들고 결제자금이 필요 없게 하는 무역이다. 백투백, 에스크로, 토머스·역토머스의 3가지 방법 중 거래하는 양자가 동시에 신용장을 개설하는 방식은 '백투백'이다.

| 오답풀이 |
① 중계무역 : 수출 과정에서 중계 역할을 담당하는 제3국이 제품을 수입하고 이를 그대로 재수출하여 중계수수료를 획득하는 방식의 무역을 의미한다.
② 통과무역 : 수출 과정에서 특정 국가를 단순히 지나가는 형태로 이루어지는 무역으로 경유지 역할을 하는 해당 국가는 그 과정에서의 통과세 정도의 수익만을 획득하는 방식의 무역을 의미한다.
④ 녹다운 : 제품을 부품 형식으로 수출하고 현지에서 조립하여 제품을 판매하는 방식을 의미한다.

냈다가 부정적인 결과를 일으킬 것 같은 불안감으로 인해 발생한다.
| 오답풀이 |
① 보아뱀 전략 : 작은 회사가 큰 회사를 인수·합병하는 전략이다.
③ 치킨 게임 : 한쪽이 양보하지 않을 경우 양쪽이 파국으로 치닫는 극단적인 상황을 의미한다.
④ 언더독 효과 : 상대적 약자를 동정하고 약자가 강자를 이기는 드라마를 위해 대중들이 약자를 응원하는 현상을 의미한다.

89

| 정답 | ④

| 해설 | ROE(Return On Equity, 자기자본이익률)는 경영자가 주주의 자본을 사용해 어느 정도의 이익을 올리고 있는가를 나타내는 것으로, 주주지분에 대한 운용효율을 나타내는 지표이다.
| 오답풀이 |
① PER(Price Earning Ratio, 주가수익률) : 주가를 1주당 순이익으로 나눈 값으로 주식가치의 비교를 위한 지표로 사용된다.
② EPS(Earning Per Share, 주당순이익) : 기업의 당기순이익을 총 발행주식수로 나눈 값으로 기업이 1주당 벌어들인 이익을 의미한다.
③ ROA(Return On Asset, 총자산이익률) : 기업의 당기순이익을 기업의 총자산으로 나눈 값으로, 기업이 주주의 자본과 금융부채까지를 사용하여 어느 정도의 이익을 올리고 있는지를 나타내는 것이다.

91

| 정답 | ④

| 해설 | 프라이빗 뱅킹(Private Banking)이란 은행이 거액 자산가들을 대상으로 자산을 종합 관리해 주는 고객 서비스를 말한다.
| 오답풀이 |
① 어슈어 뱅킹(Assure Banking) : 보험회사가 은행을 자회사로 설립하거나 은행 업무를 직접 수행하는 것을 말한다.
② 다이렉트 뱅킹(Direct Banking) : 영업점 없이 전화와 온라인으로만 운영되는 전문 온라인 뱅킹이다. 다이렉트 뱅킹은 24시간 영업체제와 백업 시스템을 통한 안전하고 편리한 서비스를 제공할 수 있다는 장점이 있으며, 오프라인 영업점을 보유하지 않음으로써 운영비용을 절감, 더 높은 수신금리를 제시할 수 있다.
③ 타운 뱅킹(Town Banking) : 기존보다 넓은 영역으로 은행 영업을 확대하는 것을 말하며, 대형 슈퍼마켓 체인점에 있는 초소형 은행 지점을 예로 들 수 있다.

90

| 정답 | ②

| 해설 | 방 안의 코끼리란 모두 알고 있지만 누구도 먼저 이야기를 꺼내지 못하는 큰 문제를 비유하는 표현이다. 즉, 방 안에 코끼리가 있는 평범하지 않거나 위험한 상황에서 모두 코끼리가 보이지 않는 척하며 이야기하지 않는 상황이다. 이는 다수가 반대할 것 같은 상황에서 먼저 말을 꺼

92

| 정답 | ①

| 해설 | (가)는 소비, (나)는 외국인의 직접투자, (다)는 재고투자이므로 모두 GDP(국내총생산, 일정 기간 한 국가의 영토 내에서 내·외국인이 새로이 생산한 재화와 서비스 등의 시장가치를 합산한 것)에 포함된다.

| 오답풀이 |
(라)와 (마)는 시장에서 거래된 항목이 아니므로 GDP에 포함되지 않으며, 단순한 부동산 가격 상승에 따른 자본 이득의 경우인 (바)에서는 아무런 생산 과정이 발생하지 않았으므로 GDP에 포함되지 않는다. 만일 해당 부동산에 대해 매매 과정이 발생했다면 이것은 GDP에 포함될 수 있겠지만 단순히 가격 상승에 따른 자본 이득의 증가는 아무런 생산 과정을 동반하지 않으므로 GDP에 포함될 수 없다.

93

| 정답 | ②

| 해설 | (다) 신용카드의 사용도 통화량으로 볼 수 있으므로 신용카드 발급조건을 완화하는 것은 통화량이 증가하는 경우로 볼 수 있다.

(라) 중앙은행이 지급준비율을 인상하면 시중 은행은 보유 금액 중 인상된 금액만큼 중앙은행에 지급 준비금을 더 맡겨야 하므로, 실질적으로 보유한 통화량은 감소하게 된다. 반대로 지급준비율이 인하되면 은행이 보유해야 하는 지급 준비금이 감소하므로 대출을 더 많이 해 줄 수 있고 시중의 통화량은 증가한다.

(마) 중앙은행이 공채를 매입하면 매입 금액을 시장에 지급하기 때문에 통화량이 증가한다.

94

| 정답 | ③

| 해설 | 매몰비용(Sunk Cost)이란 실행 후에 회수할 수 없는 비용을 말하며 '함몰비용'이라고도 한다. 대표적인 예로 기업의 R&D, 광고 비용 등이 있다. 매몰비용 때문에 저지르는 비합리적 의사결정을 '매몰비용 오류(Sunk Cost fallacy)'라고 한다.

| 오답풀이 |
① 한계비용(Marginal Cost) : 생산물을 한 단위 더 생산할 때 추가되는 생산 비용이다.
② 기회비용(Opportunity Cost) : 어떤 행위를 하기 위해 포기해야 하는 다른 기회의 최대가치를 뜻한다.

④ 전환비용(Switching Cost) : 소비자가 현재 쓰고 있는 제품을 경쟁사의 다른 제품으로 전환하는 데 드는 비용이다.

95

| 정답 | ①

| 해설 | 데드크로스(Dead Cross)는 주식시장에서 단기이동평균선이 중장기이동평균선을 뚫고 아래로 내려가는 현상을 말하며, 단기이동평균선이 중장기이동평균선보다 위로 이동하는 골든크로스(Golden Cross)의 반대개념이다. 이는 장기적인 주가의 흐름과 비교할 때 최근의 주가가 하향세임을 의미하므로 주식시장이 약세로 전환됨을 나타내며, 이러한 하락추세가 계속되면 장기이동평균선이 가장 위에 위치하는 역배열이 나타난다.

96

| 정답 | ①

| 해설 | 정보의 비대칭성(Asymmetric information)과 그 결과 나타나는 역선택(Adverse selection)에 대한 설명이다. 정보의 비대칭성이란 경제적 이해관계가 있는 두 당사자 간에 충분한 정보가 한쪽에만 존재하고 다른 한쪽은 그렇지 않은 상황을 말하며, 이 때문에 불리한 선택을 하게 되는 것을 역선택이라고 한다. ①은 메뉴에 대한 정보를 숨김으로써 이득을 취하려는 것이 아니므로 역선택의 사례로 적절하지 않다.

| 오답풀이 |
④ 뷔페식당 주인은 적게 먹는 손님을 선호할 것이다. 어차피 모든 손님에게 동일한 금액을 받게 되는데 당연히 적게 먹는 손님이 방문해야 이익이 더 많이 남기 때문이다. 하지만 주인의 의도와는 달리 실제 뷔페 음식점을 주로 이용하는 손님들은 식성이 좋은 손님일 가능성이 높다. 만약 뷔페 주인이 손님들에 대한 정보를 충분히 갖고 있다면 식성이 좋은 손님들에게는 식당 이용료를 추가로 받을 수 있겠지만 손님들에 대한 충분한 정보를 갖고 있지 못한 식당 주인은 별 수 없이 역선택의 상황에 직면하게 될 가능성이 높다.

97

| 정답 | ①

| 해설 | 국무총리는 대통령의 명을 받아 행정 각부를 통괄하는 대통령의 제1위 보좌기관이다.

98

| 정답 | ①

| 해설 | (가) 百無一失(백무일실)은 무슨 일에든지 실패가 하나도 없음을 뜻하는 사자성어이다.

(나) 12간지 중 원숭이는 9번째 순서이다.

(다) 평창 동계 올림픽은 제23회 동계 올림픽이다.

따라서 100+9+23=132이다.

99

| 정답 | ②

| 해설 | ○ BTS(Back To School)족 : 낮에는 직장에서 일을 하다, 밤에는 대학원이나 인터넷 강의를 이용하여 공부하는 직장인들로, 시간과 비용을 투자하여 업무의 전문성을 키우는 데 주력한다.

○ 샐러던트(Saladent) : '샐러리맨(Salaried man)'과 '스튜던트(Student)'의 합성어로, 직장에 다니면서 따로 시간과 돈을 들여 자신의 업무 및 새로운 분야에 대해 공부하는 사람들을 가리킨다.

| 오답풀이 |

○ 코피스(Coffice)족 : '커피(Coffee)'와 '사무실(Office)'의 합성어로, 커피전문점에서 업무를 보거나 공부를 하는 사람들을 가리키는 말이다.

○ 아우트로족(Outro)족 : 야외를 뜻하는 'Outdoor'와 도시를 뜻하는 'Metro'의 합성어로, 낮에는 직장생활을 하고, 퇴근 후에 취미생활로 레저를 즐기는 직장인을 말한다.

100

| 정답 | ④

| 해설 | 독일의 철학자 프리드리히 니체(Friedrich Nietzsche)는 그의 저서 〈즐거운 지식〉에 기록된 말인 '신은 죽었다(Gott ist tott)'을 통해 가치의 상실에서 오는 허무주의와 이를 극복하는 인간의 의지를 강조하였다.

5회 기출예상문제

문제 226쪽

01	④	02	①	03	④	04	④	05	②
06	②	07	③	08	②	09	③	10	④
11	①	12	③	13	④	14	③	15	②
16	③	17	③	18	①	19	①	20	④
21	④	22	②	23	①	24	①	25	④
26	④	27	③	28	③	29	①	30	②
31	②	32	④	33	①	34	①	35	③
36	①	37	②	38	④	39	③	40	②
41	④	42	④	43	④	44	③	45	④
46	④	47	③	48	④	49	④	50	④
51	③	52	②	53	①	54	①	55	③
56	④	57	①	58	②	59	④	60	③
61	①	62	①	63	①	64	②	65	①
66	③	67	③	68	①	69	③	70	①
71	④	72	④	73	②	74	①	75	②
76	①	77	③	78	①	79	②	80	④
81	③	82	①	83	③	84	④	85	②
86	①	87	①	88	①	89	②	90	④
91	④	92	③	93	③	94	④	95	③
96	②	97	①	98	③	99	②	100	④

1 NCS 직업기초능력평가

01 　문서이해능력　자음축약 적용하기

|정답| ④

|해설| '굳이'가 [구지]로 발음되는 것은 구개음화로, 자음축약에 해당되지 않는다.

02 　문서작성능력　공문서 작성법 파악하기

|정답| ①

|해설| 날짜 표기법은 연, 월, 일이 생략된 부분에 온점을 찍고, 0을 쓰지 않으므로 '2021. 7. 2.'이 올바른 표현이다.

03 　의사표현능력　스트로크 구별하기

|정답| ④

|해설| 스트로크(Stroke)는 내용에 따라 긍정적 스트로크와 부정적 스트로크로 나누고, 조건 형성 여부에 따라 조건부 스트로크와 무조건부 스트로크로 나눌 수 있는데 ④는 행위나 조건에 따라 부정하는 것이 아니라 조건 없이 부정하고 있으므로 부정적 조건부 스트로크의 사례로 적절하지 않다.

04 　문서작성능력　맞춤법 분석하기

|정답| ④

|해설| ⓜ은 경기가 전개되는 과정에 대해 설명하고 있으므로 '진행'이 들어가는 것이 자연스럽다.

|오답풀이|

ⓐ 독점 → 득점

ⓑ 제개 → 재개

ⓒ 샌터 → 센터

ⓓ 정지 → 이동

05 　문서작성능력　독일어 표기법 적용하기

|정답| ②

|해설| Hormon[호르몬]은 자음 앞에 [r]이 와서 '으'를 붙여 적는 경우로 A에 해당되며, Herr[헤어]는 어말에 [r]이 와서 '어'를 적는 경우로 B에 해당한다.

|오답풀이|

① Hormon[hɔrmoːn] 호르몬, Hermes[hɛrmɛs] 헤르메스 둘 다 A에 해당된다.

③ Schiller[ʃilər] 실러는 B의 예에 해당하고 Hamburg[hamburk, −burç] 함부르크는 A의 예에 해당한다.

④ schon[ʃoːn] 숀과 Stadt[ʃtat] 슈타트는 [r]이 없는 단어이므로 A와 B의 예로 적절하지 않다.

06 의사표현능력 신체언어 이해하기

| 정답 | ②

| 해설 | 신체언어는 음성언어나 문자언어로 의사소통을 하지 않고 몸짓, 손짓, 표정 등의 신체 동작으로 의사나 감정을 표현하고 전달하는 것이다. 따라서 몸짓으로 길을 물어본 민지는 신체언어를 사용한 예시에 해당한다.

| 오답풀이 |

① 음성언어의 예시이다.

③, ④ 문자언어의 예시이다.

07 경청능력 효과적인 경청 방법 이해하기

| 정답 | ③

| 해설 | 경청은 단순히 상대방의 말을 듣기만 하는 것이 아니라 상대방이 전달하고자 하는 말의 내용을 이해하고 상대방의 말 속에 숨겨진 동기나 정서에 귀를 기울여 듣고 이해된 바를 상대방에게 피드백하는 적극적인 듣기이다. 따라서 경청을 하기 위해서는 상대방의 말에 대해 적극적으로 질문하며 들어야 한다.

08 문서작성능력 문단의 순서 배열하기

| 정답 | ②

| 해설 | (가)는 식량안보에 대한 개념을 제시하므로 첫 번째로 와야 한다. (다)는 식량안보 위기에 대해 언급하며 (나)는 그에 대한 우리나라의 상황을 설명하므로 (나)는 (다) 뒤에 오는 것이 적절하다. 따라서 글의 순서는 (가)−(다)−(나)이다.

09 문서이해능력 세부 내용 이해하기

| 정답 | ③

| 해설 | 마지막 문장을 보면 2018년 우리나라 옥수수의 식량자급률은 3.3%이다.

10 문서이해능력 세부 내용 이해하기

| 정답 | ④

| 해설 | 마지막 문단의 '전문가들은 비타민 제품을 고를 때 자신에게 필요한 성분인지, 함량이 충분한지, 활성형 비타민이 맞는지 등을 충분히 살펴본 다음 선택하라고 권고한다.'를 통해 시중에 있는 다양한 비타민 제품은 사람마다 다른 효과를 낼 수 있음을 알 수 있다.

| 오답풀이 |

① 과로로 인한 피로가 6개월 이상 지속되면 만성피로로 진단될 수 있다. 따라서 1년 이상 지속된 철수는 만성피로로 진단될 수 있다.

② 만성피로를 내버려두면 면역력이 떨어져 감염병에도 취약해질 수 있다고 했으므로 피로는 독감과 같은 전염병에 걸리기 쉽게 만든다는 것을 알 수 있다.

③ 비타민 B군으로 대표되는 활성비타민은 스트레스 완화, 면역력 강화, 뇌신경 기능 유지, 피부와 모발 건강 등에도 도움을 준다고 하였다.

11 기초연산능력 거리 · 속력 · 시간 계산하기

| 정답 | ①

| 해설 | 평지 속도를 $x\,\mathrm{km/h}$로 두고 식을 세우면 다음과 같다.

$$\frac{2}{0.8x} + \frac{6}{1.2x} + \frac{22}{x} = 2$$

$$x = \frac{59}{4}\,(\mathrm{km/h})$$

12 기초연산능력 배수 계산하기

| 정답 | ③

| 해설 | 상자는 '1-2-3-4-5-6-7-6-5-4-3-2'의 12개를 한 세트로 반복된다.

공	1	2	3	4	5	6	7	8	9	10	11	12
상자	1	2	3	4	5	6	7	6	5	4	3	2
공	13	14	15	16	17	18	19	20	21	22	23	24
상자	1	2	3	4	5	6	7	6	5	4	3	2

즉, 12의 배수인 공에서 한 세트가 끝나 2번 상자에 들어가므로 144번 공이 2번 상자에 들어간다.

공	133	134	135	136	137	138	139	140	141	142	143	144
상자	1	2	3	4	5	6	7	6	5	4	3	2
공	145	146	147	148	149	150						
상자	1	2	3	4	5	6						

따라서 148번 공은 4번 상자에 들어간다.

13 기초통계능력 확률 계산하기

| 정답 | ④

| 해설 | 9월 1일이 맑은 날이고 4일이 맑은 날인 경우는 다음 4가지가 있다.

2일	3일	4일
비가 온 날	비가 온 날	맑은 날

$\frac{1}{4} \times \frac{1}{2} \times \frac{1}{2} = \frac{1}{16}$

2일	3일	4일
비가 온 날	맑은 날	맑은 날

$\frac{1}{4} \times \frac{1}{2} \times \frac{3}{4} = \frac{3}{32}$

2일	3일	4일
맑은 날	비가 온 날	맑은 날

$\frac{3}{4} \times \frac{1}{4} \times \frac{1}{2} = \frac{3}{32}$

2일	3일	4일
맑은 날	맑은 날	맑은 날

$\frac{3}{4} \times \frac{3}{4} \times \frac{3}{4} = \frac{27}{64}$

따라서 9월 4일이 맑은 날일 확률은 $\frac{1}{16} + \frac{3}{32} + \frac{3}{32} + \frac{27}{64} = \frac{43}{64}$ 이다.

14 도표분석능력 자료의 수치 분석하기

| 정답 | ③

| 해설 | 2020년 1 ~ 10월 대만 국적의 한국 관광객 수는 (1,067,873) 중국 국적의 한국 관광객 수의 20%(5,008,775×0.2=1,001,755) 이상이다.

| 오답풀이 |

② 2019년 1 ~ 10월 중국 국적 방한 관광객 수(3,968,977)는 일본, 대만, 미국 국적의 방한 관광객 수 합(2,390,028+939,860+819,093=4,148,981)보다 적다.

④ 1 ~ 10월 동안 일본 국적의 한국 관광객 수는 2019년 대비 2020년에 $\frac{2,757,828-2,390,028}{2,390,028} \times 100 ≒ 15.4$ (%) 증가했다.

15 도표분석능력 자료의 수치 분석하기

| 정답 | ②

| 해설 | 국어에 20% 가중치를 두면 총점이 제일 높은 학생은 승한이다.

(단위 : 점)

영역 학생	국어	수학	영어	탐구	합계
승한	80×1.2=96	84	76	90	346
세영	73×1.2=87.6	90	81	82	340.6
윤지	92×1.2=110.4	73	81	78	342.4
성욱	86×1.2=103.2	80	74	82	339.2

| 오답풀이 |

① 총점으로 두 번째로 높은 학생은 세영이다.

(단위 : 점)

영역 학생	국어	수학	영어	탐구	합계
승한	80	84	76	90	330
세영	73	90	81	82	326
윤지	92	73	81	78	324
성욱	86	80	74	82	322

③ 탐구 반영비율을 절반으로 줄이면 승한, 세영, 윤지가 동점이 된다.

(단위 : 점)

영역 학생	국어	수학	영어	탐구	합계
승한	80	84	76	45	285
세영	73	90	81	41	285
윤지	92	73	81	39	285
성욱	86	80	74	41	281

④ 영어에 40% 가중치를 두면 점수가 두 번째로 높은 학생은 세영이다.

www.gosinet.co.kr gosinet

1회 기출예상문제
2회 기출예상문제
3회 기출예상문제
4회 기출예상문제
5회 기출예상문제
6회 기출예상문제

(단위 : 점)

영역\학생	국어	수학	영어	탐구	합계
승한	80	84	76×1.4 =106.4	90	360.4
세영	73	90	81×1.4 =113.4	82	358.4
윤지	92	73	81×1.4 =113.4	78	356.4
성욱	86	80	74×1.4 =103.6	82	351.6

16 도표분석능력 자료의 수치 분석하기

|정답| ③

|해설| • I의 참여지수, 미디어지수, 커뮤니티지수의 합 :
140,964+1,210,224+1,148,407=2,499,595

• J의 참여지수, 미디어지수, 커뮤니티지수의 합 :
551,004+1,290,024+377,149=2,218,177

|오답풀이|

① F ~ J는 일치하지 않는다.

② A의 커뮤니티지수(3,425,581)는 B와 C의 커뮤니티지수 합(1,374,671+2,091,098=3,465,769)보다 낮다.

④ G의 참여지수와 커뮤니티지수의 합은 브랜드 평판지수의 $\frac{266,628+1,310,006}{3,696,901} \times 100 ≒ 42.6(\%)$ 이다.

17 도표분석능력 평균 점수 계산하기

|정답| ③

|오답풀이| 학생별 평균 점수를 계산하면 다음과 같다.

• 철수 : (84+71+82)÷3=79(점)

• 영희 : (93+62+76)÷3=77(점)

• 동수 : (95+59+83)÷3=79(점)

• 지수 : (87+81+69)÷3=79(점)

• 영서 : (71+76+92)÷3≒79.7(점)

따라서 평균 점수가 가장 높은 학생(A)은 영서, 가장 낮은 학생(B)은 영희이다.

18 도표분석능력 자료의 수치 계산하기

|정답| ①

|해설| 제품별 총점을 계산하면 다음과 같다.

(단위 : 점)

구분	기종	액정 깨진 정도	흠집	개통 여부	총점
A	100	−30	−14	−5	51
B	88	−22	−16	×	50
C	97	−26	−21	×	50
D	85	−24	−17	×	44

따라서 A의 총 점수가 가장 높다.

19 도표분석능력 자료의 수치 분석하기

|정답| ①

|해설| ㄱ. 세 항목 모두 잉글랜드의 수익이 가장 높다.

|오답풀이|

ㄴ. 독일과 프랑스는 아니다.

ㄷ. 이탈리아의 총 수익은 52,300+119,000+20,400= 191,700(만 유로)이다.

20 도표분석능력 자료의 수치 분석하기

|정답| ④

|해설| ㉠ 도시철도 운영기관별 주행거리 천 km당 인력을 구하면 다음과 같다.

• 부산교통공사 : $\frac{3,696}{13,032} ≒ 0.28$(명)

• 서울교통공사 : $\frac{9,115}{21,204} ≒ 0.43$(명)

• 서울도시철도 : $\frac{6,518}{19,501} ≒ 0.33$(명)

• 대구도시철도 : $\frac{2,379}{5,995} ≒ 0.40$(명)

• 인천교통공사 : $\frac{1,244}{3,152} ≒ 0.39$(명)

- 광주도시철도 : $\frac{563}{1,586} ≒ 0.35$(명)

- 대전도시철도 : $\frac{600}{1,736} ≒ 0.35$(명)

따라서 주행거리 천 km당 인력은 서울교통공사가 가장 많고, 부산교통공사가 가장 적다.

ⓒ 도시철도 운영기관별 영업거리 1km당 인력을 구하면 다음과 같다.

- 부산교통공사 : $\frac{3,696}{107.8} ≒ 34.3$(명)

- 서울교통공사 : $\frac{9,115}{137.9} ≒ 66.1$(명)

- 서울도시철도 : $\frac{6,518}{162.2} ≒ 40.2$(명)

- 대구도시철도 : $\frac{2,379}{81.3} ≒ 29.3$(명)

- 인천교통공사 : $\frac{1,244}{29.4} ≒ 42.3$(명)

- 광주도시철도 : $\frac{563}{20.5} ≒ 27.5$(명)

- 대전도시철도 : $\frac{600}{22.6} ≒ 26.5$(명)

따라서 영업거리 1km당 인력이 50명을 넘기는 곳은 서울교통공사뿐이다.

| 오답풀이 |

ⓒ 정원과 영업거리는 비례관계가 성립하지 않으나 정원과 주행거리는 비례관계가 성립한다.

21 사고력 조건을 바탕으로 추론하기

| 정답 | ④

| 해설 | 철수가 뽑을 수 있는 제일 큰 수는 987이고, 영희가 뽑을 수 있는 제일 작은 수는 321이다. 987−321=666, 667>666이므로 667은 나올 수 없다.

| 오답풀이 |

① 철수가 1, 2, 6 영희가 3,4,5를 뽑으면 621−543=78

② 철수가 2, 5, 7 영희가 1,3,4를 뽑으면 752−431=321

③ 철수가 5, 6, 8 영희가 1,3,4를 뽑으면 865−431=434

22 사고력 조건을 바탕으로 추론하기

| 정답 | ②

| 해설 | 세 번째 조건에 따라 A팀과 B팀의 경기에서 A팀은 3골을 넣었고, 네 번째 조건에 따라 A팀은 총 2경기를 하므로 B팀과의 경기에서도 이겼음을 알 수 있다. 따라서 다음 세 가지 경우로 나누어 본다.

1) A : B=3 : 0인 경우

A : C=2 : 1, B : C=2 : 2 경기 결과가 나온다.

2) A : B=3 : 1인 경우

A : C=2 : 1, B : C=1 : 1 or 2 : 2이면 총 10골이 나왔다는 조건에 부합하지 않는다.

3) A : B=3 : 2일 때

A : C=2 : 0, B : C=1 : 1 or 2 : 2이면 총 10골이 나왔다는 조건에 부합하지 않는다.

정리하면 경기 결과는 A : B=3 : 0, A : C=2 : 1, B : C =2 : 2이다.

따라서 B팀은 A팀과의 경기에서 0골, C팀과의 경기에서 2골로 총 2골을 넣었다.

23 사고력 조건을 바탕으로 추론하기

| 정답 | ①

| 해설 | A ~ E의 진술이 각각 참이라고 가정해 본다. 먼저 A가 참일 경우 D의 진술에 의해 E가 피자와 초밥 둘 다 먹은 것이 되어 모순이 발생한다. B가 참일 경우 D의 진술에 의해 D와 E 둘 다 초밥을 먹었다는 모순이 발생한다. C가 참일 경우 모순 없이 A는 피자, B는 해장국, C는 순댓국, D는 치킨, E는 초밥을 먹었다는 것이 성립한다. D가 참일 경우 B의 진술에 의해 A와 C 둘 다 피자를 먹었다는 모순이 발생한다. E가 참일 경우 D의 진술에 의해 B와 E 둘 다 초밥을 먹었다는 모순이 발생한다.

따라서 C가 참인 경우만 성립하므로 A는 피자를 먹었다는 사실을 알 수 있다.

24 사고력 우주인 선정하기

| 정답 | ①

| 해설 | 1차 평가에서 통과되는 사람은 A, B, C이다.

2차 평가에서 통과되는 사람은 A(63+52=115), B(58+56=114), C(61+52=113)중 A, B이다.
마지막으로 3차 평가에서 상황대처능력 점수가 높은 A가 선정된다.

25 문제처리능력 탁구 규칙 적용하기

|정답| ④

|해설| 〈서브〉 규칙 1번에 따르면 코트가 아닌 손에서 16cm 이상 던져 올려야 한다.

|오답풀이|

① 〈득점〉 규칙 1번에 따라 리턴에 실패한 경우에 해당되므로 진범이는 실점을 한다.

② 〈득점〉 규칙 3번에 따르면 예진이가 서브한 공이 바운드 되지 않고 코트를 넘어가면 예진이는 실점을 한다.

③ 〈득점〉 규칙 5번에 따르면 상근이가 라켓을 쥔 손으로 리턴한 공이 상대 코트에 바운드되었으면 실점이 아니다.

26 문제처리능력 자료 이해하기

|정답| ③

|해설| ㉢은 법학이 아닌 의학이 로봇에 적용될 수 있다는 걸 보여준다.

|오답풀이|

㉠ 코로나 감염 여부를 판독하는 데 걸리던 시간을 20초로 단축시켰다.

㉡ AI가 전화 응대를 사람 대신하고 있고 있는 예시이다.

㉣ 앞뒤 문맥에 따라 비방하는 의미를 찾아낼 수 있도록 AI를 고도화했다.

27 문제처리능력 자료 이해하기

|정답| ③

|해설| AI를 활용한 의료용 로봇은 복잡한 진료에 한계가 있다는 이 지문을 보고 알 수 없다. 오히려 다양한 활용 방안이 나와 있다.

|오답풀이|

① AI의 파급력은 인터넷 혁명보다도 강력할 것이기 때문에 정보화 사회보다 더 큰 파급력을 가질 것이다.

② 중국은 2016년부터 매년 천문학적인 규모의 금액을 AI 기술에 투자한다. 따라서 중국의 AI CT 판독 시스템은 2016년부터 이루어진 정책의 결과물 중 하나라고 볼 수 있다.

④ AI 클린봇을 통해 우리나라도 AI를 활용하여 악플을 사전에 차단한다.

28 문제처리능력 보드게임 규칙 이해하기

|정답| ③

|해설| 철수가 가지고 있는 타일의 합은 30 미만인 25이므로 등록을 할 수 없다.

|오답풀이|

① 같은 색깔의 2, 3, 4, 5번 타일의 세트는 색깔이 같고 숫자가 연속되는 숫자의 타일이 3개 이상이므로 '연속'이다.

② 지수가 집은 숫자가 제일 크므로 지수가 먼저 시작한다.

④ 영희는 자기 차례에서 숫자 조합을 1분 안에 완성시켰으므로 다음 차례에 정상적으로 넘어간다.

29 사고력 명제 개념 이해하기

|정답| ①

|해설| ㄱ. 양화사는 '모두'이므로 전칭이고, 계사는 '이다'이므로, A 명제이다.

ㄴ. 양화사는 '대부분의'이므로 특칭이고, 계사는 '이다'이므로, I 명제이다.

ㄷ. 양화사는 '모든'이므로 전칭이고, 계사는 '이다'이므로, A 명제이다.

ㅁ. 양화사는 '어떤'이므로 특칭이고, 계사는 '아니다'이므로, O 명제이다.

|오답풀이|

ㄹ. 양화사는 '어떤'이므로 특칭이고, 계사는 '아니다'이므로, O 명제이다.

30 사고력 문제해결을 위한 사고 이해하기

|정답| ②

|해설| 판촉관리기법 관리자가 업무를 수행하는 데 시장성, 소비경향, 잠재 구매 고객 등을 조사하여 각각의 구체적인 문제해결방법을 분석하여 이를 수행하고자 하는 분석적 사고를 이용하고 있다. 또 소비자의 행동을 분석해 광고 전문가와 전략을 협의하는 등 의견을 수렴하는 사고도 나타나고 있다.

31 물적자원관리능력 5 Force 이해하기

|정답| ②

|해설| 공급자는 구매자(자사)가 제품이나 서비스를 제공할 때 도와주는 기업이나 개인이라 할 수 있다. 공급자의 교섭력이란 공급자가 구매자에게 영향을 미치는 정도를 의미한다. 따라서 공급자의 수가 적을수록 공급자의 교섭력은 강해진다.

32 예산관리능력 직접비용과 간접비용 구분하기

|정답| ④

|해설| 직접비용과 간접비용을 구분하는 기준은 사업에서 제품이나 서비스를 창출하기 위해 직접 소비된 것으로 여겨지는 비용과 사업을 유지하기 위해 필요한 비용이다. 사무용품을 교체하기 위해 들어간 비품비는 사업체를 유지하기 위해 필요한 간접비용이다.

33 물적자원관리능력 합리적인 선택하기

|정답| ①

|해설| 해당 차량은 주행 연비는 좋지만 유지비는 불만족했다. 따라서 유지비가 많이 들지 않다는 적절하지 않다.
|오답풀이|
② A/S의 신속성과 신뢰성 모두 매우 불만족이다.
③ 디자인은 매우 만족인 반면에 실내 공간의 편리성은 매우 불만족이다.
④ 견고함과 회사의 신뢰성 둘 다 만족이다.

34 예산관리능력 금액 계산하기

|정답| ②

|해설| 회원권의 유무에 따라 구매한 가격을 비교하면 다음과 같다.

구분	회원권 없이 구매한 가격	회원권을 가지고 구매한 가격
철수	$1,000 \times 20 + 2,000 \times 40$ $+ 3,500 \times 5 = 117,500$(원)	$117,500 \times 0.9 + 12,000$ $= 117,750$(원)
희정	$1,800 \times 30 + 3,400 \times 20$ $= 122,000$(원)	$122,000 \times 0.9 + 12,000$ $= 121,800$(원)
인호	$1,500 \times 30 + 2,500 \times 20$ $= 95,000$(원)	$95,000 \times 0.8 + 18,000$ $= 94,000$(원)
예린	$2,100 \times 35 + 3,300 \times 4$ $= 86,700$(원)	$86,700 \times 0.8 + 18,000$ $= 87,360$(원)
태훈	$4,200 \times 16 + 6,500 \times 5$ $= 99,700$(원)	$99,700 \times 0.85 + 15,000$ $= 99,745$(원)

따라서 회원권을 구매하는 것이 이득인 사람은 희정, 인호이다.

35 예산관리능력 비품의 단가 계산하기

|정답| ③

|해설| 비품별 단가와 수량, 금액의 합계를 참고하여 계산하면 다음과 같다.

$340,000 = 15,000 + (3,000 \times 20) + 20,000 + (A) + 75,000 + 90,000$

$\therefore (A) = 80,000$

36 인적자원관리능력 인사관리의 원칙 파악하기

|정답| ①

|해설| 조직에서 인사를 관리하는 원칙으로 적재적소의 원칙, 공정 보상의 원칙, 공정 인사의 원칙, 종업원 안정의 원칙, 창의력 계발의 원칙, 단결의 원칙 등이 있다. 글에서 제시된 A 기업은 최소한 월급을 밀리지 않게 제때에 지급하였으며 조직의 믿음은 자부심과 책임감으로 이어지는 선순환이 되었다. 이와 같은 인사관리의 원칙은 종업원 안정의 원칙으로 ①에 해당한다.

1회 기출예상문제 2회 기출예상문제 3회 기출예상문제 4회 기출예상문제 5회 기출예상문제 6회 기출예상문제

37 시간관리능력 시간 활용 방법 파악하기

| 정답 | ②

| 해설 | 고성과자는 보통성과자와 달리 고객/파트너와의 직접 대면 시간에 많은 비중을 두고 있다. 오히려 직접 대면을 위한 준비 시간은 보통성과자가 더 많지만 그 만큼의 시간을 고성자는 직접 대면에 할애한 것으로 볼 수 있다.

38 물적자원관리능력 생산공정방법 이해하기

| 정답 | ④

| 해설 | 라인 밸런싱은 제조 공정을 합리적으로 결정하는 문제로 라인을 구성하는 각 공정 간의 균형을 어떻게 최적으로 하는 것으로, 제조 공정 중에서 각각의 공정 역할 분담을 고르게 나누어 줌으로써 최대의 생산 효율을 높이는 것이다.

39 인적자원관리능력 조건에 맞는 사원 선발하기

| 정답 | ③

| 해설 | 〈K 기업 채용 조건〉에 따라 지원자들의 점수를 계산하면 다음과 같다.

(단위 : 점)

구분	토익	한국사능력검정시험 1급	경력/신입	합계
최우혁	5	–	4	9
김선호	10	5	–	15
김다은	10	5	–	15
이지혜	–	5	–	5

김선호와 김다은이 15점으로 동점이지만, 김다은이 컴퓨터 활용능력 1급을 소지했으므로 최종 합격자는 김다은이다.

40 물적자원관리능력 조건에 맞는 상품 찾기

| 정답 | ②

| 해설 | 〈조건〉과 〈보기〉에 따라 각 제품의 점수는 다음과 같다.

(단위 : 점)

구분	제작기간과 배달기간의 합	최종 구매 금액	불량률	개당 금액	할인	가점	총점
EV301	1	3	1	3	2	없음	10
EV302	1	0	1	0	2	없음	4
EV303	1	1	0	2	0	있음	4.8
EV304	3	0	1	0	3	없음	7
EV305	0	3	2	3	1	있음	10.8

최종 구매 금액은 EV301제품은 3,141,600원으로 3점, EV302제품은 4,158,000원으로 0점, EV303제품은 3,864,000원으로 1점, EV304제품은 4,641,000원으로 0점, EV305제품은 3,091,200원으로 3점이다.

따라서 가장 높은 점수를 받은 제품 2개는 EV301, EV305이다.

41 체제이해능력 커뮤니케이션 과정 모델 이해하기

| 정답 | ④

| 해설 | 섀넌과 위버가 제시한 커뮤니케이션 모델은 정보원이 보낸 메시지가 채널을 통과하여 목적지로 가야한다. 이때 메시지는 일반적인 형태로 채널을 통과할 수 없다. 그래서 송신기에서 메시지를 신호의 형태로 변환하여 채널에 보낸다. 채널을 통과한 메시지가 목적지에 도달하기 위해서는 채널에서 변환된 신호를 해독해야 하는데 이 역할을 송신기가 한다.

42 체제이해능력 고성과 인사시스템 이해하기

| 정답 | ④

| 해설 | 조직이 높은 성과를 내기 위해서는 동기부여, 시스템, 역량 등이 활용될 수 있다. 각 요소들이 상호 연계될수록 고성과로 이어진다고 할 수 있다. 역량은 조직구성원의 모집과 선발, 교육훈련에 해당하는 사항이다. 조직문화는 시스템(ⓒ)에 해당한다.

보충 플러스+

- 동기부여 : 비전 제시, 상호존중, 권한이양, 보상, 승진 등
- 시스템 : 평과(성과관리), 직무설계 및 배치, 조직구조, 조직문화, 정보시스템, 내·외부 환경
- 역량 : 모집, 선발, 교육훈련

43 체제이해능력 조직진단 절차 이해하기

| 정답 | ④

| 해설 | (가)에 들어갈 말은 '예비 진단'이 적절하다.

44 체제이해능력 저층 조직구조 이해하기

| 정답 | ③

| 해설 | 조직구조는 계층의 수에 따라 고층구조와 저층구조로 나눌 수 있다. 바뀌기 전 조직은 계층의 수가 많고 경사가 급한 고층구조이고 바뀐 조직구조는 계층의 수가 적고 완만한 경사를 이루는 저층구조라고 할 수 있다. 일반적으로 계층의 수와 통솔범위는 반비례한다고 할 수 있다. 저층구조는 통솔범위가 넓기 때문에 권한의 위임이 증가하여 분권화를 촉진할 수 있다.

보충 플러스+

고층구조와 저층구조의 장단점

구분	장점	단점
고층구조	• 면밀한 감독 • 철저한 통제 • 신속한 의사결정	• 상사의 과도한 업무 간섭 • 환경변화에 느린 대처
저층구조	• 권한위임으로 민주적 의사결정 • 환경변화에 빠른 대처	• 상사의 통제력 상실 우려 • 상급자의 업무과중

| 오답풀이 |

①, ②, ④ 바꾸기 전 구조인 고층구조에 대한 설명이다.

45 체제이해능력 부서 수행 업무 파악하기

| 정답 | ④

| 해설 | 경영기획의 업무에는 사업 및 경영전략 기획, 경영혁신, 신사업전략, 조사연구, 신규 비즈니스 발굴 등의 업무가 포함된다.

| 오답풀이 |

① 재경 담당의 수행업무에 해당한다.

② 해외영업 담당의 수행업무에 해당한다.

③ 경영지원 담당의 수행업무에 해당한다.

46 경영이해능력 벤치마킹의 4대 원칙 이해하기

| 정답 | ④

| 해설 | (가)는 측정의 원칙, (나)는 유추의 원칙, (다)는 타당성의 원칙, (라)는 호혜성의 원칙이다.

47 업무이해능력 업무수행 시트 이해하기

| 정답 | ③

| 해설 | 제시된 업무수행 시트는 간트 차트이다. 간트 차트는 목적과 시간의 두 기본적 요소를 이용하여 만드는 그래프로, 주로 공정 관리 등에 쓰인다. 간트 차트를 사용하면 단계별로 소요되는 시간과 각 업무활동 사이의 관계를 한눈에 확인할 수 있다.

| 오답풀이 |

① 일의 흐름을 동적으로 보여 주는 업무수행 시트는 워크플로 시트이다.

② PERT/CPM 차트는 프로젝트를 수행하기 위한 세부 활동과 그 세부 활동들의 연관성을 분석하고 그를 통해 프로젝트에 요구되는 사항들을 예측하기 위해 쓰인다.

④ 각 활동별로 기대되는 수행수준을 달성했는지를 보여 주는 업무수행 시트는 체크리스트이다.

48 국제감각능력 소개 매너 이해하기

| 정답 | ④

| 해설 | 서열과 직위를 고려한 소개의 순서는 다음과 같다.

1. 나이 어린 사람을 연장자에게 소개한다.

2. 내가 속해 있는 회사의 관계자를 타 회사의 관계자에게 소개한다.

3. 신참자를 고참자에게 소개한다.

4. 동료직원을 고객, 손님에게 소개한다.

따라서 적절하지 않은 것은 ④이다.

49 체제이해능력 조직 체제 구성요소 이해하기

|정답| ②

|해설| ㄱ. 조직의 목표는 조직이 달성하고자 소망하는 상태를 말한다. 조직의 목표는 조직활동의 방향을 제시하고 현재 활동에 실질적 영향을 미친다.

ㄹ. 조직의 규칙 또는 규정은 조직 구성원들에게 행동의 범위를 설정해 주고 조직 구성원들의 행동에 일관성을 부여하는 역할을 한다.

|오답풀이|

ㄴ. 조직의 구조는 조직 구성원의 유형화된 교호작용을 말한다. 조직 내의 부문 사이에 공유되는 생활양식과 가치는 조직의 문화이다.

ㄷ. 조직도는 체계가 짜여 있는 단체의 직위 상하관계, 부서별 구성내용 등을 한눈에 살펴볼 수 있도록 그림으로 나타낸 표 서식이다. 이를 통해서는 대략적인 조직에서의 위치나 직무에 따른 역할 등을 파악할 수 있으나 일하는 장소는 알 수 없다.

50 경영이해능력 조직 성장을 위한 원칙 알기

|정답| ④

|해설| 제시된 글은 회사를 무조건적으로 성장시키기보다는 내면을 들여다보는 시간을 통해 성장에 대해 결정해야 한다고 주장한다. 따라서 '스스로에게 자문하면서 성찰해야 한다.'는 원칙을 강조하고 있다고 볼 수 있다.

2 일반상식

51

|정답| ③

|해설| 신석기 시대는 계급이 없는 평등사회였다. 이후 청동기 시대에 신석기 시대보다 농경과 목축이 더 발달하면서 사유 재산이 생겨나고 빈부의 격차가 발생하였다.

52

|정답| ②

|해설| 위만 왕조(위만 조선)는 중국의 전국시대 혼란기와 진·한 교체기에 고조선으로 이주한 세력으로 중국계 유민과 토착민이 연합된 국가이다. 철기문화를 적극적으로 수용하여 주변지역을 정복하고 중계무역을 통해서 경제적으로 막대한 이익을 취했다.

|오답풀이|

① 부여에 관한 설명이다.

③ 부여의 1책 12법에 대한 설명이다. 고조선의 8조법에는 남의 물건을 훔친 자는 노비로 삼되, 용서를 받으려는 자는 돈 50만 전을 내게 했다.

④ 고구려에 대한 설명이다.

53

|정답| ①

|해설| ㉠ 신라의 법흥왕은 중앙 집권 국가 체제 확립을 위해 율령을 반포하고 관리의 공복을 제정하였으며 군사력을 담당하는 병부를 설치했다.

㉡ 귀족들의 반대로 공인되지 않고 널리 퍼지지 못했던 불교를 이차돈의 순교를 계기로 공식적으로 수용(527)하였다.

|오답풀이|

㉢ 진흥왕은 새로 개척한 땅에 순수비를 세웠는데 현재까지 4개(창녕, 북한산, 황초령, 마운령)가 전해진다.

㉣ 지증왕은 이사부로 하여금 우산국(울릉도)을 복속하게 하고 해마다 공물을 받았다(512).

54

|정답| ①

|해설| 당나라에서 유학을 마치고 국내로 들어와 신라 골품제의 모순을 비판하고 새로운 정치이념을 제시한 세력은 6두품이다.

55

|정답| ③

|해설| 고려 광종은 건국 초기에 직면한 정치적 어려움을 강력한 왕권의 확립으로 해결하려 하였다. 특히 노비안검법의 시행으로 귀족들은 경제적·군사적 기반을 상실하게 되었다.

56

|정답| ④

|해설| 고려 후기에 작성된 역사서에는 사회적 혼란과 몽골의 침략을 겪은 뒤 민족적 자주 의식을 바탕으로 전통문화를 올바르게 이해하려는 경향이 대두되었다. 『해동역사』는 조선 후기 한치윤에 의해 편찬된 역사서이다.

57

|정답| ①

|해설| 15세기 조선 초기 문화를 주도한 관료와 학자는 성리학을 국가 이념으로 삼았으나 성리학 이외의 사상이나 학문도 부국강병과 민생안정에 도움이 된다고 생각하였다. 소중화 의식은 17세기 중국 명(明)의 멸망 이후 중화 문명을 계승했다는 인식을 나타내는 개념이다.

58

|정답| ②

|해설| 정조는 왕실의 도서관의 기능을 하고 있던 규장각을 붕당의 비대화를 막고 왕권을 강화할 수 있는 강력한 정치 기구로 육성하였다.

59

|정답| ④

|해설| 대한민국 임시정부는 1919년 3.1 만세 운동 이후 조직적으로 독립운동을 추진하고 독립 전후로 독립 국가를 구성하기 위해 설립된 정부이다.

60

|정답| ③

|해설| 제2대 국회의원 선거에서 당시 대통령인 이승만에 반대하는 세력이 대거 당선되어 더 이상 국회에서 간선제를 통한 대통령 당선이 어려워지자 이승만 정부는 야당 의원들을 감금하고 직선제로 바꾸는 개헌안을 제출, 통과시키는 발췌개헌을 단행하였다.

|오답풀이|

① 박정희가 대통령을 3번 하기 위해 실시한 개헌이다.

② 현행 헌법으로 5년 단임 직선제를 위해 실시한 개헌이다. 다만 최초의 직선제 개헌에는 해당하지 않는다.

④ 초대 대통령에 한하여 중임 제한 조치를 폐지하였다.

61

|정답| ①

|해설| 정종은 고려 말 최고의 행정 기관이었던 도평의사사를 폐지하고 의정부를 설치하였다. 따라서 ①은 태조의 업적으로 적절하지 않다.

|오답풀이|

② 도첩제는 승려가 출가했을 때 국가가 허가증을 발급하여 신분을 공인해 주던 제도로, 태조는 억불숭유 정책을 표방하면서 도첩제를 실시하였다.

③ 태조는 고려의 수도였던 개경에서 한양으로 수도를 옮겼다.

⑤ 태조는 조선 초기 군령과 군정을 총괄하던 관서인 의흥삼군부를 설치하였다.

62

|정답| ①

|해설| 〈징비록〉은 조선 중기의 문신 유성룡이 임진왜란 동안에 경험한 사실을 기록한 책이다. 임진왜란 이후 인조는 풍흉에 관계없이 일정한 전세율을 적용하는 영정법을 시행하였으며 특산물 대신 쌀로 공납을 하는 대동법을 확대 실시하였다.

| 오답풀이 |

② 임진왜란 이후 전시 상황에서만 운영되던 임시 기관인 비변사의 기능이 강화되었고 이에 따라 의정부의 기능이 축소되었다.

③ 임진왜란 이후로 국가가 주도해 왔던 관영 수공업 체제가 무너지며 큰 자본을 가진 상인들이 주도하는 민간 수공업이 발달하였다.

④ 임진왜란 이후로 서당이 전국적으로 보급되면서 양반 자제들뿐 아니라 시민의 자식들까지 입학하여 천자문을 배우는 등의 교육열이 뜨거워졌으며, 풍속화와 민화 등의 서민문화가 발달하였다.

63

| 정답 | ①

| 해설 | 한성(위례성)은 1대 온조왕이 건국할 때부터 개로왕이 전사할 때까지 백제의 도읍지로 한강 유역에 자리 잡아 한강을 따라 중국의 사신과 왕래할 수 있었다. 이후 고구려 장수왕의 남하정책으로 개로왕이 전사하면서 웅진(공주)으로 천도하였다. 웅진은 개로왕이 죽은 뒤 문주왕이 천도한 곳으로 금강유역에 자리 잡았다. 하지만 웅진성 앞의 금강이 바다와 연결되지 않아 무역을 하기에 많은 불편이 있었다. 이에 성왕은 백제의 중흥을 위해 사비(부여)로 천도한 뒤 국호를 백제에서 남부여로 개칭하였다.

따라서 백제의 천도 과정은 한성 → 웅진 → 사비 순이다.

64

| 정답 | ②

| 해설 | 병인양요, 신미양요뿐만 아니라 오페르트를 비롯한 서양인들이 흥선 대원군의 아버지인 남연군의 무덤을 도굴하려다 실패하고 달아난 사건 등은 조선에서 서양인에 대한 배척 기운을 더욱 거세지게 하였다. 이에 흥선 대원군은 통상 수교 거부 정책을 내용으로 하는 척화비를 세웠다.

진주 농민 봉기는 조선 철종 때 진주에서 관리들의 횡포에 저항하며 농민들이 일으킨 봉기이다.

65

| 정답 | ①

| 해설 | 제시된 글은 대한 매일 신보에 실린 국채 보상 운동의 취지문 중 일부이다. 국채 보상 운동은 일본에 진 빚을 국민의 힘으로 갚기 위해 전개된 경제적 항일 운동이었다.

66

| 정답 | ③

| 해설 | '뒤꼍'은 집 뒤에 있는 뜰이나 마당을 뜻하는 말이다.

| 오답풀이 |

① '총각무'가 올바른 표기이다.

② '콧방울'이 올바른 표기이다.

④ '헝겊'이 올바른 표기이다.

67

| 정답 | ③

| 해설 | 단음절로 된 단어가 연이어 나타날 적에는 붙여 쓸 수 있다. 따라서 '그때 그곳'은 적절한 표기다.

| 오답풀이 |

① 일정하게 굳어진 말투나 본새, 방식을 나타내는 '식(式)'은 의존 명사이므로 띄어 써야 한다. 따라서 '농담 식으로'가 알맞다.

② '-여(餘)'는 '그 수를 넘음'의 뜻을 더하는 접미사이므로 앞말과 붙여 써야 한다. 따라서 '한 시간여를'이 알맞다.

④ 문맥상 '모(某)'는 '어떤'의 뜻을 나타내는 관형사이므로 앞말과 띄어 써야 한다. 따라서 '모 소식통'이 알맞다.

68

| 정답 | ①

| 해설 | 〈보기〉에서 설명하는 품사는 의존명사이다. '자루'는 앞에 오는 명사의 수량 단위를 나타내는 의존 명사로, 수 관형사 다음에 쓰인다.

| 오답풀이 |

② 명사, ③ 대명사, ④ 관형사에 해당한다.

69

|정답| ③

|해설| 교정(矯正)은 '틀어지거나 잘못된 것을 바로잡음'의 의미로 밑줄 친 부분의 한자어로 적절하다.

|오답풀이|

① 교정(敎正)은 '가르쳐서 바르게 함'을 뜻한다.

② 교정(校正)은 '교정쇄와 원고를 대조하여 오자, 오식, 배열, 색 따위를 고침'을 뜻한다.

④ 교정(校庭)은 '학교 마당이나 운동장'을 의미한다.

70

|정답| ①

|해설| 〈보기〉는 음절의 끝소리 규칙에 대한 설명으로 음절의 끝소리는 'ㄱ, ㄴ, ㄷ, ㄹ, ㅁ, ㅂ, ㅇ'의 일곱 개 대표음으로 실현된다는 것이다. 이러한 현상이 일어나는 예로 가장 적절한 것은 '겉옷[걷옫→거돋]'이다.

|오답풀이|

② 유음화, ③ 구개음화, ④ 'ㄴ' 첨가에 대한 예이다.

71

|정답| ④

|해설| '쉬는 게 제일이다'의 '제일'은 '여럿 가운데서 첫째가는 것'이라는 의미로 명사에 해당한다.

|오답풀이|

①, ②, ③ 모두 부사에 해당한다.

72

|정답| ④

|해설| '누구'는 '잘 모르는 사람'을 가리키는 인칭 대명사다. 인칭 대명사는 지시 대상에 따라 각각 1인칭, 2인칭, 3인칭 대명사로 나뉜다. 또한 특정 인물을 지시하느냐에 따라 미지칭, 부정칭 대명사로 나뉘며, 그 외에 주어 명사를 반복하는 재귀 대명사가 있다.

73

|정답| ②

|해설| 'ㅎ' 탈락은 용언의 활용 과정에서만 인정되며, 명사에서 'ㅎ'을 탈락시켜 발음하는 것은 잘못된 경우이다. 따라서 철학[철학]으로 발음해야 한다.

74

|정답| ①

|해설| 수필에 대한 내용이다.

|오답풀이|

② 소설 : 사실 또는 작가의 상상력에 바탕을 두고 허구적으로 이야기를 꾸며 낸 산문 양식

③ 기행문 : 여행하면서 보고, 듣고, 느끼고, 겪은 것을 적은 글

④ 희곡 : 공연을 목적으로 하는 연극의 대본

75

|정답| ②

|해설| 문맥상 '재물이나 기술, 힘 따위가 모자라다'는 의미이므로 '달린다'가 들어가는 것이 적절하다.

|오답풀이|

① • 닫히다 : '닫다'의 피동사

• 닫치다 : 열린 문짝, 뚜껑, 서랍 따위를 세게 닫다.

③ • 늘이다 : 본디보다 더 길게 하다.

• 늘리다 : 물체의 넓이, 부피 따위를 본디보다 커지게 하다.

④ • 데우다 : 식었거나 찬 것을 덥게 하다.

• 덥히다 : '덥다'의 사동사. 또는 마음이나 감정 따위를 푸근하고 흐뭇하게 하다.

76

|정답| ①

|해설| '바로 며칠 전'을 뜻하는 어제그저께의 준말은 엊그저께이고, 어저께는 어제와 함께 '오늘의 바로 하루 전날'을 뜻하는 복수표준어이다.

77

|정답| ③

|해설| 제시된 시는 조지훈의 '승무'이다. 조지훈은 박목월, 박두진과 함께 『청록집』을 간행하여 청록파로 불린다.

78

|정답| ①

|해설| 형태소에 해당하는 것은 '구름'이다.

|오답풀이|

각 선택지의 형태소는 다음과 같다.

② 해님 : 해＋님

③ 묻히다 : 묻＋-히-＋-다

④ 많이 : 많＋-이

79

|정답| ②

|해설| 한 자는 약 30.3cm로 석 자는 약 90cm이다. '내 코가 석자'는 자신의 코가 길기 때문에 남을 돌볼 여유가 없다는 의미이다.

80

|정답| ④

|해설| • 나루터 : 뒷말이 된소리나 거센소리로 시작되면 사이시옷을 표기하지 않는다.

• 화병 : 한자어와 한자어 사이일 때는 사이시옷을 표기하지 않는다.

• 도맷값, 시냇물 : 한자어와 고유어, 고유어와 고유어 사이일 때 사잇소리가 나면 이를 밝혀 적는다.

81

|정답| ③

|해설| 바터무역이란 특정 상품의 교환을 통한 두 나라의

무역을 말한다. 물물교환을 하는 경우 두 나라에서 대차의 차액을 발생하지 않고 무역을 행할 수 있는데, 이러한 방식은 '바이백(buy-back)'과 '구상무역방식'으로 구분된다. 이중 무엇을 팔았다가 다시 되사들이는 행위를 지칭하는 용어는 '바이백'이다.

|오답풀이|

① 스위치무역 : 매매계약과 상품의 수출입은 당사자 간에 이루어지나 대금결제는 제3국 또는 제4국 간의 상사를 통해 이루어지는 것을 말한다.

② 스트랭글(Strangle) : 거래가의 변동 폭이 클 것을 예상하여 행사가가 다른 콜 옵션과 풋 옵션을 동시에 매수 혹은 매도하는 옵션계약의 전략을 의미한다.

④ 유상소각 : 회사가 자본금으로 주주에게 자사의 주식을 유상 매입한 후 그 주식을 없애 주식의 수를 줄이는 것을 의미한다.

82

|정답| ①

|해설| 침묵의 나선 이론은 한 의견에 대한 자신의 의견이 권력자나 대중 매체에 의해 다수의 의견임이 확인되면 적극적으로 의견을 표출하고, 반대로 소수의 의견인 경우에는 사회적 고립의 공포에 의해 의견을 표출하지 않고 침묵을 지키게 되면서 힘을 잃게 되는 과정을 통해 다수의 지배적 의견(여론)이 형성되는 것을 의미한다.

|오답풀이|

② 스미스의 역설(Smith's Paradox) : 사용 가치가 큰 상품은 교환 가치가 작고, 반대로 사용 가치가 작은 상품은 교환 가치가 큰 이율배반적 현상을 이르는 말로, 스미스가 《국부론》에서 처음 사용한 말이다.

③ 공정한 세상 가설(Just-world Hypothesis) : 세상은 공평하다는 가정하에 상황을 분석하는 사회심리로, 이 때문에 모든 사건에는 인과관계가 있고, 부당한 사건에 대해 피해자에게도 사건의 책임이 있을 것으로 판단하게 된다는 이론이다.

④ 라플라스의 악마(Laplace's Demon) : 만일 우주에 있는 모든 원자의 정확한 위치와 운동량을 알고 있는 존재가 있다면 운동 법칙에 의해 과거와 현재의 모든 현상을 설명하고, 모든 미래를 예측할 수 있다는 내용의 가설이다.

1회 기출예상문제
2회 기출예상문제
3회 기출예상문제
4회 기출예상문제
5회 기출예상문제
6회 기출예상문제

83

| 정답 | ③

| 해설 | 골든 라즈베리 상(Golden Raspberry Awards)은 그해 최고의 영화를 선정하는 아카데미상 시상식 하루 전에 풍자를 목적으로 개최되는 그해 최악의 영화를 선정하는 미국의 영화 시상식이다.

84

| 정답 | ④

| 해설 | 우리나라 주식시장은 유가증권시장, 코스닥(KOSDAQ) 시장, 프리보드(Free Board, 종전 제3시장) 등이 있다. 코스피(KOSPI)는 한국 종합 주가 지수를 말한다.

85

| 정답 | ②

| 해설 | 제노포비아(Xenophobia)는 낯섦, 이방인의 뜻을 가진 제노(xeno)와 싫어하고 기피한다는 뜻의 포비아(phobia)를 합성한 말로 외국인 기피증을 의미한다. 자기와 다르다는 이유로 상대를 경계하는 심리와 행동을 보이며, 실업률 증가 등 사회문제의 원인을 외국인에게 전가시키는 현상이 증가하고 있다.

| 오답풀이 |

① 네오러다이트(Neo-Luddite) : 반기술과 인간성 회복을 주창하며 첨단 과학기술 문명을 반대하는 기계파괴 운동을 말하며 뉴러다이트라고도 한다. 19세기 초 실업과 빈곤에 시달리던 영국 노동자들이 반기를 들고 일어났던 기계 파괴운동인 러다이트에서 유래하였다.

③ 오버투어리즘(Overtourism) : 수용 가능한 범위를 넘어서는 관광객이 관광지에 몰려들면서 관광객이 도시를 점령하고 주민들의 삶을 침범하는 현상을 말한다.

④ 노모포비아(Nomophobia) : 휴대전화가 가까이 없으면 불안감을 느끼는 증상으로 노 모바일 포비아(No Mobile-Phobia)의 줄임말이다.

86

| 정답 | ①

| 해설 | 아폴로 신드롬(Apollo syndrom)은 아폴로 우주선 제작처럼 어려운 일수록 우수한 인재가 필요하며 더 높은 성과를 낼 것으로 기대되지만, 오히려 자신의 이익이나 주장을 관철하다가 합의를 찾지 못해 성과를 내지 못하는 현상을 가리킨다.

| 오답풀이 |

② 스톡홀름 신드롬(Stockholm syndrom) : 납치범 또는 강도에게 붙잡혀 있던 인질이 자신을 잡고 있는 인질범에게 오히려 연민이나 호감을 느끼는 현상을 말한다.

③ 쿠바드 신드롬(Couvade syndrom) : '알을 낳다'라는 뜻의 프랑스어 'couver'에서 유래한 말로, 임신한 배우자를 둔 남편이 마치 자신도 임신을 한 것처럼 아내의 여러 가지 신체적 고통을 함께 느끼는 현상을 말한다.

④ 피터팬 신드롬(Peter pan syndrom) : 성인이 된 후에도 어른들의 사회에 적응하지 못하고 어린이의 심리 상태에 머무르고자 하는 심리적 현상을 말한다.

87

| 정답 | ①

| 해설 | 수요곡선은 다른 조건이 불변이란 가정하에 가격과 수요량의 관계를 나타내는 곡선으로 가격의 변화는 수요곡선상의 이동으로 나타난다.

| 오답풀이 |

②, ③, ④ 수요에 영향을 미치나 불변이라고 가정된 조건들, 즉 가격 외에 다른 재화의 가격, 소득의 변화 및 소득분포의 변화(소비성향이 높은 저소득계층으로 소득의 이전), 인구 증가, 기호의 변화, 날씨의 변화들이 변하면 수요곡선이 이동한다.

88

| 정답 | ①

| 해설 | 무차별곡선은 두 재화 간의 대체가 어려울수록 L자의 형태에 가까운 볼록한 모양을 가지게 된다.

89

|정답| ②

|해설| 제시문은 집이나 집 인근에 머물며 휴식을 취하는 사회 현상인 스테이케이션에 관해 설명하고 있다. 신(新) 코쿠닝(Cocooning)이란 누에고치(cocoon)의 모습처럼 위험한 외부 세상에서 도피해 자신만의 안전한 공간에 머물려는 코쿠닝 현상에서 발전된 말로, 사회와 단절되어 은둔하며 집 안에 침거하는 것이 아니라 집에 머물며 충분한 안정을 취하고 다양한 활동을 즐기는 것을 말한다. 스테이케이션과 신 코쿠닝은 모두 집 안에서의 삶과 정서적 안정을 중시한다는 공통점을 지닌다.

|오답풀이|

① 템플스테이(Temple stay) : 전통사찰에 머물며 예불, 참선, 발우공양 등 사찰의 일상을 체험하고 한국 불교의 전통문화를 경험하는 프로그램이다.

③ 조이풀 트레인(Joyful train) : 고객들이 여행을 더욱 편안하게 즐길 수 있도록 차내를 객실과 살롱 등으로 구성한 기차를 말한다.

④ 팜스테이(Farm stay) : 농장이라는 뜻의 'farm'과 머문다는 뜻의 'stay'의 합성어로, 농가에서 숙박하며 농촌을 체험하고 농촌 문화를 접하는 활동을 말한다.

90

|정답| ④

|해설| 현행 헌법상 의원내각제적 요소로는 국무총리, 국무회의, 의회의 국무위원 해임건의제, 국무위원의 부서, 정부의 법률안 제출권, 국무총리 등의 국회출석 발언권, 국무총리 등의 국회출석요구권, 각료의 의원겸직 가능, 국회에 의한 대통령 결선투표, 국무총리에 대한 국회의 임명동의권, 정부의 임시집회요구권 등이 있다.

91

|정답| ④

|해설| 판문점선언의 내용으로는 남북 관계의 전면적이며 획기적인 개선과 발전 이룩(남북공동연락사무소 개성에 설치), 민족 분단으로 발생된 인도적 문제를 시급히 해결(이산가족 상봉), 군사적 긴장상태를 완화하고 전쟁 위험을 실질적으로 해소(연내 종전 선언), 항구적이며 공고한 평화체제 구축(핵 없는 한반도 실현) 등이 있다.

92

|정답| ②

|해설| 완전경쟁시장의 일반균형에서 각 생산자의 이윤은 0이 된다.

93

|정답| ③

|해설| 법정지급준비율의 변동은 중앙은행으로부터 자금이 공급되거나 중앙은행으로 자금이 환수되는 것이 아니므로 본원통화에 영향을 주지 못한다. 다만, 은행의 신용창조에만 영향을 주어 통화승수를 변동시킬 뿐이다.

|오답풀이|

① 중앙은행은 정부의 금융적 대행기관이므로 정부자금의 변동도 본원통화의 결정요인이 된다.

② 수출이나 외화송금 등이 증가하여 중앙은행의 외환보유고가 증가하게 되면 그에 해당하는 중앙은행권이 시중에 풀려나가게 되므로 본원통화는 증가하게 된다.

④ 일반은행의 여ㆍ수신변동도 중앙은행의 여신활동에 따라 크게 좌우되므로 본원통화의 결정요인에 포함된다.

94

|정답| ③

|해설| 지문은 부가가치세에 관한 내용으로 부가가치세의 세율은 10퍼센트이다(부가가치세법 제30조).

95

|정답| ③

|해설| 피구세는 공권력에 의해서 환경재 이용에 대한 대가를 그 지장에 상응하는 만큼 치르게 하여 환경재의 남용을 막기 위한 것이다.

96

|정답| ②

|해설| 제시된 설명은 스네이크 체제에 대한 것이다.

|오답풀이|

① 킹스턴 체제 : 각국이 환율제도를 자유롭게 선택할 수 있도록 한 체제를 말한다.

③ 브레턴우즈 체제 : 미국 달러화를 기축통화로 금 1온스를 35달러에 고정시켜 통화가치 안정을 꾀하는 환율체제이다.

④ 스미소니언 체제 : 1971년 브레턴우즈 체제의 붕괴 이후 캐나다, 프랑스, 독일, 일본, 미국 등 선진 10개국 재무장관들이 워싱턴 스미소니언 박물관에 모여 체결한 환율체제를 말한다.

97

|정답| ①

|해설| 국제사면위원회는 언론과 종교의 자유에 대한 탄압과 반체제 인사들에 대한 투옥 및 고문행위를 세계 여론에 고발하고, 정치범의 석방과 필요한 경우 그 가족들의 구제를 위해 노력하는 국제기구이다.

|오답풀이|

② 국제노동기구 : 노동조건을 개선하여 사회정의를 확립하고 나아가 세계평화에 공헌하기 위하여 설립된 국제기구이다.

③ 국제해사기구 : 항로 · 교통 · 항만시설의 국제적 통일을 위한 기구이다.

④ 국제원자력기구 : 원자력의 평화적 이용을 위한 연구와 국제적인 공동관리를 위하여 설립된 국제기구이다.

98

|정답| ③

|해설| 제시문의 광고문구는 국내 최초의 스왑(Swap) 광고인 ○○그룹의 자동차와 익서스 디지털 카메라의 혼합 광고이다. 스왑 광고란 하나의 짧은 광고시간 안에 두 개 이상의 브랜드가 본연의 이미지를 고수하면서 각자의 독립성을 맞교환하는 방식으로 제작하는 새로운 광고기법이다.

|오답풀이|

① 타이업(Tie-up) 광고 : 두 사람 이상의 광고주가 공동으로 광고 전개를 하는 것으로 같은 경비로 보다 넓고 강력하게 광고를 전개할 수 있다.

② 애드버토리얼(Advertorial) : 광고를 뜻하는 advertisement와 편집 기사를 뜻하는 editorial의 합성어로 신문광고나 잡지광고에서 언뜻 보기에 편집 기사처럼 만들어진 논설 또는 사설 형식의 광고를 말한다.

④ 시즐(Sizzle) 광고 : 스낵을 씹는 소리, 병 따는 소리 등 소리를 통해 제품의 감각을 자극하는 이미지 광고이다.

99

|정답| ②

|해설| (가) 편집숍은 적게는 두 개에서 많게는 수십 가지의 브랜드 제품을 구비하여 소비자가 자신의 취향에 맞는 물건을 다양한 범위에서 고를 수 있도록 한다. 다품종 소량생산의 방식을 따르며, 멀티숍이라고도 한다.

(나) 팝업 스토어는 '떴다 사라진다(Pop-up)'는 의미의 상점이다. 2002년, 미국의 대형할인점 타깃(TARGET)이 신규매장을 설치할 공간을 마련하지 못하자 단기간 임대한 임시 매장을 열면서 등장하였다.

(다) 플래그십 스토어의 '플래그십'은 해군 함대의 기함을 지칭하는데, 이 용어에서는 기업의 주력 상품을 의미한다. 한 기업에서 출시한 여러 브랜드 중에서 반응이 좋은 브랜드를 중심으로 판촉을 벌여 소비자가 브랜드에 갖는 긍정적인 이미지를 다른 브랜드로 확산시키려는 것이 목적으로, 1990년대 후반 마케팅의 초점이 제품에서 브랜드로 변화하면서 활성화되었다.

100

|정답| ④

|해설| ⓒ 우리나라 소설가 한강이 2016년 〈채식주의자〉로 맨부커상을 수상하였다.

ⓔ 영어로 번역하여 영국에서 출간되어야 수상 대상이 된다.

6회 기출예상문제

문제 274쪽

01	①	02	②	03	④	04	②	05	④
06	④	07	③	08	①	09	③	10	③
11	③	12	②	13	③	14	④	15	①
16	①	17	②	18	④	19	③	20	④
21	③	22	④	23	④	24	①	25	①
26	①	27	①	28	②	29	②	30	①
31	①	32	③	33	③	34	①	35	④
36	③	37	④	38	③	39	③	40	④
41	②	42	④	43	②	44	③	45	④
46	④	47	③	48	②	49	③	50	②
51	②	52	③	53	②	54	①	55	③
56	③	57	④	58	①	59	④	60	②
61	②	62	①	63	③	64	③	65	①
66	④	67	③	68	①	69	①	70	②
71	④	72	②	73	③	74	②	75	④
76	②	77	③	78	②	79	③	80	②
81	②	82	③	83	②	84	①	85	④
86	④	87	③	88	②	89	②	90	①
91	④	92	③	93	③	94	①	95	②
96	①	97	③	98	③	99	②	100	③

1 NCS 직업기초능력평가

01 경청능력 필요한 경청 태도 파악하기

| 정답 | ①

| 해설 | 김 대리는 최 사원의 이야기를 끝까지 듣지 않으며 도중에 끊고 있다. 상대방의 이야기를 경청하는 데 있어 상대방의 말을 끝까지 주의 깊게 듣는 것은 중요한 태도이다. 따라서 김 대리가 가져야 할 경청 태도로는 ①이 가장 적절하다.

02 문서작성능력 안내문 작성 방법 파악하기

| 정답 | ②

| 해설 | 제시된 안내문에는 '플러그 엔 플레이 장치', '윈도즈', '시스템 레지스트리'와 같은 일상생활에서 잘 사용하지 않는 전문용어가 많이 사용되었다. 과도한 전문용어의 사용은 소비자로부터 하여금 글을 이해하기 어렵게 만드는 문제점을 야기한다.

03 문서작성능력 문단 배열하기

| 정답 | ④

| 해설 | 먼저 (나)에서 글의 소재인 '앵커링 효과'에 대해 설명하고 있다. 이와 관련된 일화를 예로 제시한 (라)가 이어진다. 이러한 앵커링 효과가 의사결정에 도움이 되기도 하지만, 사고를 편중시킬 수도 있음을 설명하는 (가)가 그 뒤에 오고, 앵커링 효과의 부정적인 영향을 최소화하는 방법을 제시한 (다)가 마지막에 온다. 따라서 적절한 순서는 (나)-(라)-(가)-(다)이다.

04 문서이해능력 세부 내용 이해하기

| 정답 | ②

| 해설 | 사고를 편중시키는 것은 앵커링 효과의 결과이고, (다)에서는 정보를 끊임없이 학습하는 것이 이를 극복하기 위한 하나의 방법이라고 하였다. 따라서 많은 정보를 획득하는 것이 사고를 편중시킨다는 설명은 적절하지 않다.

| 오답풀이 |

① 의사결정 시 첫 번째로 획득한 정보가 자신도 깨닫지 못하는 사이 사고 어딘가에 고정되어 버리는 현상을 앵커링 효과라고 부른다.

③ 앵커링 효과에 따르면 먼저 가격을 제시한다면 상대방의 마음속에 제시한 가격을 심어 두게 되므로, 먼저 가격을 제시한 사람에게 유리한 방향으로 조율될 가능성이 높다.

④ 앵커링 효과에 따르면 특정 학생의 과거 성적은 평가자의 사고에 고정되어 새로운 성적을 평가할 시 기준점으로 작용될 수 있다.

1회 기출예상문제

2회 기출예상문제

3회 기출예상문제

4회 기출예상문제

5회 기출예상문제

6회 기출예상문제

05 문서이해능력 어문 규정 이해하기

| 정답 | ④

| 해설 | '아랫니'는 순우리말로 된 합성어로 뒷말의 첫소리 모음 앞에서 'ㄴㄴ'소리가 덧나므로, ㉡의 예에 해당한다.

06 문서작성능력 올바른 맞춤법 쓰기

| 정답 | ④

| 해설 | '장쾌하다'는 가슴이 벅차도록 장하고 통쾌하다는 의미로 문맥상 적절한 표현이다.

| 오답풀이 |

① 문맥상 몸의 살이 빠져 파리하게 된다는 뜻의 '여위고'로 표기해야 한다.

② '넘어질 것같이'로 표기해야 한다.

③ 지위나 자격을 나타내는 격조사인 '-로서'를 사용하여 '준마로서'로 표기해야 한다.

07 문서이해능력 주장 분석하기

| 정답 | ③

| 해설 | 영수는 개인의 부주의로 인하여 생긴 피해에 대한 책임은 개인이 지어야 한다고 생각하는 입장이고, 민수는 개인의 부주의도 문제가 있지만 근본적인 해결책을 정부가 내어놓아야 한다고 생각하는 입장이다. 따라서 민수는 영수의 입장과 달리 개인에게 모든 피해 책임을 전가해서는 안 된다고 주장하고 있다.

| 오답풀이 |

① 영수는 은행의 입장을 대변하고 있지만, 민수가 정부의 입장을 대변하고 있다고는 볼 수 없다.

② 영수와 민수 모두 일차적 책임에 개인의 부주의함이 있다는 것을 인정하고 있다.

④ 영수는 근본적인 해결을 위한 대안을 제시하지 않고 있다.

08 문서이해능력 어문 규정 이해하기

| 정답 | ①

| 해설 | flash[flæʃ]의 [ʃ]는 어말에 있으므로 '시'로 적고, sheriff[ʃerif]의 [ʃ]는 뒤따르는 모음 'e'에 따라 '셰'로 적는다.

| 오답풀이 |

② fashion[fæʃən]은 (B), mask[mɑːsk]는 (A)에 해당한다.

③ vision[víʒən]은 (C), shim[ʃim]은 (B)에 해당한다.

④ mirage[mirɑːʒ]는 (C), thrill[θril]은 (A)에 해당한다.

09 문서이해능력 세부 내용 이해하기

| 정답 | ③

| 해설 | 제시된 글에 따르면 부산 상징물 테마 열차는 '하늘 위에서 부산을 내려보다'라는 구성으로 제작하였으며, 부산의 바다 테마 열차는 '우연히 만난 도시철도, 부산 바다를 여행하는 기분'이라는 콘셉트로 조성하였음을 알 수 있다.

10 문서이해능력 사업의 목적 파악하기

| 정답 | ③

| 해설 | (다)에서는 부산항 신항 주변지역 개별사업의 목적인 '항만배후단지 조성을 통한 항만 물동량 및 부가가치 창출과 항만 연관 산업의 활성화'가 제시되어 있다.

| 오답풀이 |

(가), (나) 부산항 신항 주변지역 개별사업의 추진 배경이 제시되어 있다.

(라) 부산항 신항 주변지역 개발사업의 기대효과가 제시되어 있다.

11 기초연산능력 개수 파악하기

| 정답 | ③

| 해설 | 각각 가지고 있는 개수를 계산하면 다음과 같다.

(단위 : 개)

구분	다현	지민	소진	지훈	윤주	종합
과자	5	7	3	4	6	25
사탕	2	4	8	7	4	25
음료수	8	5	6	5	4	28
종합	15	16	17	16	14	

따라서 소진이 가장 많은 양을 가지고 있다.

12 도표분석능력 그래프 분석하기

| 정답 | ②

| 해설 | 각 국가별 여름철 강수 집중도를 대략적으로 구하면 다음과 같다.

- A : $\dfrac{100}{1,250} = 0.08$

- B : $\dfrac{200}{700} ≒ 0.29$

- C : $\dfrac{300}{1,800} ≒ 0.17$

- D : $\dfrac{800}{1,000} = 0.80$

- E : $\dfrac{1,400}{1,600} = 0.875$

세 번째 조건에서 여름철 강수 집중도는 ㉣, ㉤ 국가가 ㉮, ㉯ 국가보다 2배 이상 높다고 한 것으로 보아, ㉣ 국가와 ㉤ 국가는 D, E에 해당하며 ㉮ 국가나 ㉯ 국가는 A, B, C에 해당한다.

첫 번째 조건에서 ㉯ 국가는 ㉮ 국가보다 연간 강수량이 적다고 했으므로, ㉮ 국가는 C 또는 A이며, ㉯ 국가는 B 또는 A이다.

두 번째 조건에서 ㉣ 국가는 ㉤ 국가보다 연간 강수량이 많다고 했으므로, ㉣ 국가는 E이며, ㉤ 국가는 D이다.

네 번째 조건에서 ㉯ 국가는 ㉮ 국가에 비해서 연간 강수량은 많지만 여름철 강수량은 적다고 했으므로, ㉯ 국가가 A이며, ㉮ 국가는 B, ㉮ 국가가 C가 된다.

따라서 ㉮ 국가-C, ㉯ 국가-A, ㉰ 국가-B, ㉣ 국가-E, ㉤ 국가-D이다.

13 기초통계능력 확률 구하기

| 정답 | ③

| 해설 | B는 현재 1승 2패로, B가 최종 우승할 확률은 다음 두 가지로 나누어 계산한다.

- B가 4승 2패로 이길 확률 : 3번째 경기 이후로 연달아 3 승 할 확률이므로 $_3C_3\left(\dfrac{1}{2}\right)^3 = \dfrac{1}{8}$ 이다.

- B가 4승 3패로 이길 확률 : 3번째 경기 이후로 연달아 3 승 1패 후 7번째 경기를 이기는 확률이므로 $_3C_2\left(\dfrac{1}{2}\right)^2\left(\dfrac{1}{2}\right)\left(\dfrac{1}{2}\right) = \dfrac{3}{16}$ 이다.

따라서 B가 최종 우승할 확률은 $\dfrac{1}{8} + \dfrac{3}{16} = \dfrac{5}{16}$ 이다.

14 도표분석능력 자료의 수치 분석하기

| 정답 | ④

| 해설 | • 인턴 경험과 해외연수 경험이 모두 없는 지원자의 합격률 : 2.8%

- 둘 중 인턴 경험만 있는 지원자의 합격률 : 22.9%

- 두 합격률의 차이 : 20.1%p

| 오답풀이 |

①, ② 제시된 도표의 합격률을 보면 알 수 있다.

③ • 해외연수 경험이 있는 지원자의 합격률 :

$$\dfrac{53}{53+414+16} \times 100 = \dfrac{53}{483} \times 100 ≒ 11.0(\%)$$

• 해외연수 경험이 없는 지원자의 합격률 :

$$\dfrac{11+4}{11+4+37+139} \times 100 = \dfrac{15}{191} \times 100 ≒ 7.9(\%)$$

따라서 해외연수 경험이 있는 지원자의 합격률이 더 높다.

15 기초연산능력 증가량 계산하기

| 정답 | ①

| 해설 | 각 지역의 2020년의 전년 대비 약국 수 증가량은 다음과 같다.

(단위 : 개)

구분	2019년	2020년	증가량
대구	1,275	1,300	25
인천	1,110	1,127	17
충북	661	683	22
충남	950	967	17

따라서 대구의 증가량이 제일 많다.

16 　도표분석능력　비율 계산하기

| 정답 | ①

| 해설 | 남녀별 석사 학위 취득자 대비 박사 학위 취득자의 비율을 계산해 보면 다음과 같다.

(단위 : 명, %)

전공	석사 학위 취득			박사 학위 취득			석사 학위 취득자 대비	
	남성	여성	계	남성	여성	계	남성	여성
경영학	75	45	120	20	15	35	$20 \div 75$ $\times 100$ $\fallingdotseq 26.7$	$15 \div 45$ $\times 100$ $\fallingdotseq 33.3$
영문학	40	50	90	12	18	30	$12 \div 40$ $\times 100$ $= 30$	$18 \div 50$ $\times 100$ $= 36$
사회학	45	40	85	16	9	25	$16 \div 45$ $\times 100$ $\fallingdotseq 35.6$	$9 \div 40$ $\times 100$ $= 22.5$
컴퓨터 공학	70	65	135	24	16	40	$24 \div 70$ $\times 100$ $\fallingdotseq 34.3$	$16 \div 65$ $\times 100$ $\fallingdotseq 24.6$

따라서 여성의 비율이 더 높은 두 전공은 경영학과 영문학이다.

17 　기초연산능력　금액 계산하기

| 정답 | ②

| 오답풀이 | A 씨의 복지점수를 계산하면 다음과 같다.
- 기본점수 : 400점
- 근속점수 : 경력 3년이므로 $3 \times 10 = 30$(점)
- 가족점수 : 배우자 100점, 부모 2명 100점, 첫째 자녀 50점, 둘째 자녀 100점으로 총 $100 + 100 + 50 + 100 = 350$(점)

따라서 A 씨의 복지점수는 $400 + 30 + 350 = 780$(점)으로 78만 원을 받는다.

18 　기초연산능력　주어진 조건으로 결과 추론하기

| 정답 | ④

| 해설 | 2부터 20까지의 수에서 시작 수에 해당하는 2의 배수를 지우면 다음과 같다.

2	3	~~4~~	5	~~6~~	7	~~8~~	9	~~10~~	11	~~12~~	13	~~14~~	15	~~16~~	17	~~18~~	19	~~20~~

다음에는 3이 '시작 수'가 되므로 3의 배수인 9와 15를 지우면 다음과 같다.

2	3	~~4~~	5	~~6~~	7	~~8~~	~~9~~	~~10~~	11	~~12~~	13	~~14~~	~~15~~	~~16~~	17	~~18~~	19	~~20~~

다음에는 5가 '시작 수'가 되므로 5의 배수를 지워야 하는데 남은 숫자들 중 5의 배수는 없으므로 종료된다.

따라서 2, 3, 5, 7, 11, 13, 17, 19를 가진 직원들이 선물을 받게 된다.

19 　도표분석능력　그래프 해석하기

| 정답 | ③

| 해설 | 20X8년에 전년 대비 판매 점유율이 감소한 제조사는 C사와 E사다. 이 두 회사의 20X8년 판매량은 전년 대비 $140 \times (0.11 + 0.07) - 145 \times (0.06 + 0.06) = 25.2 - 17.4 = 7.8$(만 대) 감소하였다.

20 　도표분석능력　자료의 수치 분석하기

| 정답 | ④

| 해설 | ㄴ. 전체 매출 중 동민이가 차지하는 비중은 $40 \times 0.25 = 10$(%)로 10% 이상이다.
ㄹ. 전체 매출 중 성수가 차지하는 비중은 $40 \times 0.4 = 16$(%)로 13%인 대구보다 많다.

| 오답풀이 |
ㄱ. 전체 매출 중 광현이가 차지하는 비중은 $40 \times 0.35 = 14$(%)로 13% 이상이다.
ㄷ. 전체 매출 중 광현이와 동민이가 차지하는 비중은 $40 \times (0.35 + 0.25) = 24$(%)로 대구와 대전의 매출 비중 합인 $13 + 11 = 24$(%)와 같다.

21 　문제처리능력　사업 내용 이해하기

| 정답 | ③

| 해설 | 2011년의 자활공동체 설립요건은 2인 이상의 사업자였다. 2012년부터 단독으로도 설립할 수 있도록 개정되었으므로 철수는 2011년에 단독으로 자활공동체를 설립할 수 없다.

1회 기출예상문제 2회 기출예상문제 3회 기출예상문제 4회 기출예상문제 5회 기출예상문제 6회 기출예상문제

22 문제처리능력 지출한도 파악하기

|정답| ④

|해설| 제시된 〈자활근로 유형〉을 보면 시장진입형의 사업비 지출한도는 30% 이하임을 알 수 있다.

23 사고력 참·거짓 판단하기

|정답| ④

|해설| B 사원과 D 사원의 발언이 서로 상충하므로 B 사원이 거짓을 말하는 경우와 D 사원이 거짓을 말하는 경우로 나누어 생각해 본다.

• B 사원이 거짓말을 하는 경우 : A 사원은 E 사원 바로 다음으로 휴가를 간다. C 사원은 D 사원보다 늦게 휴가를 가고, D 사원은 B, C 사원보다 늦게 휴가를 가므로 C 사원과 D 사원의 휴가 계획이 서로 상충한다.

• D 사원이 거짓말을 하는 경우 : A 사원은 E 사원 바로 다음으로 휴가를 간다. B 사원은 마지막으로 휴가를 가고, C 사원은 D 사원보다 늦게, E 사원은 가장 먼저 휴가를 가므로 'E-A-D-C-B' 순으로 휴가를 감을 알 수 있다.

따라서 거짓말을 한 사원은 D 사원이다.

24 문제처리능력 문제의 유형 파악하기

|정답| ①

|해설| ㉠ ~ ㉥은 문제의 특성에 따라 다음과 같이 분류할 수 있다.

• ㉠, ㉢ : 눈앞에 보이는 현재의 발생형 문제
• ㉡, ㉤ : 개선과 강화가 필요한 탐색형 문제
• ㉣, ㉥ : 미래 상황에 대응하기 위한 설정형 문제

25 사고력 조건에 맞는 위치 파악하기

|정답| ①

|해설| 근태기록 파일 – 출장보고서 파일– 경비집행 내역서 파일 순으로 꽂혀 있는 상태에서 인사기록 파일을 출장보고서 파일보다 좌측에 꽂았다. 이는 근태기록 파일보다 우측일 수도 있고, 근태기록 파일보다 좌측일 수도 있다.

또한 퇴직금 정산 파일을 인사기록 파일보다 우측에 꽂았는데, 이는 출장보고서 파일보다 좌측일 수도, 경비집행 내역서 파일보다 좌측일 수도, 경비집행 내역서 파일보다 우측일 수도 있다. 따라서 맨 우측에 있는 서류가 경비집행 내역서 파일인지, 퇴직금 정산 파일인지 알 수 없다.

26 사고력 테이블 정리 횟수 파악하기

|정답| ①

|해설| 대기번호 순서대로 입장하면 1번이 테이블 한 개, 2번이 테이블 두 개, 3번이 테이블 두 개에 앉는다. 두 번째 조건에 따라 1 ~ 3번이 떠난 후 테이블을 정리한다(1번). 이후 4번이 테이블 두 개, 5번이 테이블 2개를 사용한다. 6번은 테이블 두 개를 사용해야 하는데, 남은 테이블은 한 개이므로 4, 5번이 떠나 테이블을 정리한 후(2번) 입장할 수 있다. 따라서 6번까지 모두 받은 시점에서 테이블을 정리한 횟수는 총 2번이다.

27 사고력 항상 참인 추론 고르기

|정답| ①

|해설| A : 도보로 출근하는 사람이 자가용으로 출근하는 사람보다 많다고 하였고 자가용으로 출근하는 사람은 1명 이상이라고 하였으므로 도보로 출근하는 사람이 2명이라면 자가용으로 출근하는 사람은 1명이다.

|오답풀이|

B : 12명 중 자가용으로 출근하는 사람이 3명이고 대중교통으로 출근하는 사람은 6명이라면, 도보로 출근하는 사람은 3명이 되므로 옳지 않다.

C : 대중교통으로 출근하는 사람이 6명일 때, 자가용으로 출근하는 사람은 2명이나 1명이므로 항상 참이라고 볼 수 없다.

28 문제처리능력 조건을 바탕으로 추론하기

|정답| ④

|해설| 1, 2, 3호선의 차체 길이가 모두 같은데 비해 측면 출입문 수는 각각 3개, 4개, 4개이므로 1호선의 출입문 간의 간격이 2, 3호선에 비해 다소 넓다고 판단할 수 있다.

|오답풀이|

① 3호선의 차체 재질은 스테인리스(STS301L)로 스테인리스(STS 304)인 1, 2호선과 다르다.

② 4호선은 다른 호선 차량보다 가볍고 중간차의 정원은 더 적다.

③ 최고 속도는 2, 3호선과 같은 100km/h이며 차량 편성 수는 2호선보다 적다.

29 문제처리능력 조건을 바탕으로 1 ~ 4호선 나열하기

|정답| ②

|해설| 주요사양표의 '차중'을 보면 'T' 차량이 있는 것은 2호선이므로 (나)는 2호선이 된다. M1 ~ M4까지 있는 것은 4호선이므로 (가)가 4호선이 되며, TC와 M1만 있는 것은 3호선이므로 (라)가 3호선이 된다. 마지막으로 TC와 M1, M2가 있는 (다)는 1호선이 된다. 따라서 1 ~ 4호선을 순서대로 나열하면 (다)-(나)-(라)-(가)이다.

30 문제처리능력 규정 이해하기

|정답| ①

|해설| 발향이 다른 것은 상품의 문제이므로 A 씨의 사례는 교환 및 환불이 가능하다.

|오답풀이|

② 선물 받은 상품의 교환은 10일 이내에 가능하다.

③ 구입한 상품의 교환 및 환불은 구매 매장에 한하여 가능하다.

④ 소비자의 변심으로 인한 교환은 불가하다.

31 자원관리능력 효과적인 자원관리 과정 이해하기

|정답| ①

|해설| 한정된 자원을 효과적으로 활용하여 최대의 성과를 얻기 위해서는 4단계의 자원관리 과정을 거쳐야 한다. 가장 먼저 해야 할 일은 업무 추진에 어떤 자원이 얼마나 필요하며 얼마만큼 필요한지 파악하는 '필요한 자원의 종류와 양 확인'이다.

32 물적자원관리능력 공정개선의 원칙 이해하기

|정답| ③

|해설| 제품, 설비, 작업내용의 최적화를 위해서는 각 공정의 작업 내용을 간소화해야 한다.

33 예산관리능력 직접비용, 간접비용 구분하기

|정답| ③

|해설| 예산은 일반적으로 직접비용과 간접비용으로 구분할 수 있다. 간접비용은 제품과 서비스를 창출하기 위해 소비된 직접비용을 제외한 비용으로 보험료, 건물관리비, 광고비, 통신비, 사무비품비, 각종 공과금이 있다. 따라서 간접비용에 해당하는 항목은 ⓒ, ⓗ이다.

34 예산관리능력 금액 계산하기

|정답| ①

|해설| ㉠에 들어갈 차월 이월금액은 7월 31일 기준의 외상 잔액으로, 7월 5일 전월 이월된 3,000,000원에서 7월 10일에 추가된 외상 1,700,000원을 더하고, 7월 17일 현금으로 회수한 외상 대금 1,100,000원을 제한 3,600,000원이 기록되어야 한다.

35 시간관리능력 시간관리 매트릭스 이해하기

|정답| ④

|해설| 스티븐 코비(Stephen R. Covey)의 시간관리 매트릭스는 일을 긴급하고 중요한 일(Ⅰ), 긴급하지 않지만 중요한 일(Ⅱ), 긴급하고 중요하지 않은 일(Ⅲ), 긴급하지도 중요하지도 않은 일(Ⅳ)로 나누어 'Ⅰ → Ⅱ → Ⅲ → Ⅳ'의 순서로 업무의 우선순위를 정한다. 이를 기준으로 K 사원이 처리할 업무 리스트를 정리하면 다음과 같다.

구분	긴급함	긴급하지 않음
중요함	E	A, D
중요하지 않음	B	C

같은 영역에 속하는 업무들은 그 총점이 높은 순으로 우선 처리한다고 했으므로 총점이 7점인 D가 총점인 6점인 A보다 우선 처리해야 할 업무이다. 따라서 E→D→A→B→C의 순서로 일을 처리한다.

스티븐 코비(Stephen R. Covey)의 시간관리 매트릭스

구분	긴급함	긴급하지 않음
중요함	I • 위기/긴급한 문제 • 당장 처리해야 할 문제 • 기간이 정해진 업무 등	II • 예방, 생산능력 활동 • 인간관계 구축 • 새로운 기회 발굴 • 장기적인 계획 등
중요하지 않음	III • 눈앞의 긴급한 문제 • 사소하지만 긴급한 부탁 • 일부 회의 참여 • 보고서 작성 등	IV • 시간낭비 거리 • 미래에 도움이 되지 않는 활동 등

업무 처리는 긴급하고 중요한 일부터 우선적으로 해야 한다. 긴급하지 않지만 중요한 일은 주로 단기적인 계획보다는 중장기적인 계획을 통해 진행해야 한다.

창고 레이아웃의 기본 원칙
• 직진성의 원칙 : 물품이나 통로, 운반기기, 작업자 등의 흐름 방향을 직진성에 중점을 두고 레이아웃을 행해야 한다는 원칙
• 역행교차 회피의 원칙 : 동선이나 창고 레이아웃을 짤 때 교차를 회피할 수 있는 형태로 레이아웃을 구성해야 한다는 원칙
• 물품 취급 횟수 감소의 원칙 : 최소한으로 물품을 취급할 수 있도록 창고 레이아웃을 설정해야 한다는 원칙
• 물품 이동 간 고저 간격 축소의 원칙 : 물품이 이동되는 흐름 속에서 높낮이 차의 크기를 가급적이면 줄여야 한다는 원칙
• 모듈화의 원칙 : 화물 형태나 운반기기, 랙, 통로 등을 고려해서 모듈화를 추구해야 한다는 원칙

36 인적자원관리능력 NCS 기반 채용 이해하기

| 정답 | ③

| 해설 | 세분류(직무)인 '01. 마케팅전략 기획'은 '대분류-경영, 회계, 사무, 중분류-기획사무, 소분류-마케팅'으로 분류되어 있다. 마케팅전략 기획은 기업과 제품의 경쟁우위 확보와 경영성과를 향상시키기 위해 마케팅 목표 수립과 목표시장에 대한 체계적인 방안 설계 및 실험을 통하여 반응과 결과에 지속적으로 대응하는 일이다. 따라서 이와 관련된 설명은 ㄴ, ㄷ이다.

37 물적자원관리능력 창고 레이아웃의 기본 원칙 이해하기

| 정답 | ④

| 해설 | 창고 레이아웃을 설정할 때는 운반기기, 랙, 통로와 기둥 등의 모듈화 등을 통해서 여분의 공간을 감소시켜야 한다.

| 오답풀이 |
① 물품 취급 횟수 감소의 원칙
② 역행교차 회피의 원칙
③ 직진성의 원칙

38 예산관리능력 회사 물품 선정하기

| 정답 | ③

| 해설 | 〈대화〉에서 김 사원은 비전공자들에게 적합한 모델로 동시발음 수와 음색 수 100 이하인 제품을 추천받았다. 또한 총 300만 원 이하, 즉 한 대에 100만 원 이하이며 블루투스 연결이 가능한 피아노를 구매하고자 한다. 따라서 SS-110이 적합하다.

39 시간관리능력 지하철 노선도를 따라 이동하기

| 정답 | ③

| 해설 | 최단거리 이동 경로는 수정 ~ 덕천 ~ 미남 ~ 동래 ~ 교대 ~ 안락으로 2.5+2.5+2+2+2.5+2.5+2.5+2.5+2=21(km)이며, 최소시간 이동 경로는 수정 ~ 덕천 ~ 거제 ~ 안락으로 140+420(환승)+140+120+120+140+140+120+140+420(환승)+140+140+120=2,300(초), 즉 38분 20초이다. 따라서 최단거리 이동 경로와 최소시간 이동 경로는 다르다.

| 오답풀이 |
② 수정역에서 미남역까지는 140+420(환승)+140+120+120+140=1,080(초), 즉 18분이 소요된다. 이때 이동거리는 2.5+2.5+2+2+2.5=11.5(km)로, 출발역에서 10km 이상이므로 2구간 요금이 발생한다.

④ 수정 ~ 덕천 ~ 미남 ~ 동래 ~ 교대 ~ 안락으로 이동
하였을 경우 소요 시간은 140＋420(환승)＋140＋120
＋120＋140＋420(환승)＋140＋420(환승)＋140＋
420(환승)＋140＋120＝2,880(초), 즉 48분이다.

40 예산관리능력 운임 계산하기

| 정답 | ④

| 해설 | 남산정역에서 배산역까지는 2＋2.5＋2.5＋2＋2.5
＋2.5＋2.5＋2＝18.5(km), 종합운동장역까지는 2＋2.5
＋2.5＋2＝9(km)이므로 아빠는 2구간 요금, 나머지 가족
들은 1구간 요금에 해당한다.

따라서 총 운임은 1,300(엄마, 1구간, 교통카드)＋1,500
(아빠, 2구간, 교통카드)＋1,150(청소년 딸, 1구간, 종이 승
차권)＋700(어린이 아들, 1구간, 종이 승차권)＝4,650(원)
이다.

41 경영이해능력 차별화 전략의 특징 알기

| 정답 | ②

| 해설 | ⓒ 강력하고 견고한 유통망이 있을 경우, 고객을 세
분화하여 제품 차별화 전략을 활용할 수 있다.

ⓔ 차별화를 이루게 되면 경험과 노하우에 따른 더욱 특화
된 제품이나 서비스가 제공되므로 신규기업 진입에 대
한 효과적인 억제가 가능하게 된다.

| 오답풀이 |

ⓐ, ⓒ 차별화에는 많은 비용이 소요되므로 반드시 비용 측
면을 고려해야 하며 일정 부분의 경영상 제약이 생길
수 있다.

ⓓ 지역별, 연령별, 성별 특성 등의 선호체계 구분이 뚜렷
할 경우 맞춤형 전략 수립이 용이하다.

42 경영이해능력 BCG 매트릭스 파악하기

| 정답 | ④

| 해설 | 스타 사업은 수익성과 성장성이 모두 높은 사업으로
확장을 위해 지속적으로 많은 자금의 투자가 요구되는 사
업이며, 캐시카우 사업은 성장성은 낮으나 높은 수익성을

확보하고 있는 사업으로, 자금의 지원이 필요한 스타 사업
이나 물음표 사업을 지원하는 용도로 이용할 수 있다.

43 체제이해능력 조직화의 원칙 이해하기

| 정답 | ②

| 해설 | 업무를 분화하는 경우 업무의 종류와 성질에 따라
구분해야 한다. 사람이 아니라 일을 중심으로 직무를 분석
하고 직무에 맞는 사람을 선발하고 배치할 때 조직은 효율
적인 목표를 달성할 수 있다.

| 오답풀이 |

① 조정의 원칙 : 조정 단계에 해당하며, 조직이 추구하는
전문화, 부문화로 인한 마찰을 최소화하여 조직의 효율
성을 높여야 한다는 원칙이다.

③ 권한위양의 원칙 : 책임과 권한의 부여 단계에 해당하
며, 조직의 규모가 확대되면 상위자는 하위자에게 권한
을 위임해야 한다는 원칙이다.

④ 감독 한계의 원칙 : 책임과 권한의 부여 단계에 해당하
며, 한 명의 상사가 직접 감독할 수 있는 부하 수는 한
계가 있다는 원칙이다.

44 경영이해능력 주식회사 이해하기

| 정답 | ③

| 해설 | 주식회사는 주식의 발행으로 설립된 회사이다. 주
식회사의 경영자는 주주들로부터 경영권을 위탁받아 기업
을 경영한다.

| 오답풀이 |

① 주식회사는 주주와 경영자로 나뉘는데, 경영자는 출자
자를 모집해 출자금을 모은 다음 그 자금으로 경영을
한다.

② 주식회사의 위험은 투자자들이 나누어서 부담한다.

④ 주식회사의 목적은 소유와 경영을 분리하는 것으로, 소
유는 주주가 하며 경영은 전문 경영자가 맡는다.

45 경영이해능력 경영전략 이해하기

| 정답 | ④

| 해설 | 마지막 문장을 보면 '제조사의 주된 목적이 고객의 자연스러운 질문, 구매 의향, 사지 않는 이유 등의 정보를 얻는 것'이라고 하였다. 따라서 해당 매장은 수익 창출을 위한 매장이 아닌 제품의 베타테스트를 위한 매장이며, 고객을 통해 얻고자 하는 것은 '제품에 대한 반응 정보'임을 알 수 있다.

46 체제이해능력 조직도를 바탕으로 체계 이해하기

| 정답 | ④

| 해설 | 기업의 규모가 작을 경우에는 업무의 내용이 유사하고 관련성 있는 분야들을 결합할 수 있으나 여러 제품 라인의 인적 자원들을 공유하는 것은 적절하지 않다.

47 업무이해능력 조직 내 적절한 의사표현 알기

| 정답 | ③

| 해설 | ③은 자신의 취약함을 드러내는 표현이 아닌 다른 사람의 실수를 지적하는 말이므로 제시된 글에서 강조한 의사표현의 예시로 적절하지 않다.

48 체제이해능력 조직구조의 결정 요인 파악하기

| 정답 | ②

| 해설 | 조직의 규모는 조직의 구조를 결정하는 조직의 크기를 의미한다. 조직의 규모가 클수록 조직을 다양하게 전문화, 분화할 수 있으며, 그 대표적인 결정 요인으로는 구성원의 수가 있다.

| 오답풀이 |

① 조직이 투입요소를 산출요소로 전환시키는 지식, 기계, 절차는 기술에 해당한다.

③ 조직이 조직의 활동과 성과에 영향을 미치는 외부적인 요인으로 조직이 직접 통제하기 힘든 요인은 환경에 해당한다.

④ 조직의 목적을 달성하기 위해 수립하는 계획은 전략에 해당한다.

49 체제이해능력 조직구조의 유형 파악하기

| 정답 | ③

| 해설 | 각 부서별로 권한과 책임을 부여하는 실국장책임경영제는 각 사업부 단위로 자율적인 운영권한과 그에 따른 책임을 부여하는 사업부 조직에 관한 내용이다.

| 오답풀이 |

① 기능적 조직은 수평적 관계의 각 전문 부서들로 구성되어 있는 조직이다.

② 네트워크 조직은 독립된 사업 부서들의 상호 협력의 형태로 구성된 조직이다.

④ 관료제 조직은 중앙통제권을 가진 경영자 또는 관리자를 중심으로 각 부서별 계층화, 분업화가 이루어진 전통적 형태의 조직이다.

50 체제이해능력 매트릭스 조직 이해하기

| 정답 | ②

| 해설 | 매트릭스 조직은 수평적 권한을 가진 제품과 기능 두 가지 이상의 부서가 하나로 합쳐진 조직 구조로, 조직 구조가 유기적으로 구성되어 외부 환경의 변화에 신속히 대응할 수 있고 제품과 기능의 통합된 기술을 개발할 수 있다는 강점을 가지고 있으나 한 조직 내에 둘 이상의 보고체계가 공존하여 명령일원화가 되어 있는 조직에 비해 의사결정의 속도가 떨어지는 약점을 가진다.

2 일반상식

51

| 정답 | ②

| 해설 | 고인돌이 많이 만들어졌던 시대는 청동기 시대이다. 청동기 시대에는 일부 저습지에서 벼농사를 시작하였고, 나무로 만든 농기구 등을 이용하여 땅을 개간하고 곡식을 심어 가을에 반달돌칼로 추수를 하였다.

| 오답풀이 |

① 구석기 시대 사람들은 사냥감의 번성을 비는 주술적 의미로 고래와 물고기 등을 새긴 조각품을 만들었다.

③, ④ 신석기 시대와 관련된 내용이다.

1회 기출예상문제
2회 기출예상문제
3회 기출예상문제
4회 기출예상문제
5회 기출예상문제
6회 기출예상문제

52

|정답| ③

|해설| 고구려 소수림왕은 불교를 도입하고, 태학을 설립하였으며 율령을 반포하는 등 국가체제를 정비하여 5세기 고구려 전성기의 기틀을 마련하였다.

53

|정답| ②

|해설| 6세기 중반 신라는 한강 유역을 모두 차지함으로써 중국과 직접 교역을 할 수 있게 되었으나, 고구려와 백제의 협공으로 고립되었다. 이에 신라는 수에 도움을 요청하였고, 수의 등장에 위협을 느낀 고구려는 돌궐, 백제, 왜와 연합하여 수와 신라에 대항하였다. 그리하여 6세기 말 동북아시아의 국제 정세는 고구려, 백제, 왜, 돌궐을 연결하는 남북 세력과 신라, 수를 연결하는 동서 세력 간 다툼의 양상을 띠었다.

54

|정답| ①

|해설| 고려 태조는 옛 고구려의 영토를 회복하기 위해 고구려의 수도인 서경을 북방개척의 기지로 삼아 적극적인 북방 진출을 꾀하였고, 그 결과 청천강 하유에서 영흥 지방에 이르는 넓은 영토를 수복하였다. 또한 고구려를 계승한 발해를 멸망시킨 거란을 원흉으로 보고 북진 정책의 걸림돌이라 생각하였다.

55

|정답| ③

|해설| 최씨 무신 정권 이전에는 중방이 최고 권력 기구였으나, 최충헌의 집권 이후 교정도감이 최고 권력 기구가 되었다.

|오답풀이|

① 최우 집권 시기, 문무백관의 인사를 취급하기 위해 자기 집에 설치한 기구이다.

④ 고려 무신 정권 때의 특수 군대로 좌별초, 우별초, 신의군으로 구성되었다.

56

|정답| ③

|해설| 조선 태종은 국가의 경제 기반의 안정과 농민들의 통제를 위해 16세 이상의 양인 남자에게 호패를 가지고 다니게 하는 제도인 호패법을 실시하였다.

|오답풀이|

① 고려 말 공민왕 때, 신돈은 임시 개혁기관인 전민변정도감을 설치하여 권문세족에게 점탈된 토지나 노비를 해방시켜 바로 잡으려 하였다.

②, ④ 조선 성종은 훈구 세력을 견제하기 위하여 이조전랑과 3사의 언관직에 사림을 중용하였다. 또한 홍문관을 정비하여 집현전의 기능을 맡게 하고, 언론 기관으로서의 역할도 강화하였다.

57

|정답| ④

|해설| 조광조는 조선 중종 때 활동한 사림파의 거두로, 중종을 왕위에 오르게 한 공신들의 공을 삭제하는 위훈 삭제, 성리학적 의례에 어긋나는 소격서 혁파, 방납의 폐단 시정 등 각종 개혁정치를 단행하였다.

58

|정답| ①

|해설| 1920년대 일제가 회사령을 폐지하면서 국내 기업을 지원하고 민족경제의 자립을 달성하기 위한 노력의 일환으로 평양에서 물산 장려 운동이 시작되었다. 많은 사람들이 적극적으로 참여하며 전국적으로 확대되었으나 일제의 감시와 탄압으로 인해 결국 실패로 끝나고 말았다.

59

|정답| ④

|해설| 천도교는 제2의 3.1운동을 준비하면서 독립선언서를 작성하기도 했으며, 〈개벽〉·〈어린이〉·〈학생〉 등 여러 잡지를 발행하였다.

60

|정답| ②

|해설| 인천 상륙 작전은 1950년 9월 15일 국제연합(UN)군이 맥아더의 지휘 아래 인천에 상륙하여 6.25 전쟁의 전세를 바꾼 군사작전이다. 국군과 연합군은 작전의 성공으로 9월 28일 서울까지 수복하게 되었다.

61

|정답| ③

|해설| 5·16 군사정변은 1961년 5월 16일 박정희의 주도로 육군사관학교 8기생 출신 군인들이 제2공화국을 폭력적으로 무너뜨리고 정권을 장악한 쿠데타로, 전두환 정권의 등장과는 관련이 없다.

|오답풀이|

① 5·18 민주화 운동은 1980년 5월 18일을 전후하여 광주와 전남 일원에서 신군부의 집권 음모를 규탄하고 민주주의를 찾기 위해 전개된 민주화 운동이다.

② 12·12 사태는 1979년 12월 12일 전두환, 노태우 등이 이끌던 군부 내 사조직인 '하나회' 중심의 신군부 세력이 일으킨 군사반란사건이다.

④ 5·17 비상계엄 전국 확대 조치는 신군부 세력이 전두환의 집권 성공을 위하여 1980년 5월 18일 0시를 기준하여 비상계엄을 전국적으로 확대한 조치이다.

62

|정답| ①

|해설| 빙하기 이후 농사를 시작하면서 인류의 생활은 근본적으로 바뀌었다. 농사를 짓기 위해서 정착하기 시작했고 오랫동안 머무를 집을 튼튼하게 지어야 했다. 또한 혈연 중심으로 씨족 사회가 형성되었다. 하지만 수렵과 채집이 아직까지 주된 경제생활이었고 평등한 사회였다.

63

|정답| ④

|해설| 서경으로 천도를 주장하는 서경파의 주장으로, 당시 고려는 국내외 정세가 불안하였다. 안으로는 이자겸의 난을 수습한 지 얼마 되지 않았으며, 밖으로는 여진족의 외교적인 압박이 심해지고 있었다. 이에 서경(평양) 출신 승려 묘청은 풍수지리설을 근거로 고려가 어려움을 겪고 있는 것은 개경의 덕이 쇠약하기 때문이라고 주장하였다. 정지상 등은 묘청의 이러한 주장에 동조하면서 김부식을 중심으로 한 개경파와 대립하였다.

64

|정답| ②

|해설| 서인이 주도하고 남인이 참여한 인조반정으로 광해군이 쫓겨나고 인조가 왕이 되었다.

65

|정답| ①

|해설| 제시문은 김구가 쓴 '3천만 동포에게 읍고함'이란 글이다. 김구는 남한만의 단독 정부 수립이 사실화되자, 통일된 정부 수립을 위해 남북 협상을 추진하였다.

66

|정답| ④

|해설| '라면이 붇다'의 '붇다'는 'ㄷ' 불규칙 용언으로 모음 어미가 뒤에 오면 받침이 'ㄹ'로 변화된다. 따라서 '붇+으면 → 불으면'이 올바른 쓰임이다.

|오답풀이|

①, ② '잠그다', '치르다'는 'ㅡ' 탈락 용언으로 모음 앞에서 'ㅡ'가 탈락된다. 따라서 '잠그-+-아라 → 잠가라', '치르-+-었더니 → 치렀더니'가 올바른 쓰임이다.

③ '거칠다'는 'ㄹ' 탈락 용언으로 어간의 'ㄹ' 받침이 'ㄴ, ㅂ, ㅅ' 및 '-(으)오, -(으)ㄹ' 앞에서 탈락된다. 따라서 '거칠-+-ㄴ → 거친'이 올바른 쓰임이다.

67

|정답| ③

|해설| '넉넉하지 않다'는 '하'가 아주 줄어드는 경우로 '넉넉지 않다'로 써야 한다.

68

|정답| ①

|해설| 경어법에 대한 설명이다. 경어법은 어떤 인물을 얼마나 또는 어떻게 높여 대우하거나 낮추어 대우할지를 언어적으로 표현하는 문법적, 어휘적 체계를 말한다.

|오답풀이|

② 주체 높임법 : 문장의 주체(주어)를 높이는 높임법이다.

③ 객체 높임법 : 문장의 객체(부사어, 목적어)를 높이는 높임법이다.

④ 상대 높임법 : 청자를 높이는 높임법으로 격식체, 비격식체가 있다.

69

|정답| ①

|해설| 성과 이름은 붙여 쓰고, 호칭이나 관직명은 띄어 써야 한다. 따라서 '김주원 박사'로 쓰는 것이 알맞다.

|오답풀이|

②, ④ 연결이나 열거할 적에 쓰이는 말들은 띄어 쓴다. 따라서 '스물 내지 서른', '부장 겸 대외협력실장'으로 쓰는 것이 알맞다.

③ 단음절로 된 단어가 연이어 올 적에는 띄어 쓰는 것을 원칙으로 하되, 붙여 씀도 허용한다. '떠내려가 버렸다'는 본용언이 합성 동사인 경우이므로 보조 용언과 띄어 쓰는 것만 허용된다.

70

|정답| ②

|해설| 소매나 바짓가랑이 따위를 말아 올리다는 뜻으로 '걷어붙이다'가 바른 표기이다.

|오답풀이|

① 간질이다 : 살갗을 문지르거나 건드려 간지럽게 하다.

③ 뭉크러지다 : 몹시 썩거나 지나치게 물러서 본모양이 없어지게 되다. '뭉그러지다'보다 거센 느낌을 준다.

④ 얽히고설키다 : 관계, 일, 감정 따위가 이리저리 복잡하게 되다.

71

|정답| ④

|해설| 경기체가에 대한 설명이다.

|오답풀이|

① 시조 : 고려 말기부터 발달하여 온 우리나라 고유의 정형시로, 경기체가만으로 감당할 수 없는 유교적 관념과 주관적 정서를 표현하기 위해 창안된 양식이다.

② 악장 : 조선 전기 궁중에서 국가의 공식적 행사인 제향이나 연향 때에 쓰이는 시가이다.

③ 가사 : 고려 말 경기체가가 쇠퇴하면서 나타난 장르로 운문과 산문의 중간적 존재이다. 서정성, 서사성, 교술성 등 다양한 성격을 지녔다.

72

|정답| ②

|해설| 사색(死色)은 죽은 사람처럼 창백한 얼굴빛을 의미하며, 밑줄 친 부분의 한자어로 적절하다.

|오답풀이|

① 사색(四色)은 네 가지 빛깔을 뜻한다.

③ 사색(思索)은 어떤 것에 대하여 깊이 생각하고 이치를 따짐을 의미한다.

④ 사색(辭色)은 말과 얼굴빛을 아울러 이르는 말을 의미한다.

73

|정답| ③

|해설| 불장난은 된소리가 나지 않는 단어로 [불장난]이라고 발음해야 한다.

74

|정답| ②

|해설| 그 나이를 먹은 아이라는 뜻으로 '세 살배기'가 올바른 표기이다.

|오답풀이|

① 상품, 중고품, 고물 따위 여러 종류의 물건을 도산매

방매 · 비밀 거래 하는, 질서가 없고 시끌벅적한 비정상적 시장이라는 뜻으로 '도떼기시장'이 올바른 표기이다.

③ 바르지 아니하고 한쪽으로 기울어지거나 쏠리게라는 뜻으로 '비뚜로'가 올바른 표기이다.

④ 어떤 기준에 미치지 못할 정도로 작거나 적은 조각이라는 뜻으로 '자투리'가 올바른 표기이다.

75

|정답| ④

|해설| 〈보기〉에서 설명하는 품사는 파생명사이다. '만남'은 관형어의 수식을 받고 있으므로 명사형이 아닌 파생명사로 볼 수 있다.

|오답풀이|

① '수영하다'의 명사형으로 '계곡에서'의 수식을 받으면서 서술성을 가지므로 품사는 동사이다.

② '얼다'의 명사형으로 '젤리가 얼다'와 같이 서술성을 가지므로 품사는 동사이다.

③ '그리다'의 명사형으로 '풍경화를 그리다'와 같이 서술성을 가지므로 품사는 동사이다.

76

|정답| ②

|해설| ②는 열 사람이 한 술씩 밥을 덜면 쉽게 밥 한 그릇을 만들 수 있다는 뜻으로, 여럿이 힘을 모으면 큰 힘이 됨을 비유적으로 이르는 말이다.

|오답풀이|

① 헤프게 쓰지 않고 아끼는 사람이 재산을 모으게 됨을 비유적으로 이르는 말이다.

③ 일은 열심히 하여서 돈은 많이 벌고 생활은 아껴서 검소하게 하라는 말이다.

④ 아무리 많아도 쓰면 줄어드는 것이니, 풍부하다고 하여 함부로 헤프게 쓰지 말고 아껴서 쓰라는 말이다.

77

|정답| ③

|해설| • 소설 : 첫눈이 내린다고 하는 24절기 중 20번째 절기

• 대한 : 큰 추위라는 뜻의 24번째 절기

• 혹한 : 몹시 심한 추위

• 세한 : 설 전후의 추위라는 뜻으로, 매우 심한 한겨울의 추위를 이르는 말

따라서 공통으로 연상되는 단어는 겨울이다.

78

|정답| ②

|해설| Container의 적절한 표기는 '컨테이너'이다.

79

|정답| ④

|해설| '계산기'와 '계산'은 도구와 목적의 관계를 지닌다. '피아노'를 도구로 이룰 수 있는 목적은 '연주'이다.

80

|정답| ②

|해설| 제시된 문장에서 '거두다'는 '고아, 식구 따위를 보살피다'라는 의미로 쓰였다. 이와 유사한 의미로 '아이를 보살펴 자라게 하다'라는 의미인 '양육하다'가 적절하다.

|오답풀이|

① 수습하다 : 어수선한 사태를 거두어 바로잡다.

③ 정리하다 : 흐트러지거나 혼란스러운 상태에 있는 것을 한데 모으거나 치워서 질서 있는 상태가 되게 하다.

④ 훈육하다 : 품성이나 도덕 따위를 가르쳐 기른다.

81

|정답| ②

|해설| 금융정책에 대한 설명이다.

|오답풀이|

① 조세정책(Tax Policy) : 국가가 조세원칙에 입각하여 수립 · 시행하는 세금부과 및 징수정책으로, 인플레이션, 실업, 대외수지, 소득재분배 등의 경제문제를 재정활동의 수준을 조정함으로써 해결하려는 재정정책의 일환이다.

③ 구조정책(Structural Change) : 경제구조 자체의 변화에 수반하여 경기순환의 형(型)을 결정하는 요인의 질적 변화, 즉 구조변동으로 야기된 구조적 모순을 지양하기 위해서 발동되는 국가의 경제정책을 말한다.

④ 세출정책(Expenditure Policy) : 국가가 한 회계연도 내의 예산상의 모든 지출(Outlays)인 세출을 조절해 국민경제의 안정화와 활성화를 도모하는 것을 말한다.

82

| 정답 | ①

| 해설 | 생산자물가지수는 한국은행이 작성하고, 소비자물가지수는 통계청에서 작성한다.

83

| 정답 | ②

| 해설 | 1. 담합의 실패요인

ㄱ 산업 내에 과점기업의 수가 많을 때

ㄴ 고도의 생산물분화(제품차별화)가 있을 때

ㄷ 담합위반기업에 대한 제재가 곤란할 때

ㄹ 담합위반사실을 적발하기가 어려울 때

ㅁ 담합의 내용이 복잡할 때

ㅂ 담합위반 시 보복가능성이 낮을 때

2. 담합모형

모형	의의
가격선도이론 (불완전담합)	• 가격선도자가 가격을 설정하면 추종자는 선도자가 정한 가격을 주어진 것으로 받아들이고 산출량을 결정 • 대기업 또는 효율적인 기업이 가격선도자 역할 수행
카르텔 (완전담합)	• 동일산업에 속하는 기업들의 명시적 합의를 통해 가격이나 생산량 결정 • 단일독점기업과 같은 행태 표출 • 카르텔 형성 이후에는 협정을 위반할 유인, 즉 협정위반 시 초과이윤이 늘어날 가능성이 매우 높기 때문에 항상 붕괴되려는 내재적 불안정성 내포

84

| 정답 | ①

| 해설 | 내국인의 해외투자가 증가하면 내국인이 해외에 투자하기 위해 원화를 달러화로 바꿀 것이므로 달러화가 유출되는 사례에 해당한다. 우리나라에서 해외로 달러화가 유출되면 국내 외환시장에 달러가 감소하므로 원·달러 환율이 상승한다.

| 오답풀이 |

② 우리나라의 신용등급이 상승하면 경제 신뢰도 또한 높아지므로 해외투자가들의 국내 주식이나 채권 등에 대한 투자가 증가할 수 있다.

③ 국내 경제가 높은 성장률을 기록하면 경제에 대한 신뢰도가 상승하여 외국 화폐의 유입이 많아지고, 국내의 금리 수준이 외국보다 올라가면 국내 은행에 예금하거나 채권을 사 높은 이자 소득을 얻으려는 외국투자자들에 의해 외국 화폐의 공급이 늘어나 환율이 하락하게 된다.

④ 수출액이 증가하면 수출대금으로 달러화가 국내에 유입된다.

85

| 정답 | ④

| 해설 | 가속도원리란 작은 소비재 수요의 변화나 소득의 변화가 큰 투자재 수요의 변화로 이어져 고용의 증가, 국민소득이 증가한다는 이론으로 국민소득의 증가분에 대한 일정비율의 투자증가가 이루어진다는 것이다. 즉, 소비재 수요의 증가가 새로운 투자의 유발과정을 가져오는 효과를 말한다.

| 오답풀이 |

① 외부경제 : 개인, 기업 등 어떤 경제주체의 행위가 다른 경제주체들에게 기대되지 않은 혜택이나 손해를 발생시키는 효과를 말한다.

② 톱니효과 : 생산 또는 소비가 일정 수준에 도달하고 나면, 이전으로 돌아가기 힘든 현상을 말한다.

③ 소비자잉여 : 어떤 상품에 대해 소비자가 최대한 지불해도 좋다고 생각하는 가격에서 실제로 지불하는 가격을 뺀 차액을 말한다.

86

|정답| ④

|해설| 제시된 설명은 수입가격에 따라 다른 관세율을 적용하는 슬라이딩관세에 해당한다.

|오답풀이|

① 상계관세 : 수출국이 특정 수출산업에 대해 장려금 또는 보조금을 지급하여 수출 상품의 가격 경쟁력을 높일 경우 이 상품을 수입한 국가에서 관세를 더 높게 책정하여 낮아진 금액을 상쇄시키는 제도를 말한다. 이는 수입국의 입장에서 자국 산업을 보호하기 위한 것이라 할 수 있는데, WTO에서는 보조금 지급으로 인해 수입국의 기존 국내 산업이 피해를 입을 우려가 있는 경우에만 한하여 상계관세를 발동하도록 규정하고 있다.

② 계절관세 : 1년 중 일정한 계절에만 부과하는 관세로 대부분의 농산물에 적용된다. 어떤 농산물의 수확기에 자국 생산자를 보호하기 위해 평소보다 높은 관세를 부과하거나, 국내 농산물 가격이 등귀할 때 면세나 감세를 실시하여 국내 농산물 가격을 적정한 수준으로 유지하는 것을 말한다.

③ 긴급관세 : 특정 상품의 국내 수입이 과도해져 이로 인해 국내 산업이 심각한 피해를 입는다고 판단될 경우 부과하는 관세를 말한다.

87

|정답| ③

|해설| 바이라인(By-line)은 신문이나 잡지의 기사 중에서 특히 우수한 기사나 특종 기사에 대해 필자의 이름을 넣는 것을 말한다.

|오답풀이|

① Scoop : 독점 보도한 특종기사이다.

② Local edition : 중앙지의 한 면에 지방소식만 게재하는 난이다.

④ Headline : 독자의 눈을 끌기 위해 기사의 내용을 압축해서 내세우는 일종의 제목 또는 표제이다.

88

|정답| ②

|해설| 사이드카(Side Car)는 선물시장의 급등락이 현물시장에 과도하게 파급되는 것을 막기 위한 안전장치로, 선물가격이 기준가 대비 ±5% 이상인 상황이 1분간 지속하는 경우 발동된다

|오답풀이|

① 서킷브레이커(Circuit Breakers) : 주식시장에서 주가가 급락한 상태가 1분 이상 지속되는 경우 모든 주식매매를 20분간 정지하는 제도이다.

③ 정크본드(Junk Bond) : 신용 등급이 낮아진 회사가 발행한 고위험, 고수익 채권을 말한다.

④ 코코본드(CoCo Bond) : 유사시 투자 원금이 주식으로 강제 전환되거나 상각된다는 조건이 붙은 회사채를 말한다.

89

|정답| ③

|해설| 리디노미네이션(Redenomination)이란 한 나라에서 통용되는 통화의 액면을 동일한 비율의 낮은 숫자로 변경하는 것을 말한다.

|오답풀이|

① 슬럼프플레이션(Slumpflation) : 심한 경기 침체와 인플레이션이 공존하는 현상을 말한다.

② 더블딥(Double Dip) : 2001년 미국에서 등장한 용어로, 경기가 회복되는 조짐이 보이는 듯하다가 다시 경기 침체에 빠지는 이중 침체 현상을 말한다.

④ 서킷브레이커(Circuit Breakers) : 코스피 지수나 코스닥 지수가 일정 수준 이상 하락하는 경우 투자자들이 냉정하게 투자 판단을 할 수 있도록 시장에서의 모든 매매 거래를 일시 중단하는 제도이다.

90

|정답| ①

|해설| 에코 시티(Eco city)는 사람과 자연 또는 환경이 조화되며 공생할 수 있는 도시의 체계를 갖춘 도시로, 다양한 도시 활동과 공간 구조가 생태계의 속성인 다양성, 자립성, 안정성을 가질 수 있도록 하는 도시이다.

|오답풀이|

② 유 시티(U-city) : 첨단 IT 인프라와 유비쿼터스 정보 기술을 갖춘 도시이다.

③ 브레인 시티(Brain city) : 대학이 과학 인재를 길러내고 이들이 도시의 핵심 기능을 담당한다는 대학 중심의 도시이다.

④ 아쿠아 시티(Aqua city) : 강과 바다를 아우르는 도시이다.

91

|정답| ④

|해설| 경제활동인구는 만 15세 이상의 생산가능 연령인구 중에서 구직활동이 가능한 취업자 및 실업자를 말한다. ④의 경우는 일할 능력은 있으나 현재는 일할 의사가 없는 상태이므로 비경제활동인구에 속한다.

|오답풀이|

①, ② 취업자에 해당한다.

③ 실업자에 해당한다.

92

|정답| ③

|해설| 존 스쿨(John School) 제도란 성매수 초범자의 재범을 방지하기 위하여 기소유예를 해주는 대신 재범 방지 교육을 받게 하는 제도를 말한다.

|오답풀이|

① 특별사면 : 특정한 범죄인에 대하여 형의 집행을 면제하거나 선고된 형의 효력을 상실시키는 것을 말한다.

② 메건법(Megan's law) : 미국에서 성범죄자의 이름, 나이, 사진, 주소 등을 공개하는 법으로 1994년 뉴저지주에서 7세 여자 아이가 이웃에 사는 상습 성범죄자에게 강간 살해된 사건을 계기로 제정되었으며 정식명칭은 성범죄자 석방 공고법이다.

④ 성매매 특별법 : '성매매 알선 등 행위의 처벌에 관한 법률'과 '성매매 방지 및 피해자 보호 등에 관한 법률'을 말하며, 2004년 9월 23일부터 본격 시행되었다.

93

|정답| ③

|해설| 위스타트 운동은 저소득층 아이들에게 가난의 대물

림으로부터 벗어나도록 복지와 교육의 기회를 제공해 주어 삶의 출발을 돕자는 운동이다.

|오답풀이|

① 에코드라이브 운동 : 자동차 운전자가 자발적으로 친환경운전, 안전운전 등의 행동을 하여 사고 예방, 에너지절약, 배기가스 감소 등을 실천하는 운동이다.

② 3R 운동 : 절약(Reduce), 재사용(Reuse), 재활용(Recycle)의 의미를 가진 물자절약·재활용 운동이다.

④ 그린업그레이드 운동 : 배출한 이산화탄소에 상응하는 만큼의 환경보호 기부금을 내는 운동이다.

94

|정답| ①

|해설| 앰버경보(Amber alert)시스템이란 1996년 미국에서 납치 살해된 여자아이의 이름을 따서 도입한 제도로 우리나라는 2007년에 처음 시행하였다.

|오답풀이|

② 홀드업경보시스템 : 약탈에 대해 경보를 울리는 시스템이다.

③ 적색경보시스템 : 공습 위치에 적기가 들어오거나 공격에 임박 또는 실시되고 있을 때 발령되는 경보시스템이다.

④ 조기경보시스템 : 정부가 경제위기를 사전에 감지·대응하여 종합적으로 판단하고 체계적으로 관리하는 시스템이다.

95

|정답| ②

|해설| 골디락스 가격이란 소비자가 적당하다고 느끼는 가격이다. 인간은 본능적으로 극단의 선택보다는 평균값에 가까운 것을 선택하려는 심리를 이용한 것이다.

|오답풀이|

① 약탈 가격(Predatory Pricing) : 지배적인 위치에 있는 기업이 다른 기업들의 신규진입을 막거나 경제적인 손실을 입히기 위해 낮은 가격으로 제품을 공급하는 전략이다.

③ 심리적 가격(Psychological Pricing) : 1,000원과 990원의 차이는 10원이지만 소비자들에게는 더 저렴하다는 인식을 주는 전략이며, 짝수보다 홀수를 쓰는 경우가 많다.

④ 적응 가격(Adjustment Pricing) : 유사하거나 동일한 제품에 가격만 다르게 책정하여 다양한 소비자들의 구매를 유도하며 판매를 늘리기 위한 전략이다.

96

|정답| ①

|해설| 역모기지론이란 주택을 담보로 하여 금융기관에서 일정 기간, 일정 금액을 연금식으로 지급받는 장기주택 저당대출을 말한다.

|오답풀이|

② 오픈엔드 모기지론(Open-end Mortgage Loan) : 발행 시기와 관계없이 동일 순위의 담보권을 주는 것으로 개방식 담보부사채 중 하나이다.

③ 모기지론(Mortgage Loan) : 주택을 담보로 집값의 대부분(70% 이상)을 20년 이상 장기로 대출해 주는 제도이다.

④ 서브프라임 모기지론(Subprime Mortgage Loan) : 미국의 비우량 주택담보대출로 신용도가 낮은 만큼 높은 금리가 적용된다.

97

|정답| ③

|해설| 콜라보레이션(Collaboration)은 각기 다른 분야에서 지명도가 높은 둘 이상의 주체가 공동 작업을 통해 하나의 결과물을 도출해냄으로써 새로운 시장이나 소비자를 공략하는 과정을 말한다.

|오답풀이|

① 아방가르드(Avant-garde) : 20세기 초 프랑스, 독일, 스위스, 이탈리아, 미국 등에서 일어난 예술운동으로 기존의 예술에 대한 인식과 가치를 부정하는 새로운 예술 개념이다.

② 팝 아트(Pop Art) : 1950년대 미국에서 추상표현주의의 주관적 엄숙성에 반대하고, 매스 미디어와 광고 등 대중문화적 시각이미지를 미술영역에 적극적으로 수용하고자 했던 구상미술의 한 경향을 말한다.

④ 플레비사이트(Plebiscite) : 국가의 중대한 정치 문제를 결정할 때 국민이 의사결정에 직접적으로 참여하는 국민투표제도를 말한다.

98

|정답| ③

|해설| 아이스 버킷 챌린지(Ice Bucket Challenge)는 루게릭 병에 대한 관심과 기부 독려를 목적으로 2014년부터 확산되기 시작한 캠페인으로, ALS 협회에 기부할 것과 양동이에 가득 담긴 얼음물(Ice Bucket)을 뒤집어 쓰는 영상을 SNS에 업로드할지를 선택하고, 이 도전을 진행할 다음 사람 3명을 지목하는 릴레이 방식으로 진행한다.

|오답풀이|

① 해비타트 운동 : 자원봉사자들이 무주택 서민을 위해 사랑의 집을 지어주는 운동이다.

② 플래시 몹 : 불특정 다수의 사람들이 이메일이나 휴대폰 연락을 통해 약속장소에 모여 아주 짧은 시간 동안 약속된 행동을 한 뒤 아무 일도 없었다는 듯 순식간에 흩어지는 모임이나 행위를 일컫는 말이다.

④ 바나나 스케일 : 인터넷 밈 중 하나로, 바나나를 이용해 크기 비교를 하는 인터넷 유행 문화를 말한다.

99

|정답| ②

|해설| 셰어하우스(Share House)는 한 집에 여럿이 살면서 개인 공간인 침실을 제외한 거실, 주방, 화장실 등의 공간을 공동으로 사용하는 주거 방식이다.

|오답풀이|

① 코지 홈 : 안락한 안식처를 말한다.

③ 유니테 다비타시옹 : 제2차 세계대전 직후 시작된 프랑스 복구 프로젝트의 일환으로 건설된 서민용 집합 주거 단지를 말한다.

④ 게이티드 커뮤니티 : 자동차와 보행자의 유입을 엄격히 제한하고 보안성을 향상시킨 주거 지역을 말한다.

100

|정답| ③

|해설| 프란츠 페터 슈베르트(Franz Peter Schubert)는 '가곡의 왕'으로 불리는 19세기 오스트리아의 작곡가로, 대표적인 작품으로는 〈송어〉, 가곡집 〈아름다운 물방앗간의 처녀〉와 〈겨울 나그네〉, 교향곡 제8번 B-단조 "미완성" 등이 있다.

GOSINET NCS

고시넷 초록이 NCS
피듈형 ① 통합 기본서

■ 980쪽　　■ 정가_28,000원

고시넷 초록이 NCS
피듈형 ② 통합 문제집

■ 932쪽　　■ 정가_28,000원

고시넷 직업기초능력
3대출제유형 ② 휴노형 문제집

■ 488쪽　　■ 정가_22,900원

고시넷 직업기초능력
3대출제유형 ③ ORP형 문제집

■ 560쪽　　■ 정가_23,800원

부산교통공사 NCS

기출예상문제집

코레일_NCS

철도공기업_NCS

에너지_NCS